O IMPÉRIO DO SENTIDO

FUNDAÇÃO EDITORA DA UNESP

PRESIDENTE DO CONSELHO CURADOR
Mário Sérgio Vasconcelos

DIRETOR-PRESIDENTE
Jézio Hernani Bomfim Gutierre

SUPERINTENDENTE ADMINISTRATIVO E FINANCEIRO
William de Souza Agostinho

CONSELHO EDITORIAL ACADÊMICO
Danilo Rothberg
João Luís Cardoso Tápias Ceccantini
Luiz Fernando Ayerbe
Marcelo Takeshi Yamashita
Maria Cristina Pereira Lima
Milton Terumitsu Sogabe
Newton La Scala Júnior
Pedro Angelo Pagni
Renata Junqueira de Souza
Rosa Maria Feiteiro Cavalari

EDITORES-ADJUNTOS
Anderson Nobara
Leandro Rodrigues

FRANÇOIS DOSSE
O IMPÉRIO DO SENTIDO

A HUMANIZAÇÃO DAS CIÊNCIAS HUMANAS

Tradução
ILKA STERN COHEN

editora
unesp

© 1995 Éditions La Découverte
© 2018 Editora Unesp
Título original em francês:
L'empire du sens: l'humanisation des sciences humaines

Direitos de publicação reservados à:
Fundação Editora da Unesp (FEU)
Praça da Sé, 108
01001-900 – São Paulo – SP
Tel.: (0xx11) 3242-7171
Fax: (0xx11) 3242-7172
www.editoraunesp.com.br
www.livrariaunesp.com.br
feu@editora.unesp.br

Dados Internacionais de Catalogação na Publicação (CIP) de acordo com ISBD

D724i

Dosse, François
    O império do sentido: a humanização das ciências humanas / François Dosse; tradução de Ilka Stern Cohen. São Paulo: Editora Unesp, 2018.

    Tradução de: *L'empire du sens: l'humanisation des sciences humaines*
    Inclui bibliografia.
    ISBN: 978-85-393-0754-8

    1. Ciências sociais. 2. Filosofia. 3. História. I. Cohen, Ilka Stern. II. Título.

2018-1191   CDD 300
                                                         CDU 3

Elaborado por Odilio Hilario Moreira Junior - CRB-8/9949

Índice para catálogo sistemático:
1. Ciências sociais: 300
2. Ciências sociais: 3

Editora afiliada:

Asociación de Editoriales Universitarias
de América Latina y el Caribe

Associação Brasileira de
Editoras Universitárias

A Paul Ricoeur, em respeitosa homenagem.

AGRADECIMENTOS

A gradeço em primeiro lugar a François Gèze, que esteve na iniciativa deste livro. Foi ele que teve a intuição de uma convergência em gestação nas ciências sociais e que me honrou com sua confiança pricara realizar esse trabalho de investigação.

Agradeço também aos pesquisadores que aceitaram responder às minhas questões. Seu depoimento foi uma contribuição essencial na realização desse projeto: Daniel Andler, filósofo, Crea, Paris-X-Nanterre; Luc Boltanski, sociólogo, Ehess; Alain Caillé, sociólogo, Paris-X--Nanterre, *La Revue du MAUSS*; Michel Callon, sociólogo, CSI, École des mines; Roger Chartier, historiador, Ehess; Bernard Conein, sociólogo, Paris-VIII; Jean-Pierre Dupuy, filósofo, Crea, Stanford; Pascal Engel, filósofo, Crea, Caen; Olivier Favereau, economista, Crea, Stanford; Jean-Marc Ferry, filósofo, ULB, Bruxelas; Marcel Gauchet, historiador e filósofo, Ehess, *Le Débat*; Bruno Latour, sociólogo, CSI, École des mines; Pierre Lévy, filósofo, Paris-X-Nanterre; Gérard Noiriel, historiador, Ehess, *Genèses*; Patrick Pharo, sociólogo, Ehess; Louis Quéré, sociólogo, Ehess; Isabelle Stengers, filósofa, ULB, Bruxelas; Laurent Thévenot, economista, Crea, Ehess; Michel Trebitsch, historiador, IHTP; Francisco Varela, biólogo, Paris-VII.

Agradeço também a toda a equipe de Espaces Temps, cuja reflexão coletiva contribuiu fortemente para a elaboração deste trabalho, em particular Christian Delacroix que me acompanhou com seus conselhos sempre preciosos. A ocorrência do seminário anual "Em que pensam as ciências sociais?", organizado por Espaces Temps desde 1992, constituiu uma das matérias importantes deste trabalho. Participaram desse seminário entre 1992 e 1994: Sylvian Auroux, Luc Boltanski, Robert Bonnaud, Alain Boyer, François Dosse, Marcel Gauchet, Maurice Godelier, Jacques Guilhaumou, Denis Hollier, Jean-Luc Jamard, Bruno Latour, Bernard Lepetit, Jacques Lévy, Louis Quéré, Isabelle Stengers, Laurent Thévénot.

Agradeço também àqueles que aceitaram a árdua tarefa de revisar este trabalho e utilmente me ajudaram com suas sugestões e correções: Christian Delacroix, François Gèze, Jacques Hoarau, Marc Saint-Upéry.

SUMÁRIO

Introdução   13

PARTE I
PERCURSOS: UMA MESMA GERAÇÃO

1 A galáxia dos discípulos de Michel Serres   27
2 O polo cognitivista   51
3 O polo pragmático   65
4 O polo de recomposição global pelo político   91

PARTE II
O DESVIO "AMERICANO"

5 A etnometodologia   105
6 A filosofia analítica   113
7 A filosofia das ciências   125
8 A escola de Chicago, Elias, Weber   129

PARTE III
O VÍNCULO SOCIAL

9 Uma nova tríade: natureza/sociedade/discurso   143
10 Uma grande inovação: a introdução dos objetos   155
11 A civilidade   167
12 Dádiva e retribuição   179

PARTE IV
COM O RISCO DE AGIR

13 A oscilação do paradigma   191
14 Uma filosofia do agir: Paul Ricoeur   199
15 A guinada descritiva   211
16 O horizonte hermenêutico   229
17 As ciências humanas: ciências pragmáticas   251

PARTE V
AS REPRESENTAÇÕES

18 As representações mentais: a orientação cognitivista   263
19 A tentação neurônica e seus limites   277
20 As representações coletivas: a saída da história das
     mentalidades   295
21 O momento memorativo   313

PARTE VI
AS CONVENÇÕES: UMA TERCEIRA VIA?

22 Da regulação às convenções   325
23 Superar a oposição holismo/individualismo metodológico   333
24 Uma teoria interpretativa historicizada   345

PARTE VII
A SUBDETERMINAÇÃO

25 O indizível ou a crise do causalismo   357
26 Uma poética do saber   371
27 Uma perspectiva mais ética que epistemológica   377

PARTE VIII
A HISTORICIDADE

28 A acontecimentalização do sentido   389
29 A ação situada   403
30 O político   419
31 O presente   433
32 A historicidade das ciências: o princípio de simetria   441

PARTE IX

A NOVA ALIANÇA: UMA TRÍPLICE ENTENTE

33 Uma transdisciplinaridade   **449**

34 Uma epistemologia experimental   **463**

35 Relações pacificadas entre filosofia e ciências humanas   **471**

Conclusão   **485**

Referências   **491**

Índice onomástico   **519**

Introdução

Conforme as representações hoje dominantes, a cena intelectual francesa parece dividida em dois polos bem distintos: de um lado, alguns filósofos midiáticos, incessantemente solicitados para dar suas opiniões sobre os mais diversos temas, e de outro, a comunidade totalmente atomizada dos pesquisadores em ciências humanas, cada vez mais encerrados em sua tecnicidade e incapazes de produzir uma linguagem comum que possa interessar a sociedade a participar do debate público. Esse distanciamento aparente oculta de fato uma evolução profunda, pouco percebida porque subterrânea, que parece pressagiar um novo modo de ser da vida intelectual na França.

O desaparecimento dos mestres pensadores e o fim dos grandes paradigmas unificadores não deixaram o vazio atrás de si, mas uma atividade intensa, abundante e complexa. Contudo, essa efervescência é pouco perceptível e essa ausência de visibilidade repousa essencialmente num funcionamento muito diferente, mais coletivo, da pesquisa. O desvio americano, que viu numerosos pesquisadores se expatriarem do outro lado do oceano para frutíferos períodos de pesquisa, ensino e intercâmbio intelectual, sem dúvida foi decisivo para a formação de redes de pesquisadores que dialogam entre si sobre a base de trabalhos relativamente confidenciais. O efeito dessa evolução é que a pesquisa ganhou em rigor, mas perdeu em irradiação na cidade. Hoje os trabalhos circulam mais sob a forma de artigos pontuais, retomados, comentados, discutidos no seio de colóquios ou de revistas de especialistas. Essa profissionalização em curso nas ciências humanas não deixa de evocar o *habitus* há muito característico dos pesquisadores em ciências exatas.

A pesquisa aqui empreendida tem como objetivo tornar patente a riqueza das pesquisas em curso, dando a elas maior visibilidade. Ela deve permitir uma melhor orientação no labirinto das redes de um quebra-cabeça cada vez mais complexo a fim de discernir certo número de eixos de coerência transversais.

O *corpus* principal desta investigação é evidentemente constituído pelos vários trabalhos das ciências humanas publicados no decorrer dos últimos anos. A fecundidade destes não se limita à lista das entrevistas realizadas, que serviram apenas de guias para orientar-se nos diversos laboratórios e redes de pesquisadores.

A maturação da pesquisa, mais coletiva que antigamente, faz aparecer "semelhanças de família", conforme a expressão de Wittgenstein, a partir das diversas filiações e heranças de cada um. Por essa razão, a recuperação de alguns percursos biográficos pareceu-nos importante para tornar perceptível a nova cartografia em gestação. Os pesquisadores entrevistados não devem contudo ser considerados como os "representantes" de qualquer lista dos melhores. Eles são simplesmente emblemáticos dos novos modos de elaboração dos conhecimentos. Eles permitem abrir assim as portas de entrada a todo um campo intelectual cuja maior característica é justamente um método mais coletivo de funcionamento. O período estruturalista privilegiava com frequência uma matriz teórica forte que englobava os saberes por totalização a partir de apoios muito individualizados; a situação atual aproxima-se mais de um processo constante de tradução gradual, fundado numa nova ética do trabalho intelectual.

A outra grande mutação em curso consiste na reconciliação das relações entre ciências exatas, ciências humanas e filosofia. Ora, parece que as ciências humanas, enquanto terceira cultura, híbrida e sobrecarregada, estão em vias de desempenhar um papel maior nessa pacificação recente e promissora.

Pode-se para tanto falar em emergência de um "novo paradigma"? No começo desta investigação, tratava-se, mais modestamente, de enfatizar algumas convergências, de fazer aflorar o que ainda eram apenas

INTRODUÇÃO

recortes implícitos, de favorecer a saída das torres de marfim e de contribuir para dinamizar o confronto interdisciplinar. No entanto, essa investigação no coração das ciências humanas francesas contemporâneas nos levou, realmente, ao termo de sua realização, a descobrir, se não um novo paradigma que nasceu armado do caos e da incerteza pós-estruturalista, ao menos uma nova configuração intelectual reunindo as posições diversas de seus protagonistas em torno de um certo número de linhas de força.

Marcel Gauchet percebera o fenômeno já desde 1988, quando descrevia em *Le Débat* a "mudança de paradigma em ciências sociais" marcada por uma maior atenção à parte explícita, refletida da ação.[1] Por minha vez, terminava minha *História do estruturalismo*[2] em 1992 com a constatação de uma saída dessa falsa alternativa que por tanto tempo estruturou as ciências humanas entre divinização e dissolução do sujeito: eu evocava o nascimento de um novo paradigma, o de uma dialogia, de um agir comunicativo que podia representar ao mesmo tempo uma via real de emancipação como projeto social e um quadro fecundo no domínio das ciências humanas. Esta pesquisa convida o leitor a explorar essa configuração singular.

Como qualificar esse novo paradigma? Conforme dissemos, ele não se apoia em critérios rígidos que viriam substituir ponto por ponto os temas e esquemas do estruturalismo, mas naquilo que Wittgenstein chamava de "semelhanças de família", traços pertinentes que permitem fazer repercutir, mutua e gradualmente, pesquisas diferentes por suas origens e seus objetivos declarados, sem que para tanto seja necessário postular um núcleo epistemológico comum ou uma convergência filosófica inelutável em última análise. Convém pois, em primeiro lugar, esclarecer que essa configuração intelectual atinge uma realidade plural e não uma escola estabelecida num lugar único. Ela opera sinergias teóricas fecundas que exprimem sem dúvida as exigências incontornáveis da conjuntura intelectual, mais do que as orientações *a priori* de um novo grande programa de pesquisas com ambições unificadoras/organizadoras. Por essa razão, a investigação realizada, plenamente engajada na

---

1 Gauchet, Changement de paradigme en sciences sociales, *Le Débat*, n.50, maio-ago. 1988, p.165-70.

2 Dosse, *Histoire du structuralisme*, t.I e t.II.

defesa da fecundidade das pesquisas atuais, respeitou tanto quanto possível a palavra dos autores, a literalidade de suas obras. É de acordo com a profusão dessas investigações múltiplas que se pode medir a riqueza potencial daquilo que se passa hoje nas ciências humanas.

Em segundo lugar, esta investigação não visa esgotar o assunto; isso não teria nenhum sentido, uma vez que a situação está longe de ser cristalizada. Na verdade não se trata de elaborar um catálogo das renovações. A parcialidade das escolhas é também totalmente reivindicada e o resultado, portanto, não pode deixar de ser parcial. Não se tratava de fazer um "inventário de...", mas de ilustrar algumas orientações características das mutações em curso. Elas se articulam, a meu ver, em torno de quatro polos de uma constelação em movimento: a galáxia dos discípulos de Michel Serres, notadamente com o Centre de Sociologie de l'Inovation (CSI); a orientação cognitivista, como o Centre de Recherches en Épistémologie Appliquée (Crea); a perspectiva pragmática-convencionalista, que se nutre dos trabalhos da nova sociologia e de um questionamento do modelo padrão em economia; e, finalmente, os partidários de uma recomposição global do discurso das ciências humanas pelo político, que reúnem essencialmente os discípulos de Claude Lefort.

Essa mudança de configuração, essa mutação da paisagem intelectual, é antes de tudo uma tentativa de resposta a certa sensação de esgotamento do sentido da experiência histórica, tal como foi justamente percebido por Olivier Mongin.[3] Diante da crise dos grandes paradigmas unitários (funcionalismo, marxismo, estruturalismo), assim como, paralelamente, das respostas holísticas e deterministas às questões sociais, quer por intermédio do Estado total, quer pela mão invisível do mercado, as novas abordagens teóricas apostam numa revisão pragmática da teoria da ação, numa dinamização das "oficinas da razão prática", e mais geralmente se poderia dizer numa "humanização das ciências humanas". Não se trata portanto de um retorno puro e simples ao sujeito ou a uma forma de humanismo pré-crítico, mas de um reequilíbrio, de uma mudança de escala que permite se interrogar no nível do indivíduo sobre quem se fundamenta o "ser-conjunto", o vínculo social. Esse reequilíbrio passa pela reavaliação da força dos vínculos

---

3 Mongin, *Face au scepticisme*.

INTRODUÇÃO 17

sensíveis, dos vínculos invisíveis e indizíveis que sustentam a humanidade do homem. Essa atenção às mediações, à efetividade do vínculo, inscreve-se pois numa verdadeira guinada pragmática, que filia essas diversas abordagens, quaisquer que sejam suas inflexões divergentes ou os modelos de inteligibilidade que elas favoreçam: antropologia das redes, compreensão hermenêutica, decodificação cognitivista etc. Essa guinada pragmática permite uma posição central à ação dotada de sentido, reabilita a intencionalidade e as justificações dos atores numa determinação recíproca do dizer e do fazer. O social não é mais concebido então como uma coisa, ele não é mais objeto de reificação, pois o ator e o cientista são tomados ambos numa relação de interpretação que implica a intersubjetividade.

Foi o fim da excepcionalidade francesa que permitiu essa reorientação pragmática. Na época em que dominava o provincianismo hexagonal, o verdadeiro debate intelectual tendia a acontecer em outros lugares, entre os anglo-saxões e os alemães, entre filosofia analítica e filosofia continental. O ativismo de numerosos pesquisadores — esta investigação retraça precisamente o percurso e os esforços de mediação e divulgação de alguns deles — permitiu uma apropriação, uma assimilação e uma adaptação das temáticas que permaneceram por muito tempo estranhas ao campo intelectual francês. Graças a eles, a França está saindo de seu provincianismo e pode pretender participar inteiramente do debate em curso no plano internacional.

A guinada pragmática inscreve-se também num espaço mediano entre explicação e compreensão na procura de uma terceira via entre predominância da pura experiência e prioridade na conceituação, sendo esta encarada como recolhimento de um sentido não postulado, mas descoberto a partir de recursos mobilizados pela intersubjetividade. Ela implica igualmente um deslocamento maior na atribuição das competências cognitivas, que não são mais consideradas como o único apanágio da postura intelectual. Evidentemente, essa revalorização das competências dos autores obriga a recolocação da noção de "corte epistemológico" presente nos trabalhos da filosofia das ciências sociais dos anos 1970. O pesquisador é convidado mais modestamente a fazer um trabalho de "clarificação", como desejava Wittgenstein, e não mais a operar uma divisão fictícia entre julgamentos de fatos, emergindo sozinhos da cientificidade, e julgamentos de valores, a serem proscritos.

Essa inflexão pragmática e interpretativa certamente retoma as preocupações de autores clássicos mas às vezes reverenciados à distância, como Max Weber, ou definitivamente negligenciados, como Simmel. Ela o faz, não obstante, com base no reflexo da crise epistemológica das ciências chamadas "exatas". Ela parte do princípio de uma incompletude, de uma indeterminação de seu objeto, que se torna o próprio meio de apoiar uma visão pertinente da coordenação social, sempre flutuante no tempo e tomada entre a opacidade e a transparência. As determinações tornaram-se fracas no novo paradigma que busca, ao contrário de ontem, escapar ao fatalismo, evitar os impasses do determinismo. Este permite liberar um momento reflexivo da análise na base da crise dos modelos científicos. É a uma verdadeira mutação à qual assistimos: os termos estrutura, reprodução, estática, combinatória, invariante, universais, de lógica binária se apagam, em proveito das noções de caos organizador, fractal, acontecimento, processo, sentido, complexidade, auto-organização, construção, estratégia, convenção, autonomia, enação... Trata-se portanto de um questionamento radical do ideal do objetivismo e do determinismo. Essa nova configuração permite reatar com tradições antigas, mas muito frequentemente ignoradas. A filosofia crítica alemã da história na virada do século, depois as correntes fenomenológicas, colocando a compreensão e a questão do sentido no centro de sua abordagem, contribuíram para essa redefinição de uma nova objetividade, indissociável da intencionalidade e da intersubjetividade. E a etnometodologia rompeu com a indiferença à cotidianidade, aplicando-se em restabelecer a dinâmica efetiva dos processos da ação em vias de se realizar.

As ciências humanas entraram na época daquilo que Anthony Giddens qualifica como dupla hermenêutica,[4] como um processo complementar de tradução e de interpretação que concede ao presente uma prevalência. O presente tornou-se a categoria pesada que ultrapassa nosso espaço de experiência e convida a uma releitura memorial e simbólica do passado.

Esse paradigma interpretativo e pragmático aponta para novas relações, pacificadas, com a filosofia. Depois de terem celebrado a ruptura do cordão umbilical que as ligava à filosofia, as ciências humanas

---

4 Giddens, *Social Theory and Modern Sociology.*

começam a perceber que podem revisitar a tradição filosófica de modo frutífero. Já que a filosofia não mais reivindica uma posição dominante, torna-se possível às ciências humanas reencontrar suas raízes profundas ao contato de ambas.

A dimensão filosófica em ciências sociais, aliás, é mais que nunca um imperativo, pois é o único meio de preservar o pluralismo interpretativo, a pluralidade dos possíveis, dos mundos disponíveis. Ela torna possível a reabertura do espaço de investigação evitando alternativas estéreis: liberdade/obrigação, indivíduo/sociedade, universalismo/relativismo, substancialismo/hermenêutica... tantos pares que por muito tempo frequentaram e empobreceram o trabalho em ciências humanas.

Para compreender as formas de ação, os novos trabalhos retomam por sua conta a tradição fenomenológica e hermenêutica que lhes permite definir um paradigma interpretativo construindo temas em torno do fazer sem o falar.[5] Eles utilizam também os trabalhos da filosofia analítica para melhor compreender o querer dos atores na própria efetivação da ação. O fato social é percebido como fato semântico, portador de sentido. A teoria do agir comunicacional, de Jürgen Habermas, assim como os trabalhos das ciências cognitivas são mobilizados para retomar as ações sociais como fatos ao mesmo tempo psicológicos e físicos. A noção de dialogia, introduzida por Mikhail Bakhtin, informa igualmente essas novas pesquisas pelo fato de enfatizar o caráter polifônico do discurso, sua heterogeneidade enunciativa.

Uma nova aliança, em forma de tríade, efetua-se entre ciências exatas, ciências humanas e filosofia, em relações apaziguadas e não mais fundadas na deportação de conceitos e na prática selvagem da interdisciplinaridade, mas na comunidade disciplinar ou na transdisciplinaridade. Esse novo pluralismo teórico deve revestir a "ciência tal qual se faz", não para importar modelagens prontas, mas levando em consideração aquilo que os atores das ciências dizem sobre ela e mantendo um discurso compatível com as descobertas científicas. É sob essa condição que a interdisciplinaridade fundada na pesquisa do sentido do agir humano em todas as suas dimensões pode responder às interpelações urgentes de nossa atualidade.

---

5 Ver Ricoeur, *Du texte à l'action*.

Não nos esqueçamos, humildemente, de que estaremos sempre mais próximos da fumaça do que do cristal.[6] A reorientação em via de elaboração reabre o campo de experiência do passado e do presente, todo o domínio do agir, à problematização das ciências humanas.

Ação: tal é sem dúvida a palavra-chave da cristalização em curso. Essa sensibilidade nova não surge de um lugar qualquer. Ela é manifestamente aquela de uma geração fortemente marcada por um movimento pelo qual passou, o de maio de 1968. Foi no curso desses "acontecimentos" que nasceu um jornal. Ele se chamava... *Action*.

O novo paradigma seria a expressão do verdadeiro pensamento de 1968, enfim liberto das amarras, dos modelos dos quais esse movimento se desviou para se exprimir? Não se pode realmente postulá-lo, pois muitas descontinuidades nos separam da configuração dos anos 1960. O movimento atual rompe radicalmente com a postura hipercrítica, a filosofia da suspeita que era a de maio de 1968. Contudo, a vontade de fazer "sentido", depois de ter feito "sinal", é justamente o ponto em comum entre aqueles que abrem hoje a renovação das ciências humanas.

Quando comecei minha investigação, não tinha a intenção de utilizar critérios de idade para montar a lista dos pesquisadores que desejava encontrar. Foi somente no decorrer da elaboração do livro que me dei conta de que estava tratando de um fenômeno de geração.

A própria noção de paradigma evoca a de momento, que deve ser duplamente declinada: enquanto saída do estruturalismo e como efeito retardado de uma geração marcada por maio de 1968. Essa geração parece enfim ter encontrado as palavras e as ferramentas mentais para prosseguir sua busca de sentido sem teologia, para exprimir sua sensibilidade à historicidade sem historicismo e seu gosto pelo agir sem ativismo.

A oscilação em curso é também a oportunidade de um grande encontro de diferentes gerações intelectuais com um filósofo que atravessou na sombra o período precedente, justamente porque encarnava a filosofia do agir e do sentido, Paul Ricoeur. Nós o encontraremos ao longo do desdobramento das múltiplas facetas do novo paradigma como o recurso essencial das orientações atuais.

Medir a guinada atual e sinalizar as potencialidades oferecidas: tal é a ambição deste livro, que pretende tornar audível ao cidadão

---

6 Para retomar as palavras de Henri Atlan (*Le Cristal et la Fumée*).

as questões atuais da pesquisa, traçando os contornos do espaço teórico comum a práticas inovadoras manifestadas de modo ainda muito amplo. Ele deve portanto contribuir, conforme a secreta esperança do autor, para repensar o vínculo social na cidade moderna.

PARTE I

PERCURSOS
UMA MESMA GERAÇÃO

A nova configuração das ciências humanas que emerge na França a partir do fim dos anos 1980 deixa transparecer, além de seu aumento de volume e da pluralidade de seus polos, uma verdadeira unidade de geração. Cada autor certamente tem sua trajetória singular e inteligível em sua coerência própria. Contudo, um vínculo tácito fundamenta uma identidade comum, a do pertencimento a um espaço intelectual pós-estruturalista. Essa geração se situa entre os quarenta e os cinquenta anos; portanto, ela estava saindo da adolescência em maio de 1968, e não é surpreendente encontrar, na maior parte de seus representantes, um sentido agudo de engajamento, a preocupação com o social. Essa relação com o mundo certamente mudou muito desde essa data, e as evoluções ocorridas são múltiplas. Uma sensibilidade comum, no entanto, liga todos esses percursos. Não realmente um paradigma comum, mas uma mesma busca do sentido, um mesmo horizonte de reconciliação com a democracia, uma problematização das relações dos indivíduos com o político, uma vontade de superar as velhas clivagens fictícias entre individualismo e holismo e de romper por meio desse com as pretensões disciplinares. "A imaginação no poder", dizia-se no final dos anos 1960. Hoje, pode-se revelar uma aspiração comum à abertura, à descompartimentalização, à transversalidade. É possível perceber certo número de orientações inovadoras e comuns nesse intercâmbio. Elas são o fruto de uma abertura das portas e janelas, de diálogos entre os campos mais diversos do saber e do abandono do provincianismo hexagonal.

Quatro polos, como dissemos, estruturam essa comunidade intelectual em movimento: a galáxia dos discípulos de Michel Serres, a orientação cognitivista, a perspectiva pragmática-convencionalista e a tentativa de recomposição global pelo político. Mas as pontes entre esses diversos lugares da pesquisa são numerosas e alguns dominam essas divisões tanto mais facilmente quanto esses quatro polos funcionam frequentemente de maneira convergente. Retracemos, a partir da investigação, a singularidade de cada um. Poderemos assim revelar as similaridades inesperadas na história das ideias em vias de ser feita.

I

A GALÁXIA DOS DISCÍPULOS DE MICHEL SERRES

Filósofo heterodoxo afilhado de Hermes, Michel Serres paradoxalmente fez escola. Seu percurso sinuoso, difícil de seguir devido a sua singularidade, pouco se prestava para a constituição de um grupo de discípulos, mas foi uma verdadeira nebulosa que se alimentou de suas audácias. Ele conduziu sozinho um trabalho sistemático de dessacralização das ciências contemporâneas questionando a eficiência de seus modelos no seio das ciências humanas, mas também no cerne da literatura, notadamente a propósito da termodinâmica na obra *Les Rougon-Macquart*, de Émile Zola.[1]

Formado bastante cedo na epistemologia, Michel Serres é um dos raros filósofos na França a lançar-se na lógica matemática, descobrindo desde os anos 1950 Russel e Wittgenstein. Deles retém ideias essenciais que não deixará de enunciar sob diversas formas: a do pluralismo, a da predominância da invenção e a do campo enciclopédico do saber. Especialista em Leibniz, sobre o qual defende sua tese,[2] combate todas as formas de fundação ou hierárquicas do saber científico. Nesse sentido, rompe com a tradição dos epistemologistas franceses: tanto a continuísta, do positivismo comtiano, quanto aquela descontinuísta, da ruptura bachelardiana.

---

1 Serres, *Feu et signaux de brume*.
2 Idem, *Le Système de Leibniz et ses modèles mathématiques*.

Seu problema filosófico não é o da ruptura, mas ao contrário, o da circulação, da invenção que ele apreende em suas diversas manifestações científicas e poéticas. A filosofia de Michel Serres esforça-se para fazer circular as mensagens no próprio centro da experiência humana. Ele consagra não menos de cinco obras a Hermes[3] nas quais multiplica todas as conexões possíveis, passeando ao longo de um tempo acrônico, um tempo moldado, no qual o deslocamento costuma estar no interior de um espaço de mestiçagem: "Daí minha inclinação pela topologia, ciência das vizinhanças e das transformações contínuas ou interrompidas, pela teoria da percolação, pela noção de mistura".[4]

Mesmo cultivando a arte da solidão ("As ideias novas vêm do deserto, dos anacoretas, dos solitários"),[5] o mensageiro Michel Serres foi ouvido. Assim, inspirou numerosos pesquisadores, que de modo algum são discípulos no sentido de uma vulgata que lhes caberia difundir, mas inovadores que adotaram o gesto da filosofia de Michel Serres, o percurso sinuoso do nomadismo, da divagação, da circulação indefinida nas margens da inventividade, assim como de um funcionamento em redes a partir de cadeias descontínuas. Encontram-se entre eles os defensores de uma nova disciplina transversal: a antropologia das ciências (Michel Callon, Bruno Latour...), uma química instalada sobre terrenos tão diversos quanto a termodinâmica, a sociologia ou a hipnose (Isabelle Stengers), um historiador conquistado pelas tecnologias modernas de comunicação (Pierre Lévy)... O percurso no seio dessa galáxia mostra até que ponto a fecundidade do barqueiro Serres parece longe de ter esgotado seus efeitos.

A inovação

Um dos grandes lugares do trabalho de descompartimentalização das disciplinas surgiu no seio da Escola de Minas de Paris com a

---

3 Idem, *Hermès I, La communication*; idem, *Hermès II, L' Interférence*; idem, *Hermès III, La Traduction*; idem, *Hermès IV, La Distribution*; idem, *Hermès V, Le Passage Nord-Ouest*.

4 Idem, *Éclaircissements, entretiens avec Bruno Latour*, p.155.

5 Ibidem, p.123.

A GALÁXIA DOS DISCÍPULOS DE MICHEL SERRES

criação do Centre de Sociologie de l'Innovation (CSI) em 1967, sob o impulso de Pierre Laffitte. O atual diretor do CSI, Michel Callon, com seu colega Bruno Latour, está na iniciativa de uma direção original da pesquisa que tende a se tornar um ramo novo do saber, uma disciplina inédita: a antropologia das ciências e das técnicas. Ela se situa na intersecção da sociologia e das ciências exatas. Ela se coloca no próprio coração da invenção científica em surgimento e irriga suas diversas tradições tecnológicas.

Tendo ingressado em 1964 na Escola de minas, Michel Callon se engaja na Union des Grandes *Écoles*, uma seção da Union Nationale des Étudiants de France (Unef) particularmente ativa na esteira da guerra da Argélia. A efervescência política dos anos 1960 no meio estudantil incita-o a se voltar para as ciências econômicas e sociais. Ora, uma das originalidades dessa escola de engenheiros consiste em abrigar um ensino de economia de alto nível com Maurice Allais (que receberia o prêmio Nobel de economia em 1988). Certamente, Michel Callon, preparando um diploma de engenheiro de minas, segue o curso das matemáticas, da física e da química, mas o que devia ser o essencial de seu trabalho assume um lugar marginal: "80% de minha vida consistia em ler sociologia, antropologia, filosofia".[6] Esse banho de ciências sociais, dominado na época pela figura tutelar de Pierre Bourdieu, encoraja-o a se especializar nesse domínio. Decide aprofundar sua formação em economia.

Munido de seu diploma de engenheiro em 1969, aproveita a oportunidade da criação do Centro de Sociologia da Inovação que acaba de ser criado pelo diretor-adjunto da Escola de Minas, Pierre Laffitte. O CSI é um dos três centros de pesquisa lançados nessa época, ao lado de um Centro de Pesquisa em Ciências Econômicas com Maurice Allais e de um Centro de Pesquisa em Gestão. Diante da ausência de sociólogos na Escola de Minas, Pierre Laffitte pede a Alain Touraine para recomendar-lhe um jovem pesquisador universitário formado e disponível. É assim que é confiada a Lucien Karpik a direção do CSI, cujos trabalhos ele orientará em três direções.

Karpik se dedica primeiramente ao estudo da política das grandes empresas, na linha de Alain Touraine, que acabava de publicar

---

6 Michel Callon, entrevista com o autor.

Production de la société. Touraine desenvolvia ali sua caracterização da sociedade como "pós-industrial". Deslocando a análise para as mudanças das sociedades modernas, Touraine distinguia três componentes constitutivas de seu modo de historicidade: o conhecimento em geral, que inclui todas as formas de relações do mundo, notadamente linguísticas; a acumulação pela qual uma parte daquilo que é consumível é investida na produção; e enfim o modelo cultural pelo qual a sociedade compreende sua criatividade própria, valorizando o aspecto da cientificidade no ato de transformação da natureza. Alain Touraine definia assim um "modo de ação da historicidade sobre as práticas sociais"[7] específico da sociedade moderna, completamente diferente daquele da sociedade tradicional, agrária, de historicidade mais distante. Nesse esquema, a empresa tornava-se o lugar privilegiado, enquanto nível intermediário, no processo de produção da sociedade. Karpik retoma essa orientação que permite superar o dualismo que opõe as lógicas individuais e o mercado, para melhor se concentrar sobre as empresas como lugares de um verdadeiro poder, ao mesmo tempo autônomos, modelados pela sociedade e capazes de transformá-la. Entre os recursos mobilizados pelas empresas figuram evidentemente a ciência e a técnica.

Michel Callon participa desse programa de pesquisa em direção das empresas de ponta em companhia de Jean-Pierre Vignolle e de Thierry Chauveau. Durante dois anos, eles trabalham em campo, circulam de empresa em empresa praticando a observação participativa, integrando-se nos laboratórios de pesquisa, nas equipes encarregadas de tomar decisões estratégicas. Os três pesquisadores tinham dividido o trabalho. Jean-Pierre Vignole trabalhava com as funções comerciais, Thierry Chauveau com as finanças e a produção, e Michel Calllon se ocupava das atividades de "pesquisa e desenvolvimento": "A escolha desse tema rompe com a sociologia ambiente. Ele vai marcar as pesquisas ulteriores".[8]

A empresa não está então no centro dos estudos econômicos ou sociológicos, e a ambição do CSI é fazer desta um ator separado da sociedade. Entidade viva, heterogênea, em tensão constante entre

---

7 Touraine, *Production de la société*, p.86.
8 *1967-1992: comprendre la création scientifique, technique et culturelle*, brochura do CSI, 1992, p.11.

direções às vezes opostas, a empresa é analisada como chapa fotográfica, fecunda em suas ramificações, a partir de uma grade de análise nova, "como a da lógica da ação [...], a de governo de empresa".[9] O CSI procurava restituir as relações de concorrência entre empresas como questão estratégica a partir da definição dos produtos, das políticas comerciais e das alianças com os poderes públicos.

A essa direção de pesquisa acrescentam-se duas outras. A segunda é animada pelo sociólogo Haroun Jamous, que acabava de realizar um importante trabalho sobre a reforma hospitalar.[10] Ele se propõe a estudar os mecanismos públicos de decisão a partir do estabelecimento de modelos das alianças entre grupos sociais e profissionais para influenciar as decisões públicas, relativizando assim as teses funcionais de Michel Crozier sobre as organizações.[11] Quanto ao terceiro eixo da pesquisa, este era dirigido por Marie Moscovici. Ela tinha como objetivo mostrar que o modelo funcionalista mertoniano de análise da ciência[12] não correspondia à diversidade das práticas e dos contextos nos quais esses fazeres científicos se desenrolavam. Sua equipe também realizou, portanto, um trabalho de campo numa série de laboratórios, tanto públicos quanto privados. Tratava-se de mostrar que havia diferenças mas não contradições entre o *ethos* da ciência acadêmica (a busca da verdade, das normas) e o *ethos* dos negócios. A pesquisa é portanto pensável conforme normas diversas.

Seminários permitiam confrontar as experiências das três equipes e testar a confiabilidade das hipóteses teóricas. Para Michel Callon, esse foi durante quatro anos um período fecundo e formador, porquanto "Karpik era um excelente pedagogo. Ele passou muito tempo a nos formar em sociologia".[13] O CSI pôde assim irradiar para múltiplos lugares de produção e laboratórios de pesquisa numa atmosfera protegida, pois seu diretor, Karpik, estava pouco preocupado com problemas de administração. Retomando a célebre réplica de Oscar Wilde sobre o fato de que já é triste o bastante ser pobre, se além disso fosse preciso se queixar..., ele considerava que não era necessário jamais submeter os

---

9 Idem, p.12.

10 Jamous, *Sociologie de la decisión*.

11 Crozier, *Le phénomène bureaucratique*.

12 Merton, *Science, Technology and Society in Seventeenth Century England*.

13 Michel Callon, entrevista com o autor.

imperativos da pesquisa a obrigações de dinheiro. Essa atitude permitiu ao Centro uma negligência conveniente, que desembocou no entanto numa grave crise uma década mais tarde.

Michel Callon está então ainda inspirado por Alain Tourain, a cujo seminário ele assistiu até 1973. Ele é sensível ao caráter composto de uma assistência internacional, sobretudo latino-americana, e à capacidade de Touraine de encontrar coerências a partir das experiências mais diversas, em ligação com os movimentos sociais e políticos do momento. O modelo de Bourdieu não tinha mais o mesmo papel, e "para estudar as empresas, não nos servia praticamente para nada".[14] O começo dos anos 1970 é também muito marcado pela influência de Althusser, e Michel Callon tentava então "combinar Althusser de um lado e Touraine de outro",[15] testando conceitos althusserianos sobre os diversos estratos de organização das empresas, distinguindo as relações de propriedade, os níveis de apropriação... "Líamos regular e sistematicamente tudo o que ao althusserianos escreviam para ver como podiam ser operacionalizados aqueles conceitos."[16]

A tradução

Como para muitos, os anos 1974 e 1975 marcam uma guinada para Michel Callon. O clima político transforma-se e ele se distancia dos instrumentos conceptuais que utilizava até então. Percebe que o estoque de instrumentos disponíveis – quer sejam provenientes de Althusser, de Merton ou de Touraine – não é operatório para dar conta da pesquisa científica que então se fazia e das criações técnicas. O questionamento dos modelos antigos nasce também de uma reflexão coletiva feita no Centro em torno de uma abordagem crítica da ciência. Durante dois anos, um pequeno grupo reuniu-se regularmente uma vez por mês em torno daquele que representa essa corrente crítica na França, o físico Jean-Marc Lévy-Leblond, que tinha publicado com Alain Jaubert

---

14 Ibidem.
15 Ibidem.
16 Ibidem.

A GALÁXIA DOS DISCÍPULOS DE MICHEL SERRES

Autocritique de la Science,[17] obra na qual defendia a ideia de que a ciência deve manter o papel de um "agente provocador". Em torno dele, encontram-se Michel Callon, Pierre Thuillier – que escrevia em *La Recherche* –, o antigo dominicano Philippe Roqueplo,[18] Michel Volle, Claude Gruson, Luce Giard, Bernard Guibert, Alain Desrosières, Gérard Fourez, Pierre Papon, Liliane Stehelin e o atual responsável pela coleção Repères das edições La Découverte, Jean-Paul Piriou.[19]

As posições no grupo não eram homogêneas, mas ele constituiu um movimento não acadêmico crítico e ativo, beneficiando-se dos créditos do Cordes[20] – um organismo ligado ao Comissariat au Plan – para financiar um seminário dedicado à influência das relações sociais sobre a ciência. A intenção geral era opor-se a uma história puramente interiorizada das ciências que se contentasse em buscar uma genealogia das descobertas científicas, e conceder o máximo de atenção aos trabalhos que acentuavam as ligações com uma história externa, levando em conta o contexto social, desfazendo-se de "certas tendências marxistas que queriam reduzir a ciência a um objeto socialmente construído".[21] Na intersecção entre a abordagem interiorizada e a abordagem voltada para o aspecto externo, esse grupo de umas vinte pessoas abria-se a novas inspirações filosóficas para melhor recuperar o estudo das descobertas científicas. É o momento em que o filósofo alemão Jürgen Habermas começa a ser traduzido na França, e um seminário é dedicado a ele. Discutem-se também controvérsias entre Karl Popper, Imre Lakatos, Paul Feyerabend. A epistemologia ocupa a maior parte das discussões internas.

---

17 Lévy-Leblond; Jaubert, *Autocritique de la science*.

18 Roqueplo, *Le partage du savoir*.

19 Nota-se também entre os participantes desse seminário colocado sob a direção científica de Claude Gruson e sob a responsabilidade, no plano da pesquisa, de Philippe Roqueplo e Pierre Thuillier: Anita Bensaïd, Hubert Brochier, François Chesnais, Benjamin Coriat, Elisabeth Crawford, Jacques de Cutaines, André Gauron, Baudouin Jurdant, Ludovic Lebart, Philippe Mallein, Christos Passadeos, Michaël Pollack, Joseph Pouget, Georges Thill, Dominique Wollton.

20 Comité d'organisation des recherches appliquées sur le développement économique et social (Cordes) [Comitê de organização das pesquisas aplicadas sobre o desenvolvimento econômico e social].

21 Michel Callon, entrevista com o autor.

Mas uma descoberta vai ser decisiva para Michel Callon, a da obra de Michel Serres. Tendo assistido ao seminário deste último sobre a noção filosófica de *tradução* (que gerará o tomo III dos *Hermes*),[22] Michel Callon o introduz no campo da sociologia. "Essa noção tinha me parecido absolutamente luminosa."[23] Ela o faz compreender imediatamente uma obra estatística que se perde em explicações confusas para saber por que em certos setores industriais as inovações são produto dos pesquisadores, enquanto em outras são os comerciais que estão na origem dos novos produtos: "Tinha-se ou setores em que as operações já estavam funcionando, ou setores em que, ao contrário, era preciso construir todas as cadeias de tradução".[24] É portanto mutilador e redutor postular a prevalência de um domínio de explicação da inovação antes da investigação.

Em 1976, Michel Callon publica, numa obra coletiva, um artigo sobre o tema da tradução;[25] nele não se encontra referência explícita a Michel Serres, uma vez que não se trata ainda senão de uma influência oral, mas a noção de tradução em sociologia torna-se central, definindo uma equivalência entre objetivos heterogêneos em atores particulares. Essa noção tem por função superar a falsa alternativa entre o que é interno e o que é externo:

> Trata-se de uma operação particular, que denominamos operação de tradução, que transforma um enunciado problemático particular numa linguagem de um outro enunciado particular. [...] Tal ponto de vista torna inútil toda distinção entre o interno e o externo, uma vez que a rede não tem nem centro nem periferia, ela é um sistema de relações entre enunciados problemáticos que emergem indiferentemente da esfera social, da produção científica, da tecnologia ou do consumo.[26]

---

22 Serres, *Hermès III, La Traduction*.

23 Michel Callon, entrevista com o autor.

24 Ibidem.

25 Idem, L'Operation de la traduction comme relation symbolique. In: Gruson; Roqueplo; Thuillier et al., *Incidence des rapports sociaux sur le développement scientifique et technique*.

26 Ibidem, p.123.

A tradução não implica, contudo, uma equivalência *a priori*, mas simplesmente conjuntural.[27]

É num momento de impasse dos antigos modelos e de início das novas inspirações que Michel Callon decide fazer um desvio decisivo, sobre o qual voltaremos, para a sociologia das ciências nascente na Inglaterra. A orientação que disso resulta volta a compreender a inovação como "fato social total", para retomar a expressão de Marcel Mauss, e portanto a levar em consideração não somente os limites da ciência, mas seu próprio conteúdo, abandonado até então pelo sociólogo. Michel Callon redige então um projeto que submete ao Cordes. É a época do primeiro choque do petróleo, do debate nuclear, e anuncia-se que o automóvel térmico teria que dar lugar ao veículo elétrico. Michel Callon aproveita a oportunidade de uma inovação em vias de nascer, sobre a qual ainda não se sabe se será um sucesso ou um fracasso. Ele passa seis meses redigindo seu projeto de pesquisa sobre o veículo elétrico que, além da revolução tecnológica que representa o abandono do motor a explosão, parece portador de múltiplos desdobramentos no plano social. Alguns já veem nele o advento de uma sociedade da limpeza substituindo a sociedade industrial poluidora que tinha o petróleo como principal recurso: "Eu senti que era uma inovação total e que, perseguindo essa inovação, visitaria a sociedade em seu conjunto".[28]

Essa investigação implicava de fato tanto os laboratórios de pesquisa fundamental quanto as empresas privadas e os poderes públicos. Ela permitia, assim, circular de um lugar para outro para melhor perceber o lugar de cada protagonista, e restituir os elementos da controvérsia do próprio interior da cena em que ela se dava. O objeto escolhido por Michel Callon ilustrava bem a palavra de ordem da época, que era estudar a ciência em vias de se fazer e não a ciência pronta. No caso preciso do veículo elétrico, a incerteza tecnológica, política, cientifica era máxima. Uma vez aceito pelo Cordes, o projeto é executado por Michel Callon na solidão do pesquisador. Ele se estabelece, por assim dizer, por sua própria conta no CSI e empreende a leitura dos arquivos, uma vez

---

27 Ver idem, Struggles and Negotiations to Define what is Problematic and what is Not; the Sociologics of Translation. In: Knorr; Khron; Whitley (Eds.), *The Social Process of Scientific Investigation*.

28 Idem, entrevista com o autor.

que o projeto tinha sido lançado nos anos 1965-1966. Visita os vários atores dessa inovação, partilha seu cotidiano em alguns laboratórios, encontra prefeitos, conselheiros municipais e altos funcionários.

Paralelamente a essa investigação sobre o veículo elétrico, que permitia testar a noção de tradução – pois era preciso "manter juntos" elementos tão diferentes, tão heterogêneos quanto as limitações do eletrodo, as demandas do centro da cidade, a política do Électricité de France (EDF) e criar um modo de equivalência entre todos esses níveis heterogêneos –, Michel Callon empreende um trabalho sobre as políticas públicas em matéria de pesquisa. A oportunidade dessa investigação lhe surge ainda do encontro com um químico reputado de Estrasburgo: "Ele me diz que houve uma importante ação organizada conduzida pelo Ministério da Pesquisa sobre química macromolecular".[29] Ele se colocava a questão de saber se essa ação pública tinha tido algum efeito sobre o desenvolvimento da disciplina. À medida que Michel Callon se interessava pelos vínculos entre conteúdo científico e ambiente social, o químico propôs-lhe prosseguir essa investigação. O economista Claude Gruson também estava incluído no trabalho, pois tinha participado da reconstrução da contabilidade nacional;[30] ele se questionava especialmente sobre os meios a utilizar para facilitar as decisões dos altos funcionários e evitar ter que delegar sistematicamente todas as escolhas decisivas somente aos cientistas: "Ele se colocava a questão do poder que o político podia ter sobre o poder científico, e devo dizer que essa ideia me agradou muito".[31]

A questão era de fato decisiva e tanto melhor percebida por Michel Callon pelo fato de que se discutiam nessa mesma época os textos de Habermas sobre a ciência no seminário do CSI. Ora, a crítica de Habermas da tecnicização progressiva das escolhas, que leva a não mais perceber que se tomam decisões de natureza política, respondia bem a essa preocupação de dar à política científica instrumentos tão operacionais quanto aqueles da política econômica e social. O trabalho crítico da ciência podia encontrar, nessa perspectiva, um melhor equilíbrio entre o político e o científico. Este passava pela construção de instrumentos

---

29 Ibidem.

30 Gruson, *Origines et espoir de la planification française.*

31 Michel Callon, entrevista com o autor.

que permitissem situar bem o que fazem os diversos níveis da cadeia produtiva, do laboratório de pesquisa até seus últimos prolongamentos tecnológicos. Sair da opacidade, fazer retornar à cena pública as demandas de créditos, restituir a transparência e abrir à discussão as escolhas possíveis: tal era a ambição de Michel Callon, armado do duplo instrumento que constituía a noção de tradução emprestada de Michel Serres e do agir comunicacional de Habermas.

O encontro

É por ocasião da publicação de uma rápida apresentação por Michel Callon de suas duas pesquisas em *Le Progrès scientifique* – sobre os veículos elétricos e sobre o impacto do financiamento público no caso da química molecular – que se daria o encontro com Bruno Latour, decisivo para o nascimento, na França, da antropologia das ciências. Voltando de San Diego via Inglaterra em 1977, Bruno Latour descobre nesse número da revista uma visão panorâmica do que se passa na França e fica vivamente interessado pelas orientações definidas por Michel Callon, que ele encontra então: "Esse foi o começo de um diálogo que desde então não se interrompeu".[32]

Sua colaboração começou pela publicação de um pequeno boletim intitulado *Pandore*, com o objetivo de começar a estruturar o meio. Tratava-se de fazer circular a informação e prestar conta das publicações de obras num domínio ainda eclético que ia da etnologia das técnicas à gestão da pesquisa, passando pela sociologia das ciências e a psicologia cognitiva. *Pandore* funcionou durante quatro anos, de 1977 a 1981, e conheceu um certo sucesso, permitindo a multiplicação de encontros, favorecendo convergências implícitas. O excesso de livros e trabalhos dos quais dar conta obrigou-os a recorrer a pseudônimos: "em alguns casos chegamos a fazer críticas de nossos próprios trabalhos. Bruno criticou duramente um de seus livros. Divertimo-nos em montar falsas controvérsias, indignando-nos e atacando os colegas".[33] Os poucos

---

32 Ibidem.
33 Ibidem.

apoios financeiros, primeiro da Maison des Sciences de l'Homme, em seguida do Centre National de la Recherche Scientifique (CNRS), permitem difundir *Pandore* gratuitamente.

A segunda oportunidade de colaboração entre Michel Callon e Bruno Latour foi a elaboração de um artigo comum.[34] Além disso, o ano de 1981 é de uma mudança política que contribuiria para desatar uma grave crise que grassava havia dois anos no CSI. Não podendo encontrar uma saída interna, dada a gravidade das pressões, foi necessário partir do zero: "Esse foi um segundo nascimento".[35] Foi nessas condições que novos eixos de pesquisa foram definidos. Lucien Karpik, cansado e desgastado pelos conflitos internos, retirou-se, e Michel Callon assumiu as responsabilidades de diretor do Centro, que ainda hoje exerce.

Um filósofo de campo

Por sua vez, Bruno Latour viveu sua formação inicial na província, em Dijon, onde seguiu um curso muito tradicional que em nada o predestinava a ser o inovador que ele se tornou. Matriculado em filosofia, habituado ao estudo de textos clássicos, ele estava "tão fora do mundo quanto se pode estar numa faculdade de província".[36] Começando sua vida de estudante em 1967, ele atravessa o maio de 1968 num clima em que o conflito é bem mais tênue se comparado ao de Paris. Quanto ao clima intelectual, em Dijon se está longe da efervescência estruturalista. Seus professores são Jean Brun, de epistemologia, e André Malet, tradutor de Bultmann, com o qual ele faz muita exegese, o que lhe dá uma boa formação clássica. Apresentando-se à habilitação para docência de filosofia em 1972, ele é aceito. Um ano mais tarde, ele parte para fazer seu serviço militar na África, em Abidjan, como encarregado de

---

34 Callon; Latour, Unscrewing the Big Leviathan; or how Actors Macrostructure Reality, and how Sociologists Help them to Do So? In: Knorr; Cicourel (Eds.), *Advances in Social Theory and Methodology*.

35 Michel Callon, entrevista com o autor.

36 Bruno Latour, entrevista com o autor.

A GALÁXIA DOS DISCÍPULOS DE MICHEL SERRES

pesquisa para o Orstom,[37]* a fim de realizar uma investigação em sociologia do desenvolvimento. Bruno Latour descobre tardiamente, em campo, as ciências sociais que sua formação inicial tinha negligenciado um pouco. Passa dois anos na Costa do Marfim, no decorrer dos quais aprende o que é antropologia, conjugando seu trabalho de investigação nas empresas e os cursos que dá na universidade de direito, na qual ensina ciências sociais. É lá que se impregna do discurso marxista sobre desenvolvimento desigual, subdesenvolvimento e, sobretudo, descobre com entusiasmo o livro de Gilles Deleuze e Félix Guattari, *O anti-Édipo*. A investigação da qual ele está encarregado tem como objetivo explicar por que os funcionários da Costa do Marfim não chegam a substituir os franceses. Bruno Latour descobre nessa ocasião "toda uma literatura totalmente racista sobre os negros na fábrica".[38] É no campo africano que ele começa a considerar que, com as mesmas categorias de análise, seria possível transpor uma investigação similar num laboratório científico.

Ao mesmo tempo, Latour prepara uma tese de pós-graduação que defenderá em seu retorno da África, em 1975, sobre o tema "Exegese e ontologia", sob a orientação de Claude Bruaire. Na filiação, dessa vez, de sua formação exegética, ele questiona nesse trabalho a noção de verdade religiosa: "Isso teve um papel muito importante. Eu não saberia dizer o que resta dele hoje em dia, mas me interesso ainda pelas questões teológicas".[39] Seu interesse pelas ciências deduz-se paradoxalmente desse questionamento sobre a verdade religiosa. Ao final de sua tese, decide compreender o que fundamenta a verdade científica, e isso o leva a mudar de continente. De 1975 a 1977, está na Califórnia: dedica dois anos a um trabalho de campo num laboratório dirigido por um antigo professor de Dijon, o neuroendocrinologista Roger Guillemin, no Salk Institute de San Diego. Encontra na Califórnia a fina flor da modernidade francesa em matéria de filosofia das ciências sociais: "Eu pude recuperar um pouco o atraso de minha formação".[40] É a época em que

---

37 * Office de la recherche scientifique et technique outre-mer (Orstom): organização pública francesa que, por meio de acordos, oferecia cooperação técnica e científica a países em desenvolvimento. (N. E.)

38 Ibidem.

39 Ibidem.

40 Ibidem.

a cultura francesa começava a se exportar com sucesso em terras americanas, e notadamente em San Diego, onde Bruno Latour encontra Jean-François Lyotard, Michel de Certeau, Michel Serres, Paolo Fabbri, Louis Marin. O semiótico Paolo Fabbri, discípulo de Algirdas-Julien Greimas, terá nesse momento uma grande influência sobre Latour: "Ele teve um papel considerável".[41]

Mesmo sendo muito cético em relação ao quadrado semiótico de Greimas,[42] Bruno Latour pretende realizar o cruzamento entre a análise semiótica e a etnometodologia. É esse entrelaçamento entre o conteúdo do discurso científico, o social e os objetos que se tornaria a matriz de sua investigação no laboratório de neuroendocrinologia do professor Roger Guillemin (que recebeu o prêmio Nobel de medicina em 1977). Michel Serres também terá uma grande influência sobre Latour: "Tive o deslumbre de encontrar Serres, que preparava seu *Lucrèce*. Foi uma forte impressão, a primeira vez que tinha a impressão, ao ouvir alguém, de encontrar um verdadeiro filósofo".[43] É nesse contexto californiano fortemente afrancesado que Latour publica com Steve Woolgar os resultados de sua pesquisa de campo em 1979,[44] que permite conceber a possibilidade de uma nova disciplina, a antropologia das ciências, fundada numa análise materialista da produção da ciência: "É uma invenção que é simultânea na Califórnia, de quatro outros pesquisadores que tiveram a mesma ideia no mesmo momento, e dos quais nenhum é californiano".[45]

De volta à França em 1977, Latour encontra um lugar no Conservatoire National des Arts et Métiers (CNAM), num momento em que um pequeno grupo de pesquisa se organiza sob a direção de Jean-Jacques Salomon, o grupo Sciences, Technologies et Sociétés (STS). Mas sobretudo, diz ele, "eu tive a sorte de encontrar Michel Callon".[46] O encontro

---

41 Ibidem.

42 O quadrado semiótico, conforme Greimas, é a unidade elementar de significação. É uma retomada do quadrado aristotélico – quadrado dos contrários e dos contraditórios –, que serve a Greimas de matriz para explicar um número indefinido de estruturas narrativas. O sentido é então diretamente derivado de uma estrutura que lhe é imanente.

43 Bruno Latour, entrevista com o autor.

44 Latour; Woolgar, *Laboratory Life*.

45 Bruno Latour, entrevista com o autor.

46 Ibidem.

dos dois pesquisadores é o da sociologia da empresa com a nascente antropologia das ciências. Ele permite fazer convergir essas duas direções, e Bruno Latour se liga pois, naturalmente, ao CSI em 1982.

Uma química no país das ciências humanas

Em 2 de dezembro de 1993, data ironicamente bonapartista, Michel Serres entregava a Isabelle Stengers o grande prêmio de filosofia da academia francesa. Ele recompensava assim uma pesquisadora pouco acadêmica, que sempre se recusou a toda forma de encerramento num molde qualquer e que cultivava o gosto pela transversalidade e pelo nomadismo. Verdadeiro franco-atirador, denuncia sem descanso as tentativas de aprisionamento entre disciplinas científicas das quais cada uma procura adquirir uma posição hegemônica. Saqueando os canteiros floridos e pisando nos canteiros proibidos, é, segundo seu amigo Bruno Latour, uma "feiticeira [...,] o aguilhão e o prego no sapato. Enquanto não se resolveu um problema com Isabelle, nada se resolveu em filosofia das ciências".[47] Apaixonada pelos riscos, ela se situa também na filiação das orientações de Michel Serres, realizando nos feitos as funções de *Hermes*, as da meditação e da tradução.

Química de formação, adquiriu uma sólida formação científica que faz dela uma filósofa "bem-centrada, que pode disseminar, divagar. Ela tem certeza de ter aceitação".[48] Essa formação inicial, que hoje ela considera mais como um saber cultural do que como uma competência científica, permite-lhe encontrar facilmente o caminho de um verdadeiro diálogo com os cientistas. Muito interessada em problemas de temporalidade, conheceu em primeiro lugar o modelo histórico por meio de seu pai, historiador de profissão: "Isso evidentemente contou muito para mim. Durante muito tempo, pensou-se, eu inclusive, que meu destino estava traçado, que eu seria historiadora como meu pai".[49]

---

47 Bruno Latour em *Le Bon plaisir d'Isabelle Stengers*, programa apresentado por Antoine Spire, France Culture, 5 mar. 1994.

48 Michel Serres em *Le Bon plaisir*.

49 Isabelle Stengers em *Le Bon plaisir*.

Mas era ignorar seu gosto pelo nomadismo, sua busca por novos pensamentos, seu interesse por novas práticas. Sua equação pessoal levava Isabelle Stengers a se desprender constantemente dos antigos modelos, à maneira de Nathanaël, herói do romance de André Gide, *Les Nourritures terrestres*.

Seu percurso, feito de rupturas, orienta-se para as ciências como forma de escape em comparação com um destino muito definido, e é também um meio de recuperar a contemporaneidade: "Eu tinha a impressão de que com história estaria sempre presa no passado e incapaz de compreender o instante, o presente e suas questões".[50] Ela escolhe a Química, que percebe como uma ciência de cruzamento, um campo de investigação ainda maldefinido e por isso um terreno de múltiplas possibilidades. Em seu curso de Química, descobre que as outras disciplinas científicas, notadamente a Física, consideram a disciplina caduca, em vias de desaparecimento enquanto tal. Essa apreensão da dimensão de conflito entre as ciências é absolutamente essencial em seu posicionamento mais tardio como filósofa e historiadora das ciências: ela compreenderá que há estratégias de conquistas e questões maiores, quase militares, com uma história das ciências povoada por perdedores e protagonistas reduzidos ao silêncio. O fato de pertencer a uma sociedade minoritária, que descobre "serva", poderosa materialmente mas ideologicamente dominada, torna Isabelle Stengers particularmente sensível a essa dimensão. A Química é uma "ciência quase muda, sem voz, sem tradição a opor à Física ou à Biologia".[51] Daí manterá a noção essencial de minoria, que perpassa toda sua obra, e se dedicará, entre outras, à história dessa minoria, dando assim voz a uma ciência reduzida ao silêncio.[52]

Stengers segue, portanto, um curso clássico de Química até seu mestrado em Bruxelas, onde terá Ilya Prigogine como professor. Sua divisão vem da insatisfação sentida no interior de uma formação muito estreitamente especializada, muito funcional. Pensa que, se existe um Kepler, ela não seria capaz de reconhecê-lo e seria até mesmo importunada por sua existência, que viria a perturbar os cânones de sua disciplina de origem: "Já era uma preocupação social no sentido de saber

---

50 Ibidem.
51 Ibidem.
52 Stengers; Bensaude-Vincent, *Histoire de la chimie*.

A GALÁXIA DOS DISCÍPULOS DE MICHEL SERRES

43

aquilo que envolve a reprodução de uma disciplina".[53] Isabelle Stengers decide assim prover-se dos meios acadêmicos para demarcar as frentes pioneiras, as verdadeiras inovações. Isso não se podia fazer senão numa situação de transversalidade.

No começo dos anos 1970, ela decide se matricular em filosofia para tornar-se filósofa das ciências. A primeira surpresa é do campo da linguagem. Ouve então, pela primeira vez, uma palavra que lhe parece bem estranha, "epistemologia": "Foi a primeira palavra que não compreendi no meu primeiro curso de filosofia".[54] Sua atração por essa disciplina, completamente nova para ela, vinha simplesmente do fato de que se tratava do único lugar em que se podia refletir sobre as ciências sem fazer ciência. Termina seu curso de filosofia em 1973 e só se descobre realmente filósofa depois de sua formação acadêmica, quando começa a ler Gilles Deleuze: "É a grande época do *L'Anti-Oedipe*,[55] mas para mim foi *Différence et répétition*[56] que me fez trabalhar".[57] O que seduz Stengers na obra de Gilles Deleuze é sua capacidade de se engajar – e de envolver o leitor – numa busca de comunicação entre zonas que em geral são delimitadas: "Sua vida emocional e seu trabalho profissional".[58] É essa desobstrução que ela procurava justamente na relação entre as ciências e que descobre no campo da filosofia que lhe permite encontrar a si mesma: "Eu sou filósofa".[59]

Uma vez filósofa, Isabelle Stengers retoma seu caminho e reencontra seu antigo mestre Ilya Prigogine. Ele ainda não tinha o prêmio Nobel de química, que receberia em 1977. Ele acabava justamente de terminar suas pesquisas científicas sobre as estruturas dissipativas, e se colocava o problema da difusão de sua descoberta. A chegada de Stengers é uma oportunidade, pois ele precisa justamente dela, de sua formação de filósofa, para "pôr em palavras"[60] as estruturas dissipativas. Assim, instala a discípula num escritório de seu laboratório, e começa

---

53 Isabelle Stengers, entrevista com o autor.
54 Ibidem.
55 Deleuze; Guattari, *L'Anti-Oedipe*.
56 Deleuze, *Différence et répétition*.
57 Isabelle Stengers, entrevista com o autor
58 Idem em *Le Bon plaisir*.
59 Ibidem.
60 Idem, entrevista com o autor.

uma verdadeira colaboração, que se traduz primeiramente por artigos em revistas especializadas, depois na escrita a quatro mãos de uma obra que terá grande repercussão, *La Nouvelle alliance*, publicada em 1979.[61]

Isabelle Stengers, no entanto, não se deixa seduzir pelo sucesso que teria podido fazer dela uma especialista de um domínio particular da epistemologia, o da termodinâmica; decide explorar novos continentes do saber e prosseguir seu nomadismo. Vai trabalhar com amigos num departamento de sociologia, prosseguindo a preparação de sua tese, que defenderá em 1982, sobre a construção da visão do mundo dos físicos desde Galileu e Newton, a partir do problema que lhes coloca o fenômeno químico: "Eu tentei mostrar como as diferentes visões físicas do mundo se articulavam, sem dizê-lo, em torno de uma nova possibilidade de interpretar".[62] Ao mesmo tempo, ela participa de um trabalho inovador de sociologia, centrado na passagem da sociedade para a forma salarial, estudando os desdobramentos induzidos por essa mutação.

Em 1982, Stengers troca Bruxelas por Paris. Vai trabalhar quase quatro anos na preparação da Cidade das Ciências de La Villette, da qual guarda uma lembrança muito amarga, um "quase pesadelo".[63] Em compensação, encontra um lugar de trabalho e de prazer no qual se engaja com paixão, *L'Autre Journal*, de Michel Butel, que requisita sua colaboração: "O trabalho em *L'Autre Journal* é uma das boas lembranças de minha vida".[64] La Villette a faz amar retrospectivamente a Bélgica, que tem vontade de rever. A oportunidade de voltar surge quando Prigogine lhe propõe um período para escrever em comum uma segunda obra.[65] Ao final desse trabalho, Isabelle Stengers é enfim contratada como professora titular na Universidade Livre de Bruxelas, na qual ensina ainda hoje. Mas uma nova aventura apresenta-se quando o psicanalista Léon Chertok lhe propõe trabalhar com ele sobre hipnose: "Eu não gosto de me interessar por um campo senão em companhia de alguém que

---

61 Prigogine; Stengers, *La Nouvelle alliance*.
62 Isabelle Stengers, entrevista com o autor.
63 Ibidem.
64 Idem, *Le Bon plaisir*.
65 Prigogine; Stengers, *Entre le temps et l'éternité*.

A GALÁXIA DOS DISCÍPULOS DE MICHEL SERRES

45

pertença a ele".[66] Esse encontro é particularmente fecundo. Em breve daria origem a uma obra escrita com Chertok sobre a hipnose.[67]

Esse trabalho está também na origem de uma coleção original e na ponta da reflexão sobre a inovação científica. Essa coleção é editada pela direção da comunicação dos laboratórios Delagrange (mais tarde Synthelabo, quando esse laboratório comprar o Delagrange), sob a responsabilidade de Philippe Pignarre. Ela tem um título deliberadamente provocador, *Les empêcheurs de penser en rond*[68*], expressão retomada de Jean-Marc Lévy-Leblond. No início dessa coleção, Philippe Pignarre se interessa pelos pesquisadores cujo objeto é a ciência "em construção". Em 1989, tendo ouvido Stengers apresentar seu livro sobre a hipnose no colóquio do Mans sobre "Ciência e filosofia", ele lhe pede que faça uma conferência diante de trezentos psicanalistas convidados por Delagrange. O evento é um sucesso, e numerosos participantes manifestam o desejo de poder obter o texto da comunicação. Foi assim que nasceu a coleção, "sem que isso jamais tenha sido um projeto pensado, elaborado, mas simplesmente um achado".[69] Assim, seu primeiro volume é *L'Hypnose, blessure narcissique*, publicado em 1990. Esse tipo de edição-intervenção corresponde inteiramente à recusa ao academicismo por parte da agraciada com o prêmio de 1993 de filosofia da Academia Francesa. Ela encara de fato seus livros (é também o caso de *Drogues. Le Défi hollandais*, com Olivier Ralet) como "assunção de riscos".[70] Ora, para Isabelle Stengers, o risco tornou-se o critério maior de discriminação entre as verdadeiras e falsas ciências. Com a noção de risco como fator discriminador, utiliza um conceito completamente novo. O verdadeiro criador, segundo ela, inventa o risco, enquanto o falso criador se contenta em imitar as outras ciências.

---

66 Isabelle Stengers, entrevista com o autor.

67 Chertok; Stengers, *Le Coeur et la raison*. Isabelle Stengers, em colaboração com Didier Gille, trabalhará igualmente com Léon Chertok na redação de suas memórias (*Mémoires d'un hérétique*, La Découverte, Paris, 1991).

68 * Trata-se de um trocadilho com *empêcheur de danser en rond*, expressão que em português equivale a "estraga prazeres". Era intenção da coleção provocar a reflexão sobre verdades consagradas; daí o trocadilho. [N. T.]

69 Philippe Pignarre em *Le Bon plaisir*

70 Isabelle Stengers, ibidem.

Um historiador no universo-máquina

A realização dos *Élements d'histoire des sciences*[71] sob a direção de Michel Serres permitiu um verdadeiro trabalho coletivo durante mais de três anos. Foi nessa ocasião que o pequeno grupo da transversalidade, reunido em torno de Michel Serres, pôde consolidar seus vínculos intelectuais e amigáveis. Os dois líderes eram Isabelle Stengers e Bruno Latour, sob a tutela de Michel Serres. É nessa rede que encontramos outro discípulo de Michel Serres, Pierre Lévy. Explorador do universo informático e de seus efeitos sobre a sociedade, ele está na ponta de uma reflexão sobre o que compreende como uma mutação antropológica maior. Seu primeiro livro, *La Machine univers*,[72] valeu-lhe o prêmio da Association Française des Informaticiens. Seu percurso é também bastante inesperado, complexo. Ele participa do nomadismo inerente à rede que gravita em torno de Michel Serres.

Pierre Lévy recebeu inicialmente uma formação clássica de historiador em Paris-I, o que o predispunha pouco ao estudo das tecnociências. É entretanto no quadro dessa formação clássica que ele segue o curso de Michel Serres sobre a história das ciências. Para Lévy, esse encontro é decisivo. Michel Serres tem para ele um papel de "desencadeador",[73] ainda que o filósofo parecesse deslocado no departamento de história. Certamente ele tem uma assistência numerosa que segue com paixão a construção de sua obra, mas o número efetivo de alunos oficialmente inscritos em seus cursos é irrisório: quando Lévy chega a seu primeiro curso, não passam de cinco. O aluno Pierre Lévy não tem certeza então de que o professor Serres que avaliza os cursos é o mesmo autor dos numerosos livros que ele leu, uma vez que o nome Serres é bastante frequente: "Quando eu vi esse cavalheiro de cabelos brancos, pensei: 'É ele! Foi ele que escreveu esses livros!'. Dirijo-me a ele para perguntar onde é o curso de Michel Serres e ele me responde: 'Michel Serres? Sou eu'. Seguimo-lo, seus cinco alunos, e ele entra num anfiteatro no qual 350 pessoas o esperavam".[74]

---

71 Serres (Dir.), *Élements d'histoire des sciences*.
72 Lévy, *La machine univers*.
73 Pierre Lévy, entrevista com o autor.
74 Ibidem.

A GALÁXIA DOS DISCÍPULOS DE MICHEL SERRES

Em seu ciclo de estudos históricos que prossegue até o mestrado, obtido em 1978, Pierre Lévy está mais interessado nos problemas técnicos dos suportes do conhecimento do que nos temas em voga na historiografia clássica. Ele se apaixona pela geografia quantitativa, pela cartografia automática. Em história medieval, o que o interessa é a utilização das calculadoras, a exploração dos dados de base. Michel Serres lhe pede uma resenha do relatório Nora-Minc sobre a informatização da sociedade, que acabava de ser publicado: "Tudo isso me confirmava na ideia segundo a qual as tecnologias intelectuais e os instrumentos que elas permitem, que são auxílios à memória, à imaginação, à reflexão, à visualização, eram algo de central para a evolução cultural em todas as suas dimensões".[75]

Sua formação de historiador e a que ele segue paralelamente no CNAM, para iniciar-se na tecnologia informática, predispõem-no a estabelecer a relação entre uma tecnoestrutura particular e suas implicações sociais. Já em sua formação de historiador, o aprendizado da informática como instrumento de pesquisa o interessava menos do que "refletir sobre a maneira pela qual isso transformava a própria matéria da pesquisa".[76] Rapidamente, a reflexão sobre a informática torna-se especialidade de Pierre Lévy, que escreve então artigos na revista *Terminal* (periódico de informáticos críticos). Ele defende em Jussieu um mestrado num departamento mais adequado a seus interesses, "Informática e sociedade", e desde a obtenção de seu diploma ele leciona esse tema, apresentando as múltiplas implicações pedagógicas e jurídicas desse novo setor de atividade.

Quando Michel Serres se ausenta para lecionar nos Estados Unidos, em San Diego, Pierre Lévy se volta para Cornelius Castoriadis, cujo seminário segue na École des Hautes Études en Sciences Sociales (Ehess) e com o qual se inscreve para um novo mestrado sobre o tema "Etnologia da informática". Mais tarde, ainda sob a orientação de Cornelius Castoriadis, apresenta um projeto de tese sobre a ideia de liberdade na Antiguidade. Remontando no tempo, Pierre Lévy primeiramente se interessou pelas questões filosóficas no século XVIII, depois do século XVII e da Idade Média, e tinha decidido que era preciso

---

75 Ibidem.
76 Ibidem.

explorar a filosofia grega: "Não era uma verdadeira tese, era para aprender".[77] Durante esse tempo, continua a seguir o seminário de Michel Serres, retornado dos Estados Unidos, e é nessas circunstâncias que encontra Isabelle Stengers, à qual dedica uma profunda admiração: "Para mim, Serres, Deleuze, Guattari são grandes. Isabelle também é grande. Ela tem uma generosidade que dá provas de uma compreensão dos outros, do mundo, e de um pensamento também sobre sua vida".[78]

No seminário de Castoriadis, Pierre Lévy encontra Jean-Pierre Dupuy, diretor do Centre de Recherche en Épistémologie Appliquée (Crea), que dirige então um programa de pesquisa sobre as origens da ideia de auto-organização. Lévy participa desse programa durante quase dois anos, estudando as origens da cibernética. Interessa-se então por Warren McCulloch, que foi o primeiro a estabelecer uma ligação entre o funcionamento dos neurônios e os circuitos lógicos. Desde 1943, McCulloch tinha apresentado com Walter Pitts a noção de redes neuronais formais. McCulloch tinha se colocado a questão de saber como o cérebro pensa, propondo a ideia de uma rede neuronal submetida a *stimuli* e dando respostas sob a forma de configurações singulares de neurônios de transferência.[79] Esse pesquisador desconhecido na França está, segundo Pierre Lévy, na base do "conexionismo", abordagem teórica que conduzirá notadamente ao *L'Homme neuronal*, de Jean-Pierre Changeux.

Esse trabalho sobre a história da cibernética leva Pierre Lévy aos caminhos daquele que é considerado o pioneiro nesse domínio, Heinz von Foerster e seu célebre Biological Computer Laboratory, centro de pesquisas interdisciplinares da universidade de Illinois: "É a segunda geração da cibernética [...;] eles estudavam todas as funções vitais sob o ângulo de uma simulação informatizada ou de uma rede de autômatos".[80] O que interessa Lévy nesse trabalho de von Foerster, e o mesmo vale para Jean-Pierre Dupuy e o Crea, é a relação corpo/espírito, a questão de saber o que é a percepção, a memória. Graças ao paradigma da

---

77 Ibidem.
78 Ibidem.
79 Ver Dupuy, *Aux origines des sciences cognitives*.
80 Pierre Lévy, entrevista com o autor.

auto-organização, da ordem pelo ruído, a obra de von Foerster marca um momento constitutivo para todas essa novas orientações cognitivas.

Se o pensamento sobre as tecnologias informáticas tornou-se especialidade de Pierre Lévy, sua originalidade reside sobretudo na transversalidade. À maneira de Isabelle Stengers e no terreno de Michel Serres, ele ignora as fronteiras disciplinares. Sua leitura de Gilles Deleuze e seu encontro com Félix Guattari também tiveram uma grande importância, e isso nos leva à ideia deleuziana de um rizoma do conhecimento com múltiplas ramificações.

2

O POLO COGNITIVISTA

As interrogações sobre a antiquíssima dicotomia corpo/espírito farão emergir um novo polo da pesquisa: aquele das ciências cognitivas, que abrangem uma pluralidade de disciplinas. Entre os representantes dessa corrente, Jean-Pierre Dupuy é um iniciador precoce e um organizador: ele dirige hoje um dos principais lugares em que as ciências cognitivas estão lado a lado com a filosofia e as ciências sociais, no pico da montanha de Sainte-Geneviève,[1] o Centre de Recherche en *Épistemologie* Appliquée (Crea).

A fecundidade dos paradoxos

Originalmente, Jean-Pierre Dupuy é um brilhante politécnico. Seu caminho estava completamente traçado quando, saído da escola entre os primeiros, é admitido na administração siderúrgica, um dos símbolos da tecnoestrutura francesa: "Eu estava destinado a me tornar um alto funcionário ou um capitão de indústria".[2] A projeção dos postos

---

1 Santa Genoveva foi a padroeira de Paris. Ela sustentou a coragem dos habitantes de Lutécia quando da invasão de Átila.

2 Jean-Pierre Dupuy, entrevista com o autor.

ocupados por seus nove companheiros de promoção ao alto funcionalismo das minas é edificante: o presidente de Saint-Gobain, o de Rhône-Poulenc, o dos cimentos Lafarge, o número dois do Crédit Agricole, o presidente da Sagem..."Eu me tornei o filósofo, portanto sou completamente marginal".[3] Essa escolha, já heterodoxa, vem de uma profunda insatisfação diante do discurso elaborado pela Politécnica segundo o qual tudo o que é real é racional, forma de sub-hegelianismo, e a realidade, vivida:"O primeiro contato com a realidade foi duro [...] mediocridade de tarefas burocráticas que nos afetavam".[4]

Jean-Pierre Dupuy decide então fazer outras escolhas diferentes daquelas, já prontas, às quais sua formação deveria ter conduzido. Ele falta às aulas e percorre no sentido descendente a hierarquia das ciências humanas. Depois de um desvio para a economia matemática, ainda a mais próxima de sua bagagem de engenheiro, começa a adotar uma

> [...] atitude de crítica sistemática de tudo aquilo em que tinha acreditado, a começar pela ciência e pela técnica. Tinha me tornado um intelectual. Que caminho! Tinha acreditado num universal abstrato; encontrava-me mergulhado no relativismo mais ingênuo, um niilismo do conhecimento pelo qual vale tudo, ou seja, nada vale.[5]

Essa atitude crítica lhe permitirá situar sua pesquisa no ponto de articulação das duas culturas tradicionalmente separadas: a cultura literária para a qual ele pretende se voltar enquanto intelectual e a cultura técnica que constitui sua formação científica inicial. Esse duplo pertencimento, fonte de uma tensão interna que se encontra nos trabalhos de Jean-Pierre Dupuy, permite-lhe rever os cortes tradicionais entre sujeito e objeto, natureza e cultura, e transgredir as fronteiras disciplinares. Ele se torna assim um invasor de fronteiras, como o são os pesquisadores da nebulosa em torno de Michel Serres.

Evidentemente, ele não terá sido o único a tentar remover as montanhas, e uma série de encontros permitiu-lhe levar a bom termo sua reconversão. Ela se inscreve no contexto do paradigma crítico dos anos

---

3 Ibidem.
4 Idem, *Ordres et désordres*, p.274.
5 Ibidem, p.274.

O POLO COGNITIVISTA

53

1970. A principal inspiração à época lhe vem de Ivan Illich, com o qual nutre relações de grande proximidade, participando ativamente nos trabalhos do centro de Illich, o Centro Intercultural para el Decrecimiento y la Organización Comunitaria (Cidoc), em Cuernavaca, no México; ele assume, inclusive, na editora Seuil a responsabilidade de uma coleção "illichiana", a *Techno-critique*. Jean-Pierre Dupuy retoma em Illich sua crítica radical da sociedade industrial, perseguindo os efeitos de contraprodutividade da gestão tecnocrática, denunciando o fato de que a escola desaprende, que a medicina torna doente, os transportes modernos imobilizam, até chegar ao paradoxo, digno de Jacques Tati, segundo o qual "as pessoas passam cada vez mais tempo tentando ganhar tempo".[6] Illich tentava sair do círculo contraproducente da modernidade tecnológica com a linguagem do religioso, aquela, trágica, da deusa da vingança (*Nemesis*) que pune os homens culpados de falta de limites (*hubris*). Por sua vez, Jean-Pierre Dupuy pensava que se podia dar uma resposta a essas disfunções em termos de mecanismos, de lógicas paradoxais. Mesmo que Jean-Pierre Dupuy hoje considere que tenha ido um pouco longe demais no sentido da crítica da modernidade, ele não renega esse aporte decisivo: "Foi o trabalho com Illich que me deu o gosto pelos paradoxos que nunca me abandonou".[7]

É graças a Ivan Illich que Jean-Pierre Dupuy faz outras descobertas decisivas, notadamente com Heinz von Foerster, judeu vienense emigrado como Illich, fundador, como vimos, da "segunda cibernética", a dos sistemas de organização. Em 1976, depois de ter tomado conhecimento em Cuernavaca das teses de Illich, Foerster sugere utilizar a teoria dos autômatos para elaborar o modelo da contraprodutividade. Jean-Pierre Dupuy, que participa da reunião, fica muito seduzido por essa perspectiva, pois ela permite comparar o paradigma crítico e a lógica. Von Foerster aconselha-o a conversar com dois biólogos: Henri Atlan e Francisco Varela. Dupuy reata assim com sua formação inicial, e é também a oportunidade para uma conexão essencial com um clube de pensamento realmente eminente, que se chamou "grupo dos dez",[8]

---

6 Ibidem, p.86.

7 Idem, entrevista com o autor.

8 O "grupo dos dez" constituiu-se em 1967 e desde sua origem reunia mais de dez membros: Robert Buron, Henri Laborit, Edgar Morin, Jacques Robin, René Passet, Alain Laurent, Jacques Sauvan, Jack Baillet, Gérard Rosenthal, Jean-François Boissel, David Rousset,

54 O IMPÉRIO DO SENTIDO

do qual Henri Atlan é membro ativo. Esse pequeno cenáculo reunia-
-se uma vez por mês das 18 horas à meia-noite, com a intenção de fazer
intercâmbios transdisciplinares. É diante do "grupo dos dez" que Jean-
-Pierre Dupuy apresenta uma exposição, "A conjectura de von Foerster": "Só um dos participantes compreendeu a amplitude da coisa [...]
Foi Henri Atlan. Ao se despedir, ele me disse: 'No fundo, o acaso e o
sentido não são senão duas faces de uma mesma moeda'".[9]

Nessa época, Jean-Pierre Dupuy não tem centro de pesquisa: ele
está instalado na editora Seuil por meio de Ivan Illich e Jean-Marie
Domenach para dirigir a coleção *Techno-critique*. É de seu escritório
nessa editora que ele organiza então, durante dois anos, uma rede de
pesquisadores de todas as disciplinas interessadas no tema da auto-organização, com vistas à preparação de um colóquio que tem lugar entre
10 e 17 de junho de 1981 em Cerisy.[10] Jean-Pierre Dupuy realiza, graças
a esse colóquio, a reconciliação que chama de "seus votos" entre as duas
culturas. Encontra-se nela aquilo que Pierre Rosanvallon, presente em
Cerisy, chamará de "galáxia-auto" (é na época em que se discute autoges-
tão, autonomia...), na qual a segunda esquerda, rompida com os aparelhos e em busca de uma nova cultura, dialoga com os cientistas: "Todas
essas pesquisas são dificilmente dissociáveis e, por razões tanto conceptuais quanto sociológicas, formam um todo, uma quase-disciplina, sustentada por uma quase-comunidade".[11]

Entre os interventores no colóquio de Cerisy figura um autor cuja
obra marca fortemente Jean-Pierre Dupuy: René Girard; aliás, Dupuy
acabava de publicar com Paul Dumouchel um livro sobre a obra dele.[12]
Professor na universidade de Stanford, na Califórnia, René Girard

---

Bernard Weber. No começo dos anos 1970, aumentou com a presença de Joël de Rosnay,
Jacques Attali, Jacques Piette, Henri Atlan. O grupo encerrou suas atividades em 1979.

9 Dupuy, *Ordres et désordres*, p.18.

10 Dumouchel; Dupuy (Dirs.), *L'auto-organisation*. Os participantes desse colóquio são:
Henri Atlan, Yves Barel, Julien Bok, Cornelius Castoriadis, Paul Dumouchel, Jean-Pierre
Dupuy, Françoise Fogelman-Soulié, René Girard, Roger Guesnerie, Michel Gutsatz,
Jean-Louis Le Moigne, Pierre Livet, Maurice Milgram, Thierry de Montbrial, Philippe
Mongin, Edgar Morin, Jacques Paillard, Pierre Rosanvallon, Benny Shanon, Isabelle
Stengers, Jean-Claude Tabary, Francisco Varela, Jean-Louis Vullierme, Bernard Walliser,
Gérard Weisbuch.

11 Ibidem, p.13.

12 Dumouchel; Dupuy, *L'Enfer des choses*.

O POLO COGNITIVISTA

desenvolveu desde o começo dos anos 1960 uma teoria antropológica do homem concebido como um ser de desejo, um ser especular cujo comportamento mimético é ao mesmo tempo matriz do vínculo social e fonte de conflitos.[13] Em 1983, Girard acabava justamente de ser nomeado em Stanford, passando da costa leste para a costa oeste dos Estados Unidos. Dispondo de meios financeiros consideráveis para organizar suas pesquisas como bem quisesse, pede a Jean-Pierre Dupuy para organizar em Stanford um colóquio do tipo daquele de Cerisy sobre auto-organização. É assim que em setembro desse mesmo ano de 1981, Dupuy convida os mesmos interventores, assim como pesquisadores americanos, para um colóquio que acontece na Califórnia sobre o tema "Desorder and order". Esse encontro terá um impacto importante sobre a comunidade stanfordiana, e Dupuy se verá convidado, desde 1984, para lecionar em Stanford, lugar que ocupa até hoje.

Além dessa "galáxia-auto", Jean-Pierre Dupuy participa também de outro círculo de pensamento, o da família *Esprit*. Próximo de Jean-Marie Domenach, ele conhece Marcel Gauchet, que na época apresentava seus trabalhos sobre Tocqueville na revista. Ele encontra também Claude Lefort. Essa proximidade intelectual atrai Dupuy para a filosofia política e a crítica da modernidade de Hannah Arendt. É ainda Illich que a apresenta a Jean-Pierre Dupuy: "Era uma grande descoberta para mim, essencialmente seu grande livro *La Condition de l'homme moderne*".[14]

A criação do Crea

A guinada política de 1981 na França marca uma inflexão maior para Jean-Pierre Dupuy, tanto no plano teórico quanto institucional. O duplo colóquio de Cerisy e Stanford permite-lhe virar a página dos anos 1970 e manter uma relação menos hipercrítica com a modernidade. E é

13 Girard, *Mensonge romantique et vérité romanesque*; idem, *Dostoïevski: du double à l'unité*; idem, *La Violence et le Sacré*; idem, *Des choses cachées depuis la fondation du monde*; idem, *Le Bouc émissaire*; idem, *Shakespeare: Les feux de l'envie*.

14 Jean-Pierre Dupuy, entrevista com o autor.

no decorrer do colóquio de Cerisy, em junho de 1981, que começa uma nova aventura, em torno de uma garrafa de Calvados. François Miterrand acabava de ser eleito em maio, a onda rosa triunfava em junho, Jacques Attali acabava de ser nomeado conselheiro especial do presidente e Henri Atlan era próximo de Attali. Todas as esperanças eram permitidas: o mundo mudaria. Toda a *intelligentsia*, até então instalada na oposição crítica, sentia aproximarem-se de uma vez só as alamedas do poder e a possibilidade de transformar – como se dizia na época – as ideias em forças materiais:"Alguns dentre nós estávamos muito excitados com a ideia de criar alguma coisa".[15]

O objetivo era ocupar o sítio da montanha de Sainte-Geneviève que se tinha tornado disponível com a partida da Escola Politécnica para o Palaiseau:"Finalmente essa montanha deu à luz não um sorriso, mas algo de mais modesto do que aquilo em que se pensava".[16] A realização é, de resto, dupla. De um lado, o Centre d'Étude des Systèmes Techniques Avancés (Cesta), que se tornará o escritório de estudos de Jacques Attali, e de outro, o grupo Science-Culture, no qual se encontram alguns membros do antigo "grupo dos dez", assim como novos pesquisadores.[17] Esse grupo era essencialmente animado por Jacques Robin, que já tinha sido a viga mestra do "grupo dos dez", além de Henri Atlan e Jean-Pierre Dupuy. Uma oportunidade apresenta-se com a nomeação de Jean-Marie Domenach como professor de humanidades na Politécnica:"Domenach me diz então: 'Por que não criar um centro de pesquisas ligado à minha cadeira na Politécnica?' E esse centro foi o Crea, cuja direção eu assumi".[18]

No início, há essa efervescência intelectual do alto da montanha de Sainte-Geneviève e o fato de que a Escola Politécnica não tinha centro de pesquisa filosófica. O Crea estava destinado a se tornar esse centro:"Desde o início, tivemos dois componentes: um de humanas e um

---

15 Ibidem.

16 Ibidem.

17 O grupo Science-Culture era composto por Henri Atlan, Jacques Attali, Cornelius Castoriadis, Jean-Marie Domenach, Jean-Pierre Dupuy, Françoise Fogelman, Jacques Lesourne, Edgar Morin, René Passet, Jacques Robin, Joël de Rosnay, Isabelle Stengers, Gérard Weisbuch.

18 Jean-Pierre Dupuy, entrevista com o autor.

O POLO COGNITIVISTA

de exatas".[19] Coabitam, assim, um polo de físicos e matemáticos, que estudam sistemas conexionistas[20] e redes, e um polo de filosofia social, moral e política. No começo da aventura, a equipe que fazia funcionar realmente o Crea limitava-se a Jean-Marie Domenach, Paul Dumouchel, filósofo canadense, e seu diretor, Jean-Pierre Dupuy: "Nessa época, eu me interessava pela lógica sem ter realmente uma formação nesse domínio".[21] Dupuy inicia uma formação intensiva durante três anos, no decorrer dos quais a pequena equipe convida lógicos para estudar os trabalhos de Gödel, Turing etc. Essa formação resultará na integração ao Crea de um lógico, Daniel Andler.

Por sua vez, Daniel Andler propõe rapidamente que entrem para o Crea os pesquisadores com os quais ele trabalhava, a maior parte filósofos analíticos: Dan Sperber, que vem da antropologia, François Récanati, Pierre Jacob, Pascal Engel, Joëlle Proust. Uma boa parte da equipe atual do Crea já está no posto. Rapidamente ela é levada pela onda que então tiveram as ciências cognitivas. O polo auto-organização apagou-se pouco a pouco, dando lugar ao paradigma cognitivista, mais voltado para o conexionismo.[22] É o momento em que o Centre National de la Recherche Scientifique (CNRS) lança uma investigação, em 1988, sobre o novo campo de pesquisas que as ciências cognitivas representam. Em julho de 1989, Jean-Pierre Changeux remetia seu relatório ao Ministério da Pesquisa, que se empenhava em iniciar uma ação de grande envergadura a seu favor.

O Crea ainda estava, nesse momento, estruturado em duas equipes diferentes, uma centrada nas ciências cognitivas, a outra na filosofia social, moral e política. Jean-Pierre Dupuy, inquieto diante da ascensão das ciências cognitivas, ameaçando carregar tudo em sua passagem, "em particular no interior das ciências do homem e da sociedade",[23] decide modificar a estrutura do Crea e fundir as duas equipes em 1990: "Eu fico

---

19 Ibidem.

20 O conexionismo é uma corrente das ciências cognitivas que considera todo processo cognitivo como um tratamento simultâneo de informações parciais no seio de uma rede, e não no seio de uma sequência de operações simples. O conexionismo opõe-se, portanto, à abordagem computacional.

21 Jean-Pierre Dupuy, entrevista com o autor.

22 Ver Parte V, "As representações", Capítulo 19, "A tentação neurônica e seus limites".

23 Jean-Pierre Dupuy, entrevista com o autor.

feliz por isso, pois desde esse momento houve verdadeiramente interações em todos os sentidos".[24] A preocupação de Jean-Pierre Dupuy é de fato evitar toda forma de reducionismo, preservar a conexão entre ciências cognitivas e ciências sociais que faz a originalidade do Crea e que permite permanecer fiel à orientação do ponto de partida quanto ao estudo dos fenômenos complexos, preservando sua margem de autonomia nos conjuntos caracterizados por sua heterogeneidade.

Mede-se o preço pago por Jean-Pierre Dupuy por sua conversão, que ele fez passar de uma situação confortável de engenheiro para a de intelectual engajado em todas as frentes inovadoras do saber, com a quantidade de desvios necessários e os investimentos de trabalho que isso pressupõe.

A autopoiese

Von Foerster, como dissemos, tinha aconselhado Jean-Pierre Dupuy a encontrar o biólogo Francisco Varela. Originário de uma pequena aldeia chilena pendurada a 3.200 metros na cordilheira dos Andes, Francisco Varela tem um itinerário rico em cruzamentos transdisciplinares e marcado pela perambulação espacial. Quando ele tinha 6 anos e meio de idade, sua família se instalou em Santiago do Chile. É lá que ele prossegue seus estudos universitários e encontra – o que é decisivo – o biólogo Humberto Maturana, do qual é inicialmente aluno antes de se tornar colega. Seu curso é então muito estritamente centrado na biologia, mas Maturana, com o qual ele prepara seu doutorado, favorece a multiplicidade de investigações.

Francisco Varela obtém uma bolsa que lhe permite prosseguir sua formação na universidade de Harvard. Assim, ele deixa o Chile em 1968 para ir aos Estados Unidos; no entanto, experimenta uma profunda insatisfação diante do pouco eco que encontram seus questionamentos, que se pode qualificar de cognitivistas *avant la lettre*. Ele já se interessa por aquilo que fundamenta o conhecimento humano, pela maneira pela qual funciona o cérebro humano. Ainda que não encontre uma resposta

---

24 Ibidem.

O POLO COGNITIVISTA

globalizante para suas questões, mas nem por isso a experiência americana deixa de ser muito útil. Ele segue então com proveito os cursos de neurobiologia, o seminário do linguista Noam Chomsky, assim como cursos sobre a etiologia dos primatas e sobre a inteligência artificial.

Com 23 anos, em 1970, volta ao Chile com a intenção de fazer seu país utilizar seu saber. Sua volta a Santiago, uma semana antes da eleição do presidente Salvador Allende, corresponde a um momento político privilegiado, que permite entrever um possível desenvolvimento científico do país. É desse período que data a elaboração, com Maturana, de sua teoria da autopoiese, que se tornará o eixo de seu programa de pesquisas cognitivas. Porém, em 1973, o golpe de Estado do general Pinochet obriga Francisco Varela a deixar seu país, assim como muitos intelectuais engajados. Sem visto para os Estados Unidos e na emergência, ele parte com sua família e cem dólares no bolso para a Costa Rica: "É um país maravilhoso, muito democrático, que me dá imediatamente um cargo de professor de biologia".[25] Apesar do encanto desse pequeno país, Francisco Varela não pode ficar. Ele tem necessidade de um espaço mais amplo para desenvolver suas teses inovadoras. É nessa época que encontra Ivan Illich, interessado em seu manuscrito sobre a autopoiese, e von Foerster, velho amigo de Maturana.

Varela parte novamente para os Estados Unidos, onde lhe oferecem um lugar no Colorado, que ele conservará por cinco anos. É lá que prossegue suas pesquisas sobre os aspectos neurobiológicos da sensomotricidade e as amplia para as questões de imunologia. Os resultados de seus trabalhos são publicados em 1980:[26] "Pela primeira vez, eu tento dar explicitamente uma teorização dessa questão de autonomia biológica no sentido mais global".[27] Nesse meio tempo, a situação melhora no Chile e propõe-se a Francisco Varela um cargo na universidade de Santiago. O mal do país sobrepõe-se às perspectivas de uma carreira norte-americana, e ele volta ao Chile entre 1980 e 1984. Essa é para ele a oportunidade de trabalhar de novo com Maturana. Juntos redigem uma obra publicada em 1987,[28] e é durante esse novo período

---

25 Francisco Varela, entrevista com o autor.
26 Varela, *Principles of Biological Autonomy.*
27 Idem, entrevista com o autor.
28 Maturana; Varela, *The Tree of Knowledge.*

chileno que a problemática cognitivista realmente se desenha, em especial com sua participação nos dois colóquios sobre a auto-organização preparados por Jean-Pierre Dupuy, em Paris e depois em Stanford. Entretanto, Varela perde pouco a pouco sua esperança de contribuir eficientemente no desenvolvimento científico de seu país natal. Ele literalmente se afasta e parte para a Alemanha, onde ganha uma bolsa para trabalhar um ano no Instituto Max-Planck. Dupuy convence Francisco Varela a estabelecer-se na França em 1986. Ele lhe dá um posto no Crea, cuja vocação cognitivista e multidisciplinar convém completamente ao pesquisador chileno.

A epistemologia

O diretor-adjunto do Crea, Daniel Andler, chegou também às ciências cognitivas e à filosofia a partir de um percurso original, já que ele vem do mundo matemático. Ele termina seus estudos de matemática no momento em que a universidade abre suas portas a jovens professores para responder às necessidades de uma população estudantil em plena explosão demográfica. Andler se inscreve no mestrado em matemática em Orsay em 1967 e, ao mesmo tempo, obtém um posto de assistente nas ciências matemáticas: "Tinha decidido começar uma especialização em matemática. Minha curiosidade era então de segunda ordem. Queria saber o que era a pesquisa em matemática".[29] Esse olhar distanciado a propósito de seu objeto, que já se pode qualificar como uma preocupação epistemológica, leva Daniel Andler a especializar-se em lógica, para comparar os conceitos ao desdobramento das operações matemáticas. Sua curiosidade ultrapassa, aliás, essa comparação clássica, uma vez que não somente aspira então a fazer filosofia, mas é também muito atraído pela literatura. Chega a considerar essa vocação reprimida de escritor como o aspecto mais importante de sua personalidade: "Tinha uma primeira vocação que era literária, uma segunda que era filosófica

---

29 Daniel Andler, entrevista com o autor.

O POLO COGNITIVISTA

e uma terceira, não realmente uma vocação, mas um *job* interessante, que eram as ciências matemáticas".[30]

Num primeiro momento, no entanto, ele prossegue sua especialização em lógica matemática, em teoria de modelos na linhagem dos trabalhos de Alfred Tarski, o que lhe permite ser convidado à universidade de Berkeley em 1969, na qual "começou realmente meu trabalho de pesquisa[31]". O *campus* de Berkeley, modelo internacional do espírito interdisciplinar nesse fim dos anos 1960, constituirá um ambiente totalmente favorável a essa eclosão. Ainda que na época Daniel Andler nada soubesse das ciências cognitivas, o vínculo se daria pouco a pouco de maneira fortuita, a partir do tema de sua tese em teoria dos modelos sobre a categorialidade. Acontece que essa noção se encontra na base da abordagem cognitiva. Ao mesmo tempo, Andler se apaixona em Berkeley pelo curso de Hubert Dreyfus sobre a fenomenologia: "Guardei desse curso um respeito, e até uma afeição, pelos atores dessa tradição".[32] O filósofo americano Hubert Dreyfus considerava que o programa de inteligência artificial (IA) estava num impasse. Contestava as teses triunfalistas de Edward Teigenbaum, segundo o qual a inteligência dos computadores seria ilimitada. Andler traduziria mais tarde o livro no qual Dreyfus expõe suas posições críticas.[33]

Uma vez munido de seu doutorado de Berkeley, Daniel Andler volta à França. Atravessa, então, um grande período de transição no decorrer do qual não se satisfaz com sua competência acadêmica no domínio matemático. É preciso esperar 1981 para sair da indecisão. O acontecimento que precipitaria Andler no caminho da filosofia é o colóquio de Cerisy sobre Karl Popper no verão de 1981:"Devo a Popper o fato de ter saído dessa fase preparatória [...]. Essa concepção problematizante e não essencialista me abria a possibilidade de trabalhar em filosofia".[34] Em Cerisy, Andler descobre uma liberdade de palavra que enquanto matemático e postulante filósofo ele não se autorizava: "No colóquio Popper, havia questões abertas, e eu podia portanto participar desse

---

30 Ibidem.
31 Andler, Mouvements de l'esprit, *Le Débat*, n.72, nov.-dez. 1992, p.7.
32 Ibidem, p.9.
33 Dreyfus, *What Computers Can't Do*.
34 Andler, Mouvements de l'esprit, p.11.

diálogo independentemente do meu selo de origem".[35] É então que ele assume sua condição de filósofo, traduz Dreyfus, critica a argumentação deste último e se abre para dois domínios conexos: as ciências cognitivas e a filosofia analítica. Quando Jean-Pierre Dupuy o convida a participar de um programa coletivo de pesquisa no quadro do Crea, adquire enfim os meios institucionais necessários para seus trabalhos epistemológicos.

A filosofia do espírito

Igualmente pesquisador do Crea, Pascal Engel se situa mais classicamente num percurso de filósofo evoluindo para as posições da filosofia analítica. É um antigo aluno da École Normale Supérieure (ENS) de Ulm, na qual assistiu aos cursos de Jacques Derrida. Ele estava então marcado por aquilo que chamamos de pós-estruturalismo ou pós-nietzschianismo: "Eu me considerava discípulo de Deleuze".[36] Na época, Engel levava Foucault ao pé da letra quando anunciava que o século seria de Deleuze. Os mestres tutelares de sua vida de estudante são, portanto, Foucault, Deleuze e Derrida. Mas, "bem rapidamente, dei-me conta de que isso levava a um impasse total".[37]

Na Sorbonne, no âmbito da preparação de sua licenciatura em filosofia nos anos 1972-1974, Pascal Engel tinha tido um professor de filosofia que teria muita importância em sua reconversão posterior: Jacques Bouveresse, o grande especialista em Wittgenstein.[38] Ele o tinha iniciado na lógica e na filosofia analítica: "Com Bouveresse percebi que todas aquelas coisas eram problemas reais no momento em que eu constatava os impasses do pós-estruturalismo".[39] Engel se volta então para a filosofia analítica, e mergulha nas revistas anglo-americanas dedicadas

---

35 Daniel Andler, entrevista com o autor.
36 Pascal Engel, entrevista com o autor.
37 Ibidem.
38 Bouveresse, *Wittgenstein*; idem, *Le Mythe de l'intériorité*. Um número da revista *Critique* é dedicado a Jacques Bouveresse (n.567-569, ago.-set. 1994, "Jacques Bouveresse: parcours d'um combatant").
39 Pascal Engel, entrevista com o autor.

O POLO COGNITIVISTA · 63

a esse tema: "Lembro-me que Althusser queria cancelar a assinatura dessas revistas na ENS".[40]

O outro professor que terá importância para Pascal Engel é Jules Vuillemin, que leciona no Collège de France e cujos cursos abordam a filosofia das ciências matemáticas, a epistemologia, a filosofia das ciências: "Nós tínhamos, com pessoas como Vuillemin, Bouveresse, uma epistemologia canônica. Eles colocavam os problemas à maneira da filosofia das ciências tradicionais dos anos 1920".[41] O que Engel não mais suportava era essa ruptura de princípios entre filosofia e ciência, que fazia do discurso filosófico ou uma repetição do discurso científico ou o desdobramento de posições céticas, niilistas. Ele se perguntava como um filósofo pode não se interessar pelo problema da verdade: "Quando um filósofo lê teses filosóficas, quer poder se colocar a questão: é verdadeiro, é falso? Que penso disso e como reformularia a mesma teoria ou uma outra sobre o mesmo tema?".[42]

Pascal Engel, com certo número de outros estudantes bastante isolados na época, encontrou na filosofia analítica o eco desse tipo de preocupação. Não se tratava para eles de um exotismo, mas de sangue novo. Eles se puseram a trabalhar Frege, Russel, Quine. Esse pequeno grupo compreendia Alain Boyer, aluno de Jacques Bouveresse, como Engel; que havia se tornado especialista em Karl Popper e na filosofia das ciências sociais desde 1975, ele também se juntará ao Crea. Havia também François Récanati, especialista em prática linguística, que encontraremos igualmente no Crea; Pierre Jacob, que tinha saído três vezes para fazer seus estudos em Harvard; o lógico Jacques Dubucs,[43] membro do Institut d'Histoire des Sciences – fundado por Gaston Bachelard, depois dirigido por Georges Canguillem –; Jacques Hoarau,[44] também filósofo, discípulo de Jacques Bouveresse. Para todo esse grupo, ao qual

---

40 Ibidem.
41 Ibidem.
42 Ibidem.
43 Jacques Dubuc publicou notadamente "La Fabrique de la preuve", *Espaces Temps*, n.47-8, 1991.
44 Jacques Hoarau publicou notadamente "Description d'une conjoncture en sociologie", *Espaces Temps*, n.49-50, 1992 e "Jon Elster et les conventions artistiques", *Espaces Temps*, n.55-56, 1994.

64   O IMPÉRIO DO SENTIDO

é preciso acrescentar Claudine Engel-Tiercelin[45] e Ruwen Ogien, que fez sua tese sobre o empirismo lógico, a obra de Jacques Bouveresse, publicada em 1971, *La Parole malheureuse*, permitiu despertar bastante cedo o interesse pela filosofia analítica. No mesmo ano, apareciam na coleção L'Ordre philosophique, da Seuil, dirigida por Paul Ricoeur e François Wahl, as traduções e comentários de Claude Imbert sobre a obra decisiva de Gottlob Frege.[46]

Mas esse grupo continuava muito isolado e pouco compreendido. Assim, quando Althusser e Derrida pedem a Pascal Engel para fazer--lhes uma exposição sobre a análise, este fica encantado; mas logo deve desanimar quando, depois de ter exposto a filosofia analítica, os dois mestres reagem, manifestando um mal-entendido evidente, e perguntando a Engel o que aconteceu com a psicanálise. Saído de uma prova de agregação, desenvolve então uma tese de terceiro ciclo com Jacques Bouveresse sobre os nomes próprios em Kripke,[47] depois uma tese de doutorado com Gilles Gaston-Granger sobre a filosofia da linguagem de Davidson.[48] E fará sua entrada com a equipe de Daniel Andler no santuário do cognitivismo: o Crea.

---

45 Tiercelin, C. S. *Peirce et le pragmatisme.*

46 Frege, *Les Fondements de l'arithmétique.*

47 Engel, *Identité et référence.*

48 Idem, *Davidson et la philosophie du language.* [N. T.: As teses a que se refere o autor constituem etapas do antigo sistema acadêmico francês].

3

O POLO PRAGMÁTICO

Uma terceira direção renovadora das ciências humanas, a da interrogação sobre o agir social, reúne pesquisadores de disciplinas diferentes: filósofos, sociólogos, economistas, historiadores, numa mesma preocupação de interpretação de razão prática resgatada a partir da observação e da análise da experiência humana.

Essa nova corrente em ciências sociais inspira-se fortemente num desvio filosófico, considerado indispensável. Não nos surpreenderemos em encontrar nessa conjuntura nova a oportunidade privilegiada de um diálogo fecundo entre ciências sociais que parecem buscar um horizonte filosófico a partir de sua própria problematização, mas também de filósofos decididamente voltados para a elucidação do social, ainda que o desvio que eles realizam permaneça muito especulativo.

A introdução de Habermas

Entre esses últimos figura o especialista na França no pensamento de Habermas, Jean-Marc Ferry. Filósofo precoce que descobriu uma paixão por Kant desde os 16 anos, ele segue um percurso sinuoso que o torna imediatamente sensível às questões da sociedade. Ferry prepara o bacharelado como autodidata, sozinho numa pequena aldeia da região parisiense, perto de Mantes-la Jolie. Ele está simplesmente matriculado no Centro de Ensino Televisivo de Vanves, e sua paixão pela filosofia o leva a passar um tempo exagerado em dissertações preparadas com minúcia e sem relação com as exigências requeridas. Saindo do secundário, ele se inscreve no Instituto de Estudos Políticos, no qual faz direito e ciências econômicas entre 1968 e 1972. Ao mesmo tempo, não renuncia totalmente à sua queda pela filosofia, já que participa do seminário do Collège de Philosophie que se organiza no começo dos anos 1970. No início, tratava-se de garantir a sucessão do Collège Philosofique de Jean Wahl. Encontram-se então nesse círculo seu irmão Luc Ferry, Alain Renaut, Bárbara Cassin...: "Eu seguia particularmente os seminários voltados para o idealismo alemão".[1]

Jean-Marc Ferry vive uma tensão curiosa entre seus interesses pela especulação filosófica e suas novas atividades profissionais. De fato, é levado a retomar uma empresa familiar no ramo de motores para automóveis de corrida: "Formei-me num campo muito técnico, e na urgência, pois era chamado por toda parte na França e no exterior".[2] O filósofo deve então se converter ao manejo dos jogos de segmentos, montagem de válvulas numa culatra, tratamento térmico de ligas especiais... Não é por falta de competência de sua parte que conhecerá em breve dificuldades em sua empresa, mas simplesmente devido ao choque do petróleo e à decisão do primeiro-ministro da época, Pierre Mesmer, de suprimir o calendário das competições automobilísticas, para marcar simbolicamente a vontade governamental de reduzir o consumo de energia. O efeito imediato é catastrófico para a empresa dirigida pelo novo diretor-filósofo Jean-Marc Ferry que conseguiu, no entanto, mediando um grave conflito social, partir de novo do zero e restaurar em um ano e meio uma situação positiva. Uma vez reencontrado o equilíbrio, ele revende a empresa familiar e pode reatar com sua formação intelectual.

Ele se matricula num mestrado de sociologia em Paris-I, com Pierre Birnbaum, segue um seminário sobre o Estado e descobre os autores consagrados pela sociologia nesse domínio. Interessa-se então, essencialmente, pelo modo de funcionamento do capital financeiro e estuda as ramificações internacionais do poder das grandes firmas. Ele concebe

---

1 Jean-Marc Ferry, entrevista com o autor.
2 Ibidem.

O POLO PRAGMÁTICO

67

rapidamente a necessidade de mudar a escala de análise, de não pensar mais em termos de política keynesiana nacional diante da crise, mas de redistribuição em escala planetária: "Eu refletia então sobre a necessidade de um setor 'quaternário' para acolher os excluídos da grande produção, da automação, e o princípio de uma alocação universal me parecia uma boa ideia".[3] Na época, esse interesse pela lógica interna das políticas econômicas e pelo estudo de seus efeitos não tinha grande relação com sua investida no Collège de Philosophie, no qual trabalhava com os textos canônicos do idealismo alemão: Kant, Fichte, Hegel, Heidegger, Adorno...

É em 1978 que se efetua a junção entre essas duas atividades aparentemente sem relação. A ocasião apresenta-se quando Jean-Marc Ferry recebe a incumbência de fazer o balanço crítico de duas obras de Habermas que acabavam de aparecer pela Payot na coleção de Miguel Abensour, "Critique de la politique". O primeiro livro era da tese de Habermas, L'Espace public, que datava de 1961 e cuja tradução foi, portanto, tardia; o outro, mais recente, Raison et légitimité, datava de 1970: "Estávamos então bem no início da recepção desse filósofo".[4] A discussão das teses de Habermas à época era, sobretudo, produto da corrente marxista, que o enxergava como um representante da escola de Frankfurt prosseguindo o trabalho de crítica da técnica e da ciência como ideologia. Ferry está mais interessado pelo uso que Habermas faz da noção de crise e de seu funcionamento no sistema capitalista avançado. É esse aspecto do pensamento de Habermas que lhe permite notadamente fazer a ligação entre esses dois centros de interesse até então desconectados: "Eu achava que essa teoria das crises era original, poderosa".[5] Ela tinha a vantagem de oferecer uma visão globalizante a partir da ideia do desdobramento de crises em feixes que se propagam a partir do econômico até uma crise global de identidade e moral, passando por uma crise administrativa de racionalidade e uma crise de legitimação política.

Jean-Marc Ferry dedica então seu trabalho de mestrado a Habermas. Depois prossegue essa pesquisa no âmbito de uma tese de doutorado sob a dupla orientação de Miguel Abensour e Evélyne Pisier. É em

---

3 Ibidem.
4 Ibidem.
5 Ibidem.

fevereiro de 1985 que defende sua tese sobre a obra de Habermas[6] na sala Louis-Liard da Sorbonne, sob a presidência de Paul Ricoeur, que ele acabava de encontrar para submeter os resultados de seu trabalho. Uma discussão muito intensa tinha se estabelecido entre eles sobre as relações entre as duas filiações: a da crítica das ideologias, representada pela escola de Frankfurt, e a da hermenêutica das tradições, de Hans-Georg Gadamer.

Jean-Marc Ferry deslocava as linhas de clivagem aproximando duas correntes. Localizado no centro do debate alemão, Ferry tem como ambição em sua tese dar conta dos fundamentos da legitimidade nas sociedades modernas. No decorrer desse trabalho, descobre a importância de Karl Otto Apel, que foi o primeiro, desde os anos 1950, a perceber a importância de Charles Sanders Peirce e de Charles William Morris, não somente como fundador do pragmatismo e elemento essencial do *linguistic turn*, mas também como filósofo propondo uma ontologia e uma lógica. Apel se situa na continuidade do projeto kantiano de uma filosofia transcendental, mas renovada especialmente graças à "revolução linguística", com sua consideração do caráter maior da linguagem em toda ontologia. Toda a obra filosófica de Jean-Marc Ferry se inscreve nessa perspectiva pragmática[7] iniciada por Habermas e Apel; ela retoma os vínculos com a ambição política globalizante de emergência de uma ética da discussão e da argumentação em escala planetária, e participa, assim, ativamente na mudança atual de paradigma nas ciências sociais.

A saída do "bourdieusismo"

Entre os representantes que encarnam hoje essa nova corrente pragmática, Luc Boltanski tem um percurso particularmente interessante. Ele foi de fato o discípulo mais próximo de Pierre Bourdieu. No início, ele trabalha cotidianamente com Bourdieu durante cinco anos, de 1970 a 1975: "Devíamos, então, escrever juntos um grande

---

6 Ferry, *Habermas*.

7 Ver Parte IV, "Com o risco de agir", Capítulo 17, "Em torno das ciências pragmáticas".

O POLO PRAGMÁTICO

livro sobre 1968, a revolução, as estruturas sociais".[8] Quando aparece *La Distinction* em 1979, Boltanski considera que Bourdieu está no apogeu do desdobramento de seu sistema de análise, a tal ponto saturado que não pode mais evoluir sem se repetir. Ele sente vivamente a tensão interna de um projeto intelectual no qual a mão esquerda ignora o que faz a mão direita, entre a pretensão de um mundo totalmente objetivado, sem sujeito, acompanhando uma sociologia supostamente capaz de levar em conta a experiência dos agentes sociais. Nesse momento, "eu estava escrevendo *Les Cadres*. Pensei então que nada mais havia a fazer naquele paradigma".[9]

Nesse começo dos anos 1980, Luc Boltanski não está plenamente convencido pela teoria do *habitus*,[10] que lhe dá a sensação de ser uma "caixa preta".[11] Nessa teoria, o ator não tem realmente a livre escolha de sua estratégia, é presa de séries causais heterogêneas que atuam sobre ele e zombam dele. As estruturas objetivas permanecem totalmente independentes da consciência dos agentes, e no entanto são interiorizadas por esses últimos que, exteriorizando-as, lhes dão sua plena eficácia. Para dar conta dessa caixa preta, Boltanski considera que seria preciso poder se voltar para uma psicologia cognitiva, o que lhe parece irrealizável. Bourdieu parece, então, desembocar numa aporia, oscilando constantemente entre uma versão frouxa de *habitus*, que poderia aparentar-se à noção generalizante de mentalidade, e uma versão mais firme, segundo a qual o *habitus* determinaria todos os comportamentos em todas as situações, "o que não significa nada: ninguém pode defender tal posição".[12]

Quando Luc Boltanski publica *Les Cadres* (1982), sua obra inscreve-se bem na perspectiva de Bourdieu, e no entanto já se percebem inflexões sensíveis. Para grande espanto de seu tradutor em inglês, que

---

8 Luc Boltanski, entrevista com o autor.

9 Ibidem.

10 O conceito de *habitus* permite, em Pierre Bourdieu, uma mediação entre as relações objetivas e os comportamentos individuais. Ele exprime a interiorização pelos "agentes" das condições objetivas. No interior dessa tensão, a definição que Bourdieu dá desse conceito não deixou de flutuar entre a simples relação de reprodução e uma interpretação mais complexa. Ver sobre esse ponto Dosse, *Histoire du structuralisme*, t.II, p.378-91.

11 Luc Boltanski, entrevista com o autor.

12 Ibidem.

se perguntava, antes de lê-lo, como poderia traduzir o conceito de *habitus*, essa noção está totalmente ausente do livro: "O que me interessava em *Les Cadres* era trabalhar abandonando o naturalismo".[13] O objetivo era descrever como um grupo social se constitui como entidade política. Com o recuo, Boltanski se culpa por não ter sido sensível o bastante para uma dimensão maior, que é a inter-relação entre a formação de categorias sociais e a de Estado-nação.

Antes mesmo da publicação dos *Cadres*, Luc Boltanski estava se distanciando do paradigma da sociologia da linhagem de Bourdieu. Ele encontra Bruno Latour em 1978, no momento do retorno deste último dos Estados Unidos, e imediatamente se estabelece entre eles uma grande cumplicidade intelectual, que não se desmentirá com o tempo: "Eu fiquei fortemente impressionado pela leitura de seu manuscrito *Irréductions*, assim como por sua atitude sobre o Leviatã".[14] O outro encontro decisivo é aquele que se dá, graças a seu amigo Alain Desrosières, com o economista Laurent Thévenot. A partir de 1981, eles se põem ao trabalho em conjunto sobre um problema concreto, o das categorias socioprofissionais do Institut National de la Statistique et des Études Économiques (Insee). Eles propunham um módulo de dois dias aos voluntários que faziam formação permanente, a fim de fazer-lhes tomar consciência da realidade da estrutura social. Os exercícios apresentavam-se em forma de jogos: os participantes deviam classificar as fichas de informações do recenseamento correspondentes às profissões, encontrar conjuntos coerentes, depois designar uma profissão representativa de interesse mais geral e discutir coletivamente a pertinência desses agrupamentos. Esses exercícios de taxionomia social permitiam fazer aflorar a tensão existente entre os dois modos de classificação possíveis analisados por psicólogos cognitivos:[15] nominalista, à maneira de Buffon, ou realista, à maneira de Lineu. O fruto desse trabalho de dois anos seria publicado num artigo em inglês.[16] Essa pesquisa, entre outras, serviria para mostrar que a categoria dos quadros funcionais não

---

13 Luc Boltanski, entrevista com o autor.

14 Ibidem.

15 Bosch; Lloyd (Eds.), *Cognition and Categorization*.

16 Boltanski; Thévenot, Finding One's Way in Social Space; a Study Based on Games, *Social Science Information*, v.22, n.4-5, 1983, p.631-79.

O POLO PRAGMÁTICO

se constitui senão tardia e progressivamente, entre 1936 e 1950, para em seguida se tornar uma peça maior da taxionomia social francesa.

Mas além do estudo dos quadros funcionais, esse trabalho coletivo sobre a representação das categorias socioprofissionais permitiu a Luc Boltanski e a Laurent Thévenot descobrir a competência reflexiva dos não especialistas, do senso comum, a capacidade largamente partilhada de generalização, de superação dos casos particulares: "Trabalhávamos sobre a capacidade de reflexão das pessoas".[17] Essa descoberta abalava o paradigma sociológico em vigor até então, uma vez que postulava uma posição de sobrepeso do sociólogo, considerado o único capaz de tornar inteligível uma realidade social na qual os agentes não fariam senão sofrer os diversos mecanismos de manipulação. Ora, esse parto coletivo de classificações categoriais "mostrava que os ativos não eram passivos, que eles não eram somente de má-fé".[18] A descoberta das capacidades reflexivas do senso comum convidava a um resgate da questão da "grande divisão", como a chama Bruno Latour, entre o cientista e seu objeto, entre o saber científico e o senso comum. A etnometodologia[19] já tinha permitido deslocar essa separação radical.

Depois dessa investigação sobre as categorias socioprofissionais, Luc Boltanski se interessa pela questão da denúncia das injustiças. A ideia dessa pesquisa surge de sua investigação sobre os quadros funcionais, no decorrer da qual ele tinha encontrado muitos dispensados de suas empresas: "Eu tinha ficado muito impressionado com o momento da denúncia".[20] Interessado pela figura da paranoia analisada por Lacan com o caso Aimée, Boltanski se ocupa então da distinção operada pelas pessoas entre os casos de denúncia considerados políticos e os casos considerados patológicos. Discutindo com sindicalistas, logo percebe que não há cesura entre essas duas categorias de análise, mas um trabalho social constante de separação dos dois níveis e de elaboração do coletivo a partir do singular. Esse trabalho sociológico

---

17 Luc Boltanski, entrevista com o autor.
18 Ibidem.
19 Harold Garfinkel, seu fundador, definiu a etnometodologia como a ciência empírica dos métodos graças aos quais os indivíduos dão sentido a suas ações cotidianas. É assim que a interpretação das realidades sociais se reduz à observação dos discursos elaborados por atores considerados aptos a explicá-las.
20 Luc Boltanski, entrevista com o autor.

de estudo dos processos de generalização, de socialização do protesto, conduz Boltanski a questionar outro postulado da sociologia de paradigma bourdieusiano: o da posição naturalmente crítica, distanciada, do sociólogo que se dedica a desvelar a posição normativa do senso comum sem jamais esclarecer seu próprio ponto de vista normativo. É um paradigma ao mesmo tempo crítico e axiologicamente neutro: "O que é absurdo. Ou se é axiologicamente neutro e não se é crítico, ou se é crítico e tem-se uma posição normativa".[21]

A postura de desvendamento das aparências enganadoras, da má-fé do ator, implicava para Luc Boltanski a revelação das posições normativas do sociólogo. Nessa perspectiva, ele questiona o corte epistemológico entre competência científica e competência comum, instituído em toda a filiação da filosofia das ciências na França. Trata-se de "tentar definir um procedimento capaz de nos dar os meios de analisar a denúncia enquanto tal e tomar por objeto o trabalho crítico operado pelos próprios atores".[22] Certamente não se trata de negar a contribuição dessa tradição epistemológica francesa que insistiu na diferença entre a experiência sensível e a experiência das ciências físicas. O que nos diz a ciência sobre as estruturas da matéria de fato nada tem a ver com a percepção que delas temos, mas uma certa sociologia tendeu a generalizar e a radicalizar esse princípio para melhor distinguir uma competência erudita extraída da massa do saber comum. É essa ruptura de princípios que é questionada por Boltanski.

Encontra-se aí a mesma preocupação existente na antropologia das ciências de Bruno Latour e Michel Callon, que enfatizam a necessidade de considerar de modo "simétrico" os vencedores e os vencidos das grandes controvérsias da história das ciências. A preocupação similar de Boltanski resultava no deslocamento da posição crítica, que era até então privilégio do sociólogo, para o ator social, tornando assim simétricas essas duas posições: "A ideia era de que os atores 'performam' o mundo, e que eles o 'performam' pela crítica".[23] A experiência de campo revelava de fato as competências naturais de cada um para passar do singular ao geral e vice-versa.

---

21 Ibidem.

22 Idem, *L'Amour et la Justice comme compétences*, p.38.

23 Idem, entrevista com o autor.

O POLO PRAGMÁTICO

Luc Boltanski estabelece então como objetivo constituir um *corpus* para testar suas hipóteses inovadoras. Ele retoma o contato com certo número de executivos que tinha conhecido ao longo da preparação de seu primeiro livro e que tinham sido implicados em casos de denúncia. Depois, volta-se para a imprensa cotidiana, com a ideia de que muito certamente ela deve receber cartas de denúncia conservadas em seus arquivos. É o caso do *Monde*, no qual ele encontra Bruno Frappat, um "tipo bastante extraordinário que classificava tudo aquilo e respondia a tudo".[24] Durante três meses, Boltanski vai todas as tardes ao *Monde* para ler esses arquivos. Ele não tinha o direito de tirá-los dali, e então coletou ali mesmo trezentas cartas escritas ao longo de três anos, a partir das quais ele começou um tratamento estatístico "com a ideia de fazer uma gramática da normalidade, de explorar o senso comum da normalidade".[25] Ele inscreve esse trabalho na perspectiva de Mauss de fato social total e de exploração das categorias morais do senso comum. Esse *corpus* permitia descobrir as capacidades críticas dos atores, e Boltanski, aliás, brincava na época dizendo que ele "poderia ter sido conselheiro em denúncia".[26]

Essa investigação correspondia também a um momento em que se debatia a questão dos direitos de expressão na empresa. Luc Boltanski queria mostrar que essa questão deveria ser colocada em relação com a capacidade ou a falta dela das diversas formas de protesto de atingir o espaço público, conforme sua maior ou menor conformidade com a gramática da denúncia: "Meu ponto de vista era o de abrir a possibilidade de expressão, a possibilidade de protesto das pessoas".[27] Boltanski se lança então na leitura dessas denúncias a partir do eixo particular/geral, pessoal/público. O escândalo mais correntemente denunciado é de fato a utilização de uma posição social a serviço do bem-comum para satisfazer interesses pessoais. A outra dimensão a elucidar era a preocupação constante das pessoas, na operação de denúncia, de aumentar para atingir o espaço público de generalização de seu protesto. Essa ideia de magnitude se tornaria essencial no novo paradigma de Luc

24 Ibidem.
25 Ibidem.
26 Ibidem.
27 Ibidem.

Boltanski e Laurent Thévenot: eles ficam impressionados com sua importância, mas também com sua pluralidade, o fato de que existem diferentes formas de magnitude de natureza heterogênea. É pois ao longo dessa investigação que eles vão escapar ao eixo único de particular/geral, observando a multiplicação das vias possíveis de passagem de um ponto para outro da magnitude. Esse trabalho de pluralização em torno da construção de "cidades" diferentes desembocará numa obra fundamental, *Les Économies de la grandeur*.[28]

O investimento das formas

As reorientações de Luc Boltanski são indissociáveis das de Laurent Thévenot, que vem da economia (ao sair da Politécnica, ele entra na École Nationale de la Statistique et de l'Administration Économique (Ensae) para tornar-se administrador no Insee). Laurent Thévenot tem, desse ponto de vista, um percurso semelhante ao de alguns economistas da escola da regulação, como Robert Boyer ou Michel Aglietta. A decisão de fazer economia para Laurent Thévenot, nascido em 1949, assim como para toda sua geração, estava ligada ao desejo de abrir-se para as questões da sociedade num clima particularmente efervescente, o do final dos anos 1960: "O Insee era um viveiro político incrível. Todo o movimento de esquerda estava ali representado".[29] Rapidamente, Laurent Thévenot se apaixonou pelas questões de classificação em categorias sociais. Confrontado com problemas de ordem sociológica, descobriu aquele que dominava então as investigações desse tipo, Pierre Bourdieu: "Era aquele que ia mais longe no problema das categorias".[30] Seu irmão mais velho, Alain Desrosières, teve para ele um papel essencial: ele também trabalhava no Insee e já era próximo a Bourdieu, que precisava dos dados estatísticos necessários para a composição de seus modelos sociológicos. Laurent Thévenot tornou-se então, muito rapidamente, um economista pouco ortodoxo. Nesses anos de 1975 a

---

28 Boltanski; Thévenot, *Les Économies de la grandeur*.
29 Laurent Thévenot, entrevista com o autor.
30 Ibidem.

1977, formou-se na sociologia, que parecia melhor responder a suas expectativas.

É integrando-se na equipe de Bourdieu que Thévenot encontra Luc Boltanski, com o qual desenvolverá trabalhos de grande fecundidade: "Ele era completamente 'bourdieusista' naquele momento, mas um espírito muito criativo que procurava aberturas para a psicologia, o que era muito malvisto por Bourdieu".[31] O momento desse encontro entre o sociólogo e o economista é propício, pois corresponde ao de uma revisão das nomenclaturas em uso, e portanto a uma possibilidade de repensá-las diferentemente. O trabalho empírico desenvolvido por Luc Boltanski e Laurent Thévenot sobre as representações, sobre a maneira pela qual as pessoas se situam espontaneamente em descompasso com relação às classificações oficiais, permitia fazer a ligação entre os instrumentos estatísticos, o Estado e a sociologia.

É a partir dessa investigação que os dois operam uma ruptura maior com o esquema de Bourdieu, levando a sério os julgamentos e as representações de seus investigados: "Esta tem uma relação com a distância em comparação com a filosofia da suspeita",[32] que tinha por hábito procurar desmascarar o discurso do ator, postulando que a verdade se ocultava, quando "não se pode ser totalmente aparente [...]. Fica-se à espreita da competência das pessoas".[33] O modelo inicial das representações coletivas mútuas de Bourdieu se desfazia à medida que prosseguia a investigação empírica, no decorrer da qual transparecia a importância crucial dos julgamentos morais que se desenhavam por trás das questões de classificação.

Ao mesmo tempo, Laurent Thévenot encontra sob uma forma renovada sua disciplina de origem, a economia, com sua pesquisa sobre os "investimentos de forma".[34] Nela, preconiza uma definição ampliada da noção de investimento "que possa explicar toda a gama de operações de formação"[35] pelos objetos institucionais e técnicos, desconhecidos da teoria econômica clássica. Esse trabalho marca a emergência de um novo campo, a economia das convenções. Ele é feito em acordo

---

31 Ibidem.
32 Ibidem.
33 Ibidem.
34 Thévenot, Les Investissements de forme. In: *Conventions économiques*, p.21-65.
35 Ibidem, p.22.

com François Eymard-Duvernay, desde 1983, no quadro do seminário de pesquisa do Insee. Thévenot apresenta então um projeto de pesquisa no Insee, cujo resultado aparecerá em 1984 com o título *Économie et formes conventionelles*.[36] Essa orientação, diferente daquela seguida por Pierre Bourdieu, é no entanto fortemente marcada por uma reflexão sobre as noções de categorias. Ora, a orientação que Thévenot segue com o "investimento das formas" consiste em se questionar sobre o caráter cognitivo dos instrumentos materiais. É assim que os "Princípios de organização científica" de Taylor, datando de 1929, compreendem toda uma lista de instrumentos de formação cujo ajuste deve produzir certo número de mecanismos da organização científica: a ferramenta, o caixilho, a régua de cálculo, o cronômetro, a medida, a tarefa, as instruções escritas, a tarifa, o prêmio, a educação dos operários, a colaboração íntima entre direção e pessoal... ou seja, uma lista heteróclita. ("Encontram-se aí instrumentos de produção da oficina; instrumentos, esquemas, convenções, fórmulas tiradas das ciências exatas; preceitos ligados aos métodos de instrução escolar; disposições para prescrever próximas dos usos militares; modos de remuneração em uso na empresa; princípios, conselhos ou exemplos para orientar a maneira de agir.")[37]

Essa perspectiva conduzirá logicamente Laurent Thévenot ao Crea no começo dos anos 1980. É em Stanford, na cantina da universidade, que Jean-Pierre Dupuy lhe propõe que entre no Centro, que recupera assim o programa da economia das convenções. Essa nova orientação realmente apareceu como a emergência de uma nova escola de economistas, que se expressará notadamente no número especial da *Revue Économique* dedicado à economia das convenções.[38]

Do interior da ortodoxia

Entre esses economistas, Olivier Favereau conheceu um percurso de economista tradicional. Seguiu seu curso universitário da faculdade

---

36 Idem, *Économie et formes conventionelles*.

37 Idem, Les Investissements de forme, p.25.

38 *Revue Économique*, v.40, n.2 (L'Économie des convenctions), mar. 1989.

O POLO PRAGMÁTICO

de ciências econômicas de Paris. Nascido em 1945, completa o doutorado em 1969. Mas já tem uma curiosidade intelectual que ultrapassa o estrito plano econômico, uma vez que se inscreve em ciências políticas, prepara-se para a École Nationale d'Administration (ENA) e, como ele diz, "a chance de minha vida foi ser um dos primeiros formados na ENA".[39]

Em 1970, Olivier Favereau apresenta o tema de uma tese de teoria econômica sobre o nível de emprego numa economia em crescimento. Esse trabalho será, para ele, o próprio campo de experimentação da reviravolta de paradigma, o que atrasará o término dessa tese que só defenderá doze anos mais tarde, no fim de 1982. Essa duração excepcionalmente longa decorre do fato de Favereau estar insatisfeito com os instrumentos clássicos da economia: "Eu tinha continuamente necessidade de ir buscar outras ferramentas".[40] Mesmo na economia mais sofisticada, ele só encontra "monstruosidades" no plano descritivo para dar conta do mercado de emprego. Ele pesquisa, então, elementos mais realistas e descobre a corrente institucionalista americana,[41] que inscreveu as regras de regulação praticadas pelas empresas na gestão de seu pessoal: "O que me serviu de fio condutor no plano teórico foi a ideia de coordenação pelas regras".[42]

Essa ampliação do olhar com relação ao esquema da economia clássica tinha a vantagem de ser audível pelos economistas ortodoxos, e Olivier Favereau pôde integrar-se sem problemas no meio dos economistas da universidade Paris-I sem parecer um pesquisador muito heterodoxo, mantendo para os economistas um discurso esotérico. Dessa forma fica amigo de um pequeno grupo animado por Pierre-Yves Hénin, atual diretor do Centre Pour La Recherche Economique et Ses Applications (Cepremap), que contribuiu praticamente para converter o meio dos economistas à economia matemática. É com Hénin que Favereau defende sua tese; ele pertence, assim, de certa maneira, à economia ortodoxa, seguindo o movimento de formalização dessa disciplina.

Constatando que os economistas marginais ou heterodoxos não souberam se fazer ouvir e, portanto, jamais conseguiram fazer mover o

---

39 Olivier Favereau, entrevista com o autor.

40 Ibidem.

41 Doeringer; Piore, *Internal Labor Markets and Manpower Analysis*.

42 Olivier Favereau, entrevista com o autor.

corpus da economia clássica, Olivier Favereau considera que a melhor estratégia consiste em situar-se no interior da ortodoxia da teoria econômica para questionar algumas de suas figuras isoladas e medir os limites de sua coerência. É o que ele deixa parecer a partir de uma releitura de Simon, de Piore, de Doeringer e de Keynes, e isso lhe permite dar credibilidade a novos instrumentos de análise.

Favereau se interessa especialmente pela maneira pela qual a *Teoria geral* de Keynes contém de fato dois projetos de pesquisa: o discurso keynesiano justapõe deliberadamente elementos muito conservadores e um verdadeiro repositório de ideias fundamentalmente heréticas que Keynes deixa em latência para não chocar o meio no qual quer obter efeitos. Pode-se até dizer que, explorando a argumentação keynesiana a partir de seu interior,[43] adotará essa tensão argumentativa para deslocar, por sua vez, as fronteiras da economia em seu próprio discurso: "Isso me tornou realmente atento à maneira de discutir, de trabalhar uma ortodoxia verdadeiramente pesada e que ao mesmo tempo tem sua força".[44] Depois de sua tese e do concurso de agregação, Olivier Favereau se torna diretamente professor por quatro anos no Mans, e a partir de 1988 em Paris-X-Nanterre.

O manifesto das convenções

Um momento maior de cristalização da reflexão sobre as regras, comum a um pequeno grupo de economistas, corresponderá à aparição do número especial da muito antiga e canônica *Revue Économique* dedicado à economia das convenções.[45] Olivier Favereau assume, nessa publicação, o papel daquele que colocará em convergência trabalhos muito diversos, com o trunfo maior de ser reconhecido como um verdadeiro economista por seus pares e, portanto, a possibilidade de ser ouvido. Havia algum tempo trabalhava com François Eymard-Duvernay,

---

43 Idem, L'Incertain dans la "révolution keynesienne": l'hypothèse Wittgenstein, *Économies et Sociétés*, n.3 (série PE, Oeconomia), 1985, p.29-72.

44 Idem, entrevista com o autor.

45 *Revue Économique*, v.40, n.2 (L'Économie des conventions), mar. 1989.

O POLO PRAGMÁTICO

Laurent Thévenot, Robert Salais e o Crea, cujos seminários seguia há anos. Depois de sua agregação, acabava de ser integrado às equipes do Crea por Jean-Pierre Dupuy. Foi durante um almoço com Eymard-Duvernay e Robert Salais "que dissemos que seria preciso tentar explorar todas as ligações que tínhamos. Robert Salais teve a ideia de propor à *Revue Économique* um número sobre a economia das regras e das instituições".[46] Cada um acrescenta, então, um parceiro suplementar para preparar um número totalmente dedicado ao tema. Favereau pede a colaboração de Dupuy, Salais chama André Orléan, e Duvernay consegue a participação de Laurent Thévenot.

Ora, o que se prepara é bem mais do que um simples número de revista, é uma elaboração comum de padrões de uma nova abordagem em economia. Organiza-se um verdadeiro trabalho coletivo, que dura mais de um ano. Os autores multiplicam as reuniões no decorrer das quais apresentam o avanço de seus artigos, seguindo a ideia de fazer um número coerente. Essa preocupação de uma apresentação coletiva leva Favereau a recusar a oferta de assumir a responsabilidade do número que a revista lhe propõe. Assim, o número abre com um texto coletivo, uma introdução assinada pelos seis autores: "As pesquisas reunidas neste número têm em comum a característica de desenvolver a hipótese de que o acordo entre os indivíduos, mesmo quando se limita ao contrato de uma troca mercantil, não é possível sem um âmbito comum, sem uma convenção constitutiva".[47] No último momento, o título provisório de economia das regras e das instituições pareceu um pouco pesado para a equipe e parecia mal dar conta de uma nova aventura que permitia a publicação desse número. No último estágio de elaboração, Robert Salais e Laurent Thévenot propuseram mudar o título e escolheram "*L'Économie des conventions*", que era de uma "obscuridade conveniente".[48] Mas, sobretudo, o título permitia dar conta desse aspecto duplo das regras no sentido da regulação e de seus processos de construção.

A aventura da economia das convenções começava. Se o Crea, enquanto tal, não teve, apesar da presença de Jean-Pierre Dupuy e

---

46 Olivier Favereau, entrevista com o autor.

47 *Revue Économique*, v.40, n.2 (L'Économie des conventions), mar. 1989, p.142.

48 Olivier Favereau, entrevista com o autor.

80   O IMPÉRIO DO SENTIDO

André Orléan, um papel decisivo na emergência desse número, foi importante junto aos economistas para manter a presença de uma "heterodoxia respeitável"[49] A irradiação científica do Crea, a referência à Politécnica, o dinamismo das ciências cognitivas ofereciam um aval à economia das convenções, que constitui aliás um dos polos de pesquisa do Crea, o qual é parte integrante na criação, em 1992, de um doutorado em economia das instituições envolvendo três estabelecimentos de ensino: a École des Hautes Études en Sciences Sociales (Ehess), Paris-X-Nanterre e a Escola Politécnica. Os ensinamentos desse Diplôme d'Études Approfondies (DEA) mobilizam especialistas em economia das organizações, das instituições e das convenções, bem como alguns pesquisadores da teoria ortodoxa, uma vez que aí se ensina também a nova microeconomia centrada nos contratos e incitações: "É a primeira vez que a Politécnica está associada a um DEA de economia".[50] Os seminários desse DEA têm lugar no Instituto Internacional de *La Défense*, no qual lecionam Laurent Thévenot e Olivier Favereau (que tiveram que renunciar, por impossibilidade de acumular funções, à sua participação institucional no Crea, o que em nada modifica sua adesão intelectual às pesquisas do Centro).

Olivier Favereau, além disso, reorganizou as equipes de pesquisa em economia em Nanterre, criando em 1993 uma equipe associada ao CNRS, o Forum,[51] que permitiu fazer convergirem equipes em torno de perspectivas institucionalistas comuns. Todas essas equipes partem da constatação de problemas empíricos essenciais a resolver e da necessidade de submetê-los à teoria econômica. Entre esses problemas, o Forum dedica-se ao estudo da regulação das economias nacionais num espaço multipolar, à transição para uma economia de mercado tanto no terceiro mundo quanto nas economias de países ex-comunistas, assim como ao estudo do aumento do desemprego maciço um pouco por

---

49 Ibidem.

50 Ibidem.

51 Forum: Fundamentos das organizações e regulações do universo mercantil. Agrupa várias equipes: Laedix (emprego e mercado de trabalho), Mini (teoria da moeda e política monetária em economia aberta), Cerem, Irep (comportamentos de empresas, formas de concorrência), Cered (desenvolvimento), Caesar (história do pensamento econômico, epistemológico e teoria do vínculo monetário/mercantil), Muers (relações industriais e proteção social).

O POLO PRAGMÁTICO

toda parte: "A ideia é dar uma forma institucional explícita ao ressurgimento do institucionalismo".[52] O problema que atravessa os diversos campos de investigação é saber como um grupo, uma empresa, uma coletividade ou um país podem mobilizar seus recursos conforme um novo modo de aprendizado coletivo. Encontra-se nessa preocupação o mesmo cuidado que o da antropologia das ciências no exame do processo de criatividade social.

A importação da etnometodologia

Uma atenção particular ao agir social e às formas de enunciação deste se encontra também no sociólogo Louis Quéré, que muito contribuiu para tornar conhecidos na França os trabalhos de etnometodologia. No seio de um pequeno grupo de reflexão sobre a epistemologia em ciências sociais, ele desenhou pouco a pouco um programa "descritivista" em sociologia. Quéré inicia sua vida intelectual pelos estudos clericais. Seminarista, ele fica marcado por questões de hermenêutica, por uma sólida formação em exegese. Ao mesmo tempo, inicia-se nas ciências humanas das quais lhe fala seu professor, o atual arcebispo de Rennes, Jacques Julien, que o faz conhecer a antropologia, em particular Claude Lévi-Strauss, nos anos 1965-1968. O movimento de maio de 1968 enterra sua carreira eclesiástica e é para a universidade que se dirige.

Bruscamente, acha-se mergulhado no banho maoísta reinante na universidade de Rennes no retorno às aulas de 1968 no departamento de sociologia. Troca, então, o Marx da versão Calvez, jesuíta especialista no pensamento de Marx,[53] pelo "althusserizado" de Nicos Poulantzas. Nesses anos efervescentes, a atração parisiense impele Louis Quéré a deixar Rennes para terminar seus estudos de sociologia na Sorbonne. Dirige-se em seguida à Ehess, onde se encontra Alain Touraine, que agita o Centro com pesquisa sobre movimentos sociais. Quéré prepara sob sua orientação uma tese sobre os movimentos regionalistas, que representavam nessa época as "frentes secundárias" de uma muito

---

52 Olivier Favereau, entrevista com o autor.
53 Calvez, *La Pensée de Karl Marx*.

82   O IMPÉRIO DO SENTIDO

hipotética revolução a chegar. Essa adesão às posições de Touraine provoca um primeiro distanciamento com relação à sociologia crítica, quer seja da linha de Bourdieu ou de Althusser: "Foi o interesse de Touraine pela questão da historicidade que me prendeu".[54] De fato, Alain Touraine tinha elaborado, para compreender a modernidade, um "sistema de ação histórica" exposto em sua obra *Production de la société*, de 1973. Nela, defendia uma concepção dinâmica do sistema social, na qual a dimensão histórica das organizações sociais desempenhava um papel maior para retomar a "rede de oposições".[55]

Louis Quéré se alimenta ao mesmo tempo das reflexões sobre a história de Claude Lefort e de Marcel Gauchet, a partir da revista *Textures*. Interessa-se pela dimensão essencialmente cultural desses movimentos regionalistas, em cujo cerne se encontra a questão da defesa da comunidade linguageira: "interessei-me pela questão de saber o que acontece quando se toca na língua de uma comunidade".[56] Fica surpreso com o artificialismo da defesa política de uma língua com relação ao problema de sua sobrevivência. Os intelectuais engajados na defesa das línguas regionais codificadas e normatizadas pareciam impotentes para garantir sua perpetuação na vida cotidiana das pessoas. A evidência dessa discordância "contou no amadurecimento de meu interesse pelas questões de linguagem".[57]

Esse olhar sobre línguas regionais leva Louis Quéré a sua região natal, a Bretanha. Interessa-se pelo papel do grande jornal *Ouest-France*, verdadeira instituição regional, e investiga a relação que ele tece com o território. Os instrumentos althusserianos como os aparelhos ideológicos de Estado ou mais simplesmente a teoria do reflexo não podiam ser esclarecedores de forma alguma, e é Habermas que lhe permite abrir sua pesquisa para um novo horizonte teórico.[58] O confronto entre Habermas e Gadamer chama a atenção de Quéré, que busca uma via de passagem entre sociologia crítica e hermenêutica. Dedica-se a compreender o que implica, para as ciências sociais, o fato de que seu objeto se constitui por meio de uma compreensão de si mesmo. A

---

54 Louis Quéré, entrevista com o autor.
55 Touraine, *Production de la société*, p.131.
56 Louis Quéré, entrevista com o autor.
57 Ibidem.
58 Habermas, *L'Espace public*; idem, *Raison et légitimité*.

O POLO PRAGMÁTICO

83

situação particular do objeto social dotado de uma constituição de linguagem coloca o problema do estatuto de um procedimento hermenêutico como paradigma crível para a sociologia. Essa dimensão o leva a distanciar-se da sociologia de Alain Touraine: "O que me criava problema nesse tipo de procedimento é que ele não leva muito em consideração o fato de que o próprio objeto se constitui, incorporando uma interpretação de si".[59]

Na dinâmica dessas interrogações, Louis Quéré se volta, no começo dos anos 1980, para uma etnometodologia que lhe parecia até mesmo dar conta da dimensão linguageira e da significação do objeto social. Essa descoberta da etnometodologia orienta-o para a necessidade de questionar as categorias que o sociólogo utiliza para estudar seu objeto.

Ao mesmo tempo, desloca seu trabalho de investigação para o estudo da comunicação comum. A publicação de seu livro *Des miroirs équivoques* representa para ele "um pouco a reviravolta".[60] Nele estuda as modificações sofridas pela sociedade quando a estrutura de suas possibilidades simbólicas e técnicas de comunicação se transforma radicalmente. Tenta uma síntese entre sua própria herança teórica, cuja importância reconhece ("das grandes figuras contemporâneas do pensamento social e político, Habermas, Lefort, Touraine em particular. Este livro reconhece a dívida para com eles"),[61] e novas perspectivas teóricas, as da etnografia da comunicação, dos trabalhos de Erving Goffman[62] e da análise conversacional.

É em 1982-1983 que Louis Quéré lança no Centre d'*Études* des Mouvements Sociaux da Ehess um "seminário de epistemologia" que se tornará um verdadeiro viveiro para a elaboração de uma nova sociologia. Ele desempenhará especialmente um papel maior na difusão das teses de etnometodologia. Pesquisadores vêm se juntar ao seminário: Patrick Pharo, Bernard Conenin, Renaud Dulong, Alain Cottereau. Os textos de Harold Garfinkel e Harvey Sacks são ali traduzidos, discutidos, e o grupo acompanha sua reflexão de uma publicação artesanal, a dos cadernos cinza, dos quais o mais conhecido é o número dedicado aos

---

59 Quéré, Le Sociologue et le touriste, *Espaces Temps*, n.49-50, 1992, p.42.
60 Idem, entrevista com o autor.
61 Idem, *Des miroirs equivoques*, p.12.
62 Goffman, *Les rites d'interaction*.

84   O IMPÉRIO DO SENTIDO

"argumentos etnometodológicos".[63] Progressivamente, Quéré rompe com o modelo nomológico da sociologia durkheimiana, ou seja, com a perspectiva de construção de uma física social.

Do interacionismo à ética

No seio desse grupo de sociólogos, Patrick Pharo é talvez o mais profundamente marcado pelo movimento de maio de 1968, a ponto de viver um longo período extrauniversitário de trabalho social durante quase dez anos, de 1968 a 1977, depois de ter estudado filosofia na Sorbonne. A partir de 1977, reata com sua formação inicial e defende uma tese de terceiro ciclo em sociologia do conhecimento. No decorrer desse longo desvio, faz um trabalho de campo, especialmente como conselheiro profissional em agências de emprego, depois das pesquisas sobre a condição operária e camponesa. Toda essa experiência de campo leva-o a se questionar sobre a "categoria do sentido na análise social".[64] No plano teórico, o que a seu ver é mais sugestivo para o desenvolvimento de seu trabalho sobre o sentido da ação encontra-se em Max Weber:[65] "De uma certa maneira, vejo meu trabalho como uma pequena nota de rodapé das vinte primeiras páginas de *Economia e sociedade* sobre o sentido da ação social".[66]

O retorno à sociologia teórica levou Patrick Pharo até as fronteiras filosóficas de seus anos de formação inicial. Considerando que Bourdieu e Lévi-Strauss representam a contribuição central nas ciências sociais, ele se questiona sobre a categoria de liberdade, sobre o lugar da consciência, e reata com "a única disciplina na qual fui formado: a fenomenologia".[67] Ele revisita, assim, os textos de Husserl, que continuam para ele a maior fonte de saber. Mas também se interessa pelos prolongamentos da filosofia moral e política de Kant e Locke. Uma outra corrente filosófica, que ele não conhecia, interessa-lhe, uma vez que já

---

63 *Arguments Ethnométodologiques.*
64 Patrick Pharo, entrevista com o autor.
65 Weber, *Économie et Société.*
66 Patrick Pharo, entrevista com o autor.
67 Ibidem.

O POLO PRAGMÁTICO

tinha efetuado esse percurso para a categoria do sentido: a de Frege, Russel e Wittgenstein.

Participa, ao lado de Louis Quéré, na introdução da etnometodologia na França nos anos 1980. Contudo, está mais interessado na dimensão ética do que na epistemológica da reflexão sobre as ciências sociais, e adere ao Centro de sociologia da ética criado e dirigido por François-André Isambert (mais tarde substituído por Paul Ladrière), cujos interesses são muito variados (bioética, direito, filosofia moral na filosofia analítica...). Ele se especializa, então, no estudo dos fenômenos de "civilidade".[68] Para além dos centros empíricos de interesses muito diversos, uma sociologia geral centrada na dimensão ética do vínculo social está em vias de construção em torno de uma dupla preocupação: a do problema da normatividade do direito e a da objetividade da significação, que coloca a questão de saber se há na ação, no sentimento, na relação, algo da ordem do objetivo e por que meios descobri-lo.

Uma sociologia historicizada em busca de linguagem

Bernard Conein também participa desse grupo de sociólogos pragmáticos. Ele se situa, no entanto, na interface da orientação definida por Louis Quéré e a das ciências cognitivas. Seu percurso é feito de rupturas múltiplas e marcado por descobertas sempre novas. Assistente de Nicos Poulantzas em sociologia em Vincennes em 1970, começa a viver uma verdadeira aversão pela sociologia e procura salvação ao lado dos historiadores. Pede a Robert Mandrou para orientá-lo em uma tese sobre os massacres de 1792 na região parisiense. Mergulha, então, nos arquivos com uma hipótese na cabeça: verificar e aplicar o esquema de *Vigiar e punir*, de Michel Foucault, ao primeiro Terror. Interpretava todos os movimentos de execuções públicas populares que se desenvolveram de 1789 a 1792 como a expressão de concepções punitivas da justiça de tipo torturador: "As ações de morte eram desse tipo, com estiramento e esquartejamento dos corpos, mas os arquivos foram cuidadosamente

---

68 Idem, *Phénoménologie du lien civil*.

escondidos pelos discípulos de Soboul".[69] A ideia já era, além do conflito de escola quanto à interpretação do Terror, a de levar em conta os modelos mentais dos diversos protagonistas da Revolução.

Bernard Conein escolheu uma banca mista para sua defesa de tese, que ocorreu em 1978: Jean-Claude Passeron, Alain Touraine, Robert Mandrou e Michel Vovelle. Tendo como objeto a Revolução Francesa, Bernard Conein encontra Régine Robin e Jacques Guilhaumou, que estavam na ponta da análise do discurso no domínio histórico. Ele se integra ao grupo de pesquisa organizado por Michel Pêcheux,[70] que se intitula Análise e Leitura de Arquivos: "Foi ao mesmo tempo muito estimulante e um revés intelectual total".[71]

A morte trágica de Michel Pêcheux, que se suicida em 1982, provocará a extinção imediata de seu grupo de pesquisa. Bernard Conein se encontra, então, numa situação complexa, já que se sente defasado tanto com relação aos sociólogos quanto com relação aos historiadores.

Diante da constatação de fracasso dos instrumentos dos quais dispunha até então, efetua sua guinada pragmática por volta de 1981: "Comecei a ler Searle, Austin".[72] Ao mesmo tempo, descobre a etnometodologia, graças a seu amigo Nicolas Herpin.[73] Este último tinha traçado um panorama das grandes correntes da sociologia americana, no qual apresentava pela primeira vez na França a etnometodologia. Herpin propôs a Conein que conhecesse discursos inéditos de Sacks: "Comecei a lê-los e fiquei efetivamente deslumbrado na época".[74] Morto num acidente de automóvel em 1975, Harvey Sacks, criador da análise conversacional, tinha deixado apenas alguns artigos esparsos. Ora, Herpin dispunha de numerosas transcrições inéditas das propostas de Sacks. É nesse momento que Conein encontra Louis Quéré e Renaud Dulong. Esse último estabelece a ligação necessária, pois era ao mesmo

---

69 Bernard Conein, entrevista com o autor.

70 Michel Pêcheux, próximo de Althusser, organizou um programa de análise automática do discurso em 1969. Nele, inscrevia a análise do discurso no interior da concepção althusseriana de ideologia. Ver, para a história desse momento, Denise Maldidier, comunicação nos encontros "Linguistique et Matérialisme" de Rouen (out. 1988), *Cahiers de lingusitique sociale*, 1989.

71 Bernard Conein, entrevista com o autor.

72 Ibidem.

73 Herpin, *Les Sociologues américains et le siècle*.

74 Bernard Conein, entrevista com o autor.

O POLO PRAGMÁTICO

tempo um antigo membro do grupo de pesquisa de Michel Pêcheux e integrado na pesquisa de epistemologia das ciências sociais com Louis Quéré. Foi assim que se constituiu um grupo de trabalho em torno desses textos de Sacks e de Garfinkel.

Antes de lançar a "revista cinza", o grupo decide organizar um colóquio sobre o tema "Descrever: um imperativo?".[75] A questão central era saber por que a descrição não tem estatuto em sociologia, mas tem em linguística. No momento em que o colóquio começaria, o grupo de preparação fica sabendo que Harold Garfinkel estava em Londres e convida-o para vir expor suas teses: "Ele chega e, de repente, o colóquio se transforma com sua vinda".[76] É depois do colóquio que se constitui o grupo restrito que publica o primeiro número da revista *Problèmes d'Épistémologie en Sciences Sociales*. Bernard Conein é o mais entusiasmado da equipe a propósito das possibilidades abertas pela análise conversacional, enquanto Patrick Pharo fica mais distante e Louis Quéré "se diz garfinkeliano e não sacksiano".[77] Surgem diferenças de interpretação, tornando mais difícil o surgimento de um polo unitário de etnometodologia francesa. Contudo, em 1986, Conein organiza com Michel de Fornel e Louis Quéré um colóquio sobre "As formas da conversação", no decorrer do qual Garfinkel vem expor suas teses. No mesmo momento, Conein dá uma guinada para as ciências cognitivas que o levará à construção de uma "cognição social".

As ferramentas mentais dos historiadores

Pode-se ver essa guinada pragmática manifesta num certo número de historiadores. Gérard Noiriel pertence a essa geração que hoje renova a já tradicional história social com uma preocupação de reconciliar duas tradições, a da sociologia compreensiva e a da escrita histórica. Ele pretende promover uma abordagem "subjetivista do social".[78] Na esteira

---

75 Ackermann; Conein; Guigues et al. (Eds.), *Décrire*.
76 Bernard Conein, entrevista com o autor.
77 Ibidem.
78 Noiriel, Pour une approche subjectiviste du social, *Annales*, nov./dez. 1989, p.1435-59.

de Lucien Febvre, preconiza uma epistemologia prática a fim de construir uma história social plena. O paradigma subjetivista permite recuperar o que tinha sido posto de lado por uma abordagem puramente quantitativa. Ele deve devolver o lugar à experiência vivida, há muito prima pobre das pretensões cientificistas dos historiadores: "A abordagem subjetivista exorta, assim, a todo um trabalho crítico visando repensar as evidências cotidianas, objetivando ver em todas as coisas que nos parecem naturais um produto arbitrário da história social".[79]

Essa história social abre-se, portanto, para um programa de pesquisa dedicado aos modos de objetivação do saber, às diversas implicações do passado na sociedade presente. No ponto de partida, Gérard Noiriel inicia uma tese muito clássica de história social: sob a orientação de Madeleine Rebérioux, ele trabalha, no final dos anos 1970, sobre a situação dos operários siderúrgicos e os mineiros da bacia Lorena de Longwy no período entre as duas guerras mundiais. Essa pesquisa, que se desenvolve no momento das grandes greves de 1979-1980 na região Lorena, dá oportunidade a Noiriel de uma primeira publicação pelas edições Maspero.[80] Era um livro político que descrevia a desaparição repentina de um mundo. Na época, Noiriel era professor de secundário na região. Era, portanto, ao mesmo tempo, historiador do que se passa e ator enquanto professor e militante comunista: "Isso foi determinante, na medida em que imediatamente me mudei para o longo prazo, por razões que dizem respeito à admiração que eu tinha por Braudel".[81] Mais do que brandir o livrinho vermelho, Noiriel prefere o "livrinho amarelo: *Écrits sur l'histoire*, de Braudel".[82]

No começo dessa pesquisa, tudo parece muito coerente entre seu engajamento político, sua tese em Paris-VII e as greves muito determinadas de Lorena. Contudo, rapidamente, ele se ressentirá de uma profunda discordância entre as análises científicas dessa crise e o que ele vivia no interior desta: os diagnósticos se contentavam com um olhar puramente sincrônico, enquanto para compreender a amplitude da mobilização e suas formas, era preciso passar pela história. A seus

---

79 Ibidem, p.1453.
80 Noiriel; Azzaoui, *Vivre et Lutter à Longwy*.
81 Gérard Noiriel, entrevista com o autor.
82 Ibidem.

O POLO PRAGMÁTICO

olhos, esse movimento exprimia uma profunda crise de identidade, atingindo o grupo marcado pela imigração: "Era a região que historicamente foi a primeira aberta à imigração desde o começo do século".[83] Esse aspecto orientará largamente os trabalhos posteriores que ultrapassarão o âmbito estrito da região de Lorena.

A tese defendida em 1982[84] não explora ainda sistematicamente essa defasagem sentida. Ela ainda permanece clássica com relação ao que se chama então história social, em sua perspectiva globalizante de integração da história das técnicas, do trabalho, e desatrelando a história econômica, social e política em três estratos sucessivos. A questão à qual Gérard Noiriel responderá mais tarde, estando sua tese limitada ao período entre guerras, é saber por que a mobilização desse grupo de operários fortemente marcado pela imigração italiana se desenrola por trás de toda uma simbologia muito nacionalista: a cruz de Lorena, o pequeno Loreno, a pequena Lorena... "A partir desse momento, dei-me conta de que essa problemática podia funcionar no plano nacional".[85] A especificidade francesa lhe aparece no caráter heterogêneo de uma classe operária menos marcada por essa ruptura constitutiva da Revolução Industrial do que seus vizinhos ingleses e alemães. Na França, a imigração foi, à primeira vista, um componente necessário para alimentar o mercado de trabalho. Sendo a história da imigração um campo pouco explorado na historiografia francesa, Noiriel investiu brilhantemente nela e publicou várias obras sobre o tema.[86]

Com voluntarismo, Gérard Noiriel não pretende largar o terreno um pouco abandonado – há alguns anos – da história social. Ao contrário, pretende superar a concepção restritiva de muitos estudos nesse domínio que limitam a história social à história das classes sociais: "Quando digo história social, isso significa história sociológica [...]. O paradigma das fatias de bolo não funcionava mais, o que percebi em meu trabalho empírico de tese".[87]

Gérard Noiriel percebe que a realidade social não é a decorrência mecânica de uma sucessão de categorias, de "fatias", separadas umas das

---

83 Ibidem.
84 Idem, *Les Ouvriers sidérurgiques et les mineurs de fer dans le bassin de Longwy (1919-1939)*.
85 Idem, entrevista com o autor.
86 Idem, *Le Creuset français*; idem, *La Tyranie du national, le droit d'asile en Europe*.
87 Idem, entrevista com o autor.

outras: o social, o político, o jurídico... Pois os atores sociais são levados a tomar em consideração esses diversos níveis ao mesmo tempo. Assim, quando o decreto de 1888 obrigou os indivíduos, que até então circulavam livremente, a declinar sua identidade nacional, tratou-se de um fenômeno jurídico-politico que irrompeu no mais profundo da identidade social; ou seja, "o político está no social".[88] Foi dessa forma que o trabalho de análise de Noiriel se voltou progressivamente para a maneira pela qual se estruturaram as identidades pessoais. Para fazê-lo, ele instalou, à maneira dos sociólogos, o projetor do historiador no nível do concreto e do agir social, desconstruindo a posição de sobrepeso do intelectual historiador a fim de melhor restituir as competências comuns dos atores.

---

88 Ibidem.

4

O POLO DE RECOMPOSIÇÃO GLOBAL PELO POLÍTICO

Entre os trabalhos que contribuem para fazer a perspectiva das ciências humanas movimentar-se numa outra direção, há um quarto polo que considera o político como o meio de repensar diferentemente o social. Não se trata mais do retorno da velha história política de Lavisse, mas de uma abordagem mais filosófica do político, largamente influenciada pela reflexão sobre o totalitarismo da antiga corrente Socialismo ou Barbárie, de Claude Lefort e Cornelius Castoriadis.

A paixão pelo debate

Nesse terreno situa-se, entre outros, Marcel Gauchet, o redator-chefe da revista dirigida por Pierre Nora, *Le Débat*. A descoberta de Socialismo ou Barbárie por Marcel Gauchet é precoce. Em 1962, estudante na escola normal de professores de Saint-Lô, ele tem 16 anos quando encontra Didier Anger, militante ativo da Escola Emancipada. O meio muito politizado da Escola Normal estava polarizado entre os comunistas e esse pequeno grupo antistalinista no qual Marcel Gauchet tinha seus amigos mais próximos. Ele deixa La Manche para ir ao Henry-IV a fim de preparar o concurso de ingresso na ENS de Saint-Cloud. Mas, suportando mal a atmosfera confinada do liceu parisiense,

92   O IMPÉRIO DO SENTIDO

vai embora para lecionar num Collège d'Enseignement Général (CEG) de La Manche; ao mesmo tempo, segue um ciclo de formação em filosofia, licencia-se e faz mestrado.

O momento maior do percurso de Marcel Gauchet se situa em 1966, quando segue o curso de Claude Lefort na universidade de Caen: "Com Lefort fui picado pela mosca do político".[1] Lefort foi muito importante para Marcel Gauchet, não somente porque lhe permitiu "precaver-se de alguns erros fatais dos quais não tinha nenhum motivo particular para escapar",[2] mas também mais amplamente no plano intelectual, uma vez que ele determinou sua orientação e seu interesse pela filosofia sob seu aspecto político: "É a ele que eu devo esse impulso".[3] O primado do político levou Gauchet a uma verdadeira bulimia de saber. Ele se lança então à preparação de três licenciaturas ao mesmo tempo: em filosofia, em história e em sociologia. Naquele momento, procurava radicalizar a ruptura com a vulgata marxista e considerava que Lefort continuava muito amarrado a Marx, que ainda representava o essencial de seu ensino. Gauchet, por sua vez, não hesitava, como se dizia na época, em jogar fora o bebê com a água do banho e, para arrematar a ruptura necessária com o marxismo, precisava apresentar uma alternativa a esse. Foi no âmbito da história que ele viu a possibilidade de uma verdadeira resposta, pensando uma "teoria da história alternativa".[4] Evidentemente, maio de 1968 o enche de alegria, e ele imediatamente viu no movimento a própria expressão daquilo que pensava há algum tempo: "Eu o vivi na felicidade e no entusiasmo, naturalmente".[5] Participa plenamente do movimento em seu componente dominante, espontaneísta, e garante o intercâmbio regular entre Caen e Paris. O desmoronamento dos aparelhos institucionais, tanto gaulistas como comunistas, só podia ser para ele motivo de regozijo.

Maio de 1968 fará de Marcel Gauchet um homem de revista. Ele é conhecido sobretudo como mestre de obras de *Le Débat* a partir de 1980, mas seu interesse e seu envolvimento na atividade das revistas remonta de fato ao imediato pós-68. Em 1970, encontra Marc Richir,

---

1   Marcel Gauchet, entrevista com o autor.
2   Ibidem.
3   Ibidem.
4   Ibidem.
5   Ibidem.

O POLO DE RECOMPOSIÇÃO GLOBAL PELO POLÍTICO

que se ocupava de uma pequena revista belga pró-68, *Textures*. Eles decidem em conjunto relançá-la em novas bases, com Claude Lefort e Cornelius Castoriadis no comitê de redação. *Textures* durará até 1976. Em 1977, apresenta-se a oportunidade de lançar uma revista em formato de bolso pela Payot, e aumenta-se a equipe com Pierre Clastres e Miguel Abensour para criar um novo periódico, *Libre*.

Essas duas publicações tinham uma finalidade política por seu engajamento antitotalitário e visavam mais amplamente propiciar os intercâmbios intelectuais. Contudo, no momento em que *Libre* inicia sua aventura, a configuração intelectual se modifica a ponto de, em pouco tempo, tornar a empreitada dificilmente viável. O desmoronamento do Partido Comunista Francês (PCF), seu recuo sectário após a ruptura de 1978 com o Partido Socialista (PS), assim como a entrada em cena dos "novos filósofos", criam uma situação nova. Para muitos, a questão antitotalitária torna-se uma questão classificada, mas de uma maneira que afeta as próprias condições da vida intelectual: a "mídia-espuma" tende a substituir o debate argumentado. Por outro lado, "tornava-se claro que um certo tipo de intelectual tinha nascido".[6]

É nesse contexto que *Libre* desaparece e que uma nova aventura começa em 1980 com Pierre Nora e o lançamento de *Le Débat* pela Gallimard. Essa nova revista rompe com os anátemas, as exclusões, o estilo das igrejinhas, para colocar-se melhor no centro dos debates contemporâneos, sem exclusividades, somente sob o critério de competência. Marcel Gauchet poderá fazer, assim, de *Le Débat*, com Pierre Nora, a caixa de ressonância das orientações inovadoras em ciências humanas a partir dos anos 1980.

O antiutilitarismo

Outro amante e incentivador de revista, Alain Caillé, partilha com Marcel Gauchet o fato de ter sido fortemente marcado por Claude Lefort e por ter estado na universidade de Caen nos anos 1960. Caillé se situa na intersecção da economia e da sociologia, mas a dimensão

---

6 Ibidem.

política dos fenômenos permanece no horizonte de suas pesquisas pessoais e do grupo por ele constituído, a ponto de questionar em sua última obra o "esquecimento do político" que condena as ciências sociais ao impasse.[7]

Depois de ter feito um doutorado em economia, inscreve-se no terceiro ciclo de sociologia sob a orientação de Raymond Aron: "Eu queria fazer uma tese sobre o planejamento como ideologia da burocracia".[8] Descobre então, em 1965, os artigos de Socialismo ou Barbárie, e especialmente os de Claude Lefort, sobre o totalitarismo soviético. Aron, com quem conversará, aconselha-o a trabalhar esse tema com Lefort. Quando Caillé esperava um cargo de assistente em ciências econômicas, fica vago um cargo de sociólogo na universidade de Caen em 1967, e Lefort lhe propõe que o ocupe. Formado em economia, ei-lo de novo na sociologia, ainda que tivesse acabado de abandonar a ideia de tese de sociologia para reatar com sua formação inicial: "Segui essas duas vertentes por muito tempo".[9]

Essa posição institucionalmente instável, que torna seu reconhecimento pelos pares um pouco mais delicado, incita Alain Caillé a fazer o papel de "empêcheur de penser en rond", questionando permanentemente e deslocando as fronteiras do pensamento e das disciplinas. Com Claude Lefort e Marcel Gauchet, concebe a sociologia no sentido mais amplo de lugar de confluência, de convergência do conjunto dos discursos elaborados sobre a sociedade numa perspectiva na qual ela não é separada nem da filosofia nem da economia: "Líamos ao mesmo tempo os filósofos, os psiquiatras, Freud, a etnologia, era isso a sociologia".[10]

Mesmo próximo de Lefort, Caillé permanece insensível a suas considerações fenomenológicas. Refletindo hoje sobre a influência que este exerceu sobre ele, Caillé a julga "considerável mas negativa":[11] ela teve um papel maior na afirmação de seu pensamento crítico, mas sem propor um paradigma positivo a encorajar. ("Ele me transmitiu implicitamente uma série de obstáculos, no bom sentido do termo.")[12] Alain

---

7 Caillé, *La Démission des clercs, la crise des sciences sociales et l'oubli du politique.*

8 Idem, entrevista com o autor.

9 Ibidem.

10 Ibidem.

11 Ibidem.

12 Ibidem.

O POLO DE RECOMPOSIÇÃO GLOBAL PELO POLÍTICO   **95**

Caillé inscreve seu trabalho na filiação da grande sociologia clássica, a de Durkheim e Max Weber. O que o seduz nessa sociologia é justamente sua capacidade de retomar as questões da filosofia por outros meios que não os dos filósofos. Finalmente, antes de se dedicar plenamente à sociologia, Caillé defende uma tese de economia em 1974 sobre a ideologia da racionalidade econômica.

No fim dos anos 1970, tem a impressão de ver renascer das cinzas um economicismo vulgar sob a pena de sociólogos tão diferentes quanto Raymond Boudon e Pierre Bourdieu. Decide denunciar essa orientação, que a seus olhos só poderia levar a sociologia a impasses. Defende, então, uma antropologia econômica contra as diversas formas de redução utilitarista do comportamento social.[13] Cerca-se de uma pequena equipe que lança, sem nenhum suporte institucional nem editorial, o *Bulletin du MAUSS* em 1982. Essa revista, colocada sob o patronato do mestre da sociologia francesa que foi Marcel Mauss, afirma-se como o suporte de um programa de pesquisa definido pelo próprio enunciado do Movimento Antiutilitarista nas Ciências Sociais (Mouvement Anti--Utilitariste dans les Sciences Sociales – Mauss). Partido da base dessa polissemia feliz, esse boletim permanece muito artesanal, fracamente difundido (não mais de quinhentos leitores), desafiando, muitas vezes por sua pobreza tipográfica, as regras elementares de legibilidade. Contudo, teve um papel realmente importante no questionamento do paradigma utilitarista que dominava as ciências sociais nos anos 1980.[14]

A revista de Alain Caillé contribuiu muito para recolocar questões antigas mas rejeitadas e totalmente esquecidas desde os escritos de Durkheim, Mauss e Polanyi. Quanto ao marxismo, Caillé, que se considerava marxista, volta-lhe as costas a partir da metade dos anos 1970.

> Lembro-me muito bem de um episódio que me marcou. Fazia meu curso de sociologia em Caen em 1975 e ainda tentava dizer que se pode criticar Marx, mas de tal ou qual maneira... Nesse momento, um cara de uns 30 anos, cabeludo, que eu não conhecia, entra na sala, ouve uns quinze minutos e berra: "Marx morreu, deixe-o apodrecer!", levanta-se e

---

13   Caillé, *Splendeurs et misères des sciences sociales.*

14   O *Bulletin du MAUSS* será editado por La Découverte com o nome de *Revue du MAUSS* a partir de 1988.

vai embora. Para mim, ele foi o anjo exterminador ou o anjo anunciador. Acabei meu curso, um pouco perturbado, e achei que ele tinha razão.[15]

Alain Caillé, então, se dedicará a fazer valer outra linguagem nas ciências sociais. Diante da razão utilitária dominante, oporá o espírito da dádiva segundo o esquema de Marcel Mauss, o de dar/receber/retribuir, essa tripla relação finalizada pela necessidade do vínculo social.

A trindade contra a balbuciência

A relação triangular, a figura ternária oposta à clausura binária está no centro da obra realmente original de Dany-Robert Dufour.[16] A questão do vínculo social também se encontra na perspectiva de suas pesquisas, mas numa acepção mais simbólica do que sociológica. Ele fez seus estudos universitários nos anos 1966-1970, no seio de um departamento de história da arte na universidade de Nancy. Nesses anos engajados, Dufour era militante maoísta na Union des Jeunesses Communistes Marxistes-Léninistes (UJCML), depois na Esquerda Proletária. Ocasionalmente, acontece-lhe de ceder ao ritual para obter os diplomas requeridos, mas com a condição de que isso não tome muito do tempo consagrado à "causa do povo", que não pode ficar em suspenso.

Quando se inscreve no Diplôme d'Études Approfondies (DEA) de filosofia em 1971, ele "se estabelece" na fábrica, como certo número de militantes maoístas de sua geração. Não longe de Nancy, emprega-se como operário na fábrica de água mineral de Vittel: "Eu trabalhava de noite num estado de esgotamento total. Não via nem compreendia nada, já que todos aqueles com os quais trabalhava eram portugueses".[17] Dany-Robert Dufour era rude com os trabalhadores de sua oficina, pois seu estado de fadiga não lhe permitia seguir aquele ritmo infernal. Quando, quinze dias depois de sua chegada à fábrica, estoura uma greve muito dura com ocupação, ele pega o microfone e se torna o porta-voz natural

---

15 Alain Caillé, entrevista com o autor.
16 Dufour, *Les Mystères de la trinité*.
17 Idem, entrevista com o autor.

O POLO DE RECOMPOSIÇÃO GLOBAL PELO POLÍTICO

do movimento. Todo mundo acha, então, que esse deslocado foi o instigador esquerdista da desordem permanente que reina daí em diante na fábrica. Grupos de jovens cometem até ações de sabotagem e isso confirma as suspeitas da diretoria com relação a esse "perigoso esquerdista", que se vê condenado a uma pena de prisão de dezoito meses em regime fechado. Dany "*le Rouge*" passa por novo julgamento um ano mais tarde em Paris, e a pena é diminuída para quatro meses: "Fiquei assim quatro meses na prisão e isso me fez muito bem".[18]

Paradoxalmente, é na prisão que Dufour aprende a ler outra coisa que não os clássicos do marxismo-leninismo. Ele passa, assim, seu verão de 1973 atrás das grades, como certo número de militantes maoístas, e considera esse momento essencial em sua maturação intelectual. Um de seus professores da universidade lhe fornece livros: Hegel, Sartre, Foucault, e o que mais lhe causa impressão é a leitura do *Anti-Édipo*, de Gilles Deleuze. Saído do mundo carcerário com uma bagagem filosófica mais sólida, é nomeado assistente em psicossociologia em Alger, onde fica três anos, de 1973 a 1976. Prossegue seu trabalho de leitura e alimenta-se especialmente das obras estruturalistas que dominam então a cena editorial. Inicia uma tese sobre o confronto entre o discurso sobre o desenvolvimento e seus efeitos de rejeição num certo número de práticas simbólicas na Argélia: as línguas vernáculas dos argelinos, o dialeto árabe, o kabila, as línguas berberes, as religiões extáticas e toda uma série de microssaberes que organizavam a vida social segundo redes de ramificação complexas.

Essa tese lhe permite voltar a Paris, ter um cargo de curso em Paris-VIII e, sobretudo, um posto de engenheiro de pesquisa no Conservatório Nacional de Artes e ofícios: "Eu me chateei muito ali".[19] Submetido ao ritmo de escritório, oito horas por dia, Dany-Robert Dufour, nostálgico do mundo carcerário, se recolhe e ocupa seu tempo essencial lendo. Amplia suas leituras para a literatura, com Artaud, Kafka, Beckett: "A descoberta de Beckett foi para mim um acontecimento. Acho que ainda não me recuperei".[20]

Nesse início dos anos 1980, Dufour se lança numa tese de doutorado, *La Parole, le silence et l'écriture*, que tem por objeto algumas

---

18 Ibidem.
19 Ibidem.
20 Ibidem.

98   O IMPÉRIO DO SENTIDO

práticas de linguagem e de simbolização: "Durante cinco anos, até 1984, é um trabalho no decorrer do qual me afasto progressivamente do mundo conhecido que nos cerca. Eu me fecho no escritório, desligo o telefone e fico submerso pelos textos sem saber para onde vou".[21] Essa crise, que qualifica como "grafomaníaca", termina com um monumento de 1.200 páginas no qual trata do vínculo pessoal, do vínculo social na e pela linguagem, da crítica ao estruturalismo. Defende sua tese em 1985, ainda num estado um tanto hipnótico, sem saber bem o que está por trás dessa enorme soma de trabalho, mas consciente de ter atravessado uma experiência de linguagem que continua a operar nele: "Estranhamente, foi só depois de minha tese que eu soube o que ela continha".[22]

Em 1988 publica sua primeira obra, *Le Bégaiement des maîtres*, que é essencialmente uma crítica violenta das teses estruturalistas, de seu binarismo que, ao mesmo tempo, torna audível e rejeita a figura unária.[23] Nessa ocasião, reencontra Marcel Gauchet, que lhe escreve para comunicar seu entusiasmo. Gauchet considera que ele pôs o dedo em algo de essencial e incita-o a escrever um artigo sobre esse tema para *Le Débat*.[24] Pergunta a Dufour se ele considera que os intelectuais estão condenados a gaguejar eternamente: "Eu começava a trabalhar sobre a forma trina e sugiro um pouco ao acaso que não estamos condenados à balbuciência desde que possamos reatar com o mistério da trindade".[25] Esse trabalho sobre a figura ternária dará lugar a uma obra de rara riqueza,[26] editada por Marcel Gauchet pela Gallimard em 1990.

A história política cria pele nova

Os historiadores não podiam ficar de lado nessa recuperação do interesse pelo político. Na esteira da escola dos *Annales*, a maior parte deles tinha contribuído para desacreditar essa dimensão, remetida às

---

21 Ibidem.

22 Ibidem.

23 Ver Parte III, "O vínculo social", Capítulo 12, "Dádiva e retribuição".

24 Dufour, Le Structuralisme, le pli et la trinité, *Le Débat*, n.56, set.-out. 1989, p.132-53.

25 Idem, entrevista com o autor.

26 Dufour, *Les Mystères de la trinité*.

O POLO DE RECOMPOSIÇÃO GLOBAL PELO POLÍTICO

latas de lixo de uma história-batalhas definitivamente enterrada. Certamente, essa história política que adquire novo vigor jamais tinha desaparecido realmente da paisagem dos historiadores. Entretanto, achava-se confinada a um espaço restrito, entre o Institut d'*Études* Politiques e Paris-X Nanterre, dominada pela figura tutelar de René Rémond. A nova história política, metamorfoseada por suas relações estreitas com as ciências sociais, encontrou um novo lugar particularmente dinâmico, o Institut d'Histoire du Temps Présent (IHTP), nascido por iniciativa do Centre National de la Recherche Scientifique (CNRS) em 1978 para substituir o Comitê de História da Segunda Guerra Mundial. O "verdadeiro fermento" (como o qualifica Jean-François Sirinelli) da história do presente é a história política, numa nova acepção do termo.

O nascimento desse instituto em 1978 é indicativo de uma reviravolta historiográfica maior. No final dos anos 1970, a leitura da Segunda Guerra mundial, de Vichy, muda radicalmente, como mostrou Henry Rousso.[27] Deixam-se os discursos heroicos sobre a Resistência, desenterram-se cadáveres, e entre os cúmplices dos crimes contra a humanidade descobrem-se franceses: "Naquele momento, a ideia é repensar a relação com a Segunda Guerra mundial numa perspectiva mais vasta, reinserindo-a no presente".[28] Percebem-se, nesse caso, os primeiros sinais de uma transposição da história para a memória, a partir da ideia de que o acontecimento perdura na longa duração com a memória coletiva. Essa reação deve muito, como mostrou Michel Trebitsch,[29] ao cristianismo social encarnado nos anos 1950 por René Rémond, depois por François Bédarida. O impacto das guerras da Indochina e sobretudo da Argélia permitiu manter uma tradição de historiador do presente diretamente confrontado com sua dimensão política.[30]

Michel Trebitsch não pertence a essa tradição. Ele vem do marxismo. Seu percurso é atípico e só em 1988 ele se liga ao IHTP. Primeiramente, tinha escolhido como tema de tese uma grande figura do marxismo crítico, Henri Lefebvre, cuja "juventude intelectual" tinha

---

27 Rousso, *Le Syndrôme de Vichy, de 1944 à nos jours.*

28 Michel Trebitsch, entrevista com o autor.

29 Idem, La Quarantaine et l'an 40. In: *Écrire l'histoire du temps présent,* p.63-76.

30 Em 1954, pelo menos três obras ilustram essa sensibilidade ao presente: Aron, Robert, *Histoire de Vichy;* Renouvin, *Histoire des rélations internationales de 1870 à 1914;* Rémond, *La Droite en Francede 1815 à nos jours.*

decidido estudar sob a orientação de Madeleine Rebérioux. O que o atrai nesse período dos anos 1920-1930 é a noção de vanguarda. Chegado em 1988 ao IHTP no momento em que Jean-François Sirinelli partia para Lille, Trebitsch assume a direção, com Nicole Racine, do grupo de pesquisa sobre a história dos intelectuais. O que descobre em Henri Lefebvre é sua proximidade, em sua denúncia das diversas formas de alienação, com a corrente personalista em sentido amplo, a ponto de quase ter se convertido ao cristianismo: "Henri Lefebvre estudou Santo Agostinho tanto quanto Hegel ou Nietzsche".[31]

Michel Trebitsch fica seduzido, em Lefebvre, pelos conceitos menos "quadrados" do que os utilizados por Althusser. Encontra-se nele, especialmente, a noção do possível "no limite do poético e do filosófico",[32] com uma recusa de reduzir o real a uma definição estreita. Henri Lefebvre se opõe à "reificação do factual".[33] Sua posição pode ser aproximada da concepção cristã, em parte agostiniana, do tempo humano. O que Michel Trebitsch retém desta, e o que inspira seu trabalho no IHTP, é que um fato não se reduz ao que se passou. O acesso ao acontecimento total, que deve permanecer a ambição do historiador, é de certa maneira impossível. A evolução histórica, concebida como uma sucessão de possíveis atualizados, permite devolver toda sua dinâmica à história do presente. A história política, no sentido mais amplo, não é concebida como a reabertura de uma gaveta suplementar, mas como um lugar de focalização, de cristalização do espírito do tempo.

---

31 Michel Trebitsch, entrevista com o autor.
32 Ibidem.
33 Ibidem.

PARTE II

O DESVIO "AMERICANO"

A galofilia do período estrutural, confortada por um antiamericanismo conveniente no tempo da guerra fria, dificultou a penetração na França dos debates anglo-saxões. Não é mais o caso hoje: uma das características da nova conjuntura intelectual é a consideração muito mais sistemática dos trabalhos americanos. A multiplicação das traduções e a intensidade dos debates em torno das teses universitárias do além-Atlântico estão aí para atestar o fenômeno cada vez mais evidente de importação da filosofia de inspiração "analítica" que vem se enxertar na tradição continental – ou romper com ela.

De certa maneira, esse desvio "americano" marca um retorno aos velhos países europeus dos pensadores judeus da Europa central que fugiram do nazismo e se adaptaram em terras americanas. Essa abertura das fronteiras a um espaço intelectual mais internacional propicia, portanto, a redescoberta de outras tradições além da tradição sociológica francesa. É assim que a filiação da sociologia compreensiva de Dilthey, Simmel, Weber, introduzida na França por Raymond Aron, mas até há pouco tempo largamente ignorada, é hoje ativamente revisitada ou redescoberta nas ciências sociais na França.[1]

---

1 Ver *Espaces Temps*, n.53-54 (Le rendez-vous allemand), 1993.

5

A ETNOMETODOLOGIA

Como vimos no capítulo precedente, foi sob o impulso de Louis Quéré que um grupo de sociólogos muito contribuiu para tornar conhecida na França a etnometodologia no começo dos anos 1980, no quadro dos seminários e publicações do Centre d'*Études* des Mouvements Sociaux da Ehess. Quéré estava, então, mergulhado nos trabalhos de Habermas e Gadamer. Ele se situava na dupla perspectiva da pragmática comunicacional e hermenêutica, quando ao acaso, em suas leituras, descobre um texto de Aaron V. Cicourel ainda não traduzido sobre a problemática do sentido atribuído a ações situadas pelos atores sociais. No mesmo momento, interessa-se pelo pesquisador austríaco Alfred Schütz, que deu um impulso decisivo à ideia de uma fenomenologia sociológica ou de uma fenomenologia social:[2] "Ataquei esse domínio para ver do que se tratava e logo propus a colegas uma leitura coletiva desses textos".[3]

É nessa ocasião que um pequeno grupo de sociólogos se constitui, como já mencionamos. Graças a seu trabalho de tradução e interpretação, os textos de etnometodologia pouco a pouco se integraram à perspectiva do saber sociológico, a fim de compreender como se manifesta o conhecimento do social. Eles constituíam uma ruptura com relação ao

---

2 Schütz, *The Phenomenology of the Social World*.
3 Louis Quéré, entrevista com o autor.

fato de considerar o ator social como um "idiota cultural", assim como era usual na tradição epistemológica francesa a ruptura radical entre o saber científico e o senso comum. Garfinkel foi o primeiro a entrever, desde os anos 1950, as possibilidades de um novo tipo de análise sociológica cujo objeto era constituído pelas próprias operações do conhecimento. Ele constata de fato, no decorrer de seu trabalho de observação das deliberações de jurados em 1954, que esses últimos são capazes de pôr em ação capacidades realmente notáveis de avaliação das peças dos processos, sem para tanto ter tido a menor formação jurídica. Garfinkel deduz daí toda a importância do saber comum, do senso comum até então ignorado pela tradição sociológica em nome da competência reservada somente ao saber científico. Ele será seguido por certo número de discípulos nos Estados Unidos, dentre os quais Ciccourel e Sacks.

Do lado francês, o pequeno grupo de pesquisa em torno de Louis Quéré percebe rapidamente as relações de proximidade entre os etnometodologistas, as teses de Wittgenstein, a fenomenologia de Merleau-Ponty e as teses de Schütz. É nessa perspectiva que a metodologia durkheimiana, dominante na tradição sociológica francesa, é posta à prova, revisitada por aqueles que exploraram sistematicamente a linguagem comum e as teorias da prática social: "Há para mim efetivamente a descoberta da América do Norte com o pragmatismo americano. Para mim, George Herbert Mead foi isso".[4] Mais recentemente, Quéré se interessa pelas teses de Charles Taylor,[5] filósofo canadense, na encruzilhada de duas tradições, americana e europeia. Enquanto discípulo de Merleau-Ponty, ele defende o programa de uma hermenêutica fenomenológica bastante próxima da de Paul Ricoeur.

Entre esse grupo de sociólogos franceses que descobriram a etnometodologia encontra-se Patrick Pharo, para o qual, como vimos, "um dos desengates"[6] terá sido a descoberta de um livrinho publicado em 1973 pela PUF que tinha como objetivo fazer um balanço da sociologia americana.[7] O autor desse panorama, Nicolas Herpin, destacava especialmente o que o trabalho de Goffman podia ter de inovador,

---

4 Ibidem.
5 Taylor, *Philosophical Papers*; idem, *Sources of the Self*; idem, *Malaise de la modernité*.
6 Patrick Pharo, entrevista com o autor.
7 Herpin, *Les Sociologues américains et le siècle*.

rompendo com a sociologia dominante.[8] Na conclusão dessa obra, Goffman explica que procurou estabelecer as bases de uma análise "dramatúrgica" dos fatos sociais, distinta das pesquisas em termos culturalistas e funcionalistas: ele dá, assim, nascimento à corrente do interacionismo simbólico.[9] A obra iniciadora de Goffman recorre a três registros de linguagem: a dramaturgia teatral, a sociologia e por fim a linguagem cotidiana. O objetivo consiste em explicar um "processo de individualização pela expressividade".[10] A interação põe em relação não indivíduos em sua singularidade, mas em sua representação de um papel. Ora, em caso de consenso impossível, desencadeia-se um processo de exclusão que coloca o problema do desvio de conduta.

Lecionando na universidade da Califórnia de Los Angeles, Harold Garfinkel estuda, por sua vez, as condições necessárias à interação social.[11] Utiliza a teoria dos jogos para melhor ressaltar o mecanismo de atualização do sistema perceptivo dos atores sociais em situação de interação. No entanto, Garfinkel não deixa de perceber que mesmo a situação de um jogo bem regrado como o xadrez não pode ser simplesmente transferível para explicar fenômenos da vida quotidiana, muito mais complexos e menos normatizados. Ele define, então, uma corrente inovadora: a da etnometodologia,[12] concebida como uma ciência empírica cujos métodos permitem compreender como os indivíduos dão sentido a suas ações cotidianas.

Depois de ter lido o livro de Nicolas Herpin, Patrick Pharo começa a leitura dos trabalhos de etnometodologia e refaz o percurso fenomenológico de Garfinkel integrando Schütz, Berger e Luckmann ao interior de seu horizonte de pesquisa.[13] Essa descoberta coletiva da etnometodologia americana representou para Pharo uma abertura muito promissora no plano das pesquisas sociológicas. Para ele, como para toda sua geração, foi também a descoberta, tardia, da América do Norte, com

---

8 Goffman, *The Presentation of Self in Everyday Life*.

9 O paradigma do interacionismo simbólico já fora formulado desde 1937 por Herbert Blumer, discípulo de George H. Mead. Ver Blumer, *Symbolic Interactionism*.

10 Herpin, *Les Sociologues américains et le siècle*, p.71.

11 Garfinkel, A Conception of, and Experiments with, Trust as a Condition of Stable Concerted Action. In: Harvey (Ed.), *Motivation and Social Interaction*.

12 Idem, *Studies on Ethnometodology*.

13 Berger; Luckmann, *The Social Construction of Reality*.

o abalo de uma série de estereótipos fortemente ancorados por "antigos anti-imperialistas".[14] No final dos anos 1980, arremata sua evolução atravessando o Atlântico. De fato, tem a oportunidade de lecionar por um semestre no departamento de ciência política da pequena universidade de Syracuse, do estado de Nova Iorque, perto dos Grandes Lagos: "Descubro então o universo acadêmico americano com muito interesse".[15] Ele aprecia notadamente a intensidade do debate intelectual, o gosto partilhado pela conceitualização sofisticada, o sentido do diálogo. Nem por isso, certamente, idealiza o que outrora tinha caricaturado. Ele não ignora as divisões, as lutas por interesses, a presença das igrejinhas que se chocam de um lado e de outro do oceano, mas descobre uma "argumentação clara",[16] aquilo a que o costume sistemático de parábolas e a opacidade mais frequentemente requerida do falar nos debates franceses pouco o haviam habituado. Praticava-se mais na França o ponto de vista a partir do qual o debatedor está mais pronto a bater do que a debater.

O desvio americano é igualmente essencial para Bernard Conein, que também leciona por algum tempo na universidade de Syracuse, sob a indicação de Patrick Pharo. É lá que ele encontra Aaron Cicourel na metade dos anos 1980. Este tinha rompido com Garfinkel e procurava estabelecer uma ligação entre etnometodologia e ciências cognitivas.[17] Conein retorna aos Estados Unidos em 1988, à universidade de San Diego (Califórnia), no departamento de ciências cognitivas: "Foi lá que me dei conta de que certos impasses da etnometodologia, em particular sobre o social, são superáveis se fizermos intervir algumas categorias das ciências cognitivas".[18] É no universo americano que ele descobre toda uma série de disciplinas repensadas pelas ciências cognitivas que permitem refletir de maneira nova sobre o social: a etologia, a primatologia, a teoria da cognição social...

Ele já tinha concentrado sua atenção sobre o problema das categorias sociais graças à etnometodologia e à teoria conversacional de Harvey Sacks. A ideia de que as categorias sociais são recursos para

---

14 Patrick Pharo, entrevista com o autor.
15 Ibidem.
16 Ibidem.
17 Cicourel, *La Sociologie cognitive*.
18 Bernard Conein, entrevista com o autor.

descrever o mundo social – e que são de fato categorias do senso comum – já lhe era familiar. Mas ele tenta estabelecer uma conexão com a maneira pela qual as ciências cognitivas apreendem as categorizações como aquisição progressiva de conceitos. A partir daí, interessa-se pela ideia de cognição social num sentido particular, o das "aptidões cognitivas gerais, próprias à espécie e concernindo o social, e não somente atitudes culturais próprias de uma sociedade".[19]

Os laboratórios

A antropologia das ciências também nasceu do desvio pela América do Norte. Como já vimos, Bruno Latour partiu de 1975 a 1977 para a Califórnia, onde realizou seu primeiro estudo de laboratório no seio do Salk Institute de San Diego. Ali descobre um meio apaixonante, no qual os pesquisadores se definem como *scholars* sem ter a pretensão de inventar toda manhã uma nova visão do mundo. É em San Diego que Latour concebe uma antropologia das ciências num contexto em que se desenvolve um domínio de pesquisa novo, chamado *science studies* (ciências, tecnologias e sociedades), e que mobiliza pesquisadores americanos tanto quanto ingleses e alemães. No momento em que Bruno Latour investiga com Steve Woolgar a respeito da "produção de fatos científicos",[20] um verdadeiro núcleo de pesquisa internacional constitui-se com Harry M. Collins, Karin Knorr e Andrew Pickering, entre outros. Latour, como todos os de sua geração, descobre com entusiasmo o sentido do verdadeiro diálogo, o fato de trabalhar num meio de pesquisadores atentos, afáveis, mas que não permite que se conte qualquer coisa.

Esse modo de trabalho, mais coletivo, menos espetacular, permite a assimilação rápida de estrangeiros, a constituição de um meio de pesquisadores no qual não necessariamente é preciso "matar o colega".[21] Esse sistema, no entanto, tem seus inconvenientes, seus defeitos: o

---

19 Ibidem.
20 Latour; Woolgar, *La Vie de laboratoire.*
21 Bruno Latour, entrevista com o autor.

inconveniente "a propósito do controle constante dos pares é a atonia que pode suscitar. Quando não há mais grão para moer, ele se torna muito convencional".[22] Sem aderir plenamente às teses etnometodológicas, pois é cético com relação ao formalismo, Bruno Latour é ao mesmo tempo sensível à visão dessas acerca da posição dos atores. De fato, ele toma conhecimento dessas teses graças a Steve Woolgar, que foi formado nessa escola: "Aprendi muito com a etnometodologia, mesmo que não tenha realmente acreditado muito nela como método de investigação".[23] Sua primeira obra, escrita com Steve Woolgar, *La Vie de laboratoire*, traz contudo a marca da etnometodologia. A ideia central consiste em não confiar no discurso dos cientistas sobre si mesmos, pois eles têm por hábito adotar uma posição de sobrepeso e transformar a fala graças a uma etnografia de laboratório que os percebe como informadores "dos quais se duvida".[24] A etnometodologia é também sugestiva por sua capacidade de reagir a todas as formas de metalinguagem que envolvem os discursos, os relatos dos atores sociais: "A etnometodologia quer esvaziar a sociologia de toda sua metalinguagem e tomar o ator e sua prática como o único sociólogo competente".[25]

No mesmo momento, Michel Callon, insatisfeito com os modelos dos quais dispunha para estudar a criação técnica, decide fazer um desvio pela análise da ciência. Ora, um domínio começava a se constituir de maneira autônoma em torno da sociologia da ciência e da técnica, levando em conta conteúdos no sentido interno. Essa corrente também era anglo-saxônica, essencialmente britânica, em torno dos trabalhos dos fundadores da escola de Edimburgo:[26] "Lembro-me muito bem quando li os primeiros artigos de Barnes e Collins, ambos sociólogos ingleses que lançavam à sua maneira uma nova sociologia das ciências que não se interessava mais tanto pelas instituições quanto pelo conteúdo das ciências".[27]

---

22 Ibidem.

23 Ibidem.

24 Latour; Woolgar, *La Vie de laboratoire*, p.17.

25 Ibidem, p.25.

26 Barnes, *Scientific Knowledge ans Sociological Theory*; Collins, The T.E.A. Set: Tacit Knowledge and Scientific Networks, *Science Studies*, n.4, 1974, p.165-86; Shapin; Schaffer, *Leviathan and the Air-Pump*.

27 Michel Callon, entrevista com o autor.

A ETNOMETODOLOGIA

Em 1974, esses sociólogos britânicos, que se abriam para questões que até então diziam respeito ao domínio reservado dos epistemologistas, logo criaram uma revista, *Science Studies*, que se tornou *Social Studies of Sciences*. É a leitura de seus colegas britânicos que orientará Michel Callon para a inovação "em via de ocorrer" e que permitirá romper a barreira que separava artificialmente uma sociologia das ciências condenada exclusivamente ao domínio institucional, e uma filosofia das ciências separada do social. Mas Callon continuava isolado na França defendendo esse ponto de vista, antes de encontrar Bruno Latour: "A revista *Science Studies* era para mim uma lufada de oxigênio que permitia sobreviver".[28] Para Michel Callon, as três obras que permitiram criar a antropologia das ciências são as de Bruno Latour e Steve Woolgar, *La Vie de laboratoire*, a de Karin Knorr, *Manufacture of Knowledge*, e a de Michaël Lynch, publicada mais tarde,[29] mas que tinha começado um trabalho de campo no mesmo ano que Bruno Latour, em 1975.

O civismo americano

Em sua evolução do "bourdieusismo" para o pragmatismo, a passagem pela América do Norte também teve muita importância para Luc Boltanski e Laurent Thévenot. Não tanto no plano de uma fonte particular de inspiração nova quanto no nível da descoberta de um clima intelectual bem diferente, mais aberto. Ambos começaram por uma curta estada, de dois a três meses, em Harvard, no começo dos anos 1980, num departamento de ciência política. Laurent Thévenot não aprendeu muito com a ciência política americana, mas esta contribuiu para fazê-lo "aceitar a América do Norte, o que muda tudo".[30]

A mudança de perspectiva que disso resulta vem não somente do fato de ver a França do exterior, de sair da galofilia, mas mais profundamente é o encontro com o "civismo americano"[31] que atuará em dois

---

28 Ibidem.
29 Lynch, *Art and Artifact in Laboratory Science*.
30 Laurent Thévenot, entrevista com o autor.
31 Ibidem.

níveis. De um lado, Thévenot descobre regras do exercício da profissão muito diferentes das que conhecia no meio bourdieusiano. As exigências da discussão crítica e a necessidade de tornar explícita a argumentação de toda demonstração oferecem um sério contraste com as "batalhas de insinuação das notas de rodapés".[32] Nos Estados Unidos, esse tipo de prática denota uma falta moral, ela é "monstruosa",[33] pois o que é buscado é uma dinâmica de ajustamento aos outros. Thévenot compreende logo que é uma forma de levar a sério seus interlocutores, o que para ele terá um grande valor heurístico em sua abordagem dos recursos do "senso comum". De outro lado, o individualismo americano torna impossível evitar o nível da pessoa. Sem para isso necessariamente se limitar ao plano individual, a experiência americana contribuirá fortemente para abandonar um procedimento holista.[34] Da mesma maneira, Luc Boltanski percebe uma ligação entre a descoberta da ciência política americana e o projeto de trabalhar sobre as formas de denúncia, tomando em conta seriamente o discurso dos atores.

---

32 Ibidem.

33 Ibidem.

34 O procedimento holista emerge de uma doutrina epistemológica segundo a qual cada enunciado científico é tributário do domínio inteiro no qual ele aparece. Em ciências humanas, o holismo remete à ideia de uma globalidade, de uma totalidade de princípios.

6

A FILOSOFIA ANALÍTICA

Paul Ricoeur foi, com alguns outros como Jules Vuillemin, Gilles Gaston-Granger, Maurice Clavelin, Jacques Bouveresse, um dos precursores a levar em consideração a filosofia analítica na França. Ele divulgou muito cedo, desde os anos 1960 em Nanterre, as teses de John L. Austin, no mesmo momento em que os linguistas estruturalistas, querendo ignorar a dimensão do sujeito, continuavam firmemente isolados de toda dimensão pragmática. Em plena onda antiamericana, Ricoeur já ensinava em Chicago e mergulhava nos trabalhos anglo-saxões, que discutia com cuidado depois de ter seguido bem de perto a trajetória dessa corrente. O *linguistic turn* anglo-saxão tinha a vantagem, para ele, de não bloquear a dimensão do sujeito descartada pelo paradigma estruturalista. Toda uma geração seguirá esse percurso intelectual que passa pela América do Norte, mas muito mais tarde do que ele. É assim que um elo da história do pensamento, até então ausente por razões contingentes referentes ao segundo conflito mundial e à emigração dos intelectuais da Europa central para os países anglo-saxões, será pouco a pouco assimilado por uma França que deve então passar pelos Estados Unidos. Esse movimento acompanhará a reavaliação das noções de singularidade, contextualidade e contingência.

O agir comunicacional

Esse desvio pela pragmática e o *linguistic turn* foi realizado por Jean-Marc Ferry. Bem na hora de defender sua tese, Ferry envia seu trabalho a Jürgen Habermas, que teve a oportunidade de encontrar por ocasião de sua vinda a Paris em 1983 a convite do Collège de France: "Fiquei fortemente surpreso e muito emocionado por receber um telefonema: 'É Habermas'. Ele me pediu para ir vê-lo".[1] Ferry se precipita então à rue de l'Université, onde haviam reservado uma pequena sala para o hóspede de honra, e se lança numa discussão muito especulativa sobre a maneira pela qual compreende a evolução das "arquitetônicas" de sua obra.

Jean-Marc Ferry distingue de fato vários momentos na obra de Habermas: o que considera o conhecimento como teoria da sociedade com a ideia central dos interesses de conhecimento,[2] depois a teoria da atividade comunicacional que se interessa pela diferenciação dos registros da enunciação e faz corresponder as relações no mundo a esses níveis diferenciados com os níveis variáveis de validade. Enfim, há um terceiro momento da sistemática habermassiana com a integração dos conceitos fenomenológicos do "mundo da vida", que ele quer retraduzir nos conceitos da pragmática formal dos discursos, tarefa que começa a desenvolver em sua *Théorie de l'agir communicationnel* [Teoria do agir comunicativo].[3] A passagem por Habermas conduz naturalmente Jean-Marc Ferry aos caminhos da Alemanha. Depois da defesa de sua tese, obtém, graças ao firme apoio de Paul Ricoeur e de Habermas, uma bolsa da fundação Humboldt para prosseguir estudos de pós-doutorado na universidade Goethe de Frankfurt, onde fica durante dois anos. Sua integração ali é ainda melhor pelo fato de Habermas tê-lo acolhido e convidado para seu *Colloquium* (equivalente a um seminário que acontecia todas as segundas-feiras). Paradoxalmente, é na Alemanha, aonde tinha ido para prosseguir seu trabalho sobre idealismo alemão, que Ferry descobre a filosofia analítica: "Toda semana, discutíamos livros de filosofia que acabavam de sair, e sobretudo de filosofia anglo-saxônica".[4]

---

1 Jean-Marc Ferry, entrevista com o autor.

2 Habermas, *Connaissance et intérêt*.

3 Idem, *Théorie de l'agir communicationnel*.

4 Jean-Marc Ferry, entrevista com o autor.

A FILOSOFIA ANALÍTICA

É lá que ouve falar pela primeira vez de Richard Rorty, Donald David-son, Hilary Putnam, Alasdair C. Mac Intyre... Esses filósofos americanos eram muito seriamente dissecados, discutidos. Depois desse estágio preparatório, a universidade alemã convidava esses filósofos anglo-saxões, o que lhes permitia explicar suas posições em sessão pública antes de uma discussão fechada em pequeno seminário privado: "Era uma verdadeira experiência, e não tempo perdido".[5]

Esse trabalho na Alemanha serviu para a elaboração de um grande livro de Jean-Marc Ferry, *Les Puissances de l'expérience*, que traça os eixos de uma antropologia filosófica. Depois dessa passagem pela Alemanha, Ferry encontrou na Bélgica uma terra predileta. Aí ele ocupa um cargo de professor de filosofia na Universidade Livre de Bruxelas, na qual é colega de Isabelle Stengers. Leciona também na Universidade de Louvain-la Neuve, e acaba por lançar, em 1994, uma nova coleção de filosofia, Humanités, pelas edições Cerf. Essa coleção, de preço módico, visa divulgar e tornar acessíveis textos importantes da atualidade filosófica e das ciências humanas. Ela permite, assim, participar ativamente no debate público internacional, o que supõe tomar conhecimento das problemáticas desenvolvidas no estrangeiro. De novo, o abandono do provincianismo francês é reivindicado como uma necessidade imperiosa: "Independentemente de nós, desenvolveu-se uma discussão bastante internacionalizada entre os alemães e os anglo-saxões, é preciso que tomemos parte nessa, não é chauvinismo".[6]

Paris-Stanford

A instituição das ciências sociais mais "americana" é incontestavelmente o Crea. O percurso de uma filósofa como Joëlle Proust é nesse sentido um exemplo dessa abertura.[7] O diretor do Crea, Jean-Pierre Dupuy, tinha organizado em 1981 com René Girard um colóquio sobre a auto-organização em Stanford. Desde essa data, divide seu tempo

---

5 Ibidem.
6 Ibidem.
7 Ibidem.

entre Paris e a Califórnia. Sua passagem pela América do Norte é mais do que temporária; ela se tornou uma segunda natureza, que é fonte de múltiplas inspirações. Muito atraído por figuras paradoxais, ele se diverte, aliás, em tensionar as duas tradições até os limites de suas possibilidades. Durante mais de dez anos, de 1979 a 1991, preocupou-se com a tradição da filosofia moral e política anglo-saxônica e contribuiu para introduzir na França o debate americano entre as teses liberais de Friedrich August von Hayek, hostil a todo construtivismo social, apologista das leis de mercado, as mais social-democratas de John Rawls[8] e aquelas, libertárias, de Robert Nozick; ou seja, o leque das diversas concepções liberais da justiça. No interior dessa corrente, ele fez funcionar a outra, a da configuração do mercado, regulado pela reciprocidade, pela presença sempre próxima de um demônio interior, o pânico, ameaça onipresente, frequentemente negada, mas que trabalha a estrutura a partir do interior.[9] Jean-Pierre Dupuy encontrou em John Rawls uma figura que reconciliava a filosofia transcendental e o utilitarismo humiano,[10] pois o sujeito é precisamente um sujeito à maneira anglo-saxônica, animado por interesses: "Um americano pôde assim dizer que o kantismo de Rawls é um kantismo de rosto humiano".[11]

Jean-Pierre Dupuy aprecia nessa tradição anglo-saxônica a concepção de um sujeito "modesto", que contrasta com a maneira pela qual os europeus oscilam entre a divinização de um sujeito desligado da prática, do interesse, e sua dissolução pura e simples. Isso explica a proximidade entre a filosofia social e a filosofia econômica nos Estado Unidos. Assim, Rawls teve uma sólida formação inicial em economia, Davidson começou a trabalhar com a teoria da escolha racional: "Não é a economia no sentido do estudo da inflação, do desemprego [...] mas é realmente o modelo do *Homo economicus*".[12] Hoje dividido entre França e Estados Unidos, Dupuy faz um trabalho dobrado de exposição dos oxímoros[13] do pensamento em ciências sociais. De um lado, faz uma crítica

---

8 Rawls, *A Theory of Justice*.

9 Dupuy, *Le Sacrifice et l'envie*.

10 Ver Hume, *Enquête sur les príncipes de la morale*.

11 Jean-Pierre Dupuy, entrevista com o autor.

12 Ibidem.

13 O oxímoro é uma figura de linguagem que reúne duas palavras aparentemente contraditórias. Por exemplo: o sol negro, um silêncio eloquente...

A FILOSOFIA ANALÍTICA

filosófica do paradigma racionalista nas ciências sociais e nas ciências cognitivas. É sua intenção tornar evidentes os paradoxos da racionalidade. De outro lado, como filósofo francês lecionando nos Estados Unidos, pedem-lhe para apresentar as obras "desconstrucionistas": Michel Foucault, Jacques Lacan, Jacques Derrida, que lá são "divindades".[14] Ele decide, então, demonstrar do outro lado do Atlântico que os defensores do relativismo, do irracional, são de fato animados por figuras da racionalidade. Chega a penetrar as "lógicas do irracionalismo"[15] como a que opera no *Seminaire sur la lettre volée*, de Lacan, fortemente influenciada pelo paradigma cibernético.

A cognição social

O caminho da América do Norte foi também tomado por Bernard Conein, que descobriu os Estados Unidos, graças a um de seus colegas matemáticos, uma técnica de análise conceitual que ele considera apropriada para as ciências sociais e que vem da filosofia analítica: "Eu não encontrava essa técnica de análise da linguagem na tradição francesa de sociologia".[16] Em San Diego, interessando-se pela cognição social, inicia a leitura de um livro que considera essencial, *How Monkeys See the World*, de Dorothy Cheney. Se, por um lado, não encontra interlocutores diretos no quadro de seu interesse pela cognição social, por outro, encontra Donald A. Norman e seu grupo, que trabalham com os problemas do artefato[17] e problemas de cognição distribuída.[18]

Os trabalhos de Donald A. Norman visam pesquisar, no espaço dos objetos implicados pela ação, o conjunto de recursos que permitem

---

14 Ibidem.
15 Ibidem.
16 Bernard Conein, entrevista com o autor.
17 Um artefato cognitivo é uma ferramenta concebida para conservar, expor e tratar a informação com o objetivo de satisfazer uma função de representação. Segundo Donald A. Norman, os artefatos ocupam um lugar importante na ação humana como suportes das atividades humanas e também como um meio de compreender a cognição.
18 A cognição distribuída estuda a distribuição das ações entre as pessoas em função da configuração dos artefatos.

aliviar as tarefas cognitivas (atenção, raciocínio, memória) destinadas aos atores humanos. Esse campo encontra o interesse de Bernard Conein pelos objetos e sua busca de uma teoria que possa explicar ao mesmo tempo a manipulação dos objetos e do papel destes no plano cognitivo. Ora, Norman publicou uma obra[19] na qual apresenta uma teoria cognitiva dos artefatos. Nessa os objetos desempenham um papel maior, o de aliviar o que Norman chama de a carga do raciocínio na ação. Isso significa que uma ação sem objeto é muito mais pesada no plano mental do que uma ação com um artefato. Seu objetivo é, pois, ver como um objeto é capaz de facilitar a intervenção humana e, portanto, a carga cognitiva, quando uma ação é mediada por um artefato. O objeto tem então um papel de agente. Assim, a pilotagem de um avião é conduzida por um piloto e um copiloto, mas também por uma pletora de artefatos que estruturam por meio de uma tecnologia sempre mais sofisticada a tarefa da pilotagem.

A participação no Crea levou Laurent Thévenot a voltar aos Estados Unidos, a Madison, em Wisconsin, depois a Stanford, onde Jean-Pierre Dupuy dá aulas. Ele percebe todo o interesse que pode retirar de uma filosofia analítica que caminha certamente para o inverso de seus próprios passos, já que parte do indivíduo, mas entrevê a possibilidade de fazer as duas lógicas se reunirem. Sua intenção de descer do coletivo para o nível individual cruza de fato os esforços de alguns defensores da filosofia analítica que tentam remontar do individual para o plano mais coletivo. Nessa perspectiva, ele percebe especialmente convergências com as análises de Michael E. Bratman.[20]

Pascal Engel, filósofo do Crea, também teve sua estada americana em 1978-1979. Fez, à época, o curso do discípulo de Austin, John Searle. Depois, no liceu francês de Londres, passou um ano no decorrer do qual tomou conhecimento dos trabalhos da escola de Oxford, o que lhe permitirá tornar-se o introdutor-tradutor da França de Davidson e Dennett.[21]

---

19 Norman, *The Psychology of Everyday Things*.
20 Bratman, *Intention, Plans and Practical Reason*.
21 Dennett, *La Conscience expliquée*; Davidson, *Actions et évènements*.

O *lingusitic turn*

Esse encontro com a filosofia analítica coloca Wittgenstein no centro das referências do pensamento novo na França. Jacques Bouveresse já tinha sido o introdutor solitário da obra original de Wittgenstein desde o início dos anos 1970.[22] É sobretudo o segundo Wittgenstein que se torna fonte de inspiração, menos o do *Tractatus logico-philosophicus* do que o das *Recherches philosophiques* [Investigações filosóficas]. Ele é usado principalmente como o filósofo dos jogos de linguagem, relativizando a lógica ao relacioná-la a sistemas de convenções, dando como ambição da filosofia romper com as hesitações de sua tradição, que a levaram a proceder a uma crítica abusiva da linguagem comum. Wittgenstein considera, ao contrário, que a linguagem comum funciona bem quando é libertada das obscuridades artificiais de que foi carregada. A tarefa do filósofo, segundo Wittgenstein, consiste, portanto, em lutar contra as opacidades e restituir às palavras seu significado.

A guinada descritiva e paradigmática atual das ciências humanas encontra, então, em Wittgenstein, uma filosofia em ressonância com suas orientações, já que ela denuncia a fascinação que a ciência exerce sobre a filosofia:

> Os filósofos têm constantemente diante dos olhos o método da ciência e são irresistivelmente tentados a colocar e resolver questões da maneira pela qual a ciência o faz. Essa tendência é a fonte inevitável da metafísica, e leva a filosofia a uma obscuridade completa [...]. A filosofia *é* realmente puramente descritiva.[23]

São todos os defensores "anglo-saxões" do *linguistic turn*, do pragmatismo, que as ciências humanas francesas assim descobrem com atraso.

Charles Sanders Peirce, considerado o fundador da semiótica e de uma filosofia nova, o pragmatismo, definiu o pensamento como signo.[24] Segundo Peirce, o pensamento desdobra-se a partir de um triângulo semiótico (signo-objeto-intérprete) que remete a uma dialogia

---

22 Bouveresse, *La Parole malheureuse*; idem, *Wittgenstein*: la rime et la raison.
23 Wittgenstein, *The Blue and Brown Books*, p.18.
24 Ver Tiercelin, C. S. *Peirce et le pragmatisme*.

indefinida entre intérpretes. Apresenta-se também Gottlob Frege como o "pai da guinada linguística por causa de seu ajuste fundamental concernente à diferença entre *Gedanken* e *Vorstellungen*, entre pensamentos e representações".[25]

Uma das figuras atuais do pragmatismo americano, Richard Rorty, fez, aliás, o caminho inverso, estabelecendo pontes com a filosofia "continental", especialmente apropriando-se da desconstrução filiada em Derrida. A linguagem tornou-se, para ele, o próprio núcleo da filosofia contemporânea: "Toda consciência é uma questão de linguagem". Rorty empreende uma reabilitação do senso comum e percebe toda verdade como a resultante de uma "conversação entre sujeitos".[26] Nessa perspectiva, ele questiona toda a tradição cartesiana, depois kantiana, de formulação dos problemas filosóficos em termos de representação de um real concebido como externo ao discurso e estruturado a partir de leis específicas.

O pragmatismo de Rorty é radical e puramente contextualista: "Se se pretende que uma teoria que apresenta a verdade como aquilo que é eficaz é mais eficaz que qualquer das teorias concorrentes, dir-se-á que ela é mais eficaz com relação aos nossos fins e a nossa situação particular na história intelectual".[27] Nessa perspectiva, Rorty não vê realmente uma interdisciplinaridade, mas uma possibilidade de "desdisciplinar" uma filosofia que não seria mais uma disciplina, para falar propriamente. A pragmática contemporânea permitiu renovar três campos do saber: a teoria literária, notadamente com Arthur Danto, a história da ciência e a filosofia política.[28]

Direções divergentes das de Richard Rorty, as de Hilary Putnam e de Donald Davidson têm em comum, entretanto, o fato de pesquisar uma posição que esvazie, em graus diversos, toda forma de ceticismo. Putnam preconiza distinguir entre uma abordagem externalista que emerge, segundo ela, de um realismo metafísico segundo o qual a verdade se dá numa relação entre as palavras e as coisas a partir de uma teoria única, e uma abordagem internalista reduzida à coerência

---

25 Ferry, *Philosophie de la communication*, t.1, p.9.
26 Rorty, *L'Homme spéculaire*, p.180.
27 Idem, Dewey entre Hegel et Darwin. In: Poulain (Ed.), *De la verité*, p.65.
28 Ver Rajchman; West (Dir.), *La pensée américaine contemporaine*.

A FILOSOFIA ANALÍTICA 121

estrita interna entre crenças e experiências.[29] Resulta dessa posição uma grande importância do conceito de "contradição performativa" que impede a coerência consigo mesmo, condição para a comunicação, para a compreensão mútua. Putnam, contudo, não vai tão longe quanto Rorty no contextualismo e atribui a este último um relativismo que pode levar ao indiferentismo. Contra Rorty, Putnam mantém a necessidade de um "realismo restrito" com "r" minúsculo. Ele reconhece uma fecundidade na razão pura prática de Kant[30] e se pergunta: "O que deve acontecer para que haja julgamentos de valores que sejam verdadeiros?".[31] Entre a atitude objetivante e a atitude relativista, Putnam defende uma atitude mais hermenêutica, próxima da de Peter Winch.[32] Ela implica o fato de que "compreender um jogo de linguagem é partilhar uma forma de vida".[33]

A era pragmática

A penetração dessas teses pragmáticas, sua assimilação no debate intelectual francês foram tardias, mas encontraram desde então ardentes introdutores. Além da obra de Paul Ricoeur, que discute há muito essas teses anglo-saxônicas, os especialistas desse pensamento multiplicam-se: Pierre Jacob no domínio da filosofia das ciências, François Récanati no da linguística, Jacques Bouveresse, Gilles Gaston-Granger, Christiane Chauviré como intérpretes de Wittgenstein, ou ainda Jacques Poulain, que questiona de maneira crítica a razão fenomenológica.[34]

---

29 Putnam, *Raison, vérité et Histoire*, p.60 e ss.
30 Ibidem.
31 Idem, Wittgenstein, la vérité et le passé de la philosophie. In: Poulain (Ed.), *De la verité*, p.85.
32 Ver Ferry, *Philosophie de la communication*, t.1, p.24.
33 Putman, Wittgenstein, la vérité et le passé de la philosophie, p.88.
34 Poulain, *L'Age pragmatique ou l'expérimentation totale*; idem (Dir.), *Critique de la raison phénoménologique*, com contribuições de Karl Otto Apel, Hans Dieter Bahr, Michael Benedikt, Rudolf Burger, Michel Deguy, Vincent Descombes, Jacques Poulain, Hilary Putnam, Richard Rorty, Charles Taylor, Reiner Wiehl.

Quanto a Joëlle Prouſt, ela narra seu "desvio analítico".[35] Depois de ter publicado *Queſtions de forme, logique et proposition analytique de Kant a Carnap* (1986), voltou-se para um novo campo de inveſtigação com a filosofia da inteligência artificial e da cognição. Ela encontrou dois eſpaços de debate para assimilar as orientações da filosofia analítica. O "grupo da sexta-feira" expunha e discutia as teses da filosofia da linguagem, assim como as relações entre filosofia e psicologia. Encontram-se aí Dan Sperber, Pierre Jacob, François Récanati, Dick Carter e Gilles Fauconier. O segundo lugar foi o seminário dirigido por Pascal Engel sobre a filosofia da cognição. Esse trabalho de elaboração, notadamente em torno do *frame problem*, levou Joëlle Prouſt a integrar, em 1989, a equipe de pesquisa do Crea sobre as ciências cognitivas.

Keynes revisitado

Para o meio dos economiſtas, o desvio americano coloca-se diferentemente, pois a ciência econômica moderna, formalizada, é praticamente totalmente dominada pelos anglo-saxões. As fontes de inſpiração da economia das convenções encontram-se também, no essencial, fora da França. Assim, Olivier Favereau encontra pela primeira vez a noção de convenção em Keynes. Eſte último de fato interessou-se pela maneira pela qual as pessoas eram capazes de antecipar, de formular previsões sobre um mercado financeiro. Keynes utilizou uma teoria segundo a qual haveria uma "eſpécie de convenção quando não se tem razão de pensar que as coisas vão mudar".[36] Favereau se interessa então pela lógica, pelos debates filosóficos, e descobre a obra do lógico Kripke: "Eu me pus a fazer filosofia de amador, muito próxima da filosofia analítica, muito à maneira anglo-saxônica".[37] É nessa busca das lógicas[38] que

---

35 Prouſt, De l'hiſtoire de la logique à la philosophie de l'eſprit, *Le Débat*, n.72, nov.-dez. 1992, p.177-86.

36 Olivier Favereau, entreviſta com o autor.

37 Ibidem.

38 A lógica modal, conſtruida pelos megáricos e pelos eſtoicos, não é uma ontologia. Ela aborda, por meio da queſtão da linguagem, a queſtão do "modo" no qual o ser ocorre e assim leva em conta a modalidade das proposições.

A FILOSOFIA ANALÍTICA

constata a referência insistente nas bibliografias a uma obra de David K. Lewis, *Convention*,[39] que ele deve ter sido o primeiro economista francês a ler. Favereau percebe, então, o que considera ser uma entrada possível para superar a aporia na qual Keynes tinha tropeçado e propor, de acordo com Lewis, uma "semântica dos mundos possíveis".[40] Ao mesmo tempo, ele lê Doeringer e Piore,[41] que se dedicaram a uma descrição daquilo que se passa nas empresas modernas no plano da gestão do pessoal. Eles constatam o uso permanente das noções de regra, norma, costume como substitutos para o funcionamento dos mercados, graças a seu poder de harmonização dos comportamentos: "Eu me disse que havia ali um espaço extremamente rico no qual as pessoas chegando de horizontes os mais diversos se encontram em torno das noções de possíveis".[42] Favereau decide a partir daí trabalhar no interior desse vasto espaço teórico, nos confins da filosofia analítica.

---

39 Lewis, *Convention*: a Philosophical Study.
40 A "semântica dos mundos possíveis" em lógica modal consiste numa utilização engenhosa da teoria dos conjuntos para caracterizar as condições de venda dos enunciados da forma: "é possível que...", "é necessário que..." etc. O interesse está então voltado para o conjunto dos "mundos possíveis" nos quais uma proposição determinada é verdadeira.
41 Doeringer; Piore, *Internal Market and Manpower Analysis*.
42 Olivier Favereau, entrevista com o autor.

7

A FILOSOFIA DAS CIÊNCIAS

O outro aspecto do "desvio americano" situa-se na discussão das teses da filosofia das ciências, da epistemologia. A tradição anglo-saxônica está nesse plano em ruptura com o positivismo. Toda uma corrente percebeu uma crise de confiança na Razão que remonta ao início do século com a teoria da relatividade, a mecânica quântica... A formulação do teorema de Gödel em 1931[1] permitiu pensar na incompletude para um questionamento do determinismo. Essa crise da ciência coloca o problema dos limites de toda iniciativa fundacional e impõe uma nova problematização filosófica das descobertas científicas. A verdade científica torna-se um "erro em *sursis*". Todo um programa de epistemologia das ciências será fecundado por essa crise de confiança.

Thomas Kuhn propõe a noção de paradigma para discriminar o estado de "ciência normal" e valorizar os elementos sociológicos e

---

[1] Kurt Gödel, lógico austríaco nascido em 1906 em Brno, depois naturalizado norte-americano. Demonstra com seus dois teoremas de incompletude a aporia da pesquisa de Hilbert que queria revelar a consistência de um sistema formal de análise. Para Gödel, todo sistema formal suficientemente potente para incluir um mínimo de aritmética, de teoria dos conjuntos, compreende proposições indetermináveis. Coloca em seguida um termo, graças a seu segundo teorema de incompletude (1931), nas esperanças "finitistas" de Hilbert, mostrando que uma aritmética não contraditória, como o esperava Hilbert, não poderia formar um sistema completo, pois a não contradição constitui, nesse sistema, um enunciado "indeterminável".

históricos constitutivos das revoluções científicas. As crises encontram, então, sua solução com a aparição de um novo paradigma no interior de uma evolução histórica que perdeu sua linearidade.[2] O paradigma não define mais uma verdade em si, atemporal da ciência, mas simplesmente a atividade legítima no interior do domínio científico que ele rege. Contudo, a aparição de enigmas não resolvidos, de anomalias, provoca crises de repetição que se amplificam até que um paradigma rival se apresente como alternativa, por sua capacidade de resolver os problemas colocados. Nesse momento, segundo Kuhn, ele é adotado pela comunidade científica.

Paul Feyerabend vai ainda mais longe no relativismo graças a sua famosa consideração segundo a qual "tudo é bom".[3] Ele ataca o fato de que a ciência seria organizada segundo regras fixas, universais. Considera que essa crença é negativa em relação à maneira como avançam as descobertas científicas. Estas últimas muito frequentemente são resultantes de transgressões com relação às tradições de intuições engenhosas exteriores aos caminhos percorridos. A intensidade dessa reflexão sobre a história das ciências atravessou o Atlântico: "O que me alimentou de imediato vindo aos Estados Unidos é a nova história das ciências".[4]

Karl Popper

Rompendo com o relativismo kuhniano, a referência maior torna-se rapidamente a obra de Karl Popper em filosofia das ciências.[5] Ela permite colocar frontalmente a questão do estatuto científico de uma teoria e encontra a resposta do lado de sua capacidade de ser falsificável. Popper recusa a tese dos membros do Círculo de Viena segundo a qual se opõem ciências e pseudociências em nome do critério empírico de um método científico inelutavelmente indutivo. Ele também

---

2 Kuhn, *The Structure of Scientific Theories*.

3 Feyerabend, *Agains Method*, p.333 (da edição francesa).

4 Isabelle Stengers, entrevista com o autor.

5 Popper, *La Logique de la découverte scientifique*; idem, *Conjectures et réfutations*; idem, *La Connaissance objective*; idem, *La Société ouverte et ses ennemis*, 2 vols.

A FILOSOFIA DAS CIÊNCIAS

rompe com a tradição epistemológica e prega uma certa forma de indeterminismo,[6] sem com isso renunciar ao ideal de verdade: "A adesão ao indeterminismo e à tese do caráter conjetural de nosso saber não leva a encorajar o relativismo e o ceticismo".[7] Passando pela América, escapava-se assim, segundo Daniel Andler, do fato de considerar a história das ciências como uma sucessão de gênios: "O que Berkeley me deu foi a ideia de um *continuum* ao longo das épocas, e o fato de que não há uma espécie de modalidade de desenvolvimento único, autogenético de manifestação do gênio".[8]

Por sua vez, Alain Boyer, filósofo que também trabalha no Crea, encontra a maior parte de sua inspiração em Popper,[9] o que não exclui outras influências como a da tradição alemã em torno da obra de Weber. Nos anos 1980, ele considera que há duas obras maiores que tratam dos problemas epistemológicos sobre os quais trabalha: a do filósofo americano de origem norueguesa John Elster[10] e a do filósofo belga Philippe Van Parijs.[11] Alain Boyer reivindica Popper e seu antipositivismo. Essa postura popperiana implica certo número de corolários. Em primeiro lugar, e contrariamente a um mal-entendido muito difundido que vem da maneira pela qual os editores alemães apresentaram a querela entre Adorno, Habermas e Popper sob o nome de querela do positivismo,[12] a obra de Popper não deriva de modo algum do positivismo, bem ao contrário. Seu antipositivismo traduz-se pelo fato de reconhecer que mesmo o que não é científico pode ser dotado de sentido. Em segundo lugar, e isso é importante para as ciências humanas, Popper, contrariamente ao positivismo, "não recusa as entidades ocultas".[13] Em terceiro lugar, Popper critica o método indutivo do positivismo, isto é, a acumulação de dados precedendo a hipótese generalizante: "Ao contrário, a hipótese popperiana é o primado da teoria da experiência",[14] essa última

---

6 Idem, *L'Univers irrésolu*; ver Bouveresse (Dir.), *K. Popper et la science d'aujourd'hui*.
7 Vencer, *Histoire de la philosophie moderne et contemporaine*, p.429.
8 Daniel Andler, entrevista com o autor.
9 Boyer, *L'Explication en histoire*.
10 Elster, *Le Laboureur et ses enfants*.
11 Van Parijs, *Le Modèle économique et ses rivaux*.
12 Adorno; Popper; Habermas et al., *De Vienne à Francfort*.
13 Alain Boyer, seminário *Espaces Temps*, Université européenne de la recherche, 7 fev. 1994.
14 Ibidem.

conservando um estatuto privilegiado como meio de testar a confiabilidade das hipóteses, sua comprovação. O ponto em que Popper mais se aproxima das teses pragmatistas e da filosofia analítica consiste na atenção que concede à instituição científica como lugar de um debate, de um coletivo necessário à ciência, de um lugar de argumentação intersubjetiva, preservando a ideia de um método científico unificado. Ora, a tradição francesa, em sua contestação do positivismo, tinha obliterado essa dimensão, a da subjetividade, a da intencionalidade. A reintrodução dessa dimensão passa, pois, fortemente, por um recorrer da filosofia continental à escola anglo-saxônica em suas diversas variantes linguísticas ou lógicas.

8
A escola de Chicago, Elias, Weber

No domínio da escrita histórica, também as fontes de inspiração se diversificam e se abrem para o estrangeiro. A fase cientificista da nova história que achou que encontrara a verdade histórica na calculadora, graças a uma história quantitativa e serial, está bastante revolvida. O estudo do presente e o confronto com fontes orais têm obrigado os historiadores a colocar-se novas questões. Estas precisaram também de certo número de desvios que implicaram a multiplicação das trocas internacionais e a abertura para a sociologia: "Na França, a história oral entrou por meio da sociologia".[1] Daniel Bertaux analisou o vínculo que existe entre a utilização maciça das fontes orais e os discursos de revolta da geração de 1968.[2] Por sua vez, Michel Pollack mostrou[3] que a história oral foi trazida por toda uma geração nova de pesquisadores "entrantes", de trajetórias atípicas, que pouco a pouco tomaram posições de poder nos anos 1980. Essa nova geração encontrou o essencial de sua inspiração na sociologia americana.

---

1 Michel Trebitsch, entrevista com o autor.

2 Bertaux, L'Histoire orale en France: fin de la préhistoire, *International Journal of Oral History*, v.2, jun. 1981, p.121-7.

3 Pollak, Signes de crise, signes de changement, Mai 68 et les sciences sociales, *Cahiers de l'IHTP*, n.11, abr. 1989.

A história oral

Desde 1948, um centro de história oral constituiu-se sob a égide de Allan Nevins na universidade de Columbia. Essa primeira implantação e seu sucesso serviram imediatamente de modelo para a criação de outros centros que acabaram por encontrar uma dimensão federal quando Nevins criou, em 1967, a American Oral History Association, que em 1973 lançou uma revista, *Oral History Review*. Mas o modelo da história oral de Columbia, "privilegiando o estudo das elites e não dos excluídos",[4] sofreu uma forte contestação nos anos 1960. Toda uma corrente crítica, alimentada pelos movimentos radicais das minorias, desenvolveu então a história oral de um ponto de vista militante e revisitou a tradição e as orientações da escola de Chicago.[5]

A constituição de um departamento de sociologia em Chicago data do final do século XIX, em 1892. Ela é marcada pela personalidade de Albion W. Small, que foi diretor desse departamento durante trinta anos. Um de seus alunos, William Thomas, volta ao departamento para lecionar entre 1897 e 1918. É ele que demonstra a fecundidade dessa escola graças a sua célebre pesquisa sobre o "camponês polonês", que publica em 1918 com Znaniecki. Ela representa uma soma de trabalho impressionante de cinco volumes, fruto da coleta de milhares de cartas de imigrantes, de histórias de vida, da comparação entre o país de origem e o país de destino.[6] Mais tarde, e sob a influência das teses pragmatistas de Charles S. Peirce e de John Dewey, os sociólogos afastam-se da tradição especulativa dos grandes sistemas teóricos e ocupam-se com trabalhos empíricos. Os trabalhos de pesquisa orientam-se para o estudo das modalidades da mudança social e os problemas que engendra. O empirismo domina, então, nesses anos 1930, a sociologia americana; "longe, no entanto, de rejeitar toda orientação teórica, ele se caracteriza mais por sua desconfiança com relação a um procedimento hipotético-dedutivo a partir de um corpo sistematizado de postulados,

---

4 Trebitsch, Du myth à l'historiographie, *Cahiers de l'IHTP*, n.21 (*La Bouche de la vérité?*), nov. 1992, p.17.
5 Coulon, *L' École de Chicago*.
6 Thomas; Znaniecki, *The Polish Peasant in Europe and America*.

preferindo estudar cada fenômeno social particular no âmbito de problemáticas construídas conforme 'racionalidades específicas'".[7]

É nessa linha que a escola de Chicago vê se desenvolver uma série de projetos de pesquisa tidos como de ecologia urbana, denominados *Urban Area Projects*. A unidade desses trabalhos está fundamentada na visão da cidade como um laboratório privilegiado para estudar os problemas de marginalidade, de segregação, de violência. Essas pesquisas sociológicas permitirão fazer escola com a preocupação, muito pragmática, de concentrar a atenção do sociólogo sobre os atos recíprocos dos indivíduos e seu ambiente. Um dos promotores maiores dessa escola dominante nos Estados Unidos nos anos 1920 é R. E. Park; antigo aluno de Windelband e de Simmel, que chegou a Chicago em 1915. O desenraizamento é um dos elementos maiores que explica as formas de "patologia urbana" segundo a escola de Chicago. O historiador Gérard Noiriel, que escreveu uma história da imigração na França nos séculos XIX e XX,[8] revisitará essa tradição: "O desvio americano, sim, houve um, pela sociologia, pela escola de Chicago".[9]

A história inspira-se então na sociologia a fim de melhor dominar a multiplicação de suas fontes. Ela reconhece mais do que ontem a competência própria às testemunhas, suas capacidades para descrever e portanto explicar os acontecimentos tais como os vivenciaram. Essa introdução da história oral suscitou muitas controvérsias e adaptações para utilizá-la no campo de investigação da história do presente. Danièle Voldman, cujo objeto de pesquisa é também a cidade, recusou rapidamente o fato de acrescentar um novo compartimento denominado "história oral" ao lado da história manuscrita. Ela considera, ao contrário, que as fontes e arquivos orais são parte integrante da história geral. Por esse motivo, o posicionamento militante de uma história oral crítica com relação ao poder/saber dominante pertence a um "período historiográfico, o dos anos 1950 a 1980".[10] Se, por um lado, os historiadores não tiveram um verdadeiro conhecimento direto da filosofia analítica, por outro, pode-se afirmar, com Roger Chartier, que "eles fizeram

---

7 Cuin; Gresle, *Histoire de la sociologie*, v.2, p.29.

8 Noiriel, *Le Creuset français*.

9 Idem, entrevista com o autor.

10 Voldman, Définitions et usages, *Cahiers de l'IHTP*, n.21 (*La Bouche de la vérité?*), nov. 1992, p.33.

pragmática sem sabê-lo".[11] Por se afastarem das análises em termos de longa duração, a pragmática lhes é tão mais familiar. Ela permite, além disso, propiciar uma reorientação para o estudo das interações individuais no âmbito de regras contextualizadas. Ela faz prevalecer as relações em vez das estruturas, as situações em vez das posições, e adere assim a uma tendência própria ao conjunto das ciências sociais na França.

O Reno: um traço de união

Essas interrogações novas fazem surgir duas referências maiores que acompanham a atual mudança de paradigma: Norbert Elias e Max Weber, ou seja, dessa vez, uma abertura direta para a Alemanha. Há mais de dez anos Roger Chartier tornou-se o introdutor da obra integral de Norbert Elias, empreendendo a publicação de todos os seus textos em francês. Elias permite superar a falsa alternativa entre sujeito e estrutura e evitar a redução da noção de situação ao conjunto das relações percebidas, conhecidas e utilizadas conscientemente pelos atores sociais, como no paradigma interacionista: "O interesse de um pensamento como o de Elias me parece situar-se no fato de fazer operar interdependências a muito mais longa distância, não necessariamente perceptíveis nem manipuláveis pelos indivíduos e que no entanto lhes fazem ser o que são".[12] Chartier expôs recentemente as razões pelas quais a redescoberta de Elias se reveste de um interesse maior.[13]

Roger Chartier encontra Elias em 1979 por ocasião de uma entrevista organizada por seu colega alemão von Thadden em Göttingen. Ele percebe nessa ocasião que a recepção de sua obra na França, na metade dos anos 1970, foi fundamentalmente enviesada e redutora. Dele retiveram-se essencialmente os elementos descritivos dos comportamentos, das maneiras, dos costumes, uma antropologia histórica da vida cotidiana ocidental nos séculos XVI-XVIII correspondendo à moda do momento da história das mentalidades. Ora, esse encontro de 1979

---

11 Roger Chartier, entrevista com o autor.
12 Ibidem.
13 Idem, Elias, une pensée des relations, *Espaces Temps*, n.53-54, 1993, p.44-60.

revelava uma obra de uma amplitude completamente diferente, e foi na ocasião, "ao menos para mim, um momento de verdadeira leitura de Elias".[14] A razão da recepção tardia e enviesada da obra de Elias se deve ainda, como no caso da filosofia analítica, ao provincianismo franco--francês. Certamente, *La Civilisation des moeurs* [na edição brasileira, *O processo civilizador 1*] só surge em 1939, mas o sistema universitário francês, por sua rigidez, não permite aos refugiados da Europa central, nesses anos 1930, que se instalem na França. Elias, fugindo do nazismo em 1933, faz uma parada em Paris. Isolado, sem verdadeiro eco num sistema universitário particularmente rígido, prossegue seu caminho para o mundo anglo-saxão, ainda que seu campo de estudos fosse a história da França: "Em 1933, com a chegada de Hitler ao poder, foi na França que vim me refugiar em primeiro lugar. Mas o sistema universitário francês não pôde me dar um lugar. Na Grã-Bretanha eu tive mais sorte".[15]

Será preciso esperar sua vinda a Paris no começo dos anos 1980, quando é convidado sucessivamente pelo Ehess e pelo Collège de France, para ter uma medida da importância de sua obra. Seu conceito central de configuração faz surgirem processos de recomposições complexas de elementos anteriores. Ao mesmo tempo, permite opor-se à ilusão de invariantes trans-históricas e aos surgimentos enigmáticos de iniciativas descontínuas. Elias torna possível pensar simultaneamente em termos de continuidades e descontinuidades indissociáveis. Por outro lado, possibilita compreender a dialética da incorporação das pressões pelos indivíduos, o modo de individuação no interior de um mesmo contexto específico que envolve todos os níveis da situação histórica:

> A referência a uma obra como a de Elias tem uma dupla função: de um lado propõe modelos de inteligibilidade mais dinâmicos, menos congelados... A segunda função de referência a Elias é propor um esquema, talvez discutível, de evolução das sociedades ocidentais da Idade Média ao século XX, centrando-a em torno da construção do Estado e da transformação das categorias psíquicas.[16]

---

14 Ibidem, p.44.
15 Elias, *La Civilisation des moeurs*.
16 Chartier, *Elias, une pensée des relations*, p.49.

A reintrodução do campo de múltiplas possibilidades oferecidas pelas configurações sociais permite, portanto, evitar a alternativa entre o postulado de uma liberdade absoluta do homem e o de uma determinação causal estrita. Pode-se, então, ousar pensar o vínculo social, a liberdade individual, num misto de cadeias de interdependências que ligam o indivíduo a seus semelhantes. A insatisfação diante de uma "história em migalhas" e a preocupação atual com uma abordagem global, assim como as questões renovadas sobre o político podem encontrar em Elias soluções tanto no plano factual quanto no metodológico graças ao aspecto global e dinâmico de sua abordagem do poder, do papel do Estado no social.

Compreende-se ainda como essa obra pôde ser sugestiva para o historiador Gérard Noiriel, cujo objeto é também o estudo dos mecanismos em ação na construção de uma identidade nacional. Pretendendo lançar as bases de uma história social da nação francesa, Gérard Noiriel escreve que "nesse sentido, é preciso curvar-se a Norbert Elias".[17] A análise dos fenômenos de assimilação, as contribuições de um método comparativo inscrito na duração em Elias são da mesma forma orientações preciosas a Gérard Noiriel, que pode fazer sua a afirmação segundo a qual "o indivíduo é ao mesmo tempo a moeda e a cunha que a imprime",[18] significando assim que todo homem traz a marca indelével do social.

O horizonte weberiano

Max Weber se beneficia hoje também de um novo interesse realmente espetacular nas ciências sociais, a tal ponto que Jean-Pierre Olivier de Sardan pôde falar recentemente em espaço weberiano das ciências sociais.[19] O percurso de Gérard Noiriel é ainda aqui sintomático de uma redescoberta recente: "Quando comecei a ler Weber de perto, o que não se lia quando eu era jovem, dei-me conta de que ele define

---

17 Noiriel, *Le Creuset français*, p.344.
18 Elias, *La Société des individus*, p.97.
19 Sardan, L'Espace wébérien des sciences sociales, *Genèses*, v.10, jan. 1993, p.146-60.

A ESCOLA DE CHICAGO, ELIAS, WEBER

a sociologia compreensiva como uma ciência que tem por objeto esse átomo elementar que é o indivíduo".[20] Certamente, a verdadeira introdução das ideias weberianas remonta às vésperas da Segunda Guerra mundial. Ela data de fato da publicação da tese de Raymond Aron.[21] Depois Julien Freund deu continuidade a esse esforço para introduzir na França as teses weberianas.[22]

Se Weber demorou tanto tempo para ser reconhecido e discutido, não é certamente por desconhecimento de sua obra pelos praticantes da sociologia francesa. Nesse plano, a demonstração factual segundo a qual não se deixou de estabelecer contatos entre sociólogos franceses e alemães é convincente.[23] Contudo, a tese defendida por Laurent Muchielli, segundo a qual a ruptura franco-alemã por causa de Durkheim é um mito, é dificilmente sustentável. Houve contato, mas o confronto entre as duas tradições sociológicas soldou-se pelo sucesso integral do durkheimismo na França, que confirmou e amplificou sua hegemonia quando do triunfo do estruturalismo nos anos 1960. Com isso, toda a tradição de Weber, Simmel, Dilthey perdeu legitimidade. O divórcio entre as duas orientações é então evidente e, como mostra Monique Hirschhorn,[24] as referências a Weber são raras em língua francesa, e isso contrasta com a abundante bibliografia anglo-saxônica.[25] Certamente, pode-se alegar nesse atraso fatores comerciais referentes aos direitos reservados à editora Plon, que detém seu monopólio a partir de 1955,[26] mas se a Plon não está particularmente motivada a divulgar Weber, é também porque ele não tem público comercialmente necessário para a edição e reedição de seus textos.

---

20 Gérard Noiriel, entrevista com o autor.

21 Aron, *Essai sur une théorie de l'histoire dans l'Allemagne contemporaine*.

22 Freund, *Sociologie de Max Weber*.

23 Muchielli, La Guerre n'a pás eu lieu: les sociologues français et l'Allemagne (1870-1940), *Espaces Temps*, n.53-54, 1993, p.5-18.

24 Hirschhorn, *Max Weber et la sociologie française*.

25 *Le Savant et le Politique* [Ciência e Política: duas vocações] só foi traduzido para o francês em 1959 por Julien Freund; os *Essais sur la théorie de la science* [Ensaios sobre a teoria das ciências sociais], em 1965; e *L'Éthique protestante et l'esprit du capitalisme* [A ética protestante e o "espírito" do capitalismo], em 1964.

26 Essa situação editorial foi analisada por Michel Pollak, Max Weber em France, l'itinéraire d'une oeuvre, *Cahiers de l'IHTP*, n.3, 1986.

136   O IMPÉRIO DO SENTIDO

Essa situação remete à ignorância voluntária de uma orientação de sociologia antinômica com relação à corrente durkheimiana-marxista dominante na época. De fato, há nesse período duas vias opostas entre a filiação positivista comtiana, cujo modelo heurístico é a física mecânica, e a filiação da sociologia compreensiva, para a qual as ciências do espírito devem ser dissociadas das ciências da natureza. A ruptura foi portanto efetiva entre a filosofia crítica da história de Simmel, Dilthey, Weber e a tradição positivista que lhe acusava de psicologizar as ciências históricas.[27] O desconhecimento da corrente da sociologia compreensiva alemã que resultou desse confronto, no entanto, aos poucos está se dissipando na França. Quando Jean-Claude Passeron recentemente define o que é para ele o raciocínio sociológico,[28] ele opõe um espaço popperiano, aquele das ciências experimentais, ao espaço não popperiano das ciências históricas, que não podem ser "falsificadas" em sentido estrito. Assim assume, definindo o que chama de ciências históricas (sociologia, antropologia, história), a distinção weberiana da autonomia destas e a necessidade de definir-lhes os limites de sua objetividade. As ciências sociais, segundo esse esquema, não pertencem ao domínio das ciências nomológicas.[29] São submetidas, segundo Jean-Claude Passeron, a pressões demonstrativas que remetem toda asserção ao seu espaço próprio de enunciação. Essa característica corresponde à importância de um outro empréstimo de Weber, o de tipo-ideal construído pelo raciocínio sociológico:"Não estão aqui os vínculos *lógicos* que amarram o essencial do conhecimento, mas os *vínculos tipológicos*, indissociáveis, enquanto tal, das designações semirrígidas e das descrições continuamente retificadas sobre as quais os tipos estão *indexados*".[30]

Para mostrar o estatuto lógico de seminome próprio dos conceitos históricos, sociológicos ou antropológicos, Passeron toma o exemplo do conceito descritivo, o da atitude do "*petit Blanc*", muito próximo das

---

27 Mesure, Sociologie allemande, sociologie française: la guerre a eu lieu..., *Espaces Temps*, n.53-54, 1993, p.19-27.

28 Passeron, *Le Raisonnement sociologique*, *l'espace non poppérien du raisonement naturel*.

29 As ciências nomológicas são as capazes de formular seus conhecimentos sob a forma de "leis universasis" das quais se pode deduzir "enunciados de base" que sejam contraditórios de "enunciados falsificadores". É o caso das ciências experimentais. Elas se opõem às ciências idiográficas, ciências do particular.

30 Passeron, *Le raisonnement sociologique*, p.384.

massas desqualificadas e que valoriza o que o separa ainda da condição daquelas: "Quando o utilizamos, a fim de compreender um tipo de relação social numa outra situação histórica que não a dos '*petits Blancs*' do sudeste dos Estados Unidos, o conceito introduz uma *inteligibilidade* \ *comparativa*"[31] Numa outra situação, o conceito utilizado toma uma forma analógica. Ele se extrai, portanto, de seu contexto de origem e, ao mesmo tempo, não se pode fazer economia desse último:

> Nem nomes comuns plenos (suscetíveis de uma "descrição definida") nem nomes próprios simples (identificadores de *dêixis* única), os conceitos sócio-históricos são *mistos lógicos* cuja natureza tipológica comanda efeitos semânticos comuns no discurso da história e da sociologia.[32]

O outro grande empréstimo de Weber é a perspectiva comparativa das ciências históricas que devem pôr em equivalência contextos com relação à tipologia que os aparenta: "Dois ou vários contextos históricos não podem ser distinguidos como diferentes, ou comparados como equivalentes, a não ser por um raciocínio comparativo".[33] Isso elimina do espaço teórico das ciências sociais a ilusão de poder postular invariantes formalizáveis destacadas da língua natural e de seu contexto. Esses "híbridos", meio conceituais, meio referências, que Jean-Claude Passeron qualifica de seminomes próprios, são de fato o equivalente ao que era para Weber o tipo-ideal.

A França dos anos 1990 parece ter decidido abrir resolutamente suas fronteiras. Ela deve poder resgatar seu atraso graças a esse duplo encontro com os Estados Unidos e a Alemanha, conservando ainda sua capacidade de construir um paradigma específico que não seja simples tradução das contribuições estrangeiras.

---

31 Ibidem, p.61
32 Ibidem, p.62.
33 Ibidem, p.369.

PARTE III

O VÍNCULO SOCIAL

A o voltar sua atenção para a sociedade ocidental, os etnólogos operaram uma modificação do olhar das ciências humanas. Isso contribuiu fortemente para que se abandonasse o discurso da denúncia, que não tinha nenhum sentido na descrição etnográfica da diferença cultural. Nesse sentido, a moda antropológica dos anos 1960 continua de certa maneira a irrigar pesquisas recentes sobre a metrópole. A experiência etnológica permitiu uma nova atenção sobre o que fundamenta o vínculo social, considerando-o como constitutivo do simbólico constituinte.

A dupla crise do pensamento do social no que se refere à centralidade, quer seja a partir da mão invisível do mercado ou da onipresença do Estado, facilitou por outro lado essa atenção ao que fundamenta o vínculo social, os microvínculos. Certamente, essa questão sempre animou a reflexão sociológica, mas assiste-se a deslocamentos no ângulo da análise, a uma escolha de escalas mais restritas para restituir as lógicas em ação na interação, os micromeios de socialidade, a introdução dos objetos no estudo do social, a revisão das grandes divisões tradicionais. No horizonte dessas pesquisas inovadoras, a questão é eminentemente política, uma vez que visa fazer reviver uma socialidade (perdida) que permitiria abrir o espaço público à deliberação em torno dos grandes problemas colocados pela modernidade. A própria perpetuação da aventura democrática supõe a transformação de uma cultura de *experts* que se abriria para uma participação ativa dos usuários tornados cidadãos nas grandes decisões sociais.[1]

A atenção ao vínculo social, ao que o fundamenta, pode ser encarada diferentemente se esse for concebido como um autoengendramento mútuo. Ela permite evitar a falsa alternativa entre holismo e individualismo metodológico ou a oposição – que se tornou clássica – entre o social e o indivíduo. O duplo impasse sobre o qual desembocam tanto o modelo utilitarista quanto aquele que fez prevalecer a reprodução das estruturas convida a um deslocamento do olhar para o que constitui o próprio cerne do vínculo social. Nem por isso esse entremeio é fácil de distinguir, dado seu caráter híbrido e complexo: "O vínculo social é um objeto altamente enigmático que não é nem um dado da natureza, como o postula toda uma sociologia que é organicista sem sabê-lo, nem um construto, como acreditam os liberais e todo um pensamento jurídico um pouco ingênuo".[2] Até então evidência não problematizada, o vínculo social ocupa assim, hoje em dia, o lugar da Esfinge que pergunta ao homem sobre seu ser próprio, colocando-lhe um enigma que o põe a trabalhar. Pois o saber das ciências sociais está ainda mal armado para abordar essa questão central que sempre permaneceu o não dito, o implícito de toda análise social.

---

1 Ver Mongin, *Face au scepticisme*.
2 Marcel Gauchet, entrevista com o autor.

9

UMA NOVA TRÍADE
NATUREZA/SOCIEDADE/DISCURSO

A nova antropologia das ciências sociais, nascida, como vimos, no Centre de Sociologie de l'Innovation (CSI) em torno de Michel Callon e Bruno Latour, assumiu como objeto de estudo os processos que emergem da inovação científica e técnica. Eles são concebidos como "um fato total".[3] As descobertas que permitem subverter os vínculos sociais são elas próprias o resultado de múltiplos efeitos de redes. Elas envolvem ao mesmo tempo os laboratórios, as políticas públicas, os financiamentos privados, as relações com os consumidores potenciais...

Tal antropologia implica o concurso de diversas disciplinas, atenção e competência em qualquer área para estudar as grandes controvérsias que acompanharam a inovação, o modo de funcionamento dos laboratórios no plano interno e sua capacidade de difusão. Todas essas direções de pesquisa implicam considerar conteúdos das inovações, mas também redes mobilizadas para chegar a sua socialização. Essa antropologia, cujo objeto privilegiado é a descoberta científica ou técnica, dirige uma atenção especial às crises, aos custos das situações estáticas. Em todos os casos, o conteúdo e o contexto são sempre estudados em combinação. A ruptura essencial com a sociologia clássica, realizada por essa antropologia, consiste em construir as "ciências sociais com risco

---

3 Brochura CSI, *Comprendre la création scientifique, technologique et culturelle: 1967-1992*, p.26.

do objeto".[4] Essa antropologia considera que a ciência é inteiramente social. Recusando tanto a naturalização dos objetos praticada em geral pelas disciplinas das ciências humanas quanto o sociologismo que consiste em considerar esses objetos como simples cenário do social, o CSI considera que "os objetos estão no centro da sociologia".[5] Com os objetos, são questionados sua natureza, seu fundamento e a capacidade do vínculo social de enfrentar o tempo: "Os objetos técnicos tornam-se uma maneira particular de garantir uma durabilidade do vínculo social incorporando os não humanos no comércio dos homens. Estudá-los é prolongar a sociologia por outros meios".[6] Essa atenção ao vínculo social, àquilo que fundamenta no plano das práticas, dos lugares e dos objetos, permite a essa abordagem superar a "antiga oposição entre o ator e o sistema, o agente e a estrutura".[7]

As redes repercutem

Uma das noções centrais dessa antropologia das ciências é a de redes, numa acepção inédita e muito ampla do termo: "As redes são ao mesmo tempo reais como a natureza, narradas como o discurso, coletivas como a sociedade".[8] Ao contrário de seu sentido usual, a utilização do termo redes em antropologia das ciências corresponde à vontade de manipular uma noção que permita evitar toda visão compartimentada da sociedade. Ela se diferencia, dessa maneira, das noções de campo, subcampo, instituições... que pressupõem conjuntos homogêneos definidos por tipos de ações, regras de jogos particulares. A segunda característica dessas redes é a confusão que implica entre humanos e não humanos, sujeitos e objetos. São redes sociotécnicas que envolvem "fluxo de instrumentos, competências, literatura, dinheiro, que alimentam e sustentam laboratórios, empresas ou administrações".[9] As redes

---

4 Ibidem, p.33.
5 Ibidem, p.34.
6 Ibidem, p.36.
7 Ibidem, p.40.
8 Latour, *Nous n'avons jamais été modernes*, p.15.
9 Callon (Org.), *La science et les reseaux*, p.15.

UMA NOVA TRÍADE: NATUREZA/SOCIEDADE/DISCURSO

145

são assim marcadas por uma forte heterogeneidade. Levá-las em consideração permite insistir sobre a importância daquilo que parecia até então exterior à ciência. Considerar o fato científico como expressão de uma rede permite testar a solidez e a novidade relativa desta. A noção de redes torna possível a compreensão dos efeitos de extensão, dos efeitos de escala.

As redes sociotécnicas, mais ou menos proliferativas, deslocam as cadeias de delegação, manifestam o dispositivo dos porta-vozes: "Esse trabalho de costura, de remendo, de estabelecimento de relações, de avaliação, pode levar mais ou menos tempo".[10] Ora, não há solução de continuidade entre um ponto particular da rede e um outro. Assim, o efeito de extensão da rede é, em geral, inerente a sua dinâmica. Redes inteiras podem até ser transformadas em "caixas negras e manipuladas como tal, sem que se tenha, ao entrar, o conteúdo da caixa negra".[11] É nessa perspectiva que Michel Callon analisa a "agonia de um laboratório",[12] aquele, lançado no começo dos anos 1960, sobre o tema da conversão de energias por meio de pilhas de combustível no laboratório de Beauregard. Ele mostra até que ponto a construção dos feitos científicos no interior de um laboratório é indissociável dos atores-redes e da estratégia do laboratório no seio das redes que gera. Todas essas características da noção de redes permitiram a esta que se tornasse "nossa bíblia de uma certa maneira".[13]

Bruno Latour considera essa noção de redes como uma dupla máquina de guerra contra a ideia de estrutura e contra o interacionismo: "A interação *face to face*, isso existe entre os babuínos, mas não entre os homens".[14] É portanto um dispositivo realmente poderoso; contudo, tem alguns inconvenientes, essencialmente porque implica um certo vazio no nível do conteúdo, que leva a uma visão empobrecida do mundo no qual vivemos: "As interações nele são reduzidas a associações que não são qualificadas".[15]

---

10 Ibidem, p.31.
11 Michel Callon, entrevista com o autor.
12 Idem, *La science et sés réseaux*, p.173-214.
13 Idem, entrevista com o autor.
14 Bruno Latour, entrevista com o autor.
15 Michel Callon, entrevista com o autor.

Certamente, o dispositivo continua destacado de todo conteúdo para poder acolher novos elementos, por preocupação de não formar antecipadamente as controvérsias, as configurações mais diversas, a fim de melhor seguir os atores. Mas hoje se trata de "qualificar os diferentes registros de interação".[16] É assim que Bruno Latour propôs introduzir a noção de regime de enunciação, e Michel Callon, mais relacionado com os economistas, utiliza a noção de modalidade de coordenação que se aproxima da perspectiva dos economistas das convenções. Esta não torna superada a noção de redes, que se mantém, pois cada modalidade de coordenação tem pontos e segmentos, mas isso permite dar substância ao conjunto.

Essa abertura para a economia permite a Callon dar uma outra definição à noção de redes. Os economistas consideram que a coordenação ocorre tanto pelas leis de mercado quanto pela hierarquia. Contudo, enxergam uma outra modalidade de coordenação feita de relações pessoais de confiança. Qualificam, então, como redes essa terceira modalidade informal, e em certos casos chamam de redes o conjunto, a reunião do mercado, da hierarquia e da confiança. Callon toma emprestado dos economistas esta última definição, e qualifica de redes aquilo que corresponde a toda forma de reunião de modalidades de coordenação.

No próprio interior do CSI, dois domínios aparentemente heterogêneos coexistem. Jean-Pierre Vignolle lançou um programa de pesquisa sobre a indústria da música popular, e recrutou Antoine Hennion[17] para realizá-la. A partir de 1976-1977, eles desenvolveram uma pesquisa de tipo etnológico sobre a fabricação de um "estouro nas paradas de sucesso". Hennion quis ultrapassar a abordagem tradicional da sociologia crítica que nesse domínio tende a evitar sistematicamente o questionamento estético. A sociologia crítica tende a considerar à primeira vista os sucessos populares como a expressão do grau zero de qualidade musical. Ela remete, portanto, esses sucessos ao simples efeito dos mecanismos econômicos e sociais de manipulação do público. Considerando seriamente os próprios atores, Hennion reintroduz, por sua vez, todos os mediadores da produção de música popular. Em torno das estrelas, ele acrescenta a especialização do diretor artístico, do

---

16 Ibidem.
17 Hennion, *Les Professionels du disque*.

UMA NOVA TRÍADE: NATUREZA/SOCIEDADE/DISCURSO

147

técnico de som, do arranjador, do crítico musical, do programador de rádio... e é por meio dessas múltiplas provas de qualificação que constrói o "estouro". A compreensão do sucesso ou do fracasso encontra-se então esclarecida na ponta dessa longa cadeia. Definitivamente, esse programa um pouco atípico num centro cujo eixo de preocupações está mais voltado para a inovação científica surgiu como participante numa pesquisa similar. O estudo do processo de fabricação a partir de elementos heterogêneos que, uma vez ligados uns aos outros, aparece depois de seu lançamento como puro e naturalizado, permite compreender como são produzidos efeitos de verdade ou beleza. Antoine Hennion prosseguiu nessa direção seu estudo sociológico do gosto musical a partir dessas múltiplas mediações, de seus objetos e suas controvérsias.[18]

As fontes dessa convergência no plano teórico, que permitiram a constituição desse programa de antropologia da inovação, são múltiplas. O relativismo, senão o ceticismo, diante de todo valor trans-histórico, teve como consequência que "sejamos um pouco descritos como nietzschianos".[19] Bruno Latour se reconhece certamente mais numa filiação a Epicuro, Spinoza, Nietzsche do que na linhagem dos filósofos da consciência, Descartes, Kant, Husserl. Entre os contemporâneos, dois filósofos desempenham, para ele, um papel maior, mesmo que tenham pouca utilidade para definir um programa de pesquisa em ciências sociais: Michel Serres e Gilles Deleuze. Pode-se dizer que a noção de redes está bastante próxima do modelo de rizoma em Deleuze: "o livro *Rhizome* é uma pura obra-prima".[20] Contudo, a noção deleuziana não é completamente similar à de redes utilizada pela antropologia das ciências. Para esta última, a intenção primeira, ao contrário da noção deleuziana, é redefinir territórios. Em segundo lugar, a noção de rizoma é mais fluente, sem pontos de parada e, assim, não está bem adaptada aos mecanismos operados quando a ciência, a técnica e o mercado se conjugam. Em tais casos, mesmo que não haja território, pode-se controlar o conjunto das redes em um único ponto: "IBM não é um

---

18 Idem, *La Passion musicale*.
19 Bruno Latour, entrevista com o autor.
20 Michel Callon, entrevista com o autor.

território, mas são redes que podem juntar-se em um ponto sob o olhar do diretor-geral".[21]

Partir das mediações

Já evocamos a importância da noção de tradução, tão essencial em Michel Serres, para essa nova antropologia das ciências. Assim, a visibilidade do fato científico em Michel Callon e Bruno Latour está ligada à cadeia de tradução ao longo de deslocamentos múltiplos que permitem deduzir a heterogeneidade inicial de discursos, laboratórios e recursos mobilizados. Essa proximidade com Michel Serres concretizou--se, aliás, recentemente, com a publicação de uma obra coletiva.[22] Essa antropologia das ciências rompe, sobretudo, com o projeto moderno de separação, de grande distância entre o mundo natural, os objetos de um lado e os sujeitos de outro. É com o kantismo que o projeto moderno toma forma: "As coisas-em-si tornam-se inacessíveis enquanto, simetricamente, o sujeito transcendental se afasta infinitamente do mundo".[23] Uma vez estabelecida a ruptura, as tentativas para superá-la revelar--se-ão como impasses. Assim, a dialética hegeliana, segundo Latour, aumenta ainda mais o abismo entre o polo do sujeito e o do objeto que ela quer suprimir. O projeto fenomenológico manifesta-se numa tensão "insuperável"[24] entre o objeto e o sujeito.

Para esse autor, a revolução semiótica, marcada na França pelo momento estruturalista e notadamente pela obra de Algirdas-Julien Greimas, oferece uma maior liberdade de manobra. Ela permite dizer que a construção de um sujeito, de um tempo, de um espaço são de fato a expressão de uma escolha no interior de uma gama de possibilidades. Mas esse momento discursivo, linguístico, também levou ao impasse, porque os adeptos da semiótica "limitaram eles próprios sua

---

21 Ibidem.

22 Serres (Org.), *Élements d'histoire de la science*, com Bernadette Bensaude-Vincent, Catherine Goldstein, Françoise Micheau, Isabelle Stengers, Michel Autier, Paul Benoit, Geof Bowker, Jean-Marc Drouin, Bruno Latour, Pierre Lévy e James Ritter.

23 Latour, *Nous n'avons jamais été modernes*, p.76.

24 Ibidem, p.79

UMA NOVA TRÍADE: NATUREZA/SOCIEDADE/DISCURSO 149

ação unicamente ao discurso".[25] Ora, os quase-objetos são ao mesmo tempo "reais, discursivos e sociais",[26] conforme o postulado fundador da antropologia das ciências.

Bruno Latour preconiza, assim, reverter a fórmula habitual dos modernos segundo a qual seria preciso partir de um processo de depuração para separar o que vem do sujeito e o que se extrai do objeto, e num segundo momento multiplicar os intermediários a fim de chegar a uma explicação situada no ponto de contato entre os dois extremos. Ao contrário desse procedimento, Latour propõe transformar o ponto de clivagem/encontro em ponto de partida da pesquisa que leva aos extremos sujeito/objeto: "Esse modelo de explicação permite integrar o trabalho de purificação como um caso particular de mediação".[27] Depois de termos falado muito a respeito de cada inflexão de paradigma das revoluções de Copérnico e Galileu, Latour propõe qualificar essa nova orientação como "contrarrevolução copérnica".[28]

O segundo grande deslocamento dessa antropologia das ciências, na filiação dos trabalhos de David Bloor,[29] é o princípio de simetria das explicações do desenvolvimento científico. Essa simetria de tratamentos entre os argumentos dos vencedores e os dos vencidos da história científica rompe com a tradição epistemológica francesa. Segundo esta, a ciência deve se afastar de seu ranço ideológico, e cabe à epistemologia operar esse ato cirúrgico em consequência do qual "não restará mais do que o objeto extraído de toda a rede que lhe dava sentido".[30] Abster-se da facilidade teleológica de isolar os vencidos tem como efeito propor um "tratamento de emagrecimento sobre as explicações".[31]

Bruno Latour e Michel Callon, entretanto, não retomam sem modificações a noção de Bloor. Eles a radicalizam e a generalizam numa perspectiva relativista kuhniana. Kuhn terá tido, nesse sentido, um papel decisivo na abertura de uma via sociologista da história do conhecimento. Limitado a uma igualdade de tratamento entre vencedores e

---

25 Ibidem, p.85
26 Ibidem, p.87.
27 Ibidem, p.107.
28 Ibidem, p.108.
29 Bloor, *Sociologie de la logique ou les limites de l'épistémologie.*
30 Latour, *Nous n'avons jamais été modernes*, p.126.
31 Ibidem, p.127.

vencidos, a noção de simetria é estendida na antropologia das ciências a uma igualdade similar entre os elementos da natureza e os da sociedade. Esse princípio de simetria generalizada implica exigências lógicas estritas. Primeiramente, renunciando a postular uma distinção entre verdade e erro, limita ainda o recurso a qualquer metalinguagem. Além disso, condena-se o antropólogo por passar de um registro de explicação para outro, como é o costume quando se explica a realidade exterior pela sociedade ou a sociedade pela realidade exterior. Um dos princípios da simetria generalizada é, ao contrário, partir da necessária explicação simultânea da natureza e da sociedade, quando se tem por hábito fazer recair exclusivamente sobre a sociedade todo o peso da explicação, o que resulta na permanência de um esquema assimétrico. Esse modo de argumentação rompe, portanto, radicalmente com a filiação epistemológica francesa que privilegia toda uma hierarquia de determinações no âmbito de uma metalinguagem: "A simetrização e o sistema de explicação que ela implica talvez sejam uma tradução metodológica do realismo".[32] Latour não desiste de encontrar explicações causais, mas com a condição de pagar o preço destas. Elas se situam ao longo de uma cadeia de relatos, de mediadores e de mediações no curso de um verdadeiro transporte de forças e de equivalências.

Essa orientação leva Bruno Latour e Michel Callon a questionar as "grandes divisões": tanto aquela, constitutiva da modernidade, entre natureza e sociedade, quanto aquela que opõe os processos sociais às descobertas científicas. A essas oposições fictícias, eles preferem um vasto movimento de expressão conjunta dos porta-vozes da sociedade e da natureza. A antropologia das ciências torna-se então uma "sociologia dos representantes, dos porta-vozes e das testemunhas que se manifestam na cadeia de tradução e por meio da qual se forma o enunciado científico ou a inovação técnica".[33] O lugar privilegiado para revelar essa cadeia de tradução é o laboratório. É lá que o pesquisador faz a natureza falar. Ora, os elétrons, as enzimas e outros elementos manipulados não têm mais existência em si do que a categoria dos funcionários

---

32 Christian Delacroix, seminário *Espaces Temps*, Université européenne de la recherche, 7 mar. 1994.

33 Chateauraynaud, Forces et faiblesses de la nouvelle anthropologie des sciences. Michel Callon et Bruno Latour, *La Science telle qu'elle se fait*, *Critique*, n.529-530, jun.-jul. 1991, p.464.

UMA NOVA TRÍADE: NATUREZA/SOCIEDADE/DISCURSO

ou dos proletários. Eles só existem a partir de um relato, de uma carga discursiva, daquilo que Paul Ricoeur chama de uma "identidade narrativa". Eles são "aquilo que seus porta-vozes dizem deles".[34] Os operadores técnicos tornam-se, então, operadores ativos do vínculo social, do mesmo modo que os operadores humanos no quadro de uma simetrização generalizada.

O parlamento das coisas

Essa antropologia desemboca no projeto de revivescer as mediações e mediadores indispensáveis ao vínculo social graças à figura do "parlamento das coisas".[35] Este implica o questionamento da grande divisão da constituição moderna e de seu programa de depuração. É no horizonte do debate restaurado sobre a praça pública entre os diversos mandatários e porta-vozes que o político pode reassumir importância. Esse parlamento já está lá no seio das múltiplas redes e, ao mesmo tempo, ainda não é reconhecido. Por isso, funciona como ficção e vetor de futuro. Ele tem as "virtudes do humor".[36] Os participantes desse parlamento das coisas não são mais definidos a partir de convicções expurgadas do mundo das coisas, mas ao contrário, são representantes de problemas em relação aos quais se situam.

A dialogia em ação no seio desse parlamento das coisas é, assim, fundamentalmente nova. Ela pode se articular com um modelo (do qual trataremos adiante), o das cidades de Luc Boltanski e Laurent Thévenot, posto que esse parlamento põe em confronto mediadores, porta-vozes de lógicas plurais, de saberes parciais e frequentemente incomensuráveis. Essa dinamização daquilo que poderíamos qualificar como um vínculo social situado passa pela transformação do cidadão capaz de ter acesso aos debates que permitam retomar as grandes questões em causa e os processos de decisão: "Não se trata aqui de 'fazer o cidadão votar', mas de inventar dispositivos tais que esses cidadãos dos

---

34 Hoarau, Description d'une conjoncture en sociologie, *Espaces Temps*, n.49-50, 1992, p.15.
35 Bruno Latour, *Nous n'avons jamais été modernes*, p.194.
36 Stengers, *L'invention des sciences modernes*, p.173.

quais falam os *experts* possam estar efetivamente presentes, capazes de colocar as questões às quais seus interesses os tornam sensíveis, de exigir explicações, de colocar condições, de sugerir modalidades, enfim, de participar da invenção".[37]

Isabelle Stengers explicou assim uma experiência desse tipo na Holanda a propósito dos *junkiebonders*. Os toxicômanos puderam fazer valer seu ponto de vista sobre o uso da droga. O problema assim reformulado, até então reservado exclusivamente aos *experts*, permitiu a invenção de soluções inovadoras. Os toxicômanos, considerados "cidadãos como os outros",[38] não eram mais postos à distância e tratados como doentes a curar ou delinquentes a punir. Não é a uma transparência utópica da intersubjetividade que exorta esse parlamento das coisas, mas uma dialogia generalizada implicando todos os porta-vozes envolvidos. O vínculo social é, então, reanimado graças aos múltiplos mediadores necessários para tornar possível a emergência do debate público. Esse renascimento implica uma outra relação com o político e com o científico, até então apresentados como duas dimensões incomensuráveis e mutuamente poluentes. Repensar o político implica conceber de que forma a "noção de emancipação está ligada à ciência e vice-versa [...], no que se transforma a política, a tarefa de representação da liberdade se nós mudamos tão radicalmente nossa posição sobre as ciências?".[39]

Esse parlamento das coisas, visto por Bruno Latour, não é o parlamento das baleias sofredoras; ele é o dos porta-vozes à maneira desse cientista que vem testemunhar no parlamento americano que as florestas estão morrendo com as chuvas ácidas. Essa nova maneira de apreender os problemas contribui para o nascimento de uma democracia diferente, que multiplica seus mandantes, seus porta-vozes. Latour preconiza acrescentar ao modelo das cidades de Luc Boltanski e Laurent Thévenot uma sétima cidade, a da ecologia, que não é solúvel nas seis outras existentes: "A cidade da ecologia diz simplesmente que nós não sabemos o que faz a comum humanidade do homem e que talvez, sim, sem os elefantes de Amboseli, sem a água divagante do Drôme, sem

---

37 Ibidem, p.180.

38 Idem; Ralet, *Drogues*.

39 Bruno Latour, debate com Isabelle Stengers organizado por Synthé-Labo, presidido por Philippe Pignarre, 8 mar. 1994.

UMA NOVA TRÍADE: NATUREZA/SOCIEDADE/DISCURSO

os ursos dos Pirineus, sem as pombas do Lot, sem o lençol freático de Beauce, ele não seria humano".[40]

O julgamento prudente é indispensável no seio dessa nova cidade, pois exige que se leve em conta a opinião de múltiplos mandantes às relações incertas sobre a cadeia de transformação de problemas tão concretos quanto os da política de reciclagem de lixo, a questão da água potável ou ainda a do avanço ou não da floresta amazônica sobre a savana... Esse parlamento das coisas, aliás, já está em potencial nas controvérsias em curso entre políticos, tecnocratas e cientistas. O dispositivo parlamentar que inaugura é de fato um híbrido entre a política, a ciência e a administração: "O parlamento parece-se muito mais com um laboratório do que com a Câmara dos Deputados, mas esse laboratório se parece muito mais com um fórum ou a com bolsa do que o templo da verdade".[41]

---

40 Idem, *Moderniser ou écologiser? A la recherche de la "septième" cité*, *Écologie politique*, v.4, n.13, primavera 1995, p.19.

41 Latour, Esquisse d'un parlement des choses, *Écologie Politique*, n.10, 1994, p.110.

10

UMA GRANDE INOVAÇÃO
A INTRODUÇÃO DOS OBJETOS

O indício maior da mudança de paradigma, do questionamento de antigas divisões, é a introdução dos objetos no próprio interior do campo de investigação das ciências humanas: "Isso muda uma boa parte das ciências humanas que eram até então ciências sem objetos".[1] A verdadeira inovação situa-se essencialmente aí, e não deixa de colocar importantes problemas de ordem filosófica. A antropologia das ciências do CSI foi mais longe no sentido da introdução no seu campo de observação dos objetos, dos não humanos. Disso resultou certo número de deslocamentos que precisaram redefinir a ciência, a sociedade e aquilo que era destinado a fazer a ligação entre as duas: o discurso. Na teoria clássica da ciência, o objeto já está lá, é um dado da natureza que é transformado pela história. Ora, a antropologia das ciências orienta seu olhar para os objetos em vias de se constituir, os "objetos que estão quentes".[2]

Uma atenção cada vez maior mobiliza ao mesmo tempo a antropologia das ciências, a economia das convenções e alguns cognitivistas em torno dos objetos. Os seminários sobre esse novo campo de estudo multiplicam-se. Isso revela uma evolução comum de ruptura com relação ao tempo estruturalista no decorrer do qual os objetos eram certamente estudados, mas como simples suportes de signos. Contudo, continuam

---

1 Bruno Latour, entrevista com o autor.
2 Ibidem.

156   O IMPÉRIO DO SENTIDO

grandes as divergências, e permanece o debate aberto entre as diversas correntes a propósito do lugar a atribuir aos objetos, aos não humanos com relação aos humanos.

Humanos e não humanos

A antropologia das ciências de Callon e Latour vai mais longe ainda ao reivindicar uma indistinção entre os dois. Ao considerar quase-objetos, híbridos que se multiplicam, favorece-se a exigência de simetrização total entre esses dois polos: "O que tentamos fazer, com Bruno, é interessarmo-nos por todas as situações um pouco extremas nas quais a atribuição do estatuto de humanidade é negociado, discutido, controverso, questionado".[3] Convém, então, seguir bem de perto a cadeia dos objetos. No entanto, eles mudam de estatuto de acordo com os pontos em que os localizamos na cadeia de tradução que seguem. Eles recompõem o coletivo no quadro de um processo complexo.

Michel Callon realizou esse acompanhamento do objeto aplicando-o aos dejetos: "Pegue uma latinha de ervilhas e siga o que acontece com ela",[4] para chegar à conclusão de que não há nenhuma fonte verdadeira no início da ação. Esta é contínua ao longo da cadeia de transformações na qual se encaixa cada uma das entidades que intervém acrescentando algo à ação anterior, tornando-se, dessa forma, uma nova fonte que permite à ação destacar-se.[5]

Essa cadeia de transformação foi recentemente seguida de perto por Philippe Pignarre a propósito dos remédios. O acompanhamento do percurso que permite qualificar um remédio depois de múltiplos testes mostra claramente que aqueles "que consumimos têm uma 'vida social'; [levaram] dez anos em média para ser 'constituído[s]' como remédio e obter autorização administrativa para chegar ao mercado".[6] Um dos melhores testes que permite, segundo a medicina moderna,

---

3   Michel Callon, entrevista com o autor.
4   Ibidem.
5   Para ter a medida do interesse de pensar o mundo dos objetos em suas relações com o dos atores, ver Latour; Lemonnier (Orgs.), *De la préhistoire aux missiles balistiques*.
6   Pignarre, *Les Deux médecines*, p.14.

UMA GRANDE INOVAÇÃO

qualificar ou desqualificar um medicamento é sua confrontação com um placebo. No entanto, nesse domínio, os estudos estatísticos realizados continuam decepcionantes e não permitem resolver a questão que coloca a importante taxa de cura obtida pelo efeito placebo, isto é, graças à sugestão.

Philippe Pignarre, para mostrar até que ponto um remédio não se deduz apenas da substância química, confronta duas substâncias similares no plano químico e de efeitos quase equivalentes: a metadona, que se tornou um medicamento desde o fim de 1994, e a heroína, classificada como droga. Ele se coloca a questão de saber o que acontece "no nível dos consumidores".[7] A dependência da substância com relação à cadeia social semântica na qual ela está integrada é nesse caso realmente espetacular. O "mesmo" produto classificado como droga, a heroína, remete à marginalidade, ao risco de soropositividade, à ansiedade e a um estado mental próximo da psicose, que se qualifica de *borderline*, enquanto a metadona, classificada como medicamento, visa à reintegração social, à proteção contra as infecções, ao domínio da ansiedade e à estabilização física e emocional. Para Pignarre, certamente não se trata de negar as características da molécula em questão e de fazer do medicamento um puro produto semântico tributário de seu modo de classificação administrativo, mas "essas características químicas não são a 'verdade' do medicamento".[8] O que resulta desse confronto é a necessidade de restituir todas as etapas da cadeia de produção, de apropriação, de difusão do objeto em seu tecido social, do qual ele é inseparável.

Participando de uma expedição na floresta amazônica em Boa Vista para saber se a mata avança ou recua nesse lugar, Bruno Latour não se interessava realmente pelo contexto social, mas seguiu de perto uma curiosa caixa laranja, o Topofil, instrumento de medida indispensável ao pedólogo. Fio de Ariadne da experiência científica em curso, é o Topofil que permite transformar em laboratório um pedaço de floresta virgem e oferece a possibilidade de sua diagramação. O objeto é erigido, no interior do relato dessa expedição, ao estatuto de verdadeiro herói da experimentação a fim de demonstrar que

---

7 Ibidem, p.16.
8 Ibidem, p.18.

[...] os fenômenos se acham no ponto de encontro das coisas e das formas do espírito humano, mas expostos ao longo de toda a cadeia de transformação reversível em que perdem, a cada etapa, algumas propriedades para ganhar outras que as tornam compatíveis com os centros de cálculo já instalados.[9]

Nem todos aqueles que reintroduzem os objetos partilham dessa posição da simetria entre humanos e não humanos.

Os pesquisadores do Crea mantêm a assimetria e concedem um privilégio à capacidade organizadora da ação, à intencionalidade, que situam do lado do ser humano. As ações intencionais pressupondo uma programação, uma argumentação, uma capacidade de ligar as situações entre si por meio de uma trama discursiva, todas essas competências não podem se situar senão do lado do ser humano. No caso da intencionalidade, o observador pode introduzir a relação dos objetos, mas sob a forma de uma instrumentalização das coisas. Uma segunda relação com o objeto opera, notadamente em Luc Boltanski e Laurent Thévenot: a da justificação. Ela passa pela qualificação dos objetos em função de sua capacidade de inserir-se no mundo que o sujeito constrói. Há um terceiro tipo de ação que emerge da acomodação ou do ajustamento dos objetos, simples adaptação, compatibilizada sem por isso fazer intervir nem justificação nem intenção. É ainda um outro registro de utilização dos objetos, que são então definidos por suas propriedades materiais numa relação privilegiada com o corpo do sujeito.

Cada uma dessas concepções tem sua própria forma de análise, mas todas têm em comum a vontade de introduzir o mundo dos objetos no interior das ciências humanas. Acontece de elas conviverem numa mesma situação. É o caso do seminário internacional sobre os objetos que transcorre durante os dois anos universitários de 1991 a 1993 no instituto internacional de La Défense, no quadro das atividades do Ehess e do programa de pesquisa do Instituto de La Défense sobre as "convenções e coordenação da ação". Essa colaboração coletiva foi dirigida por Bernard Conein, Nicolas Dodier e Laurent Thévenot.[10] Ela consegue

---

9 Latour, Le Topofil de Boa Vista, *Raisons pratiques*, n.4 (*Les Objets dans l'action*), 1993, p.214.

10 Esse seminário deu lugar a um número de *Raisons Pratiques* centrado nos objetos: *Les Objets dans l'action*, 1993.

UMA GRANDE INOVAÇÃO

recolocar o objeto no próprio centro da ação quando ele tendia a oscilar entre a posição de obrigação natural rígida e a de signo das crenças comuns. O procedimento consiste em perceber muito precisamente a interação entre o ator humano e seu ambiente e a fazer prevalecer a noção de "cognição situada".

Nesse sentido, os trabalhos de Donald A. Norman são particularmente sugestivos, quando ele demonstra que os objetos implicados na ação podem ser também recursos que permitem ao ator aliviar suas tarefas cognitivas.[11] Bernard Conein tinha conhecido Don Norman e Phil Agre na Universidade de San Diego, na Califórnia. Trata-se de toda uma corrente que vem da inteligência artificial e que se interessa pela ação situada para encontrar aí modelos computacionais, chamados reativos, ou seja, interacionais. Norman se dedica ao estudo dos artefatos cognitivos que são onipresentes em nossas atividades cotidianas: "Alguns artefatos nos tornam mais fortes ou mais rápidos; outros nos protegem dos elementos ou dos predadores; outros ainda nos alimentam e nos cobrem".[12] O artefato cognitivo ocupa, assim, o lugar de suporte da atividade humana e pode, portanto, contribuir para uma melhor inteligibilidade da cognição humana.

Bernard Conein está particularmente interessado nas pesquisas de Rodney Brooks sobre a robótica. Este último considera que, a partir do momento em que se consegue fabricar criaturas autônomas, podemos nos servir delas como quadro heurístico a fim de melhor conhecer o modo de registro da inteligência humana. Brooks criou pequenas criaturas, insetos artificiais munidos de um sistema perceptivo e que se deslocam evitando obstáculos: "A ideia de Brooks é voltar à inspiração fundamental da inteligência artificial que não se limitava só ao quadro do IA, mas a compreender o funcionamento da inteligência na perspectiva de fundamentar as ciências cognitivas".[13] Situando-se nesse ponto de junção entre as teorias da ação e as ciências cognitivas, Phil Agere inventou um sistema reativo denominado Pengi.[14] É um videogame programado e fundado nos princípios da inteligência reativa.

---

11 Norman, *The Design of Everyday Things.*

12 Idem, Les Artefacts cognitifs, *Raisons pratiques*, n.4 (*Les Objets dans l'action*), 1993, p.19.

13 Bernard Conein, entrevista com o autor.

14 Agre; Chapman, Pascal Engeli: an Implementation of a Theory of Activity, *Proceedings of the Sixth National Annual Conference os Artificial Intelligence*, 1987, p.261-72.

A cognição situada

O projeto de cognição situada não é somente especulativo. Ele espera, ao contrário, encontrar prolongamentos para a empresa industrial. A partir de um trabalho sobre os objetos e graças à multiplicação dos diversos planos de análise (cognitivo, interacional, funcional), é possível tirar ensinamentos sobre seu uso concreto no mundo do trabalho, com tudo o que esse pode abrange de imposições, mas também de contribuições para uma ajuda efetiva. O artefato é concebido como possível atenuante cognitiva. Qualquer espaço pode se tornar um lugar de observação dessas interações.

Bernard Conein e Eric Jacopin pegaram a cozinha doméstica, lugar clássico de funcionalidade cotidiana, e a preparação de uma massa podre para "perceber como a colocação dos objetos é capaz de gerar planos de ação sob modos variados".[15] A elucidação numa escala micro da interação entre o universo estabilizado da disposição dos objetos e a realização prática da receita permite iluminar a estreita dependência ao plano de ação com relação ao grau de estabilização do ambiente. Os objetos têm nessa um papel ativo, uma vez que podem servir de instrumento de avaliação, de canalização da ação. No quadro de uma tal problemática, as conexões da ação com os objetos "não podem, como o sugerem Mead e Gibson, reduzir-se a um controle da execução".[16] Certamente, a dedução desse estudo sobre a cozinha parece ser evidente, mas calcula-se até que ponto uma atenção similar à disposição espacial dessas próteses cognitivas que constituem os objetos numa fábrica pode resultar em observações fecundas sobre a produção.

Para permanecer no estágio dos objetos comuns, pode-se seguir as observações de Laurent Thévenot a propósito do carrinho de bebê e dos múltiplos testes que ele deve sofrer antes de ser operacional. De fato, ele deve poder suportar subir ou descer degraus, percorrer solos pedregosos, rolar na lama ou na areia sem estragar, e sobretudo preservar a segurança do bebê que abriga. Para fazer isso, os técnicos devem sair de seu laboratório para pôr em cena o usuário potencial do objeto

---

15 Conein; Jacopin, Les Objets dans l'espace, *Raisons pratiques*, n.4 (*Les Objets dans l'action*), 1993, p.59-84.

16 Ibidem, p.82.

UMA GRANDE INOVAÇÃO

161

usual: "Inspirando-se nos métodos das ciências sociais, deve-se incluir instrumentos de investigação tratando dos humanos na condição de atores".[17] Essa necessária consideração com o ator torna impossível a redução do objeto a simples propriedades intangíveis. O teste do objeto segue até os contornos de uma "problematização" que integra o usuário.

Na perspectiva desses estudos muito concretos sobre o deslocamento da ação situa-se uma nova maneira de apreender o vínculo social, mais próxima da maneira pela qual ele emerge e da qual se inscreve no interior do mundo vivido. Tal perspectiva não podia senão suscitar o interesse dos economistas das convenções, e particularmente de Laurent Thévenot. Este, aliás, reconhece sua dívida nesse domínio para com os trabalhos de Michel Callon e Bruno Latour: "Os sociólogos e antropólogos das ciências nos abriram os olhos sobre o mau tratamento das coisas. Eles tornaram evidente a imbricação dos vínculos entre humanos e não humanos em redes que conferem sua consistência aos objetos científicos e técnicos".[18] Contudo, é na outra vertente, não a das redes em constituição, mas a dos humanos, que Thévenot se situa a fim de retomar a maneira pela qual eles tratam o ambiente a partir de esquemas organizadores da ação. Thévenot dirige, com Luc Boltanski, uma atenção maior, especialmente, para o lugar dos objetos nas modalidades de justificação dos atores sociais e põe, assim, o "vínculo social à prova das coisas".[19]

Nesse sentido, os dois se inspiram no princípio de simetria de Bruno Latour, segundo o qual a atenção aos vínculos entre as razões invocadas e os objetos envolvidos permite não fazer recair o peso da coordenação das condutas exclusivamente sobre os sistemas de regras e crenças, o que tem como efeito colocar "todas as potencialidades da ordem no campo da regularidade das coisas".[20] Convém, ao contrário, reconhecer o lugar que cabe às coisas nos limites do julgamento realista. Trata-se, então, de interrogar e problematizar a prova de realidade perguntando-se como os atores compõem com aquilo que terá estatuto de realidade. Essa orientação rompe com o construtivismo adotado

---

17 Thévénot, Essai sur les objets usuels, p.96.
18 Ibidem, p.85.
19 Boltanski; Thévénot, De la justification, p.30.
20 Ibidem.

162   O IMPÉRIO DO SENTIDO

em geral pelas ciências sociais, que tiveram uma tendência a reduzir a dimensão social a um nível de realidade não problematizada. Esses dois planos devem ser queſtionados para "saber como os humanos se saem no ambiente, inclusive humano".[21] Ora, o econômico e o social conjugam-se no mundo das coisas, e os processos de qualificação deſte são ao mesmo tempo ocasiões de apoſta, de desembaraço entre lógicas variadas e contraditórias.[22]

Uma tecnodemocracia

Contrariamente às posições heidegerianas de crítica da modernidade técnica, alguns pesquisadores moſtram hoje que as tecnologias novas podem ser bons meios de aprofundamento da democracia, da participação cidadã e suportes eficazes para a revitalização do vínculo social. É assim que Pierre Lévy prega uma "tecnodemocracia".[23] Ele eſtuda eſpecialmente o lugar que pode ocupar o hipertexto e a configuração que daí pode resultar. O suporte numérico abre um campo de possibilidades no qual a dimensão interpretativa, reflexiva, é particularmente solicitada. O hipertexto[24] é de fato um inſtrumento essencial de auxílio à interpretação, ao comentário: "No plano tecnológico,

---

21 Laurent Thévénot, entreviſta com o autor.

22 É o objeto de uma enquete lançada em 1991, em relação com o ensino de Laurent Thévénot na Ehess, sobre as formas de envolvimento dos objetos. Emmanuel Kessous, François Mouliérac, Nicolas Auray focaram sua atenção nesses domínios: a padronização dos produtos de puericultura e particularmente dos carrinhos de bebê; os serviços pós-venda (SAV) de dois fabricantes de aparelhos de foto e vídeo; as diſputas com a informática, os usos "conviviais" e habilidosos. Thévénot participou das duas primeiras pesquisas que se inserem no quadro do programa "Convenções e coordenações da ação", desenvolvido no Inſtituto Internacional de Paris-La Défense, que compreende igualmente o seminário internacional "Les objets dans l'aċtion" organizado por Bernard Conein, Nicolas Dodier e Laurent Thévénot. Informações repetidas em Thévenot, Essai sur les objets usuels, p.86-7.

23 Lévy, Les Technologies de l'intelligence, p.209.

24 Pierre Lévy define hipertexto como um conjunto de mundos de significação caraċterizado por seis princípios abſtratos: o princípio da metamorfose, o princípio da heterogeneidade, o da multiplicidade e de encaixe de escalas, o princípio de exterioridade, o de topologia e o de mobilidade dos centros.

a idade de ouro da hermenêutica está na nossa frente".[25] O objeto não é um ente, separável das condições de emergência e de seus prolongamentos sociais; ele não determina nada sozinho, mas contribui para criar novas possibilidades na ordem da comunicação. Esta comporta dois eixos: um, temporal, que é o da interpretação, da atribuição de sentido, e o outro, espacial, que é o da passagem de informações de um ponto a outro. Na conjunção desses dois polos, a tecnociência é "inteiramente hermenêutica".[26] É portanto absurdo opor a dimensão interpretativa à dimensão tecnológica; elas são cada vez mais indissociáveis em realidades híbridas nas quais o humano e o não humano estão confundidos: "Resta cumprir para a ciência e a técnica a obra de laicização que Maquiavel realizou para a autoridade política. Essa obra já está muito avançada, graças aos trabalhos da nova escola antropológica das ciências".[27]

A abordagem da comunicação como interpretação opõe-se, em contrapartida, à concepção dessa como simples transmissão e, nesse sentido, a questão maior é a da realidade do vínculo social. A partir do momento em que a comunicação é concebida como um processo fortemente ligado à contextualidade do estabelecimento de relação entre as mensagens, essa se torna um momento essencial de inteligibilidade do agir social que convém retomar numa globalidade sempre aberta para a outra e em novas iniciativas de interpretação. A comunicação passa, assim, por um processo multiforme de elementos que entram em sinergia uns com os outros.

A partir de uma tal concepção, como processo emergente, Pierre Lévy pensa poder definir os momentos de bloqueio da comunicação e elaborar um projeto de democracia máxima que utilizaria a inteligência coletiva. Cada indivíduo e cada grupo, sabendo se situar no processo comunicacional, estaria em condições de negociar suas posições, de propor a todo o momento novas interpretações. É no interior desse processo de subjetivação constante que o vínculo social se constrói como emergência incessantemente redefinida. O objeto técnico, no caso o hipertexto, não é nem recusado como máquina opressora nem

---

25 Idem, entrevista com o autor.
26 Idem, *Les Technologies de l'intelligence*, p.212.
27 Ibidem, p.215.

considerado como demiurgo, mas é simples desdobramento da configuração das possibilidades. Não se trata tanto de postular uma dominação da técnica a partir de um distanciamento com relação a ela quanto de fazer jogar suas potencialidades no sentido de um projeto que permita criar as bases de uma tecnodemocracia: "A plena integração das escolhas técnicas no processo de decisão democrática seria um elemento-chave na necessária mutação do político".[28]

É essa tentativa de articulação de novos meios tecnológicos com a vontade de encontrar uma solidariedade humana concreta que anima o projeto de Pierre Lévy e Michel Authier: a construção de árvores de conhecimentos.[29] O projeto consiste em adaptar a democracia à era da comunicação e em permitir a todos tomar parte ao assumir a palavra e a decisão coletivas. Enquanto a sociedade de outrora se inscrevia essencialmente no espaço rural, depois investiu num espaço industrial, hoje em dia a sociedade encontra sua identidade no interior do espaço do saber. Essa identidade ainda mal estabilizada está em crise, pois não encontrou ainda os meios de sua inscrição coletiva no novo espaço. O projeto das árvores de conhecimentos tenta definir um sistema que permitiria tornar legível e visível esse espaço de saber.

Esse sistema está fundamentado numa dinâmica própria das comunidades de saber. Ele visa articular o saber individual e o coletivo: "O dispositivo das árvores de conhecimentos não obedece a uma lógica estática da amostragem ou da média, mas a uma dinâmica das singularidades".[30] A dinâmica própria às árvores de conhecimentos, sua capacidade de visualizar o processo de aquisição coletiva do saber, permite inverter a relação de transmissão partindo da demanda para melhor corresponder à particularidade das necessidades segundo um tempo real avaliado para o conjunto dos atores que constituem a comunidade de saberes: "O dispositivo proposto suscita um vínculo social que poderia estar na origem de uma nova forma de cidadania".[31]

O sistema repousa na combinação de três tipos de imagens: a dos indivíduos, que é simbolizada por um brasão evolutivo em função das

---

28 Ibidem, p.220.
29 Authier; Lévy, *Les Arbres de connaissances*.
30 Ibidem, p.109.
31 Ibidem, p.138.

aquisições de conhecimentos; a dos saberes, representada por diplomas atribuídos aos indivíduos depois da passagem por exames; e, enfim, a imagem da comunidade, identificada na árvore dos conhecimentos que organiza e articula o conjunto dos diplomas da comunidade. Dessa maneira, é a vida cognitiva da própria comunidade que fixa a forma da árvore, e não alguma classificação hierárquica preexistente aos próprios saberes. Esse dispositivo tem especialmente como efeito favorecer uma democracia da livre troca na relação com o saber e uma auto-organização dos indivíduos. Os modos de apropriação do saber nesse dispositivo se caracterizam por sua plasticidade e por seu caráter constantemente evolutivo.

11

A CIVILIDADE

O sentimento de uma perda, a do vínculo social tradicional, de uma desfiliação como a chama Robert Castel,[1] ou o estatuto de órfão de 54 milhões de indivíduos sem pertinência, como dizia Gérard Mendel em 1983,[2] voltou a lançar a reflexão sobre o que significava a sociedade nos termos do século XVII, o entendimento mútuo entre as pessoas, a civilidade. Esse deslocamento semântico permite centralizar a interrogação primeira das ciências humanas que se referia a um domínio social amplo em direção ao que ele especifica precisamente como o "estar junto": "A etimologia da palavra civilidade indica quatro dimensões: a arte de 'estar junto', a força voluntariamente controlada, um conhecimento respeitoso dos semelhantes, e enfim uma virtude, como verdade não objetivável, fonte oculta das três primeiras qualidades".[3] A problematização dessa dimensão induz uma reavaliação do "tácito", dos vínculos invisíveis e, contudo, maiores que permitem tecer as relações sociais.

A atenção ao que encobre esse vínculo passa por todo um trabalho nocional, no qual a pesquisa empírica e a dimensão conceitual se juntam para elucidar as diferentes inflexões da relação interpessoal.

---

1 Castel, Le Roman de la désaffiliation. A propos de *Tristan et Iseut*, Le Débat, n.61, set.--out. 1990, p.152-64.

2 Mendel, 54 *Millions d'individus sans appartenance*.

3 Duclos, *De la civilité*, p.83.

Compreender essas nuances permite situar-se no coração das relações humanas: "Esse trabalho nocional pode ser feito por si mesmo muito mais diretamente, pois tem virtudes explicativas".[4] Esse canteiro de pesquisas visa construir uma teoria do modo de constituição social do sujeito, não pela socialização genética, mas por uma socialização conceitual. Deve permitir recarregar as categorias de análise do sentido latente, torná-las explícitas. É o caso quando se encontra o próprio conteúdo do agir, do ressentimento, das diversas formas de ligações sociais. Assim, a diferença entre vingança e punição será percebida pelo evidenciar de uma instância justificadora mais elevada que o simples sentimento no caso da punição, graças à existência de um terceiro, ausente na noção de vingança. Pode-se aplicar esse procedimento a toda espécie de interações e se perguntar o que é uma louvação, um elogio, um convite, uma relação amorosa ou amigável.[5]

O desvio para a maneira pela qual os indivíduos representam para si o vínculo social que tecem com seu ambiente é, portanto, essencial, mesmo que isso não implique postular uma clara consciência, um domínio qualquer da parte dos atores a propósito daquilo que eles fazem. É toda uma cultura, tecida pelo passado e pelas convenções que engendrou, que deve ser interrogado em sua complexidade. Isso remete a perguntar-se o que é a sociedade, não no plano das grandes entidades, das grandes abstrações, mas no nível de sua microrrealidade de todos os dias. As operações e operadores concretos que provocam as mudanças constantes do vínculo social tornam-se hoje o objeto de uma atenção mais vigilante. O termo civilidade remete também a uma dimensão mais ampla do que cidade. Ele permite encontrar o horizonte político do social: "O que dá sentido, em último caso, ao político não é ser o vínculo único, central, mas o lugar pelo qual se opera o mais profundamente esse vínculo social. É pela dimensão política que estamos certos de ser membros do mesmo mundo".[6]

---

4 Patrick Pharo, entrevista com o autor.
5 Idem, *Le Civisme ordinaire*; idem, *Politique et savoir-vivre*.
6 Marcel Gauchet, entrevista com o autor.

O vínculo civil

O questionamento sobre o entendimento mútuo operado nas relações humanas abre também a sociologia do vínculo civil para o horizonte de uma teoria do conhecimento e de uma fenomenologia. Isso implica tratar dos fatos sociais "como significações, isto é, acontecimentos singulares compreensíveis e amarrados por universais conceituais depositados no nosso senso comum".[7] A problematização da civilidade convida, pois, a revisitar a tradição fenomenológica a fim de assumir a riqueza da experiência do mundo social como experiência íntima do vivido: "O conceito de civilidade é justamente aquele do lugar íntimo no social".[8]

Pela dissociação e articulação entre o nível do social e o nível íntimo, a sociologia, tal como a entende Patrick Pharo, impõe limites a suas ambições. Ela não tem mais a pretensão a uma totalidade pressuposta qualquer, mas, ao contrário, define escrupulosamente a autonomia de seu campo com relação a outros níveis de inteligibilidade: as estruturas do espírito e as da biologia. Não mais partindo do amálgama ou do envolvimento do humano pelo social, essa sociologia "reduzida" modera por isso mesmo as "pretensões da explicação social".[9] Max Weber já tinha ligado as noções de sentido e legitimidade. Prosseguindo nessa via exploratória, Patrick Pharo se propõe a sistematizá-las perguntando-se sobre as relações de interdependência entre o sentido das ações pessoais e íntimas e a justificação delas como legítimas no mundo civil. Sem instrumento de análise no plano do engajamento individual, a sociologia muito frequentemente passou ao largo de seu objeto. Ela deve reencontrá-lo, segundo Pharo, revisitando a tradição fenomenológica, segundo a qual a experiência do mundo social é em primeiro lugar uma experiência íntima. Essa inspiração fenomenológica deve permitir submeter cada uma das experiências singulares à prova do senso comum. Essa atenção ao comum, ao cotidiano, pode também se ligar às posições de Simmel quando este alertava a sociologia contra a propensão a estudar

---

7 Pharo, *Phénoménologie du lien civil*, p.11.

8 Ibidem, p.18.

9 Ibidem, p.19.

apenas as grandes instituições. Ele exortava-a a se ocupar com ações recíprocas e relações "banais" entre as pessoas.[10]

Nem por isso esse deslocamento deve induzir o sociólogo a ignorar a dimensão histórica que modela o vínculo social a partir de instituições simbólicas. Na esteira de Claude Lefort, tanto Marcel Gauchet quanto Louis Quéré consideram que a maneira pela qual são pensados o poder, o saber e a lei numa sociedade dá aos seus membros a certeza de "pertencer a um espaço comum e que define ao mesmo tempo uma certa possibilidade de relação entre si".[11] A democracia política, por exemplo, permite se relacionar conservando um grau de anonimato, e assim respeitando um certo desconhecimento da pessoa, uma indeterminação segundo Claude Lefort.[12] A perspectiva da historicidade é essencial para situar esse modo de articulação e a configuração dos vínculos civis. A historicização permite notadamente fazer emergir as diferenças e discordâncias, tais como Norbert Elias pôde analisar,[13] entre a consciência que os indivíduos têm quanto à natureza desses vínculos e sua situação objetiva. Na sociedade estudada por Elias, os indivíduos situavam o lugar maior dos vínculos sociais no nível do parentesco, mesmo no momento em que o Estado se consolidava. Hoje, ao contrário, a sensação de pertencimento identifica-se cada vez mais com a nação, mesmo quando esta perde sua substância em proveito de entidades mais vastas. São três níveis de análise que se deve conseguir correlacionar: o dos dados objetiváveis do social, o da análise com suas categorias conceituais e, entre os dois, o trabalho de interpretação dos próprios atores. Esse triplo olhar pode permitir penetrar essa ordem civil infrapolítica, mas indispensável à ordem política, que é a civilidade.

Patrick Pharo considera, no entanto, que a partir dessa atenção nova há ainda duas dificuldades a evitar. A primeira é a de uma teoria estratégica, utilitarista, da ação que tende a reduzir a civilidade a uma busca de proveito pessoal a partir de uma racionalização prévia dos interesses próprios. A outra dificuldade é a utilização de uma teoria convencionalista segundo a qual a civilidade não seria senão o reflexo

---

10 Simmel, *Sociologie et épistémologie*.
11 Louis Quéré, entrevista com o autor.
12 Lefort, *Essais sur le politique*.
13 Elias, *La Société de cour*.

das convenções enraizadas no seio das práticas sociais nas quais o comportamento individual viria simplesmente se moldar. Ora, segundo Pharo, essas duas orientações passam ao largo das duas dimensões próprias à civilidade: seu caráter não instrumental e sua inventividade. A etnometodologia, nesse caso, serve como bom instrumento contra essas tendências, pois apregoa uma atenção constante ao caráter contingente e em perpétuo movimento do "comércio" civil: "Parece mais heurístico procurar nas características endógenas do vínculo civil as condições que lhe garantam [...] a possibilidade de se precaver contra o mal e o estado de raiva que dele decorre".[14]

O pânico

A pesquisa daquilo que fundamenta esse "estar junto", essa civilidade infrapolítica, está também no centro das análises de Jean-Pierre Dupuy, que procurou superar os impasses próprios à oposição binária indivíduo/sociedade concedendo uma atenção particular aos sistemas emergentes e às desordens criadoras de ordens, valorizando a noção de autonomia.

Uma primeira figura que Dupuy utilizou por seu poder heurístico foi a do desejo mimético, retomado de René Girard. A matriz do social encontrou-se, assim, na imitação a partir de um modelo fornecido por outrem no quadro de uma relação triangular entre o sujeito, seu *alter ego* e o objeto. No cerne da civilidade, encontra-se assim um conflito, uma situação de concorrência que engendra violência. As sociedades secretaram antídotos para refrear, para regular essa violência. A aparição do social, do "estar junto", é o corolário de um sacrifício inicial e fundador.[15] A antropologia girardiana interessou Dupuy, sobretudo, como morfogênese, no que ela permitia devolver a indeterminação radical à constituição do vínculo social por sua ruptura com as abordagens mecânicas e deterministas do social. A lógica do social se traduz, portanto, por sua capacidade de auto-organização. Ela torna superada tanto a

---

14 Pharo, *Phénoménologie du lien civil*, p.78.
15 Dumouchel; Dupuy, *L'Enfer des choses*.

redução sociologista que percebe os indivíduos como simples reflexos de uma realidade social primeira quanto um individualismo metodológico para o qual o social se reduz à soma das energias individuais: "Em vez de opor o indivíduo e o social, é preciso pensá-los juntos como se criando mutuamente, definindo-se e contendo-se um e outro".[16]

Como compreender esse vínculo que parece escapar às iniciativas reducionistas e que no entanto permite colocar a questão essencial de saber por que meios uma sociedade se mantém junta? Jean-Pierre Dupuy nos convida a uma leitura sintomal quando procura explicar o vínculo social em via de dissolução a partir de um fenômeno coletivo particular, o pânico: "Se o vínculo social é invisível, é quando ele se desfaz que se tem mais chance de perceber seus efeitos, de alguma maneira em baixa".[17] Dupuy evoca a esse respeito os trabalhos das ciências sociais nesse domínio especialmente explorado pela economia política (a propósito dos pânicos nas bolsas) e pela psicologia das multidões, a fim de mostrar que essas duas abordagens desembocam numa mesma impotência para dar conta do fenômeno do pânico.

No momento em que a individualização mais extrema, o recolhimento em sua própria preservação, que suscita o pânico deveria tornar adequada a análise em termos de individualismo metodológico, um dos fundadores dessa corrente, John William Nevil Watkins, exclui todos os fenômenos de pânico de seu campo de aplicação,[18] sob pretexto de fenômenos irracionais. A economia política fracassa, por sua vez, em sua tentativa de racionalização de um colapso financeiro que pode surgir depois de um período de febre especulativa. A explicação por uma manifestação do irracional, própria da psicologia das multidões, fracassa da mesma forma em compreender o que acontece.

Jean-Pierre Dupuy vê, ao contrario, nas análises keynesianas, certas instituições essenciais, como aquela segundo a qual o bom especulador é aquele que adivinha melhor que a massa o que a massa fará. Keynes introduziu, assim, a análise em termos de lógica especular, de jogo de espelho: "Numa situação de incerteza radical [...] a única conduta

---

16 Dupuy, *Ordres et désordres*, p.229.
17 Idem, *La Panique*, p.10.
18 Watkins, Historical Explanation in the Social Sciences. In: *Modes of Individualism and Collectivism*, p.171.

A CIVILIDADE

racional, segundo Keynes, é imitar os outros".[19] A análise de Dupuy reúne as posições de uma socioeconomia tal como a define o sociólogo americano Mark Granovetter quando procura uma terceira via entre a concepção dessocializada do ator desenhado pelo economista e a supersocialização do mesmo ator reivindicada pelo sociólogo. O comportamento inscreve-se no interior de microestruturas sociais que são também níveis de mediação para o ator. Granovetter fez sua tese sobre o processo induzido pela procura de um emprego. Ele pôs em evidência o fato de que as informações sobre o emprego chegam ao indivíduo ao longo de cadeias de relação entre grupos de pessoas, à maneira de cadeias matemáticas. Mostra, dessa forma, a força dos vínculos frágeis, daqueles que emergem das redes de amizade, da vizinhança, dos colegas ou dos membros de uma mesma associação. Esse grupo faz circular a informação necessária para encontrar um emprego mais do que o grupo dos vínculos fortes tecidos pelo pertencimento familiar.[20]

A atenção aos extremos, às mediações, à singularidade das situações permite, assim, abordar o fenômeno do pânico como emergindo de uma análise possível pelas ciências humanas, situando-se entre racionalidade e irracionalidade: "Explicando paradoxos do comportamento coletivo em termos de processos de composição, os modelos de extremos retiram a inquietante estranheza, frequentemente associada a esse comportamento, da cabeça dos agentes, colocando-a na dinâmica das situações".[21]

É a partir do próprio indivíduo que o pesquisador, segundo Jean-Pierre Dupuy, pode ter acesso à significação comportamental, portanto à natureza do vínculo civil. Ele retém do individualismo metodológico, definido no plano epistemológico por Karl Popper, o princípio de base segundo o qual "não se poderia de modo algum atribuir aos seres coletivos as qualidades de um sujeito: vontade, intenções, consciência...".[22] Nem por isso adota todas as posições do individualismo metodológico. Como já vimos, para ele, os indivíduos não são autossuficientes, mas se

---

19 Dupuy, *La Panique*, p.92-3.
20 Saussois, La Force des liens faibles, *Sciences Humaines*, n.5 (*Les liens sociaux invisibles*), maio/jun. 1994.
21 Mark Granovetter, Threshold Models of Collective Behavior, *American Journal of Sociology*, v.83, n.6, 1978 apud Dupuy, *La Panique*, p.103.
22 Dupuy, J.-P. *Introduction aux sciences sociales*, p.15.

constroem, ao contrário, na capacidade de espelhar segundo o modelo mimético de René Girard. É assim que as bolhas especulativas geradoras de movimentos de pânico não são mais consideradas como exceção, mas como a regra comum, a da cadeia das especulações dos atores sobre o desejo dos outros. A coerência do mundo social só se prende por um fio precário, aquele, quase mágico, das ilusões partilhadas. Por menos que esse fio que permite o vínculo social se encurte, tudo se inverte. A multidão é então levada pelo pânico e o mercado torna-se o caos: "Multidão, contrato, mercado têm como função 'conter', nos dois sentidos do termo, a violência que brota de toda parte e ameaça explodir a qualquer momento".[23]

A *self-deception*

Resta introduzir a dimensão temporal, ausente de uma teoria dos jogos que privilegia exclusivamente o instantâneo. A articulação entre psicologia individual e fenômenos coletivos é largamente retomada pela filosofia do espírito que se interessa, entre outras, pelas crenças chamadas irracionais. Pascal Engel e Jean-Pierre Dupuy dividem o mesmo interesse por aquilo que os anglo-saxões chamam de *self-deception*, ou seja, o fato de tomar seus desejos como realidade e assim cegar-se voluntariamente: "Não há nenhuma razão para não pensar que esse tipo de crença irracional não possa ter dimensões coletivas".[24] Nesse domínio de investigação, estabelecem-se contatos para mobilizar disciplinas diferentes a fim de explorar esse comportamento paradoxal da *self-deception*. Pascal Engel desenvolveu então, com o psicanalista Pierre Fédida, um diálogo que permite sair das considerações abstratas da filosofia do espírito.

Essa vontade de sair das abstrações encontra-se mais geralmente no programa de busca de uma cognição social em Bernard Conein, para quem se trata de construir uma teoria das relações sociais, em particular em torno da questão da reciprocidade, da cooperação, do altruísmo ou

---

23 Caillé, Un regard neuf sur les sciences sociales, *Esprit*, jun. 1993.
24 Pascal Engel, entrevista com o autor.

A CIVILIDADE   175

da empatia. Nesse plano, o trabalho de observação dos etólogos pode ser útil para saber o que ocorre quando há aliança entre indivíduos, e o que isso implica no plano das aptidões requeridas: "É preciso para isso um entendimento da relação".[25] A ritualização social destinada a reprimir a violência está, portanto, no cerne das interrogações sobre a construção do vínculo social.

Essa função de pacificação dos rituais sociais pode ser observada em muitos níveis ínfimos das relações de civilidade. Como o fazem notar Edmond Marc e Dominique Picard,[26] as questões da comunicação podem ser apreendidas observando os rituais sociais que têm por finalidade pacificá-las. Assim, no curso de uma conversação, os interventores trocam não somente informação, mas respondem ao desejo de se individualizar. Eles fazem valer a identidade pessoal, ao mesmo tempo que marcam a vontade de integrar-se ao grupo: "Essas necessidades animam as estratégias identitárias que cada um persegue nas relações sociais".[27] As prescrições e proscrições do *savoir-faire* respondem a uma lógica, certamente variável em função do lugar e do momento, mas permanente em sua finalidade de manter a civilidade em torno das noções de socialidade, reciprocidade, de deferência ou de discrição.[28]

Dominar as pulsões

Denis Duclos preconiza a civilidade como remédio e escolha da dimensão propriamente humana.[29] Só a civilidade pode dominar o desejo de poder e servir de contrapeso aos ódios, moderar os ímpetos icônicos, quer sejam identitários ou simples utopias tecnicistas. Sem dar razão nem ao húbris da hipertrofia identitária nem à dissolução do sujeito, Duclos vê na civilidade a possível reinserção da

---

25 Bernard Conein, entrevista com o autor.
26 Marc; Picard, La Logique cachée des relations sociales, *Sciences Humaines*, n.5 (*Les liens sociaux invisibles*), maio/jun. 1994. Autores também de *L'Interaction sociale*.
27 Ibidem, p.7-10.
28 Picard, *Du code au désir*.
29 Duclos, *De la civilité*.

176   O IMPÉRIO DO SENTIDO

responsabilidade "nos limites de um costume negociado".[30] Ela evita o desequilíbrio sempre possível desses heróis de dupla face: homens/animais, homens/máquinas que são dr. Jekyll e mr. Hyde, Frankenstein ou Bioman.[31] Diante desses riscos de ultrapassagem de limites, a civilidade vela e mantém discretamente a humanidade do homem: "Se a civilidade existe, é a despeito dos grandes esquemas homeostáticos".[32] A civilidade, por sua plasticidade, por seu caráter informal, permite sair dos limites da análise binária para fazer prevalecer uma lógica de critérios múltiplos que remetem à singularidade das situações. Por esse motivo, serve para redefinir a emergência do político segundo novas linhas de força mais pragmáticas, levando em consideração lógicas frequentemente contraditórias e, portanto, soluções que só podem levar em conta a complexidade: "Como o geômetra respeitará os interesses dos agricultores num remanejamento, sem prejudicar os interesses dos residentes da aldeia?".[33]

A civilidade incita, assim, ao desvio pelo humano graças à intersubjetividade para encontrar soluções para problemas de ordem política, quer seja em escala micro ou macro. Ela contribui para consideração de soluções possíveis ao fim de uma dialogia entre atores sociais mais do que a partir de postulados categoriais *a priori*. Pela reativação das relações de civilidade, é a intensidade dos vínculos sociais que pode ser encontrada. É todo um continente novo que deve ser explorado e que conduz o pesquisador a deduzir as manifestações discretas da civilidade das partes emersas do social, nos interstícios, nas mediações que reatam os vínculos entre as tradições e as instituições.

Nesse sentido, a busca da civilidade é um domínio de futuro. Ela aparece como um além em relação ao setor de emprego tradicional da agricultura e da indústria. Abre todo o domínio das relações. Ora, esse último refúgio da socialidade é dificilmente automatizável, como pode fácil e amargamente lembrar o ex-candidato Jacques Chaban-Delmas, que desastradamente preconizava a substituição do corpo de professores pelo vídeo. Era não compreender que a função da escola, como de

---

30 Ibidem, p.125.
31 Ibidem, p.125.
32 Ibidem, p.21.
33 Ibidem, p.33.

A CIVILIDADE

muitas instituições, é antes de tudo relacional: "Chegando à universidade Paris-VIII, apresentaram-me uma moça encantadora como sendo o pilar do departamento. Era a secretária e ocupava um lugar central, não porque detinha e tratava da informação, mas porque estava sempre lá e fazia assim a ligação entre todos, professores e alunos. Sem ela, tudo desmoronava".[34] A desconstrução progressiva das capacidades de integração das instituições torna cada vez mais manifesto o papel maior do vínculo social, do desejo de "estar junto" em coletividade, e nesse sentido as ciências sociais podem desempenhar um papel maior: "Se há uma ciência a inventar, é como estabelecer vínculo social".[35]

Todo um novo setor pode assim se abrir, atento ao processo de tornar comum, de emergência do coletivo, de conexão entre os indivíduos, pondo em comum suas competências, conhecimentos recursos e projetos. Desde então, o vínculo social não encontra mais um fundamento único, utópico, determinado, quer seja o território, a tradição, o contrato social, a comunicação. Ele é um pouco tudo isso, mas não se deixa reduzir a uma dimensão única. Ao contrário, o vínculo civil encontra na noção de rede com seus nós, seus percursos indeterminados, sua possível expressão atual.

Esse vínculo civil pode, como vimos, realizar-se num parlamento das coisas no qual a noção de minoria não se opõe à de maioria. Não há nessa perspectiva senão minorias que podem se somar sem ter acesso a um discurso de âmbito geral e de vocação majoritária: "Se o parlamento das coisas existe, é numa estética do mais um".[36] Essa utopia de um novo vínculo civil pode funcionar como projeto portador, mobilizar, aprender a resistir e contribuir dessa forma para uma problemática social de produção ativa de minorias que se auto-organizam. Pode, portanto, ter efeitos concretos.

No domínio científico, o modelo em vigor é a depuração no laboratório dos elementos sociais, das dimensões éticas consideradas como tantos parasitas em relação à dimensão propriamente científica. A partir dessa cultura reduzida a sua expressão de especialização, o cientista recusa-se a envolver-se num outro terreno que não o de sua

---

34 Pierre Lévy, entrevista com o autor.
35 Ibidem.
36 Isabelle Stengers, entrevista com o autor.

experimentação racional. Assim, Daniel Cohen não responde quando o questionam sobre os riscos (que ele conhece bem) de manipulação possível do mapa genético. Ele se esconde atrás das respostas que deve dar a sociedade, que se situa numa posição de exterioridade com relação a sua própria posição de cientista: "Nesse caso, as práticas racionais param e nós entramos no domínio das decisões pelas quais a sociedade se constitui em seu futuro".[37] Há um outro possível, o de uma cultura coletiva de coespecialização ao longo do processo que leva do laboratório às decisões, tentando suscitar o debate mais amplo na sociedade, entabulando controvérsias em que se encontraria a pluralidade das abordagens possíveis do problema colocado, associando, dessa forma, todas as maiorias envolvidas.

---

37 Isabelle Stengers, seminário *Espaces Temps*, Université européenne de la recherche, 10 jan. 1994.

12

DÁDIVA E RETRIBUIÇÃO

A busca daquilo que fundamenta o "estar junto", o vínculo social, é há muito tempo objetivo de Alain Caillé e da revista que ele dirige, *La Revue du MAUSS*. Ele realizou uma abertura inovadora graças a sua crítica radical do utilitarismo generalizado. Contribuiu, assim, para distanciar-se de uma sociologia do desvendamento sustentada por uma filosofia da suspeita. Permitiu deslocar o olhar para o que agir quer dizer, fazendo valer o valor heurístico da dádiva. Essa noção transformou-se de uma referência tutelar a Marcel Mauss em um verdadeiro paradigma capaz de esclarecer o comportamento do homem. A figura da dádiva terá permitido evitar e denunciar, na linhagem da antropologia maussiana, todas as formas de reducionismo econômico. Caillé conseguiu conciliar a tradição legada por Mauss e as novas pesquisas interacionistas propondo uma terceira via, a da lógica da dádiva, entre interesse e desinteresse, entre o Estado e o mercado.

O antiutilitarismo

Essa atenção à dádiva nasceu da ruptura com o paradigma utilitarista que dominava as ciências humanas no decorrer dos anos 1960 e 1970. O utilitarismo postula que só o comportamento racional, calculado, interessado dos atores sociais é inteligível pelas ciências sociais.[1] Ele se apoiou no modelo do *Homo economicus* e foi fortemente operacional na ciência econômica para elucidar as leis do mercado. A partir dessa posição de força, estendeu-se aos outros domínios do comportamento humano. Foi assim que o utilitarismo foi adotado de maneira mais ou menos explícita por uma sociologia atravessada por numerosas correntes, mas que reconhece nesse modelo explicativo um paradigma comum.

Com o mercado, "a causa última da ação é enfim encontrada: é o interesse".[2] O paradigma do interesse tem o mérito de dar todos os sinais de cientificidade, o da formalização matemática e o da causalidade da física mecânica. Ele carrega também uma visão da historicidade humana como luta contra a escassez e emergência progressiva das regras do mercado. Certamente, esse modelo, que inspirou o individualismo metodológico e a teoria da escolha racional, conheceu algumas adaptações recentes. Em geral, abandonou-se a representação rústica do cálculo do interesse bem definido para substituir os sujeitos calculistas por sujeitos mais socializados e contextualizados, que reagem diferentemente por arranjos sucessivos e precários. O axiomático do interesse torna-se, assim, mais complexo.

Há uma outra filiação do utilitarismo, a de um utilitarismo analítico anglo-saxão, normativo, ético: "Esse utilitarismo ordena-se em torno de um critério simples segundo o qual o que é justo contribui para maximizar o bem-estar do maior número".[3] Essa filosofia inscreve-se numa perspectiva que parece alternativa à do lucro, uma vez que postula, no limite, que é desejável que se sacrifique seu próprio bem-estar ao bem-estar do maior número. O utilitarismo mobiliza, portanto, duas teorias que parecem antitéticas, uma repousando sobre o egoísmo calculado e a

---

1 Uma controvérsia filosófica concentrou-se sobre a utilização desse conceito de utilitarismo, inclusive no seio de *La Revue du MAUSS*. De fato, no sentido de Jeremy Bentham, o utilitarismo não é necessariamente sinônimo de *Homo economicus* ou de teoria da escolha racional interessada. Alain Caillé finalmente sintetizou uma definição ampliada de utilitarismo que engloba a posição normativa, colocando que são justas as ações, as normas que concorrem para maximizar a felicidade. O utilitarismo é então mais que uma posição epistemológica, é a "base do pensamento ocidental" em três variantes: o utilitarismo prático, o utilitarismo teórico e o utilitarismo normativo. Ver Caillé, Le Principe de la raison, l'utilitarisme et l'anti-utilitarisme. In: *La Démission des clercs*, p.109-39.

2 Idem, *Critique de a raison utilitaire*, p.61.

3 Idem, entrevista com o autor.

DÁDIVA E RETRIBUIÇÃO

181

outra sobre o altruísmo. O que preconiza Alain Caillé é que se religuem esses dois polos que se dissociaram até se tornarem contraditórios.

A superação dessa disjunção passa pela consideração dos estados múltiplos do sujeito. Isso implica que "a ação humana não procede de um único foco, mas de vários".[4] Os princípios da ação são irredutíveis uns aos outros, como já o havia percebido Max Weber, que dissociava quatro tipos ideais da ação.[5] Entre os polos do egoísmo e do altruísmo, o paradigma da dádiva apresenta-se como uma terceira via entre o sujeito encerrado em seu *ego*, demasiado voltado para si para se tornar mais receptivo à dádiva, e o sujeito muito livre de toda contingência social para integrar-se a uma perspectiva interacionista. Sob uma sociabilidade secundária marcada pelas funções e instituições, cuja eficiência é inegável, pode-se ter acesso à inteligibilidade de uma socialidade primária que organiza as relações entre as pessoas. É graças a essa oscilação em direção ao cerne, à matriz da interação centrada sobre a obrigação de dar/receber/retribuir, que se pode ultrapassar as dicotomias tradicionais e pensar, como o escreve Jacques Godbout, que "na dádiva, o bem circula a serviço do vínculo".[6]

Esse terceiro lugar, o da ordem das interações humanas, da intersubjetividade, escapa tanto ao puro constrangimento quanto ao puro interesse, sofrendo a ação de um e de outro. As ciências humanas substituem a atenção exclusiva às relações de verticalidade por um interesse novo pelas relações instituídas entre os indivíduos num plano horizontal. A fecundidade de tal escala é manifesta, como vimos, na noção de rede tal como a definem Michel Callon e Bruno Latour.

A terceira via

Essas teorizações recentes fazem surgir uma terceira via que, sem ser infinitesimal, também não é uma macrorrealidade. A modernidade

---

4 Idem, *Critique de la raison utilitaire*, p.93.
5 Max Weber distingue quatro princípios de ação: afetivo, tradicional, de racionalidade axiológica e de racionalidade estratégica instrumental.
6 Godbout; Caillé, *L'Esprit du don*, p.32.

tendeu a separar socialidade primária e secundária até chegar a fazer dessa última um plano de relações abstratas, cortadas de seu referencial, do conteúdo daquilo que elas implicam na inter-relação das pessoas. É o caso dessas entidades que se tornaram objetiváveis, como o mercado, o Estado ou a ciência: "Ora, existem relações de pessoa a pessoa que funcionam segundo outras leis que não as leis abstratas da economia de mercado, aquela, uniformizadora, do Estado, ou a da razão objetiva".[7] Essa abertura permite penetrar, pela interação, no núcleo comum a todas as civilizações. Trata-se de fazer emergir esse núcleo sem se limitar a uma escala microscópica das relações humanas, o que implica levar em consideração uma dimensão vertical, transcendendo as relações de pessoa a pessoa e abrindo na existência societária a dimensão política, aquela do "estar junto" coletivo.

Graças a essa perspectiva política, Alain Caillé coincide com Hannah Arendt e Claude Lefort em sua preocupação de pensar o político não como um subsistema, mas como uma realidade envolvente, simbólica e transversal. Ora, até então as grandes teorias políticas polarizavam sobre a questão de saber quem, entre o Estado e o mercado, tem a prioridade sobre problemas da sociedade. Assim,

> [...] esqueceram pura e simplesmente o essencial, ou seja, a relação propriamente social entre os indivíduos e os grupos, aquela que não se estrutura nem sobre o interesse econômico nem sobre o poder. No entanto é ela, a relação social, essa nebulosa proteiforme de microcosmos, de famílias, de comunidades de vizinhança, de trabalho, de redes ou associações de todos os tipos, que constitui a verdadeira finalidade do processo de conjunto.[8]

Uma perspectiva política integrando a questão da dádiva, da troca, da relação social como terceira via entre a lógica do Estado e a do mercado desenha-se nos trabalhos atuais das ciências humanas. A obra recente de Jacques Godbout e Alain Caillé[9] mostra que a dádiva não é exclusiva das sociedades primitivas, mas que pertence a nosso mundo moderno. Ela está no nosso meio, tão onipresente que se torna

---

7 Alain Caillé, entrevista com o autor.

8 Idem, *Critique de la raison utilitaire*, p.107.

9 Godbout; Caillé, *L'Esprit du don*.

imperceptível. Marcel Mauss já tinha caracterizado a dádiva como uma categoria universal própria das sociedades arcaicas.[10] Se se considera de maneira mais ampla a dádiva como aquilo que é irredutível às relações de interesse econômico ou de poder, é forçoso constatar que ela define ainda inúmeras relações sociais no próprio cerne da modernidade: "É preciso em primeiro lugar superar a timidez inicial de Marcel Mauss e formular a hipótese de que a dádiva não concerne somente às sociedades arcaicas".[11]

Assim, Jacques Godbout e Alain Caillé partiram para a pesquisa da dádiva na troca, revertendo, portanto, a proposição moderna usual. O mercado continua a ocupar um lugar eminente e indispensável. Ele é até mais frequentemente uma relação preferível à da dádiva no caso das relações entre estranhos: "O utilitarismo é a única moral possível comum a dois estranhos".[12] A sociedade não pode, contudo, construir-se unicamente na base da relação de afastamento, somente na base dos "vínculos frágeis" estudados por Granovetter.

Dar/Receber/Retribuir

Para compreender a dádiva em sua função relacional constitutiva do vínculo social, é necessário evitar duas formas de redução: a do simples "dar" que remete ao desinteresse altruísta, e a do "retribuir" que revela a troca mercantil. É apenas sob uma forma triangular, a do "círculo vicioso"[13] do dar/receber/retribuir como entidade indivisível que se pode esperar compreender a natureza da dádiva. Fenômeno social total, como o tinha enxergado Marcel Mauss, esse indefinível que é a dádiva fica estão dividido em seu caráter simultaneamente espontâneo e obrigatório, numa tensão que é de fato uma figura paradoxal. A dádiva é um indefinível que põe em crise, ao mesmo tempo, o determinismo dos mecanismos de causalidade, reduzindo toda a liberdade a

---

10 Mauss, Essai sur le don. In: *Sociologie et anthropologie.*
11 Godbout; Caillé, *L'Esprit du don*, p.30.
12 Ibidem, p.291.
13 Ibidem, p.276.

184 O IMPÉRIO DO SENTIDO

um engodo, e a concepção de um ator racional e calculista animado unicamente pela maximização de seus interesses. Sendo tudo livre, a dádiva não tem a mecanicidade do cálculo. Atrativo estranho e sem ponto fixo, "não se compreende realmente a não ser recorrendo à metáfora".[14]

Partindo de uma definição restrita da dádiva – "Qualifiquemos como dádiva toda prestação de bem ou serviço efetuado, sem garantia de retorno, com o objetivo de criar, alimentar ou recriar o vínculo social entre pessoas" –,[15] Jacques Godbout e Alain Caillé tendem a englobar toda realidade social sob o único olhar de sua concepção de uma dádiva que se torna, no fim de sua obra, fonte de vida, de energia universal e aprendizagem da morte.

Para evitar essa amplitude e essa centralidade excessiva do conceito, pode-se, com Luc Boltanski, situá-lo num lugar que não faça dela um "tudo" indefinível, mas uma esfera particular das economias da grandeza, a da "cidade inspirada". A dádiva é então um aspecto de um comportamento social movido, além disso, por outras motivações, outros valores. A dádiva para Boltanski[16] remete ao *agapè*,[17] que revela haver alguma coisa anterior à justiça, à *philia* de Aristóteles, que se define por uma lógica da equivalência, da reciprocidade, mas também anterior ao *eros*, ao amor que implica uma vontade de dominação, de posse, de desejo. Boltanski nem por isso preconiza uma abordagem sem substância do *agapè*, e a dádiva não é senão um valor entre outros cujo sentido convém encontrar. Quando evoca a controvérsia entre Claude Lévi-Strauss e Claude Lefort, assume a crítica de Lefort à posição estruturalista porque esta ignora o "sentido da troca por dádivas".[18] Apoia-se na sociologia da ação que para ele representa Claude Lefort, para quem os homens que doam se confirmam "uns aos outros que não são coisas",[19] contra uma sociologia de tradição durkheimiana fundada sobre a crítica da experiência.

---

14 Ibidem, p.298.

15 Ibidem, p.32.

16 Boltanski, *L'Amour et la Justice comme compétences*.

17 *Agapè* é um termo grego particularmente desenvolvido pela literatura do novo Testamento paulino. Ele enuncia uma maneira de amar que não se identifica nem com a *philia* de Aristóteles nem com o *eros* em Platão. O termo mais usual para definir o *agapè* é a caridade, mas ainda é uma definição insatisfatória para esse termo polissêmico.

18 Lefort, *Les Formes de l'histoire*, p.15-29.

19 Ibidem.

DÁDIVA E RETRIBUIÇÃO

O mérito da abordagem da dádiva em Luc Boltanski é partir de uma pluralização dos diversos modos de identificação. Ele evita, assim, toda forma de reducionismo individualista ou universalista, situando-se no cerne do agir numa perspectiva que reúne as posições desenvolvidas desde os anos 1950 por Paul Ricoeur em sua tese, quando diferenciava o ter, o poder e o valer.[20] Só essa pluralização dos diversos níveis do agir permite escapar ao risco de transformar a figura da dádiva, outrora rechaçada, numa variável não histórica que preservaria uma abordagem holista do social, numa figura desencarnada, uma simples relação puramente etérea, mas que teria no entanto a pretensão de tornar inteligível o todo social.

A dádiva como totalidade remete à desaparição da dádiva, e é exatamente essa anulação que interessa a Jacques Derrida quando utiliza a figura da dádiva para aprofundar seu trabalho de desconstrução encetado desde os anos 1960. Para Derrida, basta "que o outro perceba a dádiva para que esse simples reconhecimento da dádiva como dádiva [...] anule a dádiva como dádiva".[21] A dádiva é o ponto limite, o impossível. Destinada à disseminação, é um indefinível do mesmo tipo da *diferença*, do *hymen*, do *Pharmakon*, do *Suplemento* na economia do discurso de Derrida, isto é, um instrumento de desconstrução que anula a oposição dentro/fora, verdade/erro, todas formas de desvendamento do *logos*.

A dádiva é, portanto, um efêmero impróprio para o cálculo, um simples simulacro que organiza a ordem carnavalesca da razão. Ela contribui para o rompimento do lacre que radicaliza o programa estruturalista de esvaziamento do significado e de busca da corporalidade na escrita. Derrida esvazia, pois, a dádiva de uma de suas dimensões, a do interesse, que segundo ele é por natureza impróprio para sua função: "A dádiva suprime o objetivo (da dádiva). Ela o nega enquanto tal [...]. Seria preciso dar sem saber, sem conhecimento e sem reconhecimento, sem agradecimento: sem nada, e em todo caso sem objetivo".[22] Figura do impossível, a dádiva rompe aqui com a trilogia que lhe é constitutiva, a do dar/receber/retribuir; ela perde, então, qualquer outro sentido que não o poético.

---

20 Ricoeur, *Philosophie de la volonté*, t.I.
21 Derrida, *Donner le temps*, t.I., p.26.
22 Idem, Donner la mort. In: *L'Éthique du don*, p.104.

A figura ternária

O vínculo social está no centro da exploração de Dany-Robert Dufour: "O que faz com que ele se mantenha? O que faz com que haja vínculo social e que, às vezes, ele se desfaça de modo brutal?"[23] No ponto de partida de seu percurso, há, sobretudo, um número de textos literários que têm em comum um questionamento, uma interrupção de certo número de grandes referenciais. Especialmente Samuel Beckett desempenhará um papel importante por suspender radicalmente as referências espaciais, temporais e egocêntricas que organizam a relação do sujeito com seu discurso: Eu/Aqui/Agora. A primeira frase de *L'Innomable* [O inominável], de Beckett, põe em questão esses operadores autorreferentes, esses desígnios fundadores: "Onde agora? Quando agora? Quem agora? Sem me perguntá-lo, digo eu. Sem pensá-lo. Chamar isso de questões, de hipóteses".[24] O questionamento, o congelamento desses indicadores leva Dufour a fazer uma forte crítica do paradigma estruturalista e da predominância que ele atribui à figura binária.[25] A esta ele opõe uma outra figura, uma que inverte o antes e o depois, o aqui e ali, o eu e o outro.

Essa inversão poderia conduzir à loucura se não encontrasse uma outra figura de ordenação, a ternária. Dany-Robert Dufour encontra essa figura de ordem um pouco por acaso, pois seu objetivo é primeiramente demonstrar a eficácia, entre os operadores da língua, do operador uno, seu caráter audível e rechaçado pelos mestres estruturalistas em proveito somente da bipolaridade. Na sequência da publicação dessa obra sobre o binário, Dufour se engaja numa exploração de todos os continentes do saber para realizar uma arqueologia do ternário que o leva a marcar uma razão trinitária em debate/combate há mais de 2.500 anos com a razão binária que hoje predomina: "O homem trino está desaparecendo".[26] O triunfo das categorias do binarismo, impondo diversas atualizações como o dualismo, a dialética, a causalidade, coloca o problema do humano em sua relação com o outro, com o ausente e

---

23 Dany-Robert Dufour, entrevista com o autor.
24 Beckett, *L'Innomable*, p.5.
25 Dufour, *Le Bégaiement des maîtres*.
26 Idem, *Les Mystères de la trinité*, p.9.

com a morte. Enquanto o homem binário aspira à eternidade e deseja erradicar a morte afastando-se de toda socialidade, a figura ternária permite simbolizar a ausência. A partir daí, Dufour se pergunta sobre a maneira pela qual a ausência como categoria simbólica gera uma categoria de natureza diferente, uma vez que é de natureza orgânica, a da morte. Ele observa nesse domínio dois modos conflituosos de gestão, o binário e o ternário.

O risco social desse confronto simbólico é maior, uma vez que Dany-Robert Dufour vê na recusa ao ternário uma fonte do mal-estar da nossa civilização: "O triunfo da bipolaridade tem implicações consideráveis: parece-me que o mal-estar específico de nosso século, o mal-estar atual dos homens e da civilização devem ser compreendidos por meio do acontecimento maior constituído pela contenção do trinário pelo binário".[27]

O desenvolvimento das tecnociências, da cibernética, da teoria sistêmica e estruturalista revela o caráter espetacular do triunfo da concepção binária. Ora, esse triunfo rechaça a própria naturalidade da linguagem que implica o *a priori* ternário. A enunciação, como mostrou Benveniste desde os anos 1960, implica a existência de um triângulo pragmático: "A trindade representa, em suma, a essência do vínculo social, uma vez que, sem ela, não haveria relação interlocutória, não haveria cultura humana".[28] É essa ausência de herdeiros do vínculo pessoal, do vínculo social deixado em suspenso pela dominação exclusiva da ideia do dois que se trata de interrogar novamente, revisitando a tradição e o conjunto das ciências humanas a partir da figura ternária, com a intenção de "fazer sentido",[29] depois de ter feito símbolo.

É essa busca que ele percebe no último Jacques Lacan, aquele dos modelos topológicos, notadamente o nó borromeano que faz seguir o princípio trino: "O nó borromeano é a ocorrência topológica da trindade".[30] A ocultação da simbolização da ausência numa caixa negra ou num compartimento escuro, implícita no programa estruturalista, tem incidências graves. Ela leva à destruição do outro, às guerras fratricidas,

---

27 Ibidem, p.24.
28 Ibidem, p.59.
29 Ibidem, p.63.
30 Ibidem, p.278.

à proliferação dos conflitos nos quais "cada sujeito pode negociar no fundo a questão da ausência na desaparição do outro. Há, assim, o retorno dessas guerras paranoicas em que se vê seu vizinho como o pior inimigo, e quando o paranoico suprimiu o outro e encontrou de uma certa forma a Lei, ou seja, a morte, isso cai melhor".[31]

A relação social, a humanidade do homem é, então, de tipo trino: "*Eu, tu, ele* representa o vínculo social *mínimo*, uma *arquissocialidade*".[32] Sobre registros diferentes, não se pode deixar de fazer uma ligação entre as posições de Alain Caillé e as de Dany-Robert Dufour, ainda que seus trabalhos respectivos se tenham desdobrado em perspectivas aparentemente estranhas uma à outra. Alain Caillé reconhece essa proximidade, aliás explicitamente, e percebe uma dupla analogia entre o que Dufour qualifica como binarismo e o que ele designa quando fala de utilitarismo, assim como entre a dimensão trina e a lógica encetada pela dádiva.[33]

---

31 Idem, entrevista com o autor.
32 Idem, *Les Mystères de la trinité*, p.165.
33 Caillé, Le don des paroles, *Revue du MAUSS*, n.1 (Ce que dádivaner veut dire), 1993, p.194-218.

PARTE IV

COM O RISCO DE AGIR

13

A OSCILAÇÃO DO PARADIGMA

A ideia do agir impõe-se hoje em favor daquilo que Marcel Gauchet qualificou, como vimos, como "mudança de paradigma em ciências sociais".[1] Ele se explicou sobre o sentido que dava ao termo paradigma:[2] para ele, essa noção tem, sobretudo, o interesse de ser mais prudente do que outros termos mais imperialistas e mais totalizadores como *episteme*. A fluidez relativa da noção permite relativizar a influência de um modelo de explicação nas ciências humanas que não é necessariamente uniforme nem utilizado por todos de maneira unívoca.

O paradigma dominante entre anos 1950 e 1975 é aquele cuja história retracei, o paradigma estruturalista.[3] Marcel Gauchet o qualifica como "paradigma crítico"[4] e caracteriza-o como uma equipagem constituída por uma disciplina modelo, a linguística, duas disciplinas rainhas, a sociologia e a etnologia, e duas doutrinas de referência, o marxismo e a psicanálise. Essa configuração das ciências sociais tinha sua expressão filosófica nas reflexões da desconfiança, nas estratégias de desvendamento, com a ideia de que a verdade científica é acessível mas escondida, velada. O que caracterizava esse paradigma era desdobrar uma "ideia do

---

1 Gauchet, Changement de paradigme en sciences sociales, *Le Débat*, n.50, maio-ago. 1988, p.165-70.
2 Idem, seminário *Espaces Temps*, Université Européenne de la recherche, abr. 1993.
3 Dosse, *Histoire du structuralisme*.
4 Gauchet, Changement de paradigme en sciences sociales, p.165.

descentramento".[5] As ciências humanas festejadas durante esse período eram aquelas que tinham a maior capacidade de expropriar a presença, o atestado de si, e em primeiro lugar tudo aquilo que emergia da ação, do ato de linguagem, todas as oportunidades de dirigir operações significantes. O estruturalismo permitia, nesse quadro, conjugar os efeitos do desígnio teórico de destituição do sujeito e a ambição de uma penhora objetivante de caráter científico.

A parcela refletida da ação

Em torno dos anos 1980, houve uma clara oscilação em direção a um novo paradigma marcado por uma organização intelectual completamente diferente, na qual o tema da historicidade substituiu o da estrutura. Esse novo período é, sobretudo, marcado pela "reabilitação da parcela explícita e refletida da ação".[6] Não se trata de um simples retorno do sujeito, tal como era visto outrora na plenitude e na transparência de sua soberania postulada. A pesquisa desloca-se certamente para o estudo da consciência, mas de uma consciência problematizada graças a uma série de trabalhos dedicados ao pragmático, ao cognitivismo ou aos modelos de escolha racional.

O esquema do desvendamento consistia em contornar, em passar por trás do estrato consciente para ir diretamente às motivações inconscientes. O novo paradigma inverte essa perspectiva e faz do inconsciente um ponto de chegada e não mais um ponto de partida: "Explicar por que as pessoas se enganam não é a mesma coisa do que mostrar por que elas são mistificadas".[7] O procedimento consiste, então, em salvar os fenômenos, as ações, o que aparece como significante, para explicar a consciência dos atores, "evidentemente além e independentemente daquilo que está presente nessa consciência".[8]

---

5 Idem, seminário *Espaces Temps*.
6 Idem, Changement de paradigme en sciences sociales, p.166.
7 Idem, seminário *Espaces Temps*.
8 Ibidem.

A OSCILAÇÃO DO PARADIGMA 193

Esse programa de pesquisa é antes de tudo não reducionista, e Marcel Gauchet dá como ilustração daquilo que poderia ser essa nova abordagem dialética do consciente e do inconsciente o caso enigmático da feitiçaria: "Compreender-se-á o fenômeno da feitiçaria no dia em que se puder explicar por que essa teoria louca, essa ideia louca do complô das feiticeiras, forma o inverso das doutrinas de soberania política. Esses fenômenos são contemporâneos, eles têm uma ligação entre si".[9] Para estabelecê-lo é necessário aplicar essas teorias ao funcionamento dos tribunais da época à recomposição das relações entre justiça eclesiástica e justiça estatal. Trata-se assim de encontrar contemporaneidades que possam dar sentido pondo em evidência sistemas de relações. Os próprios atores não tinham consciência dessa conexão, e é o historiador que permite fazê-la aflorar, sem proceder "a qualquer operação redutora que consistiria em dizer que os tratados de demonologia de Jean Bodin permitiriam explicar sua teoria da soberania".[10] Trata-se de compreender como essa coexistência pode se desdobrar num mesmo indivíduo. Essa parcela explícita e refletida da ação retornada ao primeiro plano tem como efeito colocar a identidade histórica no centro das interrogações, num quadro de um triplo objeto privilegiado pelo historiador: uma história política, conceitual e simbólica renovada.

Esse deslocamento para a parte explícita e refletida da ação é particularmente sensível na nova sociologia. Analisando as bases da oscilação do paradigma, Luc Boltanski vê nelas a desaparição da filosofia da história implícita na obra ao tempo do paradigma crítico, a incapacidade atual de se projetar no futuro desde um ponto de ruptura que se pode situar ao redor de "1978, Khomeini, o Cambodja".[11] O segundo vetor da crise do antigo paradigma situa-se na crise do Estado-nação, que estava na origem de sistematizações teóricas sobre a sociedade. Disso resulta uma incapacidade de fazer uma abordagem global em torno de grandes quadros da nação. Num outro nível, ligado à crise da ideia de nação, o vínculo complementar que permitiria fazer trabalharem juntos sociólogos, juristas e políticos tornou-se cada vez mais tênue: "O sociólogo explorava o estado de normatividade na sociedade,

---

9 Ibidem.
10 Ibidem.
11 Luc Boltanski, entrevista com o autor.

participava-o ao jurista que o transformava em direito, o qual regulava a ação dos políticos. Isso funcionava nos anos 1960, mas hoje esse acordo está completamente rompido".[12] Ora, a era de ouro da sociologia clássica corresponde aos anos do pós-guerra, os da reconstrução nacional e da modernização do Estado, subtendidos por um projeto emancipador da sociedade, com uma pretensão de desvendamento do oculto e de mudança rápida.

Esse paradigma teve sua eficácia social, mas a nova sociologia considera que muitos de seus postulados devem ser questionados, já que falham quando se trata de explicar o agir social. Em primeiro lugar, a ruptura radical que o paradigma crítico instaura entre competência científica e competência comum teve como efeito não levar a sério as pretensões e competências das pessoas comuns, cujos propósitos se remetiam à expressão de uma ilusão ideológica. Em segundo lugar, o paradigma crítico era animado por uma antropologia pessimista implícita que fazia do interesse o único motivo da ação: "O interesse era um intermediário importante para compreender a unificação que se fez nos anos 1970".[13] O interesse desempenhou particularmente o papel de alavanca em todas as iniciativas de desvendamento, de denúncia das pretensões dos atores. Em terceiro lugar, o paradigma crítico se dava como grade de leitura global do social, capaz de tornar inteligíveis as condutas de todos os indivíduos em qualquer situação: "A prova central consistia em mostrar que uma mesma pessoa reproduzia comportamentos do mesmo tipo qualquer que fosse a situação".[14] Em quarto lugar, o paradigma funcionava de maneira pouco coerente, uma vez que se pretendia crítico, denunciando o caráter normativo das posições dos atores, suas ilusões, suas crenças, sem para tanto desvendar seus próprios fundamentos normativos. Enfim, o elemento unificador das ciências humanas nos anos 1960 em torno do paradigma crítico foi o inconsciente: "Ele constitui, em sentidos aliás diferentes, a pedra angular da linguística, da etnologia, da sociologia e de uma certa maneira da história, tal como ela se desenvolveu na escola dos *Annales*".[15]

---

12 Ibidem.

13 Idem, seminário *Espaces Temps*, Université européenne de la recherche, 14 dez. 1992.

14 Ibidem.

15 Idem, *L'Amour et la Justice comme compétences*, p.49-50.

Uma gramática da justificação

A mudança de paradigma em curso apoia-se nessas críticas para reformular um programa de pesquisa que melhor dê conta dos elementos constitutivos da ação. Quando Luc Boltanski e Laurent Thévenot encetaram sua pesquisa sobre os litígios, os "casos", eles reuniram um importante *corpus* heteróclito, como já lembramos.[16] O problema, de um ponto de vista sociológico, era compreender quais condições uma denúncia pública devia preencher para ser aceitável. Esse trabalho precisava recolocar uma das grandes divisões do paradigma crítico, aquela que opõe a ordem do singular à do geral:

> Longe de aceitar a divisão *a priori* entre o que é individual, que seria desde então matéria de psicologia, e aquilo que é coletivo, que diria respeito por isso a sua disciplina, o sociólogo deve tratar a qualificação singular ou coletiva da questão como produto da própria atividade dos atores.[17]

Compreender o processo de generalização em vias de se realizar pressupõe levar a sério a fala dos atores, reconhecer neles uma competência própria para analisar sua situação. Isso foi determinante na ruptura com o paradigma crítico, pois era preciso renunciar à postura denunciadora e dar ouvidos aos atores. A nova sociologia foi levada, assim, a questionar novamente, como o tinham feito Bruno Latour e Michel Callon, a grande divisão entre o conhecimento científico e a normatividade, entre o julgamento de fato e o julgamento de valor: "O trabalho consistiu em deslocar rupturas e superar separações",[18] e em adotar um procedimento simétrico entre pesquisador e ator. O conhecimento comum, o senso comum, é então reconhecido como superposição de saberes e de *savoir-faire*.

A etnometodologia contribuiu positivamente para esse deslocamento que consistia em buscar as semelhanças entre as explicações científicas e aquelas fornecidas pelos próprios atores. Essa abordagem permitiu uma inversão decisiva por meio da qual a própria crítica se

---

16 Ver Parte I, "Percursos: uma mesma geração", Capítulo 3, "O polo pragmático".
17 Boltanski, *L'Amour et la Justice comme compétences*, p.23.
18 Idem, seminário *Espaces Temps*.

tornou um objeto da sociologia. O antigo paradigma não podia tomar as operações críticas como objeto uma vez que, apoiando-se numa ruptura radical entre os fatos e os valores, mantinha o sociólogo ao abrigo de qualquer iniciativa crítica, numa "ilha de positividade sobre a qual fundava a ambição de um desvendamento radical".[19]

A atenção ao discurso da ação

A experiência do novo paradigma situa-se na pesquisa de campo, no plano empírico. Mas o questionamento das grandes rupturas permite também reatar os vínculos pacificados entre filosofia e ciências humanas. O que se postula é a complementaridade entre esses dois níveis: as ciências humanas são vistas como a continuação da filosofia por outros meios, e elas contribuem para a realização do trabalho filosófico de constituição de uma gramática das ordens de justificação dos atores sociais. Essa nova orientação implica levar a sério a "guinada linguística" e dar uma grande atenção aos discursos sobre a ação, à narração, à "elaboração de enredo" das ações, como o chama Paul Ricoeur, sem para isso encerrar-se na discursividade. O pesquisador deve então se restringir a "seguir os atores o mais perto possível de seu trabalho interpretativo [...]. Ele leva em consideração seus argumentos e as provas que trazem, sem procurar reduzi-los ou desqualificá-los opondo a eles uma interpretação mais forte".[20]

Para realizar esse trabalho, para evitar qualquer forma estabilizada de interpretação, a nova sociologia deve realizar certo número de desvios, de investidas no campo da filosofia da analítica, da pragmática, do cognitivismo, da filosofia política, tantos domínios conexos, caminhos cruzados que contribuem para fazer emergir um sentimento de unidade na inversão em curso. Este pode ser qualificado como paradigma interpretativo por visar colocar em evidência o lugar da interpretação na estruturação da ação, revisitando toda a rede conceitual, todas as categorias semânticas próprias à ação: intenção, vontades, desejos, motivos,

---

19 Idem, *L'Amour et la Justice comme compétences*, p.53.
20 Ibidem, p.57.

A OSCILAÇÃO DO PARADIGMA

197

sentimentos... O objeto da sociologia passa, dessa maneira, de instituído a instituinte e reinveste os objetos do cotidiano, assim como as formas esparsas e variadas de socialidade.

Definindo as exigências mínimas do conhecimento nas ciências humanas, Alain Caillé relembra os quatro imperativos metodológicos que devem satisfazer: "A primeira exigência é *descrever*, a segunda *explicar*, a terceira *compreender*, a quarta *normatizar* ou avaliar".[21] Certamente esses quatro níveis estão indissoluvelmente ligados. Paul Ricoeur mostrou como a explicação é intrínseca ao desdobramento descritivo e induz uma interpretação. Mas essas exigências devem constituir o horizonte do pesquisador, que não pode deixar de lado nenhuma delas. Entre esses quatro níveis de análise há um, intrínseco aos outros, que parece se impor como o mais eminente, num lugar matricial: o plano normativo – o "momento estruturante íntimo dos outros três".[22]

Por trás desse primado encontra-se o ato de interpretação, o paradigma da leitura de Ricoeur e a necessidade de reatar com o que foi perdido. Esse desvio pela tradição e pela subjetividade interpretativa é realmente indispensável ao ato de julgamento, às condições de uma possível dimensão normativa. As ciências humanas efetivamente se constituíram a partir de uma ruptura fundadora, desembaraçando-as do nível normativo com o fim de produzir julgamentos de fato, excluindo os julgamentos de valor. Seja por Weber ontem ou por Putnam mais recentemente, a pertinência dessa distinção é contestada, e Putnam estende mesmo sua noção de "realismo restrito" aos julgamentos de valor.[23] Reconhecer sua dimensão normativa e reatar, explicitamente, com sua ambição política e moral pode permitir às ciências humanas que reencontrem um lugar maior nas escolhas da cidade.

---

21 Caillé, Plaidoyer pour une philosophie politique qui aurait des allures de science. In: *La Démission des clercs*, p.60.

22 Ibidem, p.62.

23 Putnam, *Raison, vérité et histoire*.

14

UMA FILOSOFIA DO AGIR

PAUL RICOEUR

O deslocamento do olhar, concentrado até então nas condições da ação, na própria ação em seus procedimentos significantes, dá um lugar central ao filósofo francês que, desde sua tese sobre a vontade,[1] não deixou de se colocar a questão do sentido da ação humana, Paul Ricoeur. Apesar de um diálogo constante com as ciências humanas – quer se trate da semiologia, da antropologia estrutural de Lévi-Strauss ou da psicanálise freudiana –,[2] Ricoeur permaneceu muito tempo ignorado pelos seus praticantes dessas ciências humanas no tempo do estruturalismo triunfante.

Hoje é completamente diferente, e, mesmo que persistam ainda algumas prevenções com relação às posições da hermenêutica que encarna, ele se tornou uma referência maior em muitos trabalhos das ciências humanas. O que mudou e permitiu alimentar, enfim, esse diálogo fecundo foi a conjuntura intelectual e a abertura que ela permite por causa do esgotamento dos grandes paradigmas unitários até então dominantes. Contrariamente à maior parte dos filósofos levados pela onda estruturalista, Paul Ricoeur soube resistir a esta, levando em conta certo número de contribuições das disciplinas guias desse período. É essa resistência que permite hoje a retomada, o desdobramento dos

---

1 Ricoeur, *Philosophie de la volonté* t.1 e t.2.
2 Idem, *De l'interprétation*.

questionamentos das ciências humanas numa nova relação com a filosofia. Ricoeur pôde resistir às ilusões da época, que atravessou sem desviar de suas orientações iniciais, graças a uma relação muito intensa com a tradição hermenêutica alemã desde Friedrich Schleiermacher, com a ciência do espírito de Wilhelm Dilthey e a fenomenologia de Edmund Husserl, com as reflexões de Martin Heidegger sobre a historicidade e as de Hans Georg Gadamer sobre a tradição, além de outras influências maiores como o existencialismo, o de Karl Jaspers e de Gabriel Marcel, ou o personalismo de Emmanuel Mounier. Ora, "temos em Dilthey e diferentemente em Husserl dois meios de resistir muito fortemente ao objetivismo que se pode encontrar no marxismo, no positivismo e no estruturalismo".[3]

Entre explicação e compreensão

A linha diretriz de Paul Ricoeur consiste em se situar no cerne da tensão entre explicação e compreensão, mais frequentemente apresentadas como alternativas exclusivas. Numa preocupação dialógica, Paul Ricoeur explora todas as potencialidades desses dois polos, evitando apresentá-los como a expressão de uma dicotomia não superável entre o que seria do terreno das ciências da natureza (explicação) e o que conviria às ciências do espírito (compreensão). Ainda que essa grande divisão seja rejeitada por Ricoeur, ele não deixa de tomar em Dilthey e em Husserl a orientação inicial que deve partir da experiência subjetiva, de sua elaboração discursiva e de seu desdobramento horizontal no universo intersubjetivo próprio à comunicação. O mundo vivido e os diversos procedimentos de subjetivação e socialização possíveis estão, portanto, na base de um trabalho que não podia senão encontrar as ciências humanas quando estas se questionam sobre o agir, ou seja, sobre o sentido a dar à prática social.

A outra grande razão da centralidade adquirida pela obra de Paul Ricoeur é sua situação excepcional no cruzamento dos caminhos. Fiel a suas orientações epistemológicas, essa obra encontra-se em posição

---

3 Jean-Marc Ferry, entrevista com o autor.

dialógica entre a filosofia continental e a filosofia analítica, com a qual Ricoeur discute há muito. Hoje, quando as ciências humanas se abrem para o mundo anglo-saxão, descobrem em Ricoeur um introdutor, um leitor meticuloso que precedeu todo mundo nesse desvio pela América. Walter Benjamin disse que a filosofia devia aliar o rigor (Kant) e a profundidade (Hegel) e que deveria ser sistemática: "Eu acho que Ricoeur exemplifica essa aliança tão preciosa do rigor com a profundidade".[4] Desde o início, seu projeto foi construir uma fenomenologia da ação, multiplicando os desvios necessários que o conduzem a um segundo momento marcado pela operação hermenêutica, necessária ao programa fenomenológico.

Essa dupla perspectiva situa-o entre a experiência vivida e o conceito. Ele pode, assim, evitar ceder às "reduções do conceito, dos pensamentos de fora da França"[5] e ao mesmo tempo evitar a exaltação sem mediações do *ego* transcendental. Esse meio termo corresponde muito bem à terceira via que hoje procuram ciências sociais em busca daquilo que fundamenta o vínculo social. Paul Ricoeur se situa num espaço intermediário entre o senso comum, cujas competências são reavaliadas enquanto ontem eram rejeitadas na *illusio* própria à *doxa*, e uma dimensão epistemológica que perdeu sua posição de escora. O conceito não mais se opõe ao vivido para desqualificá-lo, e Ricoeur empreende uma busca do sentido a partir de "mediações imperfeitas", numa "dialética inacabada" sempre aberta a uma nova atribuição do sentido. Essa abertura sobre a temporalidade, na corrente de gerações inscrita na trama da história, opõe-se à absolutização da noção de ruptura epistemológica própria ao paradigma estruturalista.

O "enxerto" hermenêutico

À pretensão de objetividade e de ciência do estruturalismo, Paul Ricoeur opõe a via mais paciente e mais modesta de uma "hermenêutica

---

4 Ibidem.
5 Mongin, *Paul Ricoeur*, p.26.

da compreensão histórica".[6] O enxerto hermenêutico sobre um projeto fenomenológico pressupõe um desvio triplo, uma tripla mediação que faz a busca eidética[7] passar pelos sinais, pelos símbolos e pelos textos: "Mediação pelos *sinais*: por isso afirma-se a condição originariamente *linguageira* de toda experiência humana".[8] A mediação pelos símbolos foi feita em dois tempos, como mostrou Olivier Mongin.[9] Ela é apresentada em *La Symbolique du mal*,[10] volume no qual Ricoeur desenvolve a explicação de um sentido segundo e oculto de expressões ambivalentes. Ele parte da busca de significação dos símbolos primários, mostrando que o símbolo é mais que um sinal, já que manifesta em seu objetivo uma intencionalidade dupla. Os símbolos são ainda mais importantes para a reflexão pelo fato de não visarem somente um sentido primeiro, literal, mas, além deste, é um segundo que deve ser atingido, contanto que se encontre o sentido primeiro. Ricoeur segue como exemplo o percurso que faz transformar a noção de mácula em pecado, e a de pecado em culpabilidade. O simbolismo do pecado retoma algo da mácula, e a distância de sentido entre os dois é "de ordem 'fenomenológica' mais do que 'histórica'".[11]

Nos anos 1960, Ricoeur faz valer a dimensão polêmica do conflito das interpretações a partir dessa pluralidade do sentido. Mas dessa vez, a pluralidade deste fundamenta o caráter inelutável, irredutível do conflito, e mesmo do trágico, pondo em cena o confronto entre interpretações que têm sua legitimidade própria, mas são no entanto incompatíveis, como no caso da oposição entre Creonte e Antígona. Sendo inelutável a pluralidade dos pontos de vista, Ricoeur revitaliza, então, o projeto hermenêutico situando-o no cerne de uma verdadeira "guerra das hermenêuticas",[12] em tensão entre uma legítima estratégia

---

6 Ricoeur, *Du texte à l'action*, p.328.

7 A busca eidética corresponde em Husserl à busca da essência do objeto, constituída por contornos ideais capazes de preencher intenções significantes múltiplas e variáveis. A essência experimenta-se numa intuição vivida, uma doação originária. Cabe, pois, procurar as leis que guiam o conhecimento empírico, graças a um procedimento de redução eidética.

8 Ibidem, p.29.

9 Mongin, *Paul Ricoeur*, p.137-44.

10 Ricoeur, *Philosophie de la volonté*, t.2, v.2.

11 Ibidem, p.207.

12 Idem, *Le Conflit des interprétations*.

UMA FILOSOFIA DO AGIR

203

de desvendamento, conduzida pelos mestres da suspeita (Marx, Freud, Nietzsche), e um não menos legítimo recolhimento de um sentido mais elevado.

Mas a terceira mediação ocupará um lugar ainda mais importante na obra de Ricoeur, é a mediação textual. A atenção às formações discursivas não significa de modo algum encerrar-se, à maneira estruturalista, na clausura do texto. Mas está acompanhada, em Ricoeur, da superação da alternativa de Saussure entre língua e palavra, apoiando-se na teoria da enunciação de Benveniste e na noção de referência tal como é definida por Frege, com o fim de reformular a questão do sentido.[13] A tripla autonomia que adquire o discurso graças à escrita, relativamente à intenção do locutor, à recepção pelo leitor e ao contexto de sua produção, tem como efeito no projeto hermenêutico colocar "definitivamente fim ao ideal cartesiano, fichtiano e, também de uma certa forma, husserliano, de uma transparência do sujeito para ele mesmo".[14]

Convergências

Esse percurso particularmente exigente e rigoroso não podia deixar indiferentes os pesquisadores das ciências sociais preocupados em escapar das causalidades mecânicas e dos esquemas deterministas. O sociólogo Louis Quéré tinha lido *Le Conflit des interprétations* desde sua publicação em 1969, mas o que contará para ele é posterior: é a descoberta, por ocasião de uma estada no Canadá no começo dos anos 1980, de um texto em inglês de Ricoeur que remonta a 1971.[15] Depois, a publicação de *Temps et récit* [Tempo e narrativa] entre 1983 e 1985 permite a Quéré compreender os "deslocamentos que a hermenêutica opera na questão da ação, da intencionalidade, da significação, em

---

13 Gottlob Frege introduziu uma distinção, fundamental na semântica, entre sentido (*Sinn*) e referência (*Bedeutung*). Ele permite, assim, dar lugar a qualquer coisa de extralinguístico que é a referência.

14 Ricoeur, *Du texte à l'action*, p.31.

15 Idem, The Model of the Text: Meaningful Action Considered as a Text, *Social Research*, v.38, n.3, 1971, p.529-62.

particular sobre o estatuto do sujeito da ação".[16] Esse último deslocamento é decisivo, pois a hermenêutica de Ricoeur, assim como a de Gadamer, permite ultrapassar as aporias sobre as quais desemboca a sociologia compreensiva, com sua ambição de penetrar as intenções do autor. Ricoeur mostra de fato que a compreensão de um texto é, sobretudo, resultado da relação do texto com um leitor, que sobrevém por meio desse confronto. O paradigma da leitura apresenta-se a Ricoeur como uma solução para o paradoxo metodológico das ciências humanas, e uma resposta possível à dicotomia de Dilthey entre o explicar e o compreender, cuja relação constitui o "círculo hermenêutico": "Eis aí uma alavanca à qual me apeguei para refletir sobre a transposição possível de intuições fortes no domínio da semântica da ação".[17]

Esse ponto de convergência estará na origem de um encontro que terá lugar em 1985 entre, de um lado, o Centre de Sociologie de l'Éthique e o Centre d'Études des Mouvements Sociaux e, do outro, Paul Ricoeur. Na carta-convite, Paul Ladrière, Louis Quéré e a filha de Claude Gruson, Pascale Gruson, pretendem colocar as pesquisas sociológicas nas vizinhanças da filosofia hermenêutica, pois constatam que as hipóteses sociológicas não permitem penetrar o sentido que os atores sociais atribuem à ação. Os sociólogos reconhecem na abordagem hermenêutica o mérito de reabrir essa questão do sentido e de ter mostrado a importância dos jogos de linguagem nas interações sociais. Em sua conferência, Ricoeur se situa mais ao lado de Max Weber do que de Wilhelm Dilthey, a fim de superar a oposição entre explicação e interpretação. Ele lembra, nesse ponto, a expressão weberiana "compreensão explicativa".[18]

Diante dos sociólogos, Paul Ricoeur aprova a ideia de que a teoria da ação engloba a semiótica, ou pelo menos um de seus ramos, o da teoria dos atos de linguagem. Ora, esse domínio da ação não se adapta à ideia de causalidade mecânica, que não é senão uma relação externa de consecução, como mostrou Hume. Ao contrário, no domínio da ação "existe uma lei de implicação entre uma razão, um motivo, uma razão

---

16 Louis Quéré, entrevista com o autor.
17 Ibidem.
18 Ricoeur, *Philosophie et sociologie. Histoire d'un rencontre*, p.24.

UMA FILOSOFIA DO AGIR

de agir e uma ação".[19] Nenhuma redução psicanalista é, portanto, possível, e essa irredutibilidade fundamenta o cuidado de uma abordagem sempre complementar entre o explicar e o compreender: "Explicar mais é compreender melhor".[20]

Ricoeur encontra um eco entre os sociólogos preocupados em reavaliar as competências dos atores sociais e sua capacidade de descrever o mundo social, e dessa maneira dar a ele uma explicação. O mesmo ocorre com Luc Boltanski e com Laurent Thévenot. Boltanski só descobre a obra de Ricoeur em 1981, fato significativo da evolução intelectual francesa:

> Em 1981, durante o verão, levei *Le Conflit des interprétations* e fiquei extremamente impressionado com a oposição que Ricoeur fazia entre a interpretação da suspeita e a interpretação como obtenção de um sentido.[21] Isso foi absolutamente central para a iniciativa da denúncia.[22] É uma dessas leituras que fazem passar de um estado para outro.[23]

Causas e/ou razões

A descoberta da obra de Paul Ricoeur é facilitada pela tripla influência que a fenomenologia, a pragmática e a etnometodologia exercem daí em diante sobre os sociólogos franceses. Ora, Ricoeur situou-se no cruzamento dessas correntes para confrontar suas posições a respeito da ação, recolocando especialmente a questão da intencionalidade, particularmente disputada entre filosofia analítica e fenomenologia. Na articulação do texto e da ação, discute as posições inspiradas por Wittgenstein e expressas por Elisabeth Anscombe,[24] opondo-lhes essencialmente os argumentos da fenomenologia husserliana. Esse teste da

---

19 Ibidem, p.26.
20 Ibidem, p.37.
21 Idem, *Le conflit des interprétations*, p.101-59.
22 Alusão ao livro escrito com Laurent Thévenot, *De la justification*.
23 Luc Boltanski, entrevista com o autor.
24 Ibidem.

206   O IMPÉRIO DO SENTIDO

semântica da ação passa pela formulação do "enigma da relação entre a ação e seu agente".[25]

Essas duas entidades pertencem ao mesmo horizonte conceitual que envolve muitas noções: circunstâncias, intenções, motivos, deliberação, motivações voluntárias ou involuntárias... A posição wittgensteiniana de Elisabeth Anscombe, que distingue os jogos de linguagem e tenta marcar diversos registros, diferenciando causalidade e motivação na ação, é, contudo, qualificada por Ricoeur como "impressionismo conceitual".[26] Anscombe retoma o conceito central da fenomenologia, a intenção, mas não no sentido husserliano de transcendência a si mesma de uma consciência. Abandonando a perspectiva do interior, da interioridade, ela só admite como critérios discriminantes aqueles do espaço linguístico público observável. Ela distingue dois jogos de linguagem diferentes: o registro da ação, no qual motivo e projeto estão ligados, e o registro da causalidade, que traduz uma distinção puramente lógica. Haveria uma ordem da causalidade e uma ordem da motivação.

Para Ricoeur, essa dicotomia é fictícia. Ela certamente tem o mérito de querer desatar um problema, mas acaba por fazê-lo volatilizar-se: "Essa posição aparentemente conciliadora é de fato insustentável".[27] A recusa dessa distinção, que redobra a recusa da dicotomia explicação/compreensão, permite a Ricoeur fazer convergir o paradigma textual e o paradigma da ação: "A ação humana é em muitos campos um quase-texto; ela é exteriorizada de uma maneira comparável à fixação característica da escrita. Destacando-se de seu agente, a ação adquire uma autonomia semelhante à autonomia de um texto; ela deixa um rastro, uma marca".[28] A restrição descritiva que a filosofia analítica se impõe, diferentemente da orientação fenomenológica, afasta-se da questão "quem?", ocultando assim os "problemas referentes à certificação".[29] Ora, a certificação escapa à visão e, portanto, ao paradigma exclusivamente descritivo. Assim, Elisabeth Anscombe fracassa em explicar o uso da intencionalidade tal como o entendiam Brentano e depois Husserl, no sentido de "intenção de...". Ora, é essa fenomenologia da experiência do

---

25 Ricoeur, *Soi-même comme un autre*, p.73.
26 Ibidem, p.86.
27 Idem, *Du texte à l'action*, p.170.
28 Ibidem, p.175.
29 Idem, *Soi-même comme un autre*, p.91.

UMA FILOSOFIA DO AGIR

agir que inspira muitos trabalhos das ciências humanas atentos à consideração de uma semântica da ação.

Portanto, já vai longe o tempo em que, nos anos 1970, segundo Michel Callon, "independentemente do fato de que a filosofia era considerada como a peste, ninguém teria chegado à ideia de usar Paul Ricoeur como recurso".[30] Hoje, Ricoeur faz parte do horizonte teórico de Michel Callon, para quem "*Soi-même comme un autre* [O si-mesmo como outro] permite refletir sobre toda uma série de categorias que eram consideradas evidentes".[31]

A adesão às orientações de Ricoeur, contudo, não é unânime entre os renovadores das ciências humanas, notadamente na corrente da antropologia das ciências marcada pelo nietzscheísmo. Para Bruno Latour, Ricoeur só se preocupa com uma única vertente do dispositivo, a da relação do sujeito com o mundo, a da intencionalidade, mas abandona totalmente a outra vertente, a dos objetos: "É todo o problema da hermenêutica, não há nenhum repertório possível para falar dos objetos. É um resíduo para salvar a consciência, a transcendência".[32] Segundo ele, a hermenêutica é um obstáculo que se reserva um sólido canteiro à parte, o da filosofia, preservada da invasão das ciências, e no qual se pode falar de sujeito, de ninguém, de fantasmas: "Ampliando a importância disso, permite-se crer que o outro lado é objetivante, fora do vivido".[33]

Os historiadores e a narrativa

A publicação da magistral *Temps et Récit* [Tempo e narrativa] entre 1983 e 1985 não podia deixar por muito tempo indiferente uma corporação historiadora, não obstante instalada na época na autossatisfação e no conforto do triunfo público da escola dos *Annales*, rebatizada de "nova história", e cuja tendência natural era a rejeição de qualquer

---

30 Michel Callon, entrevista com o autor.
31 Ibidem.
32 Bruno Latour, entrevista com o autor.
33 Ibidem.

208 — O IMPÉRIO DO SENTIDO

diálogo, até em nome do ofício de historiador, com a filosofia. Alguns historiadores, entretanto, rapidamente tiveram a medida da importância da intervenção de Ricoeur no campo da história, e discutiram suas teses. Eric Vigne e Roger Chartier participaram ativamente em junho de 1987 das jornadas consagradas a Paul Ricoeur, cujos trabalhos foram publicados no número especial de *Esprit*.[34]

Eric Vigne registra o lugar da mediação central ocupado pelo enredo entre o acontecimento e a história em Paul Ricoeur. A poética da narrativa elabora um terceiro tempo, o tempo histórico, ele próprio mediador entre tempo vivido e tempo cósmico: "A história, nesse sentido, pertence à hermenêutica da experiência humana em sua dimensão temporal".[35] Quanto a Roger Chartier, se ele, por um lado, manifesta sua distância, a estranheza que sente como historiador, nem por isso deixa de considerar o livro de Paul Ricoeur *Temps et Récit* [Tempo e narrativa] "como o mais importante publicado sobre a história no curso dos últimos dez anos".[36] O primeiro mérito de Ricoeur, segundo Chartier, é romper com aquilo que os historiadores recusam, as intervenções dos filósofos da história, exteriores à prática histórica: "Ele abraça certo número de obras históricas [...] para integrá-las numa reflexão filosófica sobre a história".[37] Ricoeur, ao contrário das intervenções habituais dos filósofos no terreno da história, atravessou as obras históricas, as de Braudel, Duby, Furet..., e por causa disso é um dos raros filósofos a não se contentar com metanarrativas sobre a história. Ele assimila, assim, o verdadeiro trabalho da pesquisa histórica.

Segundo mérito, aos olhos de Roger Chartier, é Ricoeur não ter como ambição propor uma filosofia da história, mas "compreender como se organiza o discurso da história e qual pode ser o estatuto de verdade, a dimensão epistemológica da história".[38] Ricoeur demonstra que o discurso histórico pertence à classe das narrativas: por conta disso, ele se situa numa relação de proximidade particular com a ficção, e é-lhe impossível, ao contrário do que acreditaram por muito tempo

---

34 *Esprit*, n.7-8 (Paul Ricoeur), jul.-ago. 1988.

35 Vigne, L'Intrigue mode d'emploi, *Esprit*, n.7-8 (Paul Ricoeur), jul.-ago. 1988, p.253.

36 Chartier em Bollack; Chartier; Giard et al., Débat sur l'histoire, *Esprit*, n.7-8 (Paul Ricoeur), jul.-ago. 1988, p.258.

37 Ibidem, p.258-9.

38 Idem, entrevista com o autor.

os *Annales*, romper com a narrativa para construir um discurso puramente formal, nomológico. Se a história é narrativa, nem por isso ela é qualquer tipo de narrativa. Ricoeur discute de fato, sem adotá-las, as teses dos especialistas americanos em narrativa, que tentaram abolir qualquer distinção entre escrita da história e escrita de ficção. Ele mantém a tensão interna à escrita histórica, que partilha com a ficção as mesmas figuras retóricas, mas que se pretende também e sobretudo um discurso de verdade, de representação de um real, de um passado referente. Por causa disso, "Ricoeur terá, acredito, um espaço para todas as tentativas que visam articular a explicação histórica sobre a compreensão narrativa".[39]

Roger Chartier, como os sociólogos, também está muito interessado num segundo ponto de encontro com Ricoeur, a centralidade da leitura. Erigida em paradigma, essa teoria da leitura está no cerne de um projeto hermenêutico de Ricoeur notadamente desenvolvido em *Du texte à l'action*. "O conceito que ele considera central: a apropriação"[40] pode ser a fonte de uma inspiração decisiva para os historiadores a fim de compreender como se pode recompor a configuração da experiência do tempo. Com a leitura, toca-se nas condições de uma hermenêutica da consciência histórica. É nesse ponto que Chartier toma um rumo diferente de Ricoeur. Segundo ele, colocar a questão da historicização desse encontro entre mundo do texto e mundo do leitor obriga a "romper essa espécie de idealismo textual que funciona em Ricoeur e que o aproxima curiosamente nesse ponto das correntes da semiótica estruturalista".[41] Esse mundo dos textos, Roger Chartier considera, como historiador, que não é muito referido a formas de inscrição, a suportes produtores de sentido. Além disso, o leitor deve ser historicizado e não apresentado como encarnação de um universal abstrato, de uma variável anistórica. Uma diferenciação sociológica e histórica dos leitores é necessária para cercar suas competências e convenções diferentes: "No sujeito universal da hermenêutica, eu sempre me perguntei se não havia uma projeção indevida da posição do filósofo hermeneuta".[42]

---

39 Idem em Bollack; Chartier; Giard et al., Débat sur l'histoire, p.261.
40 Ibidem, p.262.
41 Idem, entrevista com o autor.
42 Ibidem.

Essa queda, muito bourdieusiana, na qual se encontra a prevenção reiterada de Roger Chartier em relação à filosofia, em nada rouba seu mérito de travar um verdadeiro diálogo com a obra de Ricoeur. Mas sua crítica final a propósito da ausência de historicização em Ricoeur se liga, sobretudo, a uma diferença de registro entre aquilo que representa a diferenciação sociológica e histórica dos leitores no historiador Chartier e a historicidade narrativa no filósofo Ricoeur, que nunca, muito pelo contrário, invalidou a especificidade do procedimento historiográfico em nome da filosofia. As "formas de inscrições" e os "suportes produtores" em Chartier são tecnologias intelectuais e bens simbólicos distribuídos desigualmente no tempo e no espaço social. A análise histórica dessa distribuição não é rejeitada por Ricoeur. Simplesmente ela não é seu propósito, que se concentra na construção da identidade narrativa. O objeto de análise de Ricoeur é a própria narrativa histórica em suas diversas configurações, como lugar de efetuação da identidade narrativa, fonte mediada do conhecimento de si: "A mediação narrativa sublinha esse caráter notável do conhecimento de si de ser uma interpretação de si".[43] A mediação imperfeita que representa o relato histórico é certamente imprópria, segundo Ricoeur, para tornar transparentes a ação e o tempo, mas permite reintroduzir a interrogação sobre o agir, um agir e um padecer enraizados na tradição, portadores de uma dívida e sempre abertos para um projeto, um *telos*, ou ao menos um horizonte de expectativa.

---

43 Ricoeur, L'identité narrative, *Esprit*, n.7-8 (Paul Ricoeur), jul.-ago. 1988, p.304.

15

A GUINADA DESCRITIVA

Um dos aspectos maiores da reorientação em curso consiste em levar em consideração a consciência prática, evidência do paradigma estruturalista. Ele consiste em anular a desatenção a propósito daquilo que parece emergir da ordem da evidência, do cotidiano. Certamente, o paradigma crítico já tinha fundamentado suas investigações numa crítica da evidência do cotidiano. Mas o modo de desvendamento era fundamentalmente diferente, uma vez que no caso do paradigma crítico tratava-se de um desvendamento denunciativo, enquanto, nas orientações atuais, trata-se de uma compreensão, de uma captação do sentido latente que preenche o rotineiro. O mundo familiar, descritível, que participa do nosso ambiente, deve então se tornar problemático, objeto de questionamentos, não mais ponto de partida, mas ponto de chegada da análise. Ele deve ser tratado não como um dado, mas como uma construção que se encontra no fim de uma atividade da qual se torna o correlato.

O deslocamento da concepção segundo a qual o lugar de verdade deve ser procurado nos estratos do inconsciente com uma atenção na parte explícita da ação implica conceder maior importância ao esquema descritivo e minorar com isso a ambição explicativa. Enquanto os fatos deviam ser vistos no quadro de uma fatalidade causal, determinista, que parecia distinguir o procedimento propriamente científico, "os pesquisadores em sociologia chegaram a reduzir suas pretensões de explicar causalmente os fenômenos sociais".[1] A partir dessa crise da explicação causal e da "cura de emagrecimento" de que ela necessita, a descrição, o terreno e a empiria apareceram com um novo frescor como uma base de retomada possível. Em seu debate com os historiadores, Michel Foucault já pregava, numa mesa redonda em 20 de maio de 1978, essa redução de peso do aparelho causal, substituindo-o por um procedimento de "acontecimentalização" [évènementialisation]: "A diminuição do peso causal consistirá, pois, em construir, em torno do acontecimento singular analisado como processo, um 'polígono', ou melhor, 'poliedro de inteligibilidade' cujo número de faces não é definido de antemão e jamais pode ser considerado como legitimamente acabado".[2]

A etnometodologia e a interpretação

Essa revalorização do paradigma descritivo passou pela assimilação das teses maiores da etnometodologia, as quais tinham adaptado os métodos próprios ao estudo das sociedades primitivas às sociedades ocidentais. Harold Garfinkel e Aaron Cicourel praticavam de fato um procedimento etnográfico de simples observação ou de observação participante dos atos da vida cotidiana, a fim de perceber e revelar os procedimentos em ação, sem com isso avançar hipóteses prévias ao estudo de campo.

Os etnometodologistas enfatizaram três propriedades principais das práticas sociais quando elas são tecidas nas práticas de linguagem: em primeiro lugar, a *indicabilidade*: esta torna necessária uma atenção particular aos dados da situação, pois toda expressão remete a um contexto singular que se torna fonte de tal ou qual ocorrência (*token*) de palavras-tipo, cujo sentido remete por sua vez às circunstâncias particulares de cada interlocução. A indicabilidade, portanto, não corresponde somente ao que os linguistas chamam de dêiticos, ou seja, indicadores de pessoa, de tempo e de lugar, mas a todas as expressões da linguagem comum cujo sentido não é redutível à significação "objetiva" das

---

1 Quéré, Le Tournant descriptif en sociologie, *Current Sociology*, v.40, n.1, mar. 1992, p.139.

2 Foucault, Table ronde du 20 mai 1978. In: Perrot, *L'Impossible prison*, p.44-5.

palavras da expressão. "A partir daí opera-se muito naturalmente um deslizamento da noção de indicabilidade das expressões para a de indicabilidade das ações".[3] Cada vez que o contexto pragmático muda, a significação de sua expressão é modificada. A noção de contexto é, portanto, central para definir a indicabilidade.

Em segundo lugar, a *reflexividade*, noção emprestada da filosofia da linguagem, permite escrever tudo construindo um sentido. Sob esse aspecto, Harold Garfinkel se distingue das posições de Alfred Schütz, em quem se inspira, considerando que a atribuição de sentido não se limita à ação praticada, mas estende-se àquelas ações em vias de ser praticadas. Os etnometodologistas rompem, aqui, com a tradição e "colocam de fato pela primeira vez a prática em vias de tornar-se fundamento *irredutível* da ordem social".[4] O contexto não está mais em posição exterior em relação à ação ou à descrição da qual ele é um elemento constitutivo, o que pratica a antropologia das ciências de Michel Callon e Bruno Latour. Os fatos sociais são considerados, aqui, como perpetração prática. Em terceiro lugar, a *descritividade* vem arrematar uma análise segundo a qual a descrição elaborada pelo senso comum remete de fato a práticas construídas e, portanto, a uma competência própria.

Essa orientação principalmente descritivista da etnometodologia explica-se por diversas razões,[5] das quais em primeiro lugar a crise dos paradigmas unitários, mas também a preocupação em conhecer melhor a diversidade social, mal apreendida pelas grandes tipologias construídas a partir de médias estatísticas. A etnometodologia pôde assim apresentar-se como uma alternativa possível aos passos hipotético-dedutivos que tinham lugar até então em sociologia e que, por sua vontade reificada, tendiam a "ignorar a dinâmica efetiva dos processos sociais, a criação dos atores e o papel das significações na estruturação do mundo social".[6] Atentos a respeitar a dinâmica própria aos fenômenos sociais, os etnometodologistas propõem um procedimento mais indutivo que dedutivo, recusando-se a postular *a priori* a natureza dos

---

3 Pharo, L'Ethnométhodologie et la question de l'interprétation, *Problèmes d'*Épistémologie *en Sciences Sociales*, n.III (Arguments ethnométhodologiques), 1985, p.150.

4 Ibidem, p.152.

5 Quéré, Le Tournant descriptif en sociologie, p.141-2.

6 Ibidem, p.142.

fenômenos observados. Além disso, a atenção à parte explícita da ação levou essa corrente a privilegiar o contexto, a singularidade da situação na construção do enredo narrativo das ações, portanto na compreensão de seu sentido.

Louis Quéré e seu grupo tiveram um papel importante, como já frisamos, na introdução na França das teses etnometodológicas, organizando notadamente importantes jornadas de estudo em dezembro de 1984 sobre o tema da descrição,[7] ao fim de um trabalho de seminário de epistemologia da sociologia empreendido desde o outono de 1981. No decorrer do ano de 1985, o grupo publica textos de Harold Garfinkel e de Harvey Sacks, esforçando-se para situar essa corrente em relação à sociologia da compreensão da qual saíra.

Uma das noções centrais da etnometodologia é a de "membro": "A noção de membro está no cerne da questão. Não utilizamos esse termo para nos referir a uma pessoa. Ele se refere mais especificamente ao domínio da linguagem natural".[8] Esse saber, induzido pela linguagem natural, remete a uma estrutura de atividade, portanto à ação engajada num processo de estruturação: "O saber nada tem a ver com aquilo que se tem na cabeça numa espécie de lugar secreto [...]. O saber reside, como mostrou Aaron Cicourel, na capacidade de gerar frases reconhecíveis".[9] A análise etnometodológica situa-se no cruzamento de uma teoria formal das atividades práticas e de uma teoria da linguagem natural. O vínculo entre as duas é a noção de indicabilidade: "Garfinkel e Sacks parecem ter integrado em sua argumentação duas revoluções essenciais da filosofia da linguagem: a teoria de Frege da antecedência do sentido sobre a referência e a teoria de Wittgenstein da pluralidade dos modos de significação".[10]

---

7 Ackermann; Conein; Guigues et al., *Décrire*: un impératif?

8 Garfinkel; Sacks, On Formal Structures of Practical Actions. In: Mc Kinney; Tiryakian (Ed.), *Theoretical Sociology*. Perspectives and Development, p.342.

9 Garfinkel, *Studies in Ethnometodology*, p.47.

10 Bernard Conein, L'Enquête sociologique et l'analyse du langage: les formes linguistiques de la connaissance sociale, *Problèmes d'Épistémologie en Sciences Sociales*, n.III (Arguments ethnométhodologiques), p.17.

Uma atenção à cotidianidade

Essa análise descritiva deve permitir iluminar aquilo que, embora percebido, jamais retém a atenção. Ela responde à preocupação de saber como a ordem social é produzida e mantida. Aos determinismos exógenos das estruturas, procura-se substituir, no âmbito da etnometodologia, uma atenção particular às operações e aos processos dos agentes. Estes são inconscientes já que não se presta uma atenção particular a eles, o que não significa que devam ser procurados numa estrutura dissimulada e recalcada. Eles têm um estatuto de visibilidade particular, segundo Garfinkel.[11] O fato de que o mundo social seja descritivo, "*accountable*", segundo o termo de Garfinkel, não significa que ressalte de um dado, mas uma verdadeira produção, uma perpetração dos atores. É essa camada intermediária que a etnometodologia deve restituir enquanto mediação entre ordem e ação social. Para que o "membro" possa descrever, interpretar, explicar, relatar o mundo social, "é necessário que este esteja disponível de uma maneira ou de outra, isto é, inteligível, descritível, analisável, observável, passível de ser relatado, enfim, '*accountable*'".[12]

As características da *accountability*[13] são, em primeiro lugar, sua reflexividade, que remete à singularidade das circunstâncias constitutivas da atividade; isso significa que os atores praticam suas ações em função de suas circunstâncias, permitindo assim aos outros reconhecer a ação por aquilo que ela é referindo-se às circunstâncias dela. Em segundo lugar, a *accountability* caracteriza-se por sua racionalidade: esta designa uma produção metódica situada, portanto, sua inteligibilidade permite restituí-la pela descrição. Em terceiro lugar, ela é marcada por seu aspecto normativo.

Garfinkel empresta da metodologia de Merleau-Ponty sua problemática do "entrelaçamento" (as coisas não são dadas como em si num exterior, que lhes conferiria uma identidade que o sujeito não teria mais a fazer do que se apropriar). Segundo Garfinkel, esse "entrelaçamento"

---

11 Garfinkel, *Studies in Ethnometodology*.
12 Quéré, L'Argument sociologique de Garfinkel, *Problèmes d'Épistémologie en Sciences Sociales*, n.III (Arguments ethnométhodologiques), p.102.
13 Ibidem, p.102.

216   O IMPÉRIO DO SENTIDO

"é socialmente ocultado: a objetividade do objeto, sua potencialidade de ser observado, descrito e analisado são colocadas implicitamente como existindo em si, enquanto elas são realizações práticas".[14] A *accountability* é, sobretudo, para Garfinkel, um meio heurístico que tem como objetivo dar acesso aos modos de estruturação das atividades comuns, às competências comuns dos "membros", estas relevando uma capacidade de configuração. O *savoir-faire* é então coextensivo ao domínio da linguagem natural.

A terminologia utilizada pela etnometodologia pode parecer formal, teórica, mas ela tem como objetivo explicar casos concretos. Seu campo de investigação é constituído por casos empíricos. É o que Louis Quéré explica quando retoma os ensinamentos de um dos capítulos (o quinto) dos estudos de Garfinkel,[15] aquele dedicado ao caso Agnes. Trata-se de um jovem que decidiu mudar de sexo, fazer valer seu direito de ser reconhecido como mulher com os atributos habituais da feminilidade. Tendo mudado morfologicamente de sexo, resta a Agnes atualizar os atributos culturais da mulher considerada "normal": "Ela tem que produzir seu ser-mulher como ação prática contínua, ordenada do interior, perfeitamente de acordo com as circunstâncias e ocasiões".[16] Como não pode se apoiar numa prática rotinizada dos reflexos femininos, ela deve controlar suas reações constantemente. Assim ela revela a si mesma, bem como a Garfinkel, os processos de construção pelos quais uma sexualidade dita "normal" é concebida na vida cotidiana. "Como faz Agnes para cumprir na prática a *accountability* de seu ser-mulher?"[17] Nesse caso preciso, sendo impossível o caminho da rotina, é o caminho do autocontrole que é necessário para realizar o ser-mulher cultural que possa dar a aparência de uma naturalidade.

Essa guinada descritiva está fortemente ancorada no projeto fenomenológico de "retorno às coisas", de "consciência de...". Esse programa descritivo renuncia a se colocar a questão do "porquê", pois o que Garfinkel qualifica de "fenômenos radicais" são conjuntos sequenciais que não se podem senão constatar e descrever: "Não sendo em profundidade,

---

14 Ibidem, p.110.

15 Garfinkel, *Studies on Ethnometodology*.

16 Quéré, *L'Argument sociologique de Garfinkel*, p.105.

17 Ibidem, p.106.

A GUINADA DESCRITIVA 217

mas em superfície, não há que exumá-los. É preciso simplesmente conseguir apreendê-los em sua fenomenalidade própria".[18] A outra razão dessa renúncia ao "porquê" liga-se ao fato de que esses processos são despidos de conteúdo intersubjetivo, emergindo de uma gramática que condiciona sentido e uso, à maneira como o entende Wittgenstein. Foi assim – voltaremos a isso – que os etnometodologistas encontraram, notadamente com Sacks, um objeto de predileção para testar sua eficácia com a análise das conversações. O horizonte desloca-se, então, do "porquê" para o "como", e a escala de análise passa do nível geral para a do estudo de micropráticas. A racionalidade aparece na ação, no fazer que carrega sentido e que convém restituir.

O programa de Garfinkel diferencia-se daquele da sociologia da compreensão da qual herda, pois, a descrição rigorosa, formal, e deixa em segundo plano a interpretação para limitar-se à restituição das estruturas formais da ação. Deslocando o objeto sociológico para cima, a investigação etnometodológica é, então, segundo Louis Quéré, "de natureza protossociológica".[19] Ela seria um meio útil para dar uma singularidade às práticas, mas representaria apenas um primeiro nível de ordem sociológica, a qual não se poderia contentar com elucidações muito locais. Sobre esse ponto, Quéré permanece cético quanto à dimensão totalizante do projeto da etnometodologia: "Eu não posso me impedir de continuar a pensar que em qualquer sociedade existem processos de produção da *accountability* que emergem de uma maquinaria macrossocial".[20] Esse programa descritivista, apesar de seus limites, tem um duplo mérito. Ele rompe em primeiro lugar com a abordagem nomológica de uma sociologia considerada como física social, partindo do tipo ideal para abordar os estudos de campo. A segunda ruptura recoloca em questão a posição de escora do sociólogo, que dá sentido ao comportamento graças a um trabalho interpretativo. Resta ainda a se perguntar, com Patrick Pharo, se é concebível enxergar um descritivismo etnometodológico independentemente de um procedimento interpretativo.

---

18 Idem, Le Tournant descriptif en sociologie, p.147.
19 Ibidem, p.151.
20 Idem, L'Argument sociologique de Garfinkel, p.135.

218 O IMPÉRIO DO SENTIDO

A teoria da descrição tal como a concebe Louis Quéré deve também muito à ideia de descrição gramatical de Wittgenstein: "Tornei-me sensível há certo tempo a essa palavra de ordem de Wittgenstein que diz: é preciso em certo momento passar da explicação à descrição".[21] Wittgenstein tomava o exemplo do turista obcecado pela questão do "porquê" e que se contentaria em ler conscienciosamente seu guia diante do monumento que visita sem nem levantar os olhos, sem ao menos vê-lo! Mas Quéré se inscreve também e ainda mais numa perspectiva interpretativa, hermenêutica: "Fui sensível à ênfase colocada por Gadamer[22] sobre a constituição linguageira da realidade".[23]

Práticas configurantes

A partir dessa dupla exigência teórica, Louis Quéré distingue dois níveis da prática. O primeiro refere-se às práticas correntes de nosso universo cotidiano. Não se pode reduzi-las a processos físicos, pois elas não são reconhecíveis senão a partir das "mediações simbólicas" das quais fala Paul Ricoeur, que dão os meios de identificar aquilo do que se trata. Esse tipo de prática pode ser facilmente apropriado ou rejeitado pelos atores que podem explicá-la, justificar-se, contar.

Além do mais, as "práticas configurantes" são atividades constitutivas/instituidoras a tal ponto dominadas que não chamam mais a atenção. Essas práticas não dispõem, portanto, de uma linguagem para exprimi-las. A linguagem da ação, que remete a intenções, razões, fins, motivos, é imprópria para dar conta delas. O sociólogo deve, então, dispor de uma linguagem específica para descrevê-las, fazê-las acessíveis à visibilidade, "equipá-las", e assim compensar a falta de mediação simbólica. É nesse nível que o paradigma descritivo teria sua pertinência.[24]

---

21 Idem, Le Sociologue et le touriste, *Espaces Temps*, n.49-50, 1992, p.54.

22 Gadamer, *Verité et méthode*; idem, *L'art de comprendre*, t.1 e 2.

23 Quéré, Le Sociologue et le touriste, p.54.

24 Tese discutida em *La Revue du MAUSS*, n.4, 1989, debate entre Michel Freitag, que contesta que o mundo social emerge da descrição, e Louis Quéré. Ver Freitag, La Quadrature du cercle. Quelques remarques sur le problème de la description de l'activité significative, *Revue du MAUSS*, n.4, 1989, p.38-63; Quéré, L'Impératif de la description: remarques sur

A GUINADA DESCRITIVA

Foi esse o campo específico explorado por Louis Quéré sobre o modelo das análises de conversação. Harvey Sacks, representando uma subcorrente da etnometodologia, fundou as bases da "análise de conversação", campo de investigação privilegiado visto que a linguagem é, segundo essa corrente, ao mesmo tempo instrumento de construção da ordem social e objeto de análise desse processo. O estudo detalhado de microfenômenos como a conversação dá um suporte privilegiado ao método descritivo. Sacks de fato escolheu seu objeto um pouco por acaso, sobretudo por sua capacidade de ser registrado, novamente transcrito, novamente ouvido e, portanto, estudado atentamente: "Assim, não é uma conversação particular, enquanto objeto, que me interessa realmente. O que viso, antes de tudo, é chegar a transformar, num sentido que concebo quase como literal, físico, nossa visão daquilo que aconteceu numa interação particular".[25]

As conversas telefônicas podiam facilmente ser registradas e constituíam um *corpus* fácil de reunir. Mas obrigavam a superar uma análise em termos de ilustrações e era preciso achar categorias de análises apropriadas ao material reunido para dar conta da ação observada como processo em curso. Louis Quéré realizou uma pesquisa empírica nesse domínio com Michel de Fornel, pedindo a sete ou oito residências que registrassem para eles durante dois ou três meses suas conversas telefônicas. A partir desse *corpus*, Quéré desenvolveu um trabalho sobre a noção de convite, descrevendo concretamente como os interlocutores usavam espontaneamente uma estrutura de atividade sem ter que explicitá-la verbalmente. O caso dos convites oferece um belo exemplo de uma "problemática de auto-organização".[26] Ela lhe mostra até que ponto as pessoas estão engajadas em diferentes enredos que administram ao mesmo tempo, imbricados uns nos outros: "Isso remete ao que diz Paul

---

la position de Michel Freitag, , *Revue du MAUSS*, n.4, 1989, p.64-9; . Freitag, Réponse à Louis Quéré, en défense de la connaissance sociologique et historique contre la réduction sémiotique et pragmatique *Cahiers de Recherche du Groupe Interuniversitaire d'Étude de la Postmodernité*, n.23, 1994.

25 Sacks, Perspectives de recherche, *Problèmes d'Épistémologie en Sciences Sociales*, n.III (Arguments ethnométhodologiques), 1985, p.143.

26 Louis Quéré, entrevista com o autor.

220 O IMPÉRIO DO SENTIDO

Ricoeur sobre o fato de que as pessoas estão permanentemente envolvidas em enredos".[27]

As cidades

Uma ilustração magistral da fecundidade inerente a essa guinada descritiva, a essa construção de uma gramática da ação, mesmo que ela se alimente em outras fontes além da etnometodologia, foi dada recentemente pela obra já citada de Luc Boltanski e de Laurent Thévenot, *De la justification*, com sua construção das "cidades" como modelos de grandeza dos indivíduos. A abertura manifesta que realizam se situa, sobretudo, em sua capacidade de pluralizar o mundo social e de sair do dilema constante entre holismo e individualismo, mostrando que a realidade social não é uma, mas plural, e que é a partir dessa pluralidade dos mundos de ação que se articulam os processos de subjetivação.

No ponto de partida, como vimos, uma pesquisa empírica sobre os casos de litígios e uma vontade de construir uma sociologia da disputa. É nessa perspectiva que Luc Boltanski reexamina os casos de queixas e denúncias dos quais tomara conhecimento quando investigava sobre os quadros funcionais. O problema sociológico com o qual se viam confrontados Boltanski e Thévenot era saber que condição uma denúncia pública de injustiça deve satisfazer para tornar-se aceitável. A investigação permanece sociológica uma vez que não se trata de discriminar as recriminações em função de sua patologia, mas de construir uma gramática constituindo certo número de regras intangíveis para que estas pertençam ao registro da "normalidade", qualquer que seja o motivo da queixa examinada.

Para estabelecer uma gramática do protesto, a investigação dispunha de dois eixos principais: o tradicional era a oposição individual/coletivo, que tinha como função reduzir a diversidade das questões e chegar a tipos ideais. O primeiro deslocamento consistiu em substituí-lo por um outro eixo de codificação, singular/geral, que permitia tratar o conjunto do *corpus*:

---

27 Ibidem.

A GUINADA DESCRITIVA

Era a oposição entre o estado das pessoas quando elas estão nas relações pessoais e a condição pública destas... [...]. Sendo o escândalo a existência de vínculos, quaisquer que sejam, sob a generalidade. Assim, o prefeito, representando o bem-comum, o coletivo, que vendeu ou comprou um terreno para seu primo utilizando sua posição pública.[28]

Confrontados com as justificações dadas pelos atores, Luc Boltanski e Laurent Thévenot deviam levar em consideração suas intenções explícitas, suas motivações. Graças a essa investigação, rompiam com a filosofia da suspeita e a postura do desvendamento da má-fé da sociologia crítica; uma ruptura redobrada pela consideração da real capacidade dos atores quando eles argumentam diante da justiça. Boltanski e Thévenot tiveram que proceder a uma simetrização, a um deslocamento do campo de competências até o domínio exclusivo do sociólogo, para o ator, para aquele passível de justiça. A sequência precisa da argumentação dos queixosos permitia romper com o esquema monista segundo o qual tudo partiria de um estado de dominação que não se manteria senão pelo poder dos fortes diante dos fracos. Sem ignorar os fenômenos de violência e de dominação, "contestamos a pretensão de explicar todas as situações pela violência ou pela rotina".[29] Disso resulta uma análise atenta às atividades performáticas dos atores sociais, que se aproxima das correntes da sociologia compreensiva, fenomenológica. Quando o acordo é difícil de obter, os atores devem demonstrar que seu caso não emerge de uma situação singular, mas que faz parte de um caso mais geral.

Desencadeia-se, então, todo um processo de generalização do caso particular que pode ser seguido graças à restituição do modo de argumentação da justificação. Essa constatação é fonte de um novo eixo da análise, essencial, segundo o qual "as pessoas devem se elevar para ter acesso ao espaço público".[30] O eixo grande/pequeno configura, assim, uma "economia das grandezas". É a partir daí que os autores da investigação vão realizar a ruptura decisiva, constatando que as "grandezas" não são as mesmas para todos, que há várias delas de natureza diferente,

---

28 Luc Boltanski, entrevista com o autor.
29 Idem, *L'Amour et la Justice comme compétences*, p.72.
30 Idem, entrevista com o autor.

o que invalida toda análise em termos holistas fundada em oposições únicas. O projeto articula-se, então, em torno de dois eixos que se combinam: o eixo singular/geral e a pluralidade das grandezas. As disputas examinadas em sua preocupação em ter acesso ao espaço público de fato têm necessidade de referir-se a princípios superiores de justiça, a uma escala de valores compartilhados, legitimados. É essa ambição de universalidade que fundamenta a distinção entre as grandezas orientadas para uma universalidade sempre maior e os valores que podem permanecer na dimensão local e singular. As grandezas são incomensuráveis entre si, e cada uma define um modo comum de equivalências, uma comum humanidade.

Portanto, o problema é delimitar quais são essas grandezas ou essas "cidades":

> Na época, tínhamos a grandeza cívica, a grandeza doméstica, a inspirada. Mas eu contrariava uma objeção que me vinha dos trabalhos de Latour. O fato de ser grande depende menos do crédito científico do que do fato de ser reconhecido como grande pelos outros. Fiquei feliz no dia em que pude tornar endógena ao modelo essa forma de grandeza fazendo dela uma grandeza entre outras, a grandeza da reputação.[31]

Uma grade de leitura do mundo é então elaborada a partir de tópicos representados por "cidades" diferentes, fundadas cada uma em seus próprios princípios de equivalência. O que fundamenta a legitimidade de cada uma das grandezas é sua capacidade de respeitar certo número de imposições de construção. Esses critérios ou axiomas são aqueles do sentimento de "comum humanidade" que fundamenta uma identidade coletiva, mas também de uma ordem estabelecida a partir dessa humanidade comum. Esse sentimento responde a uma fórmula de economia segundo a qual o acesso a um nível superior tem um custo, e exige um sacrifício para chegar ao estágio da grandeza no mundo referente. Ele exige também uma equivalência entre a felicidade à qual se tem acesso elevando-se e as recaídas positivas no conjunto da cidade. Além do mais, entre os axiomas da análise existe um princípio de incerteza segundo o qual as pessoas estão sempre em potencial em todas as

---

31 Ibidem.

grandezas do mundo disponível. O que será determinante para situar os casos concretos nesse modelo das cidades será, portanto, a comprovação das grandezas.

Às quatro cidades iniciais de Luc Boltanski, Laurent Thévenot acrescentará outras duas: "Ele me disse, e devo confessar que nunca tinha pensado nisso, que há duas outras grandezas: a grandeza mercantil e a grandeza industrial".[32] A construção de um modelo dessas cidades é procurada por meio das obras de filosofia política que serviram de mitos portadores a cada uma delas. Assim, Santo Agostinho e sua *Cidade de Deus* permite compor o modelo da cidade inspirada, na qual a grandeza é adquirida pelo acesso a um estado de graça que realiza uma relação imediata com o princípio superior. Bossuet e sua *Politique tirée des propres paroles de l'Écriture sainte* fornece o modelo da cidade doméstica, na qual a grandeza corresponde a um lugar numa ordem hierarquizada. O *Leviatã* de Hobbes constitui a tópica da cidade do renome ou da opinião, na qual a grandeza de uma pessoa depende inteiramente da opinião das outras. Rousseau e seu *Contrato social* ilustram a cidade cívica, na qual os vínculos entre as pessoas são mediados pela vontade geral. Adam Smith e sua *Riqueza das nações* traduzem a cidade mercantil, na qual os vínculos entre as pessoas são garantidos pelos bens raros circulando livremente e cuja grandeza depende da aquisição das riquezas. Enfim, a obra de Saint-Simon revela a cidade industrial, em que a grandeza depende da eficácia e determina as capacidades profissionais.

Os pensamentos filosóficos formam, então, muitos instrumentos heurísticos para a construção dessa "gramática" da justificação, não numa preocupação de convocar o saber filosófico para iluminar o social num segundo nível, mas como metáfora do social, como metafísicas políticas necessárias ao desdobramento da razão prática (e por causa disso similares ao papel das cosmogonias nas sociedades primitivas). Esses modelos devem ser articulados com a pesquisa de campo, no curso da qual a teoria permanece conectada ao trabalho empírico de observação: "O desvio pela filosofia política serviu-nos para avançar na compreensão das capacidades que os atores põem em ação quando têm que

---

32 Ibidem.

justificar suas ações ou suas críticas".[33] Encontra-se aí um ponto comum essencial com as pesquisas de Erving Goffman sobre a importância concedida à noção de situação, que põe à prova o vínculo social e define as ordens de grandeza: "Retomamos aí algo que estava em Goffman".[34]

No mesmo momento, e sem relação de influência direta, encontra-se uma vontade similar de pluralização no filósofo americano Michaël Walzer.[35] Apenas depois de estabelecido o modelo das economias da grandeza é que Luc Boltanski descobre as teses de Walzer, sob os conselhos de Hirschman: "Esse pluralismo aproxima nossa posição daquela desenvolvida por Michël Walzer e leva ao interesse por uma teoria da justiça que daria conta da diversidade das maneiras de especificar o bem comum".[36] Mas apenas tardiamente se levou em consideração as teorias de justiça e o debate americano entre liberais (Rawls) e comunitaristas (Walzer) com relação à investigação realizada por Boltanski e Thévenot.

Uma pragmática da reflexão

A motivação primeira, tanto para Luc Boltanski quanto para Laurent Thévenot, ambos oriundos da escola de Pierre Bourdieu, era, sobretudo, relativizar a construção do *habitus*. Eles não negam que os atores tenham interiorizado uma maneira de ser, hábitos originários de sua educação primeira. Mas o que eles contestam é que esse modelo seja válido para qualquer situação. Nesse caso, "o mundo social seria simplesmente impossível porque nenhum acordo poderia se dar entre pessoas que não tivessem o mesmo *habitus*".[37] A atenção à singularidade da situação e a construção da pluralidade das humanidades comuns permitiram se afastar seriamente do modelo de Bourdieu.

De fato, o procedimento descritivo adotado exige uma suspensão do julgamento, da crítica, para melhor poder se identificar com

---

33 Boltanski; Thévenot, *De la justification*, p.26.
34 Luc Boltanski, entrevista com o autor.
35 Walzer, *Spheres of Justice*.
36 Boltanski; Thévenot, *De la justification*, p.28.
37 Luc Boltanski, entrevista com o autor.

A GUINADA DESCRITIVA

a economia das grandezas relativa à ação descrita na situação precisa que a viu nascer. Ela implica também uma competência metafísica nos atores, pois eles têm necessidade de conhecer e de reconhecer um bem comum para entrar em acordo: "Essa capacidade não é exigida pelas teorias reducionistas ou behavioristas, para as quais as condutas são determinadas por forças exteriores ou são respostas mecânicas a estímulos".[38] É a situação que desempenha o papel maior de determinação do comportamento e de ajustamento dos processos de justificação.

Evidentemente, no concreto do vínculo social, as seis cidades estão em interação. Elas estão apresentadas em cada um dos diversos níveis e as qualidades de tal mundo podem valer num outro mundo. A multiplicação de justificações possíveis, na maior parte híbridas, permite então contribuir "para estabilizar, para *franquear* o compromisso".[39] Assim, os princípios de autoridade ou de responsabilidade podem qualificar tanto a relação pai/filho da cidade doméstica quanto a de superior/subordinado do mundo industrial.

O modelo das cidades permite mensurar os arranjos tácitos ou explícitos entre as diversas partes. É nesse nível que se situa a experiência real dos diversos mundos. Encontramos, então, na investigação de Luc Boltanski e Laurent Thévenot, a conjunção de uma análise ao mesmo tempo descritiva, interpretativa e pragmática. Ela é arrematada, aliás, por uma abertura em forma de programa: "Rumo a uma pragmática da reflexão".[40] Eles privilegiam o retorno reflexivo da ação sobre si mesma, o movimento de interpretação do ator sobre aquilo que está em curso. Esse movimento é tomado em um momento privilegiado, aquele da eclosão de crises, momento paradoxal do qual "está ausente o sentido da realidade".[41] Nessas crises, o objeto privilegiado da atenção não é um caos, mesmo que organizador, mas a pesquisa de uma coordenação entre os parceiros a fim de estabelecer essa realidade problemática.

É nesse quadro desestabilizado que o princípio da incerteza tem lugar. Esse modelo dinâmico, articulado a uma inteligibilidade da ação, permite evitar os perigos da introspecção das intenções implícitas de

---

38 Boltanski; Thévenot, *De la justification*, p.183.
39 Ibidem, p.340.
40 Ibidem, p.425-38.
41 Ibidem, p.430.

um lado e o da objetivação mecanicista que tende a reduzir a ação a causalidades sistêmicas de outro.

O limite do modelo das cidades

Restam, contudo, duas tensões não realmente superadas nesse modelo de análise da ação. A primeira é a temporalidade. A valorização das noções de situação, de momento, implica sequências curtas, instantes sem verdadeira espessura temporal. Nesse sentido, esse modelo se inscreve na linhagem dos trabalhos interacionistas e de etnometodologia para os quais a historicidade não conta realmente. Em sua vontade de romper com os esquemas institucionais e as determinações dos termos de interiorização de longa duração dos *habitus*, o modelo de Luc Boltanski e de Laurent Thévenot valoriza a tal ponto a plasticidade dos atores que tende a se encerrar numa temporalidade de superfície, a do horizonte da ação adequado aos motivos aparentes, abandonando a temporalidade de fundo.

A atenção concedida no modelo das cidades à menor inflexão das justificações dos atores e a todas as ínfimas modificações das situações leva Luc Boltanski e Laurent Thévenot a privilegiar sequências curtas, no curso das quais se desenrolam as experiências decisivas do modelo. A aporia do procedimento revela-se, então, no fato de que as experiências não podem ser permanentes: "O problema que não está absolutamente resolvido pelo modelo é saber a partir de quando se pode considerar que a experiência tem uma validade ou que é necessário reproduzi-la".[42]

Uma segunda fonte de tensão é própria a esse modelo descritivo. Ela se prende ao fato de que as pessoas passam de uma situação para outra, de uma forma de justiça para outra, de uma cidade para outra. A descrição que disso resulta corresponde bem àquilo que acontece no plano empírico, mas isso coloca o problema não resolvido da responsabilidade, e implica então uma sintetização da personalidade. Se não, chega-se a justificar situações extremas do tipo daquelas dos "diretores dos campos de concentração que diziam fazer seu trabalho no campo

---

42 Luc Boltanski, entrevista com o autor.

respondendo a um imperativo de produtividade, sendo ao mesmo tempo excelentes pais de família em casa".[43]

Luc Boltanski e Laurent Thévenot estão, aliás, conscientes nesse nível de um erro em seu modelo pluralista, pois existem momentos de sintetização que eles não puderam integrar: "É aquilo que Ricoeur traz em *Soi-même comme un autre* [O si-mesmo como outro]. Percebe-se bem que há um problema de sintetização da pessoa que não é resolvido".[44] Encontra-se nesse caso a necessária recomposição global pelo político, que pode ser o esquema unificador da configuração plural das cidades. Mas tal perspectiva precisaria de uma rearticulação das cidades com um nível considerado como central, sem para tanto ser aquele de um determinismo causal redutor. Não ainda realizada, essa retomada global de sentido pode resultar de uma conexão potencialmente fecunda com o polo de pesquisa que vê no político o nível mais global de inteligibilidade.

Jean-Marc Ferry vê na decomposição de vários mundos um enraizamento muito mais profundo do que o de uma temporalidade de superfície. Quanto a isso, ele lamenta não ter podido comparar suas teses com as dos sociólogos, que requerem todo seu interesse. Considera essa pluralidade como expressão de uma gramática que se situa bem além da simples contingência social ou política. Ferry percebe o mesmo código implícito em Kant, Weber, no jovem Hegel, Habermas: "Quando abordo uma teoria da sociedade, minha tentação é propor uma tipologia dos diferentes complexos e subsistemas que tenha uma pertinência arquitetônica do mesmo tipo que aquela que caracterizaria o mundo da vida, e tomo-os como hipóteses heurísticas".[45] Assim, segundo Jean-Marc Ferry, a declinação dos três modos gramaticais remete a mundos diferentes. Em primeiro lugar, o modo indicativo corresponde a enunciados verificáveis, descritivos, e responde à questão do mundo objetivo, o das ciências e das técnicas. Em segundo lugar, o mundo gerúndio e imperativo corresponde a enunciados técnicos normativos e prescritivos e, portanto, ao mundo da legitimidade, ao mundo social; encontra-se aí a esfera dos valores do direito e da ética de Weber. Em terceiro

---

43 Ibidem.
44 Ibidem.
45 Jean-Marc Ferry, entrevista com o autor.

lugar, o mundo subjuntivo, optativo, abre para um mundo subjetivo próprio e sobre o da arte, da cultura.

A descrição dos mundos permite encontrar constantes na relação com o mundo vivido, mundos plurais. A justaposição dos três sistemas de Weber parece, portanto, ter origem numa variável antropológica que resta articular e conectar com a pluralidade das cidades de Luc Boltanski e de Laurent Thévenot.

16

O HORIZONTE HERMENÊUTICO

Para evitar tanto o perigo psicanalista quanto o psicologista, a análise da ação concede daí em diante a maior importância à interpretação. Esta não é vista de maneira exógena, é interna, apresentada na própria ação, constitutiva de sua objetividade e emerge de uma ordem semântica ou conceitual: "A ação não é jamais um fato bruto".[1] A análise da ação mobiliza, assim, toda uma tradição que engloba a fenomenologia, a sociologia compreensiva e a hermenêutica. É a tentativa da nova sociologia.

Patrick Pharo, notadamente, tenta conciliar todas essas abordagens e assumir todas essas filiações. Introdutor ele também das teses etnometodológicas, critica, contudo, seu aspecto formal em certas correntes que tentam esvaziar a dimensão interpretativa. Ele distingue no programa etnometodológico uma versão "forte" que recusa, e uma versão "aberta" "de caráter hermenêutico",[2] que tem sua preferência, e torna necessário renovar os vínculos entre a etnometodologia, a sociologia compreensiva de Max Weber e mais amplamente toda a tradição hermenêutica.

---

1 Pharo, La Question du pourquoi, *Raisons Pratiques*, n.1, 1990, p.270; também idem, *Le Sens de l'action et la compréhension d'autrui*, p.165-208.

2 Idem, L'Ethnométhodologie et la question de l'interprétation, *Problèmes d'Épistémologie en Sciences Sociales*, n.III (Arguments ethnométhodologiques), p.146; também idem, *Le Sens de l'action et la compréhension d'autrui*, p.55-80.

Em larga medida, o programa etnometodológico resulta dessa filiação, e em especial da obra de Alfred Schütz, na qual se inspirou fortemente. Encontra-se nele a interrupção do julgamento semelhante à *épochè* fenomenológica (interrupção).[3] Esse princípio é radicalizado pela versão "forte" da etnometodologia para se desfazer da interpretação e encontrar na descrição uma solução aos problemas complexos colocados pela exigência interpretativa: "Um traço comum dessas perspectivas reside na preocupação confessa do objeto de fazer sentido. Pode-se dizer que dando sentido ao objeto, cada um coloca os problemas da interpretação daquilo em que consiste o objeto, e produz como solução uma 'descrição' do objeto".[4] Encontramos nessa versão radical da etnometodologia, com sua vontade de praticar uma "descrição literal", extraída das circunstâncias, uma ambição de entrar no estágio das ciências formais semelhante à do programa estruturalista.

Patrick Pharo opõe a esse procedimento o caráter incontornável do acordo da comunidade intersubjetiva para validar os enunciados e análises propostas. Essa dimensão invalida a ideia de uma naturalidade dos fenômenos descritos, que emergem "daquilo que Gadamer chama um 'projeto de sentido antecipador',[5] ou, em síntese, uma antecipação".[6] Sem assimilar totalmente as posições de Garfinkel, Pharo se aproxima delas em sua preocupação comum de construir um projeto sociológico que tem como objetivo compreender a atividade social por meio da interpretação. Em contrapartida, ele opõe o projeto de Garfinkel ao de Sacks no próprio interior do projeto etnometodológico. Segundo Patrick Pharo, Sacks rompe com o procedimento interpretativo da sociologia weberiana e com a perspectiva fenomenológica husserliana conforme as quais "tudo o que é objetivo está sob o peso de uma exigência de compreensibilidade".[7]

---

3 *Épochè*: interrupção do julgamento entre os estoicos; atitude retomada por Husserl na perspectiva de uma redução fenomenológica que suspende o julgamento no que concerne ao problema da existência do mundo exterior, colocado assim entre parêntesis.

4 Sacks, Sociological Descriptions, *Berkeley Journal of Sociology*, n.8, 1963, p.7.

5 Gadamer, *Vérité et méthode*, p.105.

6 Pharo, L'Ethnométodologie et la question de l'interprétation, p.159.

7 Husserl, *La Crise des sciences européennes et la phenoménologie transcendentale*, p.215.

A consciência íntima

Patrick Pharo deseja orientar a análise da razão prática, no campo da consciência, do sujeito em sua travessia por uma experiência social que certamente tem uma parcela pública, mas também uma parcela íntima, privada, passional: "Não se pode pensar a relação social sem levar em consideração aquilo que nós próprios nos dizemos numa interação".[8] Tal abordagem vale não somente na esfera das atividades privadas. Ela se aplica a todos os domínios da experiência, inclusive o mais público entre eles, a prática política. Assim, a observação dessas máquinas de guerra que são os homens políticos permite captar momentos no curso dos quais eles revelam algo diferente daquilo que fundamenta sua identidade política. A denúncia do cinismo dos profissionais da política é, assim, uma visão um pouco simplista: "Se não atribuirmos aos agentes a capacidade moral que não hesitamos em atribuir a nós mesmos, corremos o risco de não compreender certo número de coisas".[9] A dimensão ética da ação social deve ser levada em consideração: ela é constitutiva desta e remete ao princípio da responsabilidade da pessoa.

A defesa do programa fenomenológico é tão radical em Patrick Pharo que ele tem dificuldades em se posicionar com relação à obra de Paul Ricoeur. De fato, ele considera que Ricoeur é muito crítico no que diz respeito à tradição cartesiana da filosofia da consciência. O enxerto hermenêutico no programa fenomenológico parece-lhe deslocar muito fortemente a compreensão da ação para o aspecto da recomposição e, portanto, do trabalho de reconstrução do relato, relegando a própria ação como simples estágio preliminar de prefiguração: "Há aí algo que escapa ao trabalho de recomposição".[10] O primado concedido à retomada de sentido posteriormente oferece o risco, segundo Pharo, de deixar escapar o sentido de acontecimento da própria ação. Esse último pressupõe uma sociologia atenta à realidade da experiência, à sua travessia efetiva e ao ambiente físico e ideal que suscita esse estado que Max Weber qualifica de "semiconsciência".

---

8 Patrick Pharo, entrevista com o autor.

9 Ibidem.

10 Ibidem.

Pode-se relacionar essa sensibilidade aguda de Patrick Pharo ao aspecto do acontecimento com a intensidade com a qual ele viveu o Maio de 1968, momento inesperado de violação que dificilmente se pode reconhecer nas reconstituições posteriores. Nem por isso rejeita a contribuição de Paul Ricoeur à sociologia: "A perspectiva de Ricoeur é muito rica. Compreendida na perspectiva da narratividade, ela desloca a noção de acontecimento fazendo dessa uma concepção mais ampla".[11] A perspectiva da qual ele discorda, notadamente para explicar o acontecimento Maio de 1968, é a da sociologia crítica com suas explicações causais, como as que encerram o acontecimento num conjunto de curvas estatísticas que descrevem a explosão demográfica e as mutações da sociedade francesa. Não que essas explicações sejam falsas, mas elas fracassam em restituir o sentido do acontecimento que antes deve ser procurado "nas razões enunciadas e encarnadas pela própria ação e por seu discurso".[12]

É essa filiação reencontrada que Patrick Pharo reivindica explicitamente. Sob esse aspecto, estabelece uma relação pertinente entre a busca de sentido do movimento de 1968 e o desenvolvimento das pesquisas sociais de campo nos anos 1970, assim como com o desvio para teses e métodos da sociologia compreensiva, que permitem aprofundar a teoria do sentido da ação: "Tal sociologia não nega a influência dos hábitos culturais sobre os comportamentos humanos, mas busca sobretudo as condições sob as quais uma ação pode exercer seu próprio poder estruturante sobre essas influências".[13] O sentido da ação é portanto duplo, presente simultaneamente no próprio acontecimento e na sua descrição. Ao contrário de Ricoeur, Patrick Pharo considera de maneira positiva e complementar a teoria analítica da ação tal como a expõem Elisabeth Anscombe e as teses da sociologia compreensiva. Estabelece um paralelo entre a distinção estabelecida por Anscombe entre causas e razões da ação[14] e os dois paradigmas weberianos para compreender o sentido da ação: a razão racional e o tempo, sendo este último subtendido pelas manifestações imediatas daquilo que deve ser

---

11 Ibidem.
12 Idem, *Phénoménologie du lien civil*, p.30.
13 Ibidem, p.42.
14 Anscombe, *Intention*.

compreendido esforçando-se para retomar os motivos, as razões significativas do comportamento.[15]

O ato que se realiza

Em Max Weber, o problema central é a recuperação do sentido suposto e do sentido real da ação. Encontra-se o equivalente disso nos questionamentos da filosofia analítica sobre a descrição dos contextos intencionais, e na fenomenologia com sua tentativa de elucidação das relações entre o conhecimento e as coisas. Essas três perspectivas têm como mesmo objeto uma explicação dos motivos da ação e permitem uma conciliação dos dois imperativos de capacidade de explicação e de compreensão da ação. Max Weber estabelece nesse aspecto uma distinção entre a compreensão imediata, que remete a uma cotemporalidade da ação e de sua compreensão, e uma compreensão explicativa que remete aos motivos e encadeamentos significativos da ação.

Nesse sentido, a explicação não é outra coisa senão a consideração dos motivos da ação, das razões desta. Patrick Pharo insiste no fato de que essa ligação entre capacidade de explicar e compreender da ação em Weber não é possível senão graças a um deslocamento. Este conduz da problemática dos meios e das finalidades da ação, tomada na escala do próprio ator, à das causas e consequências dessa mesma ação a partir de uma observação exterior e posterior. É um ponto essencial que a demonstração de Max Weber não para de repetir de diversas formas, como esta: "Não é necessário dizer mais uma vez que em todas as pesquisas é possível inverter as relações de 'causa e efeito' para as de 'meio e fim' toda vez que o *resultado* em questão é indicado de maneira suficientemente unívoca".[16]

Schütz torna possível a esse projeto, revisitado a partir do programa fenomenológico husserliano, penetrar na exploração das estruturas semânticas invariantes do mundo social.[17] Schütz acusa Weber

---

15 Pharo, La Question du pourquoi, p.267-309.
16 Weber, *Essai sur la théorie de la science*, p.475.
17 Schütz, *The Phenomenology of the Social Word*. Sobre a abordagem fenomenológica da sociologia compreensiva, ver Williame, *Les Fondements de la sociologie compréhensive*.

234 O IMPÉRIO DO SENTIDO

de não distinguir suficientemente entre o ato em vias de cumprir-se e o ato passado, assim como entre a significação do ponto de vista de sua própria ação e do ponto de vista da do outro. No cerne dessas críticas, Schütz pretende demonstrar que convém tornar autônomo um ato interpretativo com relação ao objeto a interpretar: "O ponto central é, segundo Schütz, que o acesso ao sentido supõe em todos os casos, quer se trate de outrem ou de nós mesmos, um ato de interpretação, essencialmente distinto daquilo que está para ser interpretado – portanto a noção de tipificação desempenhará um papel cada vez maior no desenvolvimento de sua obra".[18] A dupla relação com a temporalidade e com a diferenciação entre o si mesmo e o outro condiciona o ato de interpretação: "O sentido é uma certa maneira de dirigir nosso olhar para um item de nossa experiência. Esse item é assim selecionado e tornado discreto por um ato reflexivo".[19]

Mesmo que a crítica de Schütz não resolva as dificuldades encontradas pelo programa de sociologia compreensiva de Weber para ter acesso ao sentido endógeno da ação social, ela atrai a atenção para o necessário desvio fenomenológico em torno da noção central de intencionalidade. Só esta torna possível, graças à própria *épochè*, a revelação do objeto com intenção ou fenômeno. Essa inclusão do mundo na consciência, como vimos, está no horizonte da busca eidética de Husserl. A consciência abrange, então, dois níveis: o do polo do Eu da intencionalidade (*noese*) e o polo do aquilo (*noeme*) que designa a maneira sob a qual é "intencionado" o objeto visado pela consciência, sendo o objeto para o qual é dirigido o ato da consciência distinto do próprio ato de consciência. Uma vez que, conforme a expressão de Husserl, toda consciência é consciência de alguma coisa, esses dois polos, endógenos e indissoluvelmente ligados, remetem ambos à mesma intencionalidade e à necessidade de descrever como, por que processo, o sentido do ser do objeto é constituído.

O programa fenomenológico torna possível também entrar no trabalho empírico de campo das ciências humanas. Ele se situa à montante como lógica eidética. Além do mais, encontramo-lo como garantia, como repetição dos resultados da experimentação para resgatar a

18 Pharo, *Le Sens de l'action et la compréhension d'autrui*, p.26.
19 Schütz, *The Phenomenology of the Social Word*, p.42.

O HORIZONTE HERMENÊUTICO

significação, o sentido dessa. É ao termo desse duplo momento que enquadra a experiência que a fenomenologia aspira a uma objetividade científica verdadeira.

A "clarificação" de Charles Taylor

Com a filosofia analítica e sua atenção particular voltada para o discurso da ação, arremata-se essa interiorização das relações entre a intenção e a ação. Esta é notadamente defendida por Charles Taylor, filósofo do Québec de língua inglesa inspirado duplamente por Wittgenstein e Merleau-Ponty. Ele estabelece essa relação entre a filosofia analítica e fenomenologia em matéria de sociologia da ação. Taylor retoma a ideia central de Elisabeth Anscombe segundo a qual a ação humana não é comparável a uma coisa, uma vez que a ação e o discurso sobre a ação são indissociáveis. Assim, os conceitos da filosofia analítica que remetem aos "caracteres de desejabilidade" (os critérios, a gama dos julgamentos, os desejos) estão na base de toda descrição das ações. Esta implica, portanto, usar desses critérios de maneira quase similar ao que faz o ator no curso de sua ação. Isso pressupõe conceder maior atenção à própria fala da ação, a suas justificações, ao discurso pelo qual ela se narra. Para qualificar um indivíduo como generoso em determinada circunstância, é necessário ter uma ideia daquilo que é a generosidade, a ação generosa.

A partir dessa constatação de incorporação do discurso e da ação, Charles Taylor desenvolve a ideia da ação paradigmática, nascida de um modelo a partir do qual a ação toma sentido quando o ator faz alguma coisa sem imposição. Esse exemplo é qualificado por Taylor como ação feliz, e é o vetor que impele cada um à ação. Desses vínculos inextrincáveis entre linguagem e realidade da ação, tese já desenvolvida por Wittgenstein, Taylor tira certo número de consequências. Em primeiro lugar, formula uma distinção fundada entre a validação intersubjetiva das ações tal que ela funciona nas ciências da natureza e nas ciências humanas. Estas últimas não pressupõem um acordo sobre o sentido dos termos técnicos utilizados, nem de hierarquização institucionalizada dos caracteres de desejabilidade. Taylor visa aqui o funcionalismo, que fracassa em explicar o próprio da ação.

Diante dos obstáculos, as ciências humanas devem renunciar a atingir um horizonte científico? Para Charles Taylor, esse horizonte é necessário e se situa no plano da compreensão intercultural. O que fundamenta o horizonte de trabalho das ciências humanas é uma obra de "clarificação". É com esse conceito que Taylor pretende superar a oposição entre o explicar e o compreender no conflito tradicional dos métodos. O conceito de "clarificação" remete à própria ação. Por outro lado, ele vai ao encontro da tarefa que Wittgenstein atribuía à própria filosofia como iniciativa de elucidação do senso comum, das expressões ambivalentes. Essa "clarificação", segundo Taylor, é necessariamente normativa, uma vez que as ações humanas incorporam uma definição de si e uma qualificação dos outros. Ele se coloca numa perspectiva interpretativa e atribui às ciências humanas uma dupla tarefa, prescritiva e descritiva; essa terceira via recusa tanto a ilusão de uma linguagem neutra, calcada no modelo das ciências da natureza, quanto a ilusão da empatia total, a partir da qual nada mais se pode falar da cultura dos outros. As reformulações e descrições das ciências humanas têm, segundo Taylor, um efeito de retorno sobre nossa compreensão de nós mesmos.

Compreende-se a que ponto essa temática é próxima daquela de Paul Ricoeur, que adere à fórmula de Charles Taylor segundo a qual o homem é um "self-interpreting animal".[20] Esse desvio pelo outro no trabalho interpretativo sobre si é o próprio eixo do percurso hermenêutico de Paul Ricoeur, no cerne da ação, da prática: "Nosso conceito do si sai grandemente enriquecido dessa relação entre interpretação do texto da ação e autointerpretação".[21] Essa posição implica a distinção epistemológica defendida ao mesmo tempo por Charles Taylor e por Paul Ricoeur: "Isso significa que a busca de adequação entre nossos ideais de vida e nossas decisões, elas mesmas vitais, não é suscetível da espécie de verificação que se pode esperar das ciências fundadas na observação".[22] A correlação estabelecida entre a intencionalidade e as leis narrativas é comum a Taylor e a Ricoeur, que retoma a ideia segundo a qual classificar uma ação como intencional é decidir a que tipo de lei ela deve sua explicação: "A condição de ocorrência de um acontecimento é que se

---

20 Taylor, *Philosophical Papers*, v.1, p.45.
21 Ricoeur, *Soi-même comme un autre*, p.211.
22 Ibidem, p.211.

O HORIZONTE HERMENÊUTICO

realize um tal estado de coisas que conduzirá ao fim em questão, ou de tal forma que esse acontecimento é requerido para esse fim".[23] A semântica da ação deve, então, estabelecer a ligação entre a forma de lei interna à explicação teleológica e os traços descritivos da ação. Esse aspecto, próprio ao discurso histórico, foi analisado com minúcia por Ricoeur em *Temps et récit* [Tempo e narrativa].

O espaço público

Revelando-se a intencionalidade na linguagem da ação, sua elucidação implica necessariamente um desvio pela textualidade, próprio à abordagem hermenêutica. Convém evitar dois perigos quanto às relações entre a linguagem da ação e a própria ação. Primeiramente, tende-se a atribuir um estatuto de representação à linguagem da ação, postulando, assim, a uma independência dos processos reais em relação ao discurso sobre esses. Essa posição traduz-se "por aquilo que Ricoeur chama de cuidado da descrição verdadeira ou ainda a correspondência das proposições com o estado real do mundo".[24] O segundo perigo consiste em praticar o confinamento da linguagem da ação sobre si mesma e considerar que a estrutura intencional é inteiramente revelável no mesmo sentido da estrutura gramatical.

Uma terceira posição possível é reconhecer a função da estruturação do campo prático pela linguagem da ação. A explicação discursiva permanece, então, aberta ao plano de sua temporalidade e clarifica algo que foi configurado e tornado possível: "Ela lhe confere 'os traços de sua própria determinidade' (Gadamer)".[25] Ora, o lugar natural da intencionalidade é o espaço público no qual se perpetua a ação concreta. Charles Taylor insiste particularmente na importância dessa encarnação da ação no espaço público, lugar de expressão privilegiada da intersubjetividade prática. Tal concepção opõe-se à abordagem dualista, uma vez que a ação não é a exteriorização de uma interioridade já presente que bastaria colocar

---

23 Taylor, *The Explanation of Behavior* apud Ricoeur, *Soi-même comme un autre*, p.98.

24 Quéré, Agir dans l'espace public, *Raisons Pratiques*, n.1, 1990, p.90.

25 Ibidem, p.90.

em forma. A interioridade constitui-se por reapropriação, por interiorização da expressão pública. Essa concepção introduz necessárias mediações para proceder a uma retomada interpretativa, quando se tinha o hábito de descrever o processo de subjetivação numa transparência postulada. A incidência maior para uma sociologia da ação é poder enxergar a "linguagem da ação pelo que ela é, a saber, um método e uma técnica de construção da objetividade da ação e da subjetividade do agente".[26]

São esses dois imperativos que realiza Nicolas Dodier a propósito de um caso preciso de sociologia do trabalho.[27] Ele adota uma perspectiva hermenêutica e consente em dois sacrifícios inerentes a seu procedimento de análise: não postular um modelo de agente que lhe permitiria desenvolver um exame crítico de suas ações e discursos em função desse modelo principal, e adotar o mesmo princípio para os objetos. Para ele, "a hermenêutica abandonava a busca de uma transparência da ação".[28]

Foi nesse sentido que Nicolas Dodier estudou de que modo as formas de expressão contemporâneas do imperativo de segurança nasceram como tecnologias do risco nos instrumentos de governabilidade e de administração da sociedade.[29] Essas técnicas são produtoras de regulamentações que definem as fronteiras jurídicas do risco e dos agentes, os inspetores de trabalho, cujo papel é realizar o trabalho contínuo de acomodação da regulamentação. Esse trabalho de adaptação efetua-se a partir das experiências concretas mobilizando todos os recursos, em parte refratários às tentativas de estandardização. Os inspetores do trabalho criam, assim, um espaço entre o direito enunciado e os casos concretos a resolver: "Além da questão da interpretação dos textos, os inspetores devem saber compor ou resolver entre várias maneiras de constituir a generalidade dos casos de que tratam".[30] Os inspetores do trabalho devem efetuar três tipos de acomodação: a problematização da legitimidade dos regulamentos, a integração das resistências e enfim a

---

26 Ibidem, p.110.

27 Dodier, Représenter ses actions, le cas des inspecteurs et des médecins du travail, *Raisons Pratiques*, n.1, 1990, p.115-48.

28 Ibidem, p.118.

29 Dodier, Le Travail d'accomodation des inspecteurs du travail en matière de sécurité, *Cahiers du Centre d'Études de l'Emploi*, n.33, 1989, p.281-306.

30 Ibidem, p.282.

O HORIZONTE HERMENÊUTICO

personalização dos atos. Nesse sentido, Nicolas Dodier julga secundária a descrição sociológica clássica que opõe as regras gerais aos casos particulares: "O problema dos inspetores é antes de tudo lidar com modos opostos de construção de sua legitimidade".[31] Os agentes que são os inspetores do trabalho, como todos aqueles que são confrontados com iniciativas de racionalização, demonstram com seu *savoir-faire* a existência de uma competência ligada à pessoa e reivindicada como tal.

A enunciação

No domínio da linguística, o reconhecimento, no começo dos anos 1970, dos trabalhos sobre a enunciação de Émile Benveniste permitiu uma atenção nova às circunstâncias precisas do ato da palavra, aos lugares e aos sentidos do dizer para o locutor. Discípulo de Benveniste, Jean-Claude Coquet, que participou ativamente na escola semiótica de Paris, teria preferido que esta e seu representante mais eminente, na época, Algirdas-Julien Greimas, seguissem antes a filiação de Viggo Brondal em vez da de seu irmão inimigo Louis Hjelmslev, como foi o caso nos anos 1960. A perspectiva adotada consistia em normatizar, em objetivar o texto, portanto em eliminar deste tudo o que tivesse relação com um sujeito ou um diálogo: "Justamente tudo o que interessa Austin, Ricoeur, Benveniste foi eliminado".[32]

Ao contrário, a reintegração do campo posicional do sujeito e notadamente da tríade que constitui o quadro de análise de Benveniste (Eu, Aqui, Agora), base de toda fala e de todo enunciado discursivo, permitem à linguística intervir na elucidação da ação. Essa evolução passa também, para Jean-Claude Coquet, pelo programa fenomenológico de Maurice Merleau-Ponty, em torno de sua noção central de "corpo próprio", isto é, um ato anterior ao julgamento segundo o qual o indivíduo afirma sua singularidade, momento preliminar indispensável para que o sujeito assuma o que diz. Há aí uma primeira relação com o mundo vivido, uma apropriação deste, um esboço de reflexão levantada por

---

31 Ibidem, p.304.
32 Jean-Claude Coquet, entrevista com o autor para Dosse, *Histoire du structuralisme*.

Merleau-Ponty a partir de sua leitura de Husserl: "É algo de particularmente frutífero porque é um período de gênese no curso do qual a distinção entre sujeito e objeto ainda não está feita".[33]

O hipertexto

As tecnologias mais modernas da comunicação, como o hipertexto, animam também a sair dos esquemas de causalidade e a garantir um devir essencialmente hermenêutico à comunicação. A própria operação de atribuição de sentido que é a atividade interpretativa, consistindo essencialmente em religar os textos entre si, pode ser imaginada, como já evocamos, pela constituição de um hipertexto: "O objeto principal de uma teoria hermenêutica da comunicação não é, pois, nem a mensagem, nem o emissor, nem o receptor, mas o hipertexto, que é como o nicho ecológico, o sistema sempre movediço das relações de sentido que mantêm os precedentes".[34]

A própria tecnociência é, segundo Pierre Lévy, inteiramente hermenêutica. Não se pode separar arbitrariamente sujeito e objeto, mundo da técnica e mundo da consciência, humano e não humano. O que qualifica melhor a técnica é a "frenética atividade hermenêutica dos coletivos inumeráveis".[35] Encontra-se a temática das redes da nova antropologia das ciências de Michel Callon e Bruno Latour e sua demonstração segundo a qual os enunciados científicos são objetos de controvérsias, incertos e interpretativos.

A guinada interpretativa dos historiadores

Se as tecnologias modernas remetem a uma perspectiva hermenêutica, pode-se dizê-lo com ainda mais certeza da velha prática histórica.

---

33 Ibidem.
34 Lévy, *Les Technologies de l'intelligence*, p.81.
35 Ibidem, p.213.

O HORIZONTE HERMENÊUTICO

Por tê-la esquecido, a escola dos *Annales* perdeu-se nos meandros da ilusão quantitativiſta neopositiviſta de uma hiſtória-problema, que queria romper definitivamente com a hiſtória-relato.[36] Apenas recentemente alguns membros dessa escola começaram a queſtionar novamente suas ambições nomológicas e a levar em consideração a parcela interpretativa do discurso hiſtoriográfico. É de uma verdadeira guinada que se trata, guinada crítica na inter-relação entre a hiſtória e as outras ciências sociais, mas sobretudo autocrítica a propósito do passado cientificiſta dos anos 1970: "Um enorme material foi reunido e analisado. Mas o próprio desenvolvimento da pesquisa, a acumulação de dados ultrapassou a ambição e às vezes a própria preocupação da interpretação".[37] A predominância concedida à longa duração, aos grandes fundamentos imóveis, tinha relegado a acontecimentalidade e notadamente a ação humana ao nível do epifenômeno. O agir social encontra também seu lugar quando se ilumina a complexidade dos processos sociais e o fato de que eles remetem "a uma multidão de experiências exiſtenciais, individuais e irredutíveis".[38]

Marcel Gauchet sempre exprimiu essa preocupação interpretativa em sua obra. Nesse sentido ele moſtra bem, em *La Pratique de l'eſprit humain*,[39] a tensão que atravessa o hiſtoriador quando ele deve entrar nas categorias mentais que não são mais aquelas de seu presente e fazer uso por esse motivo de uma imparcialidade tão necessária quanto difícil em seu trabalho de inveſtigação; mas ele deve também manter a poſtura de interpretação da configuração do outro. Essa tensão anima sua dialética da interioridade e da exterioridade na análise do encarceramento dos loucos na Idade moderna. Essa demonſtração vai, pois, de encontro àquela desenvolvida por Michel Foucault em sua *Hiſtoire de la folie* [História da loucura]:[40] enquanto Foucault denunciava o encarceramento acompanhando a consolidação da modernidade ocidental, Marcel Gauchet e Gladys Swain moſtram, por sua vez, que se a loucura é um problema, se ela sofre de fato o encerramento asilar, não é por qualquer

---

36 Furet, De l'hiſtoire-récit à l'hiſtoire-problème, *Diogène*, n.89, jan.-mar. 1975.
37 Tentons l'expérience (editorial), *Annales*, v.44, n.6 (Hiſtoire et sciences sociales. Un tournant critique), nov.-dez. 1989, p.1319.
38 Ibidem, p.1320.
39 Gauchet, *La Pratique de l'eſprit humain*.
40 Foucault, *Folie et déraison*.

242 O IMPÉRIO DO SENTIDO

mecanismo de rejeição, mas ao contrário, graças à consideração do louco como alter ego, como semelhante de que a sociedade deve tomar conta. É aliás nesse nível, o da integração normativa, que se situa o real perigo, e não na prática excludente. Por esse motivo, a interpretação é o conceito-chave de *La Pratique de l'esprit humain*: "Interpretação, e justamente não explicação. Há ao mesmo tempo na interpretação o inacabado e o suspenso. Acho que isso remete à condição hermenêutica do historiador".[41]

A análise do arquivo tal como a concebe Jacques Guilhaumou participa de uma perspectiva hermenêutica atenta à manifestação do sentido. Especialista em Revolução Francesa, Jacques Guilhaumou se interessa menos pela busca de um sentido oculto do que em "manifestar o sentido do arquivo por um procedimento de configuração".[42] Atento ao arquivo em sua autenticidade, ele percebe nesse em primeiro lugar uma forma de atestado no qual se conjugam elementos descritivos e dados reflexivos. Em sua materialidade, o arquivo se deixa ler como enredo configurador do acontecimento, como o diz Paul Ricoeur.

Essa leitura hermenêutica do arquivo é a resultante de várias influências. Em primeiro lugar, aquela de sua formação de linguística, que veio completar uma especialização de historiador da Revolução Francesa. Nesse domínio, ele se abriu muito cedo para a linguística da enunciação promovida por Benveniste e ao comentário precoce que este faz da obra de Austin, introduzindo, assim, a pragmática e o estudo dos enunciados performativos. Dessa guinada linguística que rompe com a primeira fase do estruturalismo, ele retém essencialmente que a relação ato-acontecimento é autorreferencial: "Um enunciado performativo não tem realidade a não ser que seja autenticado como ato [...]. Isso leva a reconhecer no performativo uma propriedade singular, a de ser *autorreferencial*, de se referir a uma realidade que ele próprio constitui".[43] Essa contribuição é decisiva, pois desloca a oposição tradicional que em geral o historiador coloca entre texto e contexto.

Em segundo lugar, Jacques Guilhaumou descobre na metade dos anos 1980 a etnometodologia, graças ao trabalho já mencionado do

---

41 Marcel Gauchet, entrevista com o autor.
42 Jacque Guilhaumou, seminário *Espaces Temps*, Université européenne de la recherche, 5 dez. 1994.
43 Benveniste, *Problèmes de linguistique générale*, t.i, p.273-4.

O HORIZONTE HERMENÊUTICO

grupo de sociólogos do Centre d'Étude des Mouvements Sociaux lide-
rado por Alain Cottereau, Louis Quéré, Patrick Pharo e sobretudo
Bernard Conein, que na época trabalhava sobre o mesmo período que
Guilhaumou, tendo defendido uma tese sobre os massacres de setembro de 1792. Graças à etnometodologia, Guilhaumou tem a medida da
parcela reflexiva das descrições sociais e considera então, como Louis
Quéré, que "os fatos sociais não são dados positivos, mas 'ocorrências
práticas'".[44] Isso lhe permite enxergar uma categorização nova do acontecimento a partir do arquivo, e medir bem os limites de toda iniciativa
de cerceamento de sua descrição. Daí resulta uma necessária "refinação"
da descrição do arquivo, a fim de encontrar sua literalidade e de reabrir
o campo de seus múltiplos possíveis.

A fenomenologia revisitada

Numa perspectiva um pouco diferente, o tema da intencionalidade,
da interpretação, está muito presente na filosofia do espírito, parte integrante do projeto cognitivista. É assim que Francisco Varela inscreve
sua pesquisa cognitiva na filiação dos trabalhos de Merleau-Ponty:
"Nossa viagem ao longo deste livro pode ser vista como um prolongamento moderno de um programa de pesquisa fundado há uma geração por Merleau-Ponty".[45] Varela deseja não trair o projeto original da
fenomenologia, o da atribuição original ou intencional do sentido, que
remete a uma atribuição experimental. Merleau-Ponty tinha um objetivo similar, compreender a subjetividade como inerente ao mundo: "O
ponto essencial é bem compreender o projeto do mundo que somos.
O que dissemos anteriormente quanto ao mundo ser inseparável das
visões sobre o mundo deve ajudar-nos aqui a compreender a subjetividade como inerente ao mundo".[46] O ponto de encontro, hoje central nas

---

44 Jacques Guilhaumou, seminário *Espaces Temps*, Université européenne de la recherche, 5
    dez. 1994.
45 Varela; Thompson; Rosch, *L'Inscription corporelle de l'esprit*, p.17.
46 Merleau-Ponty, *Phénoménologie de la perception*, p.463-4.

ciências cognitivas, entre o exame da experiência vivida e as neurociências já estava formulado como projeto bem antes por Merleau-Ponty.[47]

A tentativa husserliana de penetrar na estrutura da própria experiência graças à *épochè* do mundo empírico não pôde ser bem-sucedida, segundo Francisco Varela, uma vez que, prisioneiro de uma fenomenologia cartesiana, Husserl fracassou em ultrapassar a etapa posterior àquela que ele teve o mérito de explorar. Esse bloqueio deve-se ao fato de que ele partia do princípio cartesiano segundo o qual "a estrutura que procurava era puramente mental e acessível à consciência por meio de um ato de introspecção filosófica abstrata".[48] Além do mais, segundo Francisco Varela, faltava ao projeto muito teórico de Husserl a dimensão pragmática, e por isso não podia superar a divisão entre ciência e experiência.

É na sua intersecção que Francisco Varela situa seu conceito de *enação*, que para ele constitui uma intencionalidade naturalizada. A *enação* retoma de fato a intuição de Merleau-Ponty segundo a qual devemos estudar o organismo e o ambiente em suas determinações recíprocas. Com o termo "encarnado", Francisco Varela enfatiza que a cognição depende de experiências e que também as capacidades individuais sensório-motoras se inscrevem num contexto ao mesmo tempo biológico, psicológico e cultural mais amplo. Com o termo "ação", "desejamos enfatizar mais uma vez que os processos sensoriais e motores, a percepção e a ação são fundamentalmente inseparáveis da cognição vivida".[49]

Esse programa pressupõe reatar com o senso comum, invertendo a perspectiva tradicional que consistia em pensá-lo como representação de um mundo já existente. O senso comum é percebido, então, como essência da cognição criadora. Ainda sobre esse ponto, "a fonte filosófica dessa nova atitude encontra sua origem em larga medida na filosofia hermenêutica".[50] A interpretação está nesse plano no próprio cerne da investigação visando à *enação*, à emergência da significação a partir da intersubjetividade e da compreensão mútua. O que Francisco Varela qualifica como "compreensão encarnada"[51] representa só uma corrente, aliás marginal, das ciências cognitivas que em grande parte continuam atraídas pelo objetivismo.

---

47 Idem, *La Structure du comportement*.
48 Varela; Thompson; Rosch, *L'Inscription corporelle de l'esprit*, p.45.
49 Ibidem, p.234.
50 Ibidem, p.209.
51 Ibidem, p.210.

O HORIZONTE HERMENÊUTICO

Essa orientação pressupõe uma tomada em consideração, que reúne a análise de tipo hermenêutico, da historicidade, pois ela implica que as capacidades se enraízam numa materialidade ao mesmo tempo biológica e cultural, portanto histórica: "Esses esquemas materialmente registrados não ficam privados ou particulares à pessoa que os experimenta. Nossa comunidade nos ajuda a interpretar e codificar um grande número deles".[52] Isso implica, então, uma reconsideração do lugar do senso comum, da parte explícita da consciência, orientação que encontramos no conjunto das renovações em curso nas ciências humanas. As ciências cognitivas participam dessa reavaliação por seu respeito aos mecanismos postos em prática na ação, e que constituem o equipamento de todo ser humano. O fracasso da inteligência artificial na composição de modelos de certas funções simples "aumentou esse respeito pelos instrumentos do senso comum. Nesse sentido, há uma reabilitação do senso comum".[53] O que aliás coloca um problema de fundo às ciências humanas em geral, pois a reavaliação do senso comum pode chegar em certos casos extremos até a retomar pura e simplesmente os considerados da psicologia popular.

Diante da versão fisicalista do cognitivismo que considera que não há realmente mais necessidade de uma "filosofia do espírito", mas somente de uma neurofilosofia,[54] desenvolveu-se uma corrente "interpretacionista" nas ciências cognitivas. Ela se define como um materialismo recusando qualquer forma de reducionismo que consistiria em deduzir as propriedades mentais de propriedades físicas. Essa corrente é especialmente representada pelos trabalhos de Donald Davidson, Daniel Dennett e, na França, de Pascal Engel.

A maximização da competência animal

Daniel Dennett tem como objetivo integrar a componente interpretativa num quadro mais geral, o da intencionalidade. Ele dá uma

---

52 Johnson, *The Body in the Mind*.
53 Daniel Andler, entrevista com o autor.
54 Smith Churchland, *Neurophilosophy*: towards a Unified Theory of Mind Brain.

definição particularmente ampla do fenômeno da intencionalidade, que ultrapassa a concepção estreitamente semântica e lógica desta. Ele inclui aí não somente as intenções, os desejos, as crenças, mas também as expectativas, as ideias, os medos... "enfim, todas as orientações mentais em face do mundo exterior".[55] Outro alargamento do fenômeno intencional, Dennett recusa a limitação de seu campo de aplicação à espécie humana: estende a intencionalidade da espécie animal até aos objetos. Ainda que sabendo que os objetos não têm estados mentais, atribuir-lhes alguns tem um papel heurístico nas demonstrações de Dennett: "Assim definidos, os sistemas intencionais não são unicamente pessoas. Atribuímos crenças e desejos aos cães e aos peixes e, dessa forma, explicamos seu comportamento".[56]

Ao contrário do procedimento clássico da etologia, Dennett maximiza o nível de competência do animal cujo comportamento procura compreender, mesmo que depois seja necessário minimizar suas capacidades, uma vez confrontado o domínio empírico: "Dennett admite que esses princípios normativos de interpretação podem ser atacados, e a maior parte do tempo eles de fato o são. Nesse caso, 'revisa-se para menos' as atribuições iniciais".[57] Essa preocupação com a confrontação empírica levou Daniel Dennett a pesquisar no Quênia para entrar em contato com as pesquisas desenvolvidas por Dorothy Cheney e Robert Seyfarth[58] sobre os *vervets* (macacos verdes).

Mesmo se o cuidado em evitar qualquer forma de reducionismo é comum à atitude interpretativa da teoria hermenêutica e à abordagem de Dennett, este último recusa um ponto de vista que seria "interpretacionista" sobre a ação: "Interessam principalmente a objetivação e a objetividade dos fenômenos intencionais".[59] Sua perspectiva é a de uma naturalização da intencionalidade, e é nesse sentido que ela é uma forma de manifestação do senso comum. Para Bernard Conein, a leitura que Dennett propõe que o papel da intencionalidade na explicação

---

55 Conein, Peut-on observer l'interprétation?, *Raisons pratiques* n.1, 1990, p.313.

56 Dennett, *The Intentional Stance*, p.271.

57 Engel, *Introduction à la philosophie de l'esprit*, p.75.

58 Cheney; Seyfarth, L'Univers social et non social des primates non humains. In: Hinde; Perret-Clermont; Stevenson-Hinde, *Relations personnelles et développement des savoirs*, p.47-78.

59 Conein, Peut-on observer l'interprétation?, p.316.

O HORIZONTE HERMENÊUTICO

da ação é particularmente estimulante e permite especialmente evitar o famoso dilema do "dualismo weberiano entre ciências do espírito e ciências naturais".[60] O interesse que leva Bernard Conein a Daniel Dennett aproxima-o da hermenêutica e resulta da necessidade que sente de "integrar um componente interpretativo nas ciências cognitivas",[61] mas com a condição de que essa dimensão não seja o meio de separar duas epistemologias: a das ciências da natureza e a das ciências sociais.

Para Pascal Engel, Dennett ilustra a guinada mentalista atual, depois da guinada linguística. Existe uma outra abordagem interpretacionista, bastante próxima, a do filósofo analítico Donald Davidson, que se inscreve na filiação de Quine, cujos cursos ele seguiu no começo dos anos 1940 em Harvard. Da mesma maneira que Dennett quando maximiza a intencionalidade, Davidson maximiza o acordo:[62] "O intérprete deve consignar ao interpretado tantas crenças verdadeiras quanto ele mesmo supõe".[63] No centro das interrogações de Davidson encontra-se a questão do agir, de sua interpretação, lastreada nele com uma dimensão ética. Ele assinala uma distinção a ser feita entre as razões dos atos dos indivíduos tais como eles os representam para si e as causas que nos fazem agir e permanecem na opacidade.[64]

Evitar o reducionismo

Essa dualidade própria a toda ação torna impossível qualquer iniciativa reducionista que deduzisse os processos psíquicos dos fenômenos neurônicos, mesmo que essa posição postule um monismo materialista: "A posição que se deve adotar, a meu ver, é naturalista quanto à ontologia, mas antirreducionista quanto à explicação".[65] Fundando sua teoria da significação sobre o princípio do "considerar verdadeiro" o discurso do ator, Davidson valorizou o estudo do funcionamento do processo

---

60 Idem, entrevista com o autor.

61 Ibidem.

62 Davidson, *Inquiries into Truth and Interpretation*.

63 Engel, *Introduction à la philosophie de l'esprit*, p.74.

64 Davidson, *Essay on Action and Events*.

65 Engel, *Le Rêve analytique et le réveil naturaliste*, Le Débat, n.72, nov.-dez. 1992, p.105.

interpretativo, recusando a divisão entre espírito e matéria. Para ele, a interpretação continua fundamentalmente indeterminada, mesmo se ela for enquadrada por imposições de racionalidade normativa. "É por isso que se pode chamar sua concepção de interpretação 'racionalizante'",[66] tratando-se de saber quais são as condições de verdade das atribuições de conteúdos mentais.

Rejeitando o dualismo cartesiano corpo/espírito, Davidson se define como monista, à maneira de Spinoza.[67] Os dois níveis, mental e físico, não remetem a duas realidades de ordem diferente, mas a duas maneiras de conceber as mesmas coisas. Davidson recusa qualquer ambição que pudesse ter a psicologia de tornar-se um dia uma ciência natural, por três razões essenciais, que são também fatores de resistência às empresas reducionistas. Em primeiro lugar, os conceitos de origem psicológica do tipo daquele da ação intencional são inelutavelmente conceitos normativos. Em segundo lugar, a ação intencional deve ser suscitada por estados cognitivos que se situem em posição causal. Em terceiro lugar, deve-se postular, para compreender o comportamento dos agentes humanos, que eles ajam de acordo com critérios comparáveis aos do observador, enquanto para estudar o funcionamento dos genes tal condição não é necessária. Davidson situa sua posição como próxima da de Gadamer, "cuja abordagem hermenêutica da linguagem se aproxima de meu tratamento da interpretação 'radical'".[68]

A comprovação

Mas a filiação dos trabalhos de Davidson, assim como os de Dennett, inscreve-se sobretudo na tradição analítica, que permitiu alimentar a reflexão das ciências cognitivas sobre a ação, por um retorno às "próprias coisas". Entre a interpretação da ação tal como a entende Paul Ricoeur e a interpretação "radical" de Davidson existem diferenças de perspectiva importantes. Ricoeur, em seu constante diálogo com

---

66 Idem, *Introduction à la philosophie de l'esprit*, p.75.
67 Davidson, Un entretien avec Donald Davidson, *Le Monde*, 28 jun. 1994.
68 Ibidem.

O HORIZONTE HERMENÊUTICO

a filosofia analítica, discutiu profundamente as teses de Davidson.[69] Ele elogia primeiramente o "rigor notável"[70] com o qual Davidson realiza uma dupla redução lógica e ontológica que o leva a ver na ação uma subclasse de acontecimentos dependentes de uma ontologia do acontecimento impessoal.[71] A explicação causal tem, portanto, como função integrar as ações numa ontologia que erige a noção de acontecimento ao mesmo nível que a de substância. A demonstração de Davidson de 1963[72] consiste em mostrar que a explicação invocando razões aproxima-se a uma explicação causal, o que não remete necessariamente a uma concepção nomológica. Essa relação interna descrição/explicação regendo os acontecimentos singulares reúne, além do mais, posições de Ricoeur desenvolvidas no primeiro tomo de *Temps et récit* [Tempo e narrativa]. Mas Davidson deixa escapar a dimensão fenomenológica da orientação consciente por um agente capaz de se viver como responsável por seus atos. Ele atenua ao mesmo tempo o estatuto temporal da intencionalidade e a referência ao agente. A crítica maior que Ricoeur dirige a Davidson é a "de ocultar a atribuição da ação de seu agente, na medida em que ela não é pertinente para a noção de acontecimento que ele suscitou, seja ela produzida ou levada por pessoas ou por coisas".[73]

Na revisão feita quinze anos mais tarde, em 1978, em seu novo ensaio sobre a ação,[74] Davidson reconhece ter negligenciado dimensões essenciais da intencionalidade: a da orientação para o futuro, a do prazo de realização e da implicação do agente. Contudo, nem por isso ele revisa sua concepção da explicação causal. A noção de pessoa permanece assim pouco pertinente: "Nem a não inscrição, nem sua comprovação podiam achar lugar numa semântica da ação que sua estratégia condena a permanecer semântica da ação sem agente".[75]

Eis aí duas perspectivas diferentes que encontramos na França a partir das posições de Pascal Engel, filósofo do Centre de Recherche en Épistémologie Appliquée (Crea), que certamente consigna grande

---

69 Ricoeur, *Soi-même comme un autre*, p.93-108.
70 Ibidem, p.93.
71 Davidson, *Essays on Actions and Events*.
72 Ibidem, p.3-19.
73 Ricoeur, *Soi-même comme un autre*, p.101.
74 Davidson, *Essays on Actions and Events*, p.83-102.
75 Ricoeur, *Soi-même comme un autre*, p.108.

admiração por Paul Ricoeur, e notadamente pelo diálogo que ele travou solitariamente durante anos com a filosofia analítica, mas nem por isso partilha da mesma perspectiva hermenêutica: "Minha posição sobre o problema da verdade não é uma posição hermenêutica, é o que eu chamei de uma 'interpretação sem hermenêutica'".[76,77] Ele compara nesse artigo a tradição hermenêutica alemã com a teoria da interpretação segundo Quine e Davidson, considerando que a filiação continental continua muito pós-kantiana (essa posição encontra-se também nos Estados Unidos, entre autores como Strawson).[78]

Pascal Engel, recusando as tentativas reducionistas quanto às explicações, adota uma posição naturalista, similar à de Davidson, quanto à ontologia. É preciso estar particularmente atento aos diversos níveis de explicação. A filosofia teria passado, segundo ele, de uma perspectiva kantiana para uma problemática humiana e naturalista "centrada sobre a questão: 'Qual concepção da realidade podem ter criaturas como nós, dotadas de capacidades naturais?'".[79] Engel considera que a filosofia contemporânea encerrou-se demasiadamente na ênfase ao texto, e na ideia de que a verdade deveria ser encontrada no interior do texto. Sua reação contra uma atitude por demais hermenêutica, historicizante e textual não significa que ele renuncie a atingir uma forma de objetividade. Esta seria a resultante "dos efeitos intersubjetivos que permitem fazer o trabalho filosófico progredir".[80] Essa posição nos conduz a uma necessária dimensão pragmática da teoria da ação.

---

76 Engel, Interpretation without Hermeneutics, *Topoi*, n.10, 1991, p.137-46.

77 Pascal Engel, entrevista com o autor.

78 Strawson, *Individuals*.

79 Engel, Le Rêve analytique et le réveil naturaliste, p.114.

80 Pascal Engel, entrevista com o autor.

17

As ciências humanas

CIÊNCIAS PRAGMÁTICAS

A reorientação das ciências humanas para o agir social convida a revisitar a tradição pragmática da qual Peirce é apresentado como um dos fundadores.[1] Peirce construiu toda uma semiótica, englobando a linguística, e foi ele que colocou a linguagem sob a dominância da comunicação. O sentido revela-se sob sua função prática. Essa perspectiva é uma prefiguração precoce da filosofia analítica. Ele terá sido um dos raros filósofos a tomar a ação como objeto e a colocar uma diferença de ordem metafísica entre a ação de tipo físico (a ação dual) e a ação de tipo humano (a ação triádica). Segundo Peirce, só o princípio triádico organiza as relações humanas.

Essa filosofia da ação, centrada na pragmática, tem contudo precedentes, e Peirce diz retomar de Kant o próprio termo pragmática. Em *Anthropologie du point de vue pragmatique* [Antropologia do ponto de vista pragmático],[2] Kant desenvolve esse tema pouco trabalhado na *Critique de la raison pure* [Crítica da razão pura]. O que emerge da pragmática é "a crença ou a hipótese sobre as quais nos fundamentamos para decidir meios a empregar numa ação".[3] Em sua antropologia, Kant

---

1 Peirce, *Écrits sur le signe*.
2 Kant, *Anthropologie du point de vue pragmatique*.
3 Descombes, En guise d'introduction: science sociale, science pragmatique, *Critique*, n.529-530, jun.-jul. 1991, p.420.

define um plano pragmático que é o da práxis e de sua compreensão. A pragmática reveste, então, um sentido similar ao de sua variante latina,[4] que é tratar de tudo o que se origina das questões políticas e judiciárias. Essa acepção remete-nos à reavaliação do senso comum, dos processos de justificação dos atores numa atenção particular a seu discurso para realizar um programa pragmático.

Por que caminho recuperar essa dimensão? A via preconizada por Dilthey e Husserl consiste em ver, partindo do vivido subjetivo, como este se experimenta horizontalmente na comunicação, na interação, e assim compreender a estabilização daquilo que Dilthey qualifica como experiência universal da vida.[5] Trata-se de fato de uma experiência coletiva própria a uma comunidade social dada que se exprime "sob a forma de ditados, sentenças, máximas, de um saber prudente compartilhado, uma espécie de senso comum, diríamos hoje".[6] A partir daí, no esquema de Dilthey, opera-se um processo de objetivação que é próprio das ciências sociais: o movimento de autonomização partindo do vivido objetiva-se sob a forma de um senso comum estabilizado no plano intersubjetivo. Hoje, esse percurso reverte-se em uma nova dialética: "Temos primeiro um espaço público que modela mais ou menos uma opinião pública, a qual reage sobre um senso comum".[7] A outra grande inversão consiste em não mais pensar o mundo como físico, mas, com Peirce, como fundamentalmente semiótico. Tal reorientação implica que a própria *semiose* resulta de uma sucessão de traços deixados pela cadeia dos intérpretes constitutiva de um mundo vivido, de uma referência de segundo plano necessária à ideia de partilhar um mundo e de se comunicar nele.

Esse deslocamento do mundo físico para o mundo vivido foi realizado por Husserl, Dilthey e globalmente pelo programa fenomenológico: "É uma visão completamente diferente da problemática ontológica, pois temos indivíduos que tentam compreender-se entre si".[8] Aquilo sobre o que se elabora esse entendimento se enraíza nos recursos de sentido que estão em segundo plano do mundo vivido e que podem ser

---

4 *Pragmatica sanctio*, pragmática como sanção no plano jurídico.
5 Dilthey, *L'Édification du monde historique dans les sciences de l'esprit*.
6 Jean-Marc Ferry, entrevista com o autor.
7 Ibidem.
8 Ibidem.

AS CIÊNCIAS HUMANAS

atualizados pela intersubjetividade verificada nos processos de comunicação: "Daí a importância atribuída aos diferentes registros do discurso que podem ser narrativos, interpretativos, argumentativos, reconstrutivos conforme o caso".[9] Do tipo de modo discursivo empregado poderão resultar modos de compreensão do mundo diferentes.

Essa guinada de dupla origem, fenomenológica e semiótica, permite o desdobramento do programa de análise pragmática e comunicacional. A importância do registro do discurso sob a forma de identidade foi particularmente enfatizada por Paul Ricoeur com sua noção de identidade narrativa e sua distinção entre *mêmeté* e *ipséité*:[10] "A natureza verdadeira da identidade narrativa não se revela, na minha opinião, senão na dialética da *ipséité* e da *mêmeté*".[11]

Jean-Marc Ferry partilha com Ricoeur a ideia de um vínculo muito forte entre o registro do discurso e a forma de identidade. Mas ele considera que Ricoeur privilegiou demais dois registros do discurso, o narrativo e o interpretativo, à custa de outras modalidades, e por isso propõe um registro específico da nossa época contemporânea, o do discurso "reconstrutivo". Este necessita um reexame das teorias da argumentação, a fim de melhor compreender que a mudança de paradigma corresponde a uma virada da era moderna para uma nova era. O modo reconstrutivo revisita e se reapropria da tradição, "mas não à moda de uma hermenêutica tradicional, nem da maneira exegética nem apologética".[12] Jean-Marc Ferry o define como um processo antes de tudo intersubjetivo, ao mesmo tempo cooperativo e conflitual, destinado a tematizar as repressões cometidas, como os genocídios, as situações de jugo colonial... e fazendo assim justiça às situações de dominação, de repressão legadas pelo passado nas comunicações anteriores: "É a própria comunicação que aparece como tema no discurso reconstrutivo".[13]

---

9 Ibidem.

10 Paul Ricoeur estabelece uma diferença fundamental entre os dois usos do conceito de identidade: a identidade como mesmice (latim *idem*, inglês *same*, alemão *gleich*) e identidade como si mesmo (latim *ipse*, inglês *self*, alemão *selbst*).

11 Ricoeur, *Soi-même comme un autre*, p.167.

12 Jean-Marc Ferry, entrevista com o autor.

13 Ibidem.

A interação pragmática

A temática da racionalidade comunicacional é habermassiana por excelência. Jean-Marc Ferry começou seu trabalho de filósofo, como se sabe, trabalhando de perto sua obra. Foi nela que ele encontrou o vínculo muito estreito que reúne racionalidade e argumentação. Habermas mantém o questionamento transcendental a propósito das condições de possibilidade da ordem social no nível da palavra trocada numa interação. É portanto na prática interlocutória que ela se revela, pela mediação da razão comunicativa.[14] A pragmática de vocação universal de Habermas questiona a pretensão à verdade dos atos de linguagem. Com Habermas, a racionalidade comunicativa passa de uma situação de atributo da ação para o estatuto de "fundamento de uma relação interpessoal e como meio de organização da interação".[15]

A temática da interação pragmática não data de Habermas, mas foi particularmente desenvolvida por ele. Ela tem como significado a luta pelo reconhecimento, mas num registro menos trágico que o registro hegeliano da luta até a morte; ela se dá no registro comunicacional. Encontram-se três níveis, três mundos concebidos não como recursos de objetos particulares, mas como correlatos de atitudes de base: a relação do sujeito conhecedor com seu ambiente que define uma racionalidade em relação às regras técnicas na dimensão do trabalho, a relação do sujeito moral agindo no mundo social das normas legítimas, e a do sujeito com relação a sua própria subjetividade e à dos outros. Esses tópicos ternários, constitutivos da arquitetura tanto de Kant quanto de Weber e Habermas, "têm uma ancoragem pragmática muito profunda em atividades socializadas que são o trabalho, a memória e a linguagem e a luta pelo reconhecimento".[16]

Considerando entretanto que somos prisioneiros dessas tricotomias, Jean-Marc Ferry preconiza que se encare uma quarta dimensão, reflexiva em comparação com as outras três, que é a do discurso, não redutível à linguagem ou à interação. Essa dimensão discursiva é

---

14 Habermas, *Théorie de l'agir communicationnel*.

15 Quéré, Raison, action sociale et intersubjectivité, *Langage, action sociale et communication*, Ehess, out. 1987, p.90.

16 Jean-Marc Ferry, entrevista com o autor.

AS CIÊNCIAS HUMANAS

constituída por uma gramática da ordem natural mais profunda do que aquela que está encerrada na linguagem. Essa quarta dimensão situa-se num nível e em conteúdos diferentes da racionalidade ético-comunicacional. Ela está num nível mais fundamental, aquele de uma ontologia gramatical.[17]

O projeto de Jean-Marc Ferry é mostrar o que significa profundamente essa gramática diante daquilo que Fichte chamou de "história pragmática do espírito humano". O núcleo rígido da identidade comunicacional, aquilo que permite o intercâmbio, a tradução, encontra-se assim numa gramática cuja ancoragem é mais profunda que suas variantes linguísticas e culturais. Essa ontologia gramatical permite a incompreensão no mundo vivido. Encontram-se nesse plano as posições expressas por Wittgenstein quando ele vê na gramática a atividade configurante por excelência: "É a gramática que diz qual gênero de objeto é alguma coisa".[18] Ora, é no plano do agir que a gramática pode situar tal ou qual ocorrência e discriminar aquilo que é do campo de uma ação ou não. Essa "semântica natural da ação", como define Paul Ricoeur, especifica uma linguagem da ação. "Essa passagem do factual ao gramatical está na ordem do dia da sociologia há uns cinquenta anos".[19] Tal perspectiva impõe uma problemática pragmática atenta aos processos constitutivos da intersubjetividade e das "práxis operantes".

A guinada linguística, após sua fase binária marcada pelo estruturalismo, levou ao triângulo pragmático. Esses marcadores pragmáticos foram objeto privilegiado da filosofia analítica, de Austin, de Searle, seguidos por especialistas franceses do estudo da linguagem (Oswald Ducrot, François Récanati...). Rompendo com a distinção saussuriana entre o objeto que constitui a língua, próprio da ciência linguística, e a palavra, relegada à contingência e ao não científico, eles mostraram que falar é agir, isto é, comunicar um sentido. Eles situaram a importância do contexto para compreender e tornar inteligíveis as proposições emitidas. A partir dessa dupla reavaliação da palavra como ato contextualizado, nasceu o conceito de performativo que define um registro fundamental dos atos de linguagem. Essa dimensão pragmática tinha

---

17 Idem, *Les Puissances de l'expérience*.
18 Wittgenstein, *Recherches philosophiques*, p.373.
19 Quéré (Dir.), *La Théorie de l'action*. Le sujet pratique en débat, p.55.

sido tão fortemente percebida por Benveniste com sua distinção entre o enunciado e uma enunciação que está em situação de predominância: "Em última análise, a experiência humana inscrita na linguagem remete sempre ao ato da palavra no processo de intercâmbio".[20]

A polifonia dialógica

Essa dialética da enunciação situada no cerne do enunciado foi particularmente desenvolvida por Mikhail Bakhtin com seu conceito de dialógica, que recobre a polifonia das vozes carregada pelo discurso. Bakhtin assimila a obra a um elo na troca verbal, no diálogo. A dialogia não se limita, no entanto, ao diálogo. Tal como o concebe Bakhtin, "o fenômeno dialógico ultrapassa em muito as relações entre as réplicas de um diálogo formalmente produzido; ele é quase universal e perpassa todo o discurso humano".[21] É assim que o sentido carregado pela textualidade e pela história se combina de maneira dialógica entre as gerações sucessivas: ele toma uma configuração nova, marcada por uma variação de centro contextual voltando a analisar o texto num contexto que não é mais o seu. Dessa forma, não há sentido em si, *a priori*, a procurar; este se dá numa resposta a uma questão colocada, contemporânea e situada: "O sentido assim compreendido (no contexto inacabado) não é nem tranquilo nem confortável (não se poderia deitar nele e morrer)".[22]

Francis Jacques desenvolveu no plano filosófico esse tema da dialógica,[23] que ele vê como uma superação possível da tradicional alternativa entre consenso e dissenso. A solução buscada encontra-se, assim, no plano pragmático de uma nova análise da comunicação, graças a uma concepção da dialogia definida como coextensiva de todo discurso, estrutura interna destes e funcionando de maneira transitiva entre duas instâncias enunciadoras. O mundo é induzido na relação pragmática de interlocução: "De maneira última, o mundo comum da vida cotidiana

---

20 Benveniste, Le Langage et l'expérience humaine. In: *Problèmes de linguistique générale*, t.2, p.78.
21 Bakhtin, *La Poétique de Dostoïevski*, p.77.
22 Idem, *Esthétique et création verbale*, p.382.
23 Jacques, *Différence et subjectivité*; idem, *L'Espace logique de l'interlocution*.

AS CIÊNCIAS HUMANAS

[...] procede da relação entre eu e tu [...]. Cabe à atividade comunicacional engendrar o mundo ordinário de nossas correferências".[24]

As tópicas do sofrimento

Um belo exemplo de estudo pragmático foi muito recentemente oferecido por Luc Boltanski com seu estudo sobre *La Souffrance à distance*. Fica-se nesse domínio no plano do agir: "As exigências morais diante do sofrimento convergem de fato todas para um único imperativo: o da ação".[25] Boltanski se pergunta em que condições uma palavra sobre o sofrimento pode ser considerada como agente, partindo de uma temática muito atual, a da exposição do sofrimento nos meios de comunicação. O argumento desenvolvido consiste em mostrar que o problema não é, contrariamente ao que se diz em geral, que há uma dramatização midiática. É do século XVIII que data a emergência do espaço público e da singularidade do corpo sofredor em torno do princípio de equivalência emitido pela dimensão unificadora do político: "Uma política de caridade deve suprir uma dupla exigência. Como política, ela não pode se isentar completamente de casos particulares. A generalidade não inspira a caridade".[26]

Coloca-se, pois, para regular essa questão, o problema do distanciamento necessário à apreensão da caridade pelo político. Luc Boltanski mostra que esse espetáculo inconveniente do sofrimento na hora do jantar nas nossas telas não é tão novo. O argumento desenvolvido e que responde em parte à crítica de anistoricismo dirigida à obra precedente, *De la justification*, tenta encontrar na longa duração os rastros de três tópicas erigidas desde o século XVIII.

Vê-se nascer no Século das Luzes uma primeira tópica que estruturará até hoje o espaço político entre direita e esquerda: a denúncia. Essa se desenvolve sob a forma dupla de uma questão e de uma investigação a fim de apoiar a indignação que lhe é subjacente. A denúncia implica

---

24 Idem, *Différence er subjectivité*, p.64.
25 Boltanski, *La Souffrance à distance*, p.9.
26 Ibidem, p.27.

individualizar o impostor ou o perseguidor que se pretende entregar à vingança pública ou ao processo judicial: "Na tópica da denúncia, a atenção do espectador não se demora sobre os prejudicados. Ela se desloca do lugar do prejudicado que suscita a caridade para o do perseguidor que se acusa".[27] A emoção será, então, dominada e voltada para uma racionalização argumentativa suportada por um dossiê, peças de convicção recolhidas no decorrer de uma investigação. O modelo paradigmático dessa tópica é Voltaire que transforma o emocional em investigação minuciosa para dar uma base objetiva à inocência do caso defendido, como mostrou Elisabeth Claverie em seu estudo sobre a questão do cavaleiro de La Barre.[28] Essa tópica leva a uma deliberação pública e portanto à justiça depois de ter contido sua indignação, a fim de melhor acusar o perseguidor.

A segunda tópica é o sentimento. Ao contrário da primeira, permanece-se aqui sobre a desgraçada vítima, de cuja tragédia se compartilha, e dedica-se a seu benfeitor a maior gratidão. Trata-se de um outro registro, não mais o do confronto ou do processo, mas o da interiorização do sofrimento, de seu compartilhar. Luc Boltanski toma, para ilustrar essa tópica, o exemplo de um dos escritores ingleses mais importantes da segunda metade do século XVIII, Samuel Richardson, um dos iniciadores do romance moderno cujas heroínas, Pamela e Clarissa, são vítimas chorosas, moças sempre virtuosas ante a adversidade. O desdobramento do discurso sentimental implica nesse caso, ao contrário da denúncia, evitar perseguir os perseguidores malvados, os *demon-lovers* (o conde de Belfont e o libertino Lovelace) para "deslocar a atenção para as emoções doces que comovem os infelizes e emocionam o espectador".[29]

Num terceiro momento, essas duas tópicas serão objeto, no século XIX, de uma virulenta crítica. A da denúncia será desqualificada sob o argumento segundo o qual a ajuda à vítima transformada em caso

---

27 Ibidem, p.101.

28 Claverie, Sainte indignation contre indignation éclairée. L'Affaire du chevalier de La Barre, *Ethnologie Française*, v.XXII, n.3, 1993, p.271-90. [N.T] Trata-se do caso de um indivíduo acusado de heresia. Condenado à fogueira por um tribunal eclesiástico, o cavaleiro de La Barre recorre ao Parlamento de Paris, que lhe concede o direito de ser decapitado antes de ser queimado. Voltaire reclamou em vão pela revisão do processo.

29 Boltanski, *La Souffrance à distance*, p.139.

AS CIÊNCIAS HUMANAS

judiciário e em vingança leva a produzir novos desvalidos. Quanto à tópica do sentimento, ela será considerada como a expressão de um deslocamento da vítima da qual aparentemente se trata para aquele que exprime sua caridade e que se entrega de fato a um abuso de sentimentos pessoais e a um prazer erótico não confessado. A partir dessa dupla crítica, nasce uma terceira tópica, cujos traços paradigmáticos Luc Boltanski vê em Baudelaire, no retrato do *dandy*: "O caráter de beleza do *dandy* consiste sobretudo na maneira fria que vem da inquebrantável resolução de não se emocionar".[30] O *dandy* ilustra aquilo que Boltanski chama de tópica estética. Ele compara, depois da demonstração feita por Pierre Pachet,[31] Baudelaire e Sade numa mesma denúncia do desejo de vingança como ilusão que se autoatribui e do sentimentalismo como expressão hipócrita: "Se você retirar o benfeitor e o perseguidor, verá a vítima de perto, verá o horror".[32] A impassibilidade do *dandy* olhando o sofrimento de frente, sem escapatória, caracteriza essa terceira atitude diante do sofrimento.

O entrelaçamento atual dessas três tópicas terá prolongamentos no plano político. Ele inspira uma ou outra posição no espectro político, pois a colocação do espaço público está no cerne da questão do sofrimento e de seu tratamento. Esse estudo de Luc Boltanski se inscreve, aliás, mais largamente na preocupação "de fazer uma pragmática do espectador".[33]

O ato-poder

Encontramos essa preocupação pragmática na obra original de Gérard Mendel, no cruzamento da psicanálise e da sociologia, em sua tentativa de constituição de uma "sociopsicanálise". A busca de conexão entre esses dois universos sempre tornou Mendel cético quanto às estratégias de desvendamento e, em contrapartida, atento ao ato

---

30 Ibidem, p.171.
31 Pachet, *Le Premier venu*. Essai sur la politique baudelairienne.
32 Luc Boltanski, entrevista com o autor.
33 Ibidem.

humano em seu desdobramento concreto, manifesto, nessa parte explícita do agir que é mais frequentemente desqualificada, notadamente em psicanálise. Nesse sentido, ele lembra com justeza os limites, as fronteiras necessárias a cada uma das práticas e não privilegia nem a "aporia social da psicanálise"[34] nem a "aporia da psicologia social do sujeito".[35]

No centro desse novo campo de investigação que ele tenta desenvolver, o de uma sociopsicanálise, encontra-se uma reflexão sobre o agir social, o que Gérard Mendel denomina "ato-poder", definido como apropriação pelo indivíduo de sua posição na inter-relação social. Ele constata de fato a existência de um "movimento psíquico espontâneo",[36] em geral não consciente, pelo qual o autor de uma ação tende a querer se atribuir um poder sobre esta. Mendel tem consciência de que essa propensão espontânea pode se tornar desmedida e transformar-se em poder de si sobre os outros ou dos outros sobre si; importa, portanto, compreender esse ponto cego, a "relação de poder do sujeito com seu 'fazer', com seu ato, com sua ação".[37] Em psicanálise, ele constata ironicamente que o "ato fracassado" ocupou um lugar de destaque na teoria freudiana, enquanto o "ato bem-sucedido" foi o esquecido pela psicologia.

Foi a partir desse ângulo morto da análise que Gérard Mendel desenvolveu uma intervenção sociopsicanalítica a partir de 1971, no âmbito de uma prática coletiva, a do "grupo Desgenettes", no seio de empresas, de estabelecimentos escolares, de instituições de saúde, intervindo tanto sobre o próprio conteúdo quanto sobre a estrutura de organização do trabalho. Tomar o ato como objeto privilegiado remete-nos mais uma vez à natureza pragmática das ciências humanas.

---

34 Mendel, *La Société n'est pas une famille*, p.8.

35 Ibidem, p.14.

36 Ibidem, p.176.

37 Ibidem, p.179.

PARTE V

AS REPRESENTAÇÕES

18

AS REPRESENTAÇÕES MENTAIS
A ORIENTAÇÃO COGNITIVISTA

No tempo do paradigma estruturalista, pensava-se que as aptidões perceptivas do ser humano deviam ser procuradas exclusivamente na esfera cultural. É por isso que a linguística serviu nesse momento de ciência piloto, pois é nas aptidões linguísticas que se encontra o discriminador que separa o ser humano do resto do mundo, animal e vegetal. Acontecia assim que as explicações das variações e permanências do comportamento humano se originavam de uma única dimensão, exceto as considerações orgânicas. A guinada em curso nesse ponto é espetacular, com o desenvolvimento das ciências cognitivas, a tal ponto que, para alguns, elas constituem uma ciência potencial da natureza humana.

Não se trata, longe disso, de um conjunto homogêneo, mas de uma constelação de disciplinas. Elas têm em comum a compreensão de que as representações humanas resultam de um trabalho interpretativo constante que o cérebro executa e armazena. A consideração desse elemento permite dar uma base a representações que não existem em si. Sua compreensão passa, assim, pelo desvio do sistema de tratamento do qual elas se originaram e que se encontra na natureza física, biológica, do sistema mental. Ao querer reduzir os pensamentos do homem a seus fundamentos biológicos, corre-se um grande risco de reificação. Nem por isso as ciências humanas podem deixar de estar atentas às descobertas múltiplas das ciências cognitivas que nos lembram que o homem

264 O IMPÉRIO DO SENTIDO

é um ser "bioantroposociológico".[1] A adoção de um procedimento que privilegia a complexidade e a autonomia é aqui mais necessária do que em outro lugar, para evitar todas as formas de reducionismo.

Nas origens do cognitivismo

A cognição é um campo autônomo de estudos das representações mentais que pouco a pouco emergiu da cibernética em torno dos anos 1940-1950. Considera-se geralmente a publicação do artigo de Warren McCulloch e Walter Pitts em 1943 como seminal para a definição da fase cibernética.[2] As ideias ali desenvolvidas estarão na base da invenção futura dos computadores digitais. McCulloch e Pitts consideram que a atividade mental pode ser tornada inteligível graças à lógica, uma vez que o cérebro é um mecanismo que funciona logicamente por natureza, graças a seus componentes, os neurônios:[3] "Esses neurônios simples podiam, então, ser conectados entre si, suas interconexões fazendo o papel de operações lógicas".[4]

O segundo momento importante na emergência do programa cognitivista situa-se em 1956, quando de dois grandes encontros, em Cambridge e em Darmouth, no decorrer dos quais Herbert Simon, Noam Chomsky, Marvin Minsky e John McCarthy definem um projeto que corresponde ao que são hoje as ciências cognitivas. É nessa ocasião que se fala em inteligência artificial e que se amarra o destino da cognição como prolongamento da construção de modelos tornada possível pelo tratamento da informação. John von Neumann define pouco depois um programa de inteligência artificial em perfeita coerência com um projeto de ciência da inteligência biológica.[5] Uma constelação de disciplinas começa a se constituir em torno desse projeto. Além da linguística de Chomsky, em torno das noções de competência e desempenho,

---

1 Morin, *Le Paradigme perdu*.
2 McCulloch; Pitts, A Logical Calculus of Ideas Immanent in Nervous Activity, *Bulletin of Mathematical Biophysics*, n.5, 1943, p.115-30.
3 Ver Dupuy, *Aux origines des sciences cognitives*.
4 Varela; Thompson; Rosch, *L'Inscription corporelle de l'esprit*, p.71.
5 Neumann, *The Computer and the Brain*.

AS REPRESENTAÇÕES MENTAIS

encontram-se psicólogos e informáticos evidentemente no centro desse projeto, mas também filósofos "para os quais o estudo da linguagem e da comunicação orienta a reflexão filosófica e a intencionalidade".[6] Os símbolos, até então encarados tão somente na sua dimensão cultural, são então examinados em sua dupla natureza física e semântica. Nesse primeiro estágio, o modelo é o computador, ou seja um modelo mecânico, lógico de pensamento. É partindo desse postulado que em 1960 se constitui em Harvard um Center for Cognitive Studies e que se questiona o "behaviorismo clássico dos trabalhos psicológicos, propondo[-se] substitui-lo pela abordagem cibernética".[7] Essa configuração inicial na qual a cognição é fortemente tributária do modelo de inteligência artificial (IA) evoluirá nos anos 1970 para uma orientação mais voltada para a questão dos neurônios, para o aspecto mais biológico do cognitivismo. Esse primeiro paradigma do cognitivismo define-se por três proposições principais segundo as quais o complexo espírito/cérebro é suscetível de uma descrição dupla, material de um lado e informacional do outro, sendo os dois níveis independentes um do outro. Essa proposição "define o funcionalismo no sentido estrito que se pretende um monismo não reducionista".[8] As duas outras proposições caracterizam o caráter "computo-representacional" da teoria.

Uma constelação de disciplinas

Hoje em dia, contudo, não há paradigma verdadeiramente unificador, mas uma constelação de disciplinas engajadas, em parte, em programas de pesquisas comuns. Contam-se no momento seis disciplinas ou grupos de disciplinas que são seus "membros constitutivos oficiais":[9] as neurociências, a psicologia, a linguística, a filosofia, a antropologia, a informática. Essa configuração leva a questões sobre as fronteiras que separam as disciplinas, sobre sua especificidade, sua historicidade, seu

---

6 Andler (Org.), *Introduction aux sciences cognitives*, p.31.

7 Vignaux, *Les Sciences cognitives: une introduction*, p.7.

8 Andler (Org.), *Introduction aux sciences cognitives*, p.13.

9 Idem, À quoi pensent les sciences cognitives?, *Raison Présente*, n.109, 1994, p.30.

objeto. Ela conduz a revisitar os velhos dualismos como o que opõe tradicionalmente corpo e espírito, para encontrar novas articulações entre esses dois polos. As convergências situam-se numa ruptura comum com o behaviorismo, e portanto com o esquema da explicação comportamental a partir do simples par estímulo/resposta apropriada. É nesse entretempo, nesse ínterim que se define o programa de investigação do cognitivismo. A explicação cognitiva abrange, assim, a atividade mental considerada como encadeamento de transformações regradas das representações. Ela postula a neutralidade da informação com relação a seu suporte: "É esse esquema que chamamos frequentemente de 'funcionalismo', especificando às vezes 'computacional'".[10]

O núcleo desse programa é constituído pelas neurociências que abrangem um conjunto heterogêneo de disciplinas, a neuropsicologia, a neurolinguística, a neurobiologia, a neuropsiquiatria, tendo todas o cérebro como objeto de estudo. É um domínio no qual as descobertas recentes são as mais espetaculares. Pode-se distinguir no cérebro três domínios distintos, cada um governando uma parte das atividades humanas. Ao cérebro réptil, que é o núcleo no qual se encontram as pulsões primárias, acrescenta-se uma segunda membrana, a do cérebro límbico, que comanda o instinto gregário, e um terceiro conjunto, o neocórtex, que só aparece com a espécie humana e dirige o pensamento simbólico.[11] Evidentemente, esses três conjuntos estão em conexão, interagindo sobre os comportamentos do homem.

As neurociências exploram as funções cognitivas da percepção, da memória, da ação, tentando determinar o papel das estruturas cerebrais em seu funcionamento. Ora, a complexidade do cérebro humano é um verdadeiro desafio à inteligência humana. Há um século, em 1891, Wilhelm Waldheyer identificava as células do cérebro que ele denominava neurônios. Sabe-se desde então, graças aos trabalhos das neurociências, que o cérebro é constituído de algumas centenas de milhares de neurônios que estabelecem entre si em torno de um bilhão de conexões. Esses neurônios são constituídos em módulos e em anéis: "É essa organização modular que permite reconhecer as localizações cerebrais".[12]

---

10 Ibidem, p.35.

11 MacLean; Guyot, *Les Trois Cerveaux de l'homme*.

12 Bourguignon, Cerveau et complexité, *Sciences Humaines*, n.8, jul. 1991, p.25.

AS REPRESENTAÇÕES MENTAIS

O modelo neurológico

O primeiro modelo de inteligibilidade para dar conta desse instrumento sofisticado que é o cérebro foi um circuito elétrico interconectado, percorrido por uma corrente, a do influxo nervoso. É a fase do modelo cibernético, o momento em que o cérebro é considerado como um supercomputador, e os neurônios como microprocessadores. Num segundo estágio, a neuroendocrinologia evidenciou as relações entre sistema nervoso e sistema hormonal. Pôde-se determinar neurotransmissores, módulos químicos que garantem, no nível das sinapses, a transmissão das mensagens do influxo nervoso de um neurônio para outro. Passou-se da visão de um cérebro-circuito elétrico para a de um cérebro-glândula que secreta moléculas químicas guiando as paixões humanas.[13]

Além do mais, concorda-se hoje em retomar a questão da automaticidade da ligação introduzida por MacLean entre localização cerebral dos centros nervosos e funções mentais. Em terceiro lugar, um elemento temporal intervém a partir dos trabalhos sobre a memória, nos "traços mnésicos" deixados no cérebro. Gérard Edelman de fato construiu uma teoria global da memória a partir de uma seleção das ligações entre os neurônios.[14] Dentre a infinidade de possibilidades, o sujeito em sua interação com seu ambiente suscitará e estimulará algumas redes à custa de outras possíveis.

Esse modelo, que parece "um dos mais em voga hoje em dia entre os teóricos das neurociências",[15] abre inelutavelmente para a dimensão social, para a historicidade, e torna caduca qualquer redução mecânica do pensamento a seu substrato biológico. Assistimos, então, àquilo que Jean-Pierre Changeux qualificou de "revolução neurológica"[16] à medida que as neurociências penetram essa "caixa negra" do cérebro, da qual se começa pouco a pouco a poder explicar a gênese e a arquitetura, a evolução e a estrutura. Mas os processos epigenéticos de estabilização seletiva das sinapses remetem a uma necessária teoria da complexidade e à noção de autonomia, da singularidade de cada um dos cérebros.

---

13 Vincent, *Biologie des passions*.
14 Edelman, *Neural Darwinism*.
15 Weinberg, Où en sont les neurosciences?, *Sciences Humaines*, n.8, jul. 1991, p.18.
16 Changeux, *L'Homme neuronal*.

Assim, a redução a uma noção de natureza humana imutável é propriamente impossível por razões biológicas que se referem ao fato de que o cérebro interage com seu ambiente graças a suas propriedades auto-organizadoras. Tal característica obriga as ciências neuronais a abrir-se para as ciências humanas para evitar o perigo do reducionismo e para determinar as interações fundadoras do comportamento humano: "O que eu questiono é a noção de natureza humana biologicamente determinada".[17]

O conexionismo

As neurociências estão na origem de um novo paradigma que se apresenta frequentemente como alternativa ao cognitivismo clássico, a possível superação dos impasses que o modelo de inteligência artificial (IA) encontrou: é o conexionsimo. Ele emprega o modelo de funcionamento neurônico para construir redes abstratas de neurônios formais. Esse modelo oferece a vantagem de uma articulação em constante evolução com relação ao ambiente, enquanto o cognitivismo clássico estava fundado numa programação prévia e intangível, à maneira dos computadores. Essa capacidade de adaptação e ajustamento ao ambiente emprega a "teoria dos sistemas dinâmicos".[18] De seu lado, o conexionismo constitui uma nova abordagem da construção de modelos cognitivos inspirada na biologia. Essa orientação foi definida como alternativa ao modelo clássico desde 1982.[19] Ela oferece a vantagem de uma comparação possível entre "construção de modelos na informática e na psicologia de um lado, neurociências de outro".[20] O conexionismo vem acompanhado de um retorno parcial ao behaviorismo, assim como à cibernética, uma vez que o modelo heurístico é constituído pela

---

17 Vernant, Debate com Daniel Andler e Jean-Pierre Changeux, Collège de France, 15 fev. 1993, *Raison présente*, n.109, 1994, p.68.

18 Vignaux, *Les Sciences cognitives: une introduction*, p.316.

19 Feldman; Ballard, Connectionist Models and Their Properties, *Cognitive Science*, n.6, p.205-54.

20 Andler, À quoi pensent les sciences cognitives?, p.42.

AS REPRESENTAÇÕES MENTAIS

máquina, a da rede de neurônios. O programa conexionista procura, então, estar o mais perto possível da realidade neurofisiológica.

Segundo Daniel Andler, o conexionismo "deveria ser mais simpático aos pesquisadores de ciências humanas",[21] pois ele dá mais espaço ao contexto. Contudo, o conexionismo não conseguiu até hoje se dotar de conceitos capazes de ter uma operacionalidade em ciências humanas.

As ciências cognitivas, entretanto, já modificaram profundamente o horizonte das ciências humanas, de maneira aliás diferencial conforme cada disciplina. De um lado, a psicologia e a linguística ocupam aí um lugar central e estão largamente engajadas nessa perspectiva, mesmo se vários setores dessas disciplinas consideram que algumas funções da linguagem e do psiquismo escapam à competência das ciências cognitivas. Do outro lado, para as ciências humanas que têm uma dimensão principalmente social, como a sociologia, a economia, a psicologia social, as ciências jurídicas e históricas, "não há dúvida de que sua disciplina é por definição irredutível às ciências cognitivas".[22] A relação instituída entre essas ciências sociais e as ciências cognitivas é, portanto, mais tênue e não pode de modo algum ser encarada em termos de absorção ou de fusão, mas de simples aliança de raciocínio. Por conta disso, as ciências cognitivas podem constituir uma fonte de saber realmente frutífera para definir as bases da ação racional, os processos de decisão, da assunção de risco, e esclarecer as noções de regras, convenções sobre as quais refletem economistas, sociólogos, antropólogos e historiadores.

O Centre de Recherche en Épistémologie Appliquée (Crea)

Um dos lugares mais importantes de interações internas na constelação das disciplinas no interior da galáxia cognitivista é o Crea. A entrada do time "ciências cognitivas" no Centro repousa na aposta de uma sinergia fecunda entre elas e as ciências sociais. Dessa contribuição

---

21 Idem, Entrevista com Bernard Conein, *Préfaces*, n.10, nov.-dez. 1988, p.71.
22 Ibidem, p.48.

resultou uma estrutura bipolar, de um lado com o time "abordagens cognitivas do social" e do outro com o "grupo de pesquisa sobre a cognição". Um correspondendo à vocação inicial do Crea, que é a filosofia analítica e a psicologia cognitiva, o outro vindo enxertar-se no projeto inicial na perspectiva puramente cognitiva, com as neurociências, a inteligência artificial, a física dos sistemas desordenados, o estudo das redes complexas e o neoconexionismo. Essa irrupção das ciências cognitivas remonta de fato ao ano de 1986, data de publicação de um número dos *Cahiers du Crea* dedicado ao tema "Cognição e complexidade" e anunciando: "A ação de pesquisa integrada do CNRS 'ciências da comunicação' confiou ao Crea uma pesquisa sobre as relações entre as ciências cognitivas e as ciências sociais".[23] Essa orientação nova de pesquisa põe em evidência o último trabalho de Dan Sperber e Deirdre Wilson.[24] A orientação girardiana de partida apaga-se, então, em proveito desse setor portador e de um time de "ciências cognitivas" integrado desde 1987.

Contudo, em 1990, Jean-Pierre Dupuy, diretor do Crea, teme uma dispersão potencial. A predileção espetacular em favor das ciências cognitivas ameaça de esquecimento a vocação do Centro, que consistia em enfatizar as interações com as ciências sociais. Dupuy preconiza, portanto, fundir os dois grupos de pesquisa a fim de dar novamente o papel de primeiro plano ao projeto filosófico de fecundação mútua entre ciências sociais e ciências cognitivas. A filosofia apresenta-se como a única argamassa capaz de fazer coexistir um par por definição heteróclito.

Um dos problemas maiores reside na maneira pela qual se efetua a institucionalização das ciências cognitivas na França em torno das neurociências, e portanto essencialmente em torno de Jean-Pierre Changeux, cuja preocupação não é realmente a conexão com as ciências sociais: "Jean-Pierre Changeux tem até o maior desprezo pelas ciências do homem, como o prova *L'Homme neuronal*".[25]

A fecundidade em ciências humanas

---

23 *Cahiers du CREA*, n.9 (Cognition et complexité), mar. 1986, p.1.
24 Sperber; Wilson, *Relevance*: Communication and Cognition.
25 Jean-Pierre Dupuy, entrevista com o autor.

AS REPRESENTAÇÕES MENTAIS

As conexões entre cognitivismo e ciências humanas, no entanto, já estão bem avançadas e em certos domínios a fecundidade dessas relações é manifesta e até espetacular. Em inteligência artificial, que permitiu construir o modelo inicial do paradigma cognitivista, os avanços tanto teóricos quanto tecnológicos estão entre os mais espantosos. Temos especialmente a constituição dos sistemas-*experts* que necessitam "analisar o raciocínio de um *expert* humano sobre o domínio considerado com o objetivo de codificar esse raciocínio em termos lógicos e informáticos".[26] A construção de modelos desse tipo de raciocínio conforme três níveis distintos (estruturante, conceitual e cognitivo) permite, além do mais, reavaliar o raciocínio do "senso comum" no qual se encontram imbricados os conhecimentos gerais e o programa destinado a utilizar os dados e as heurísticas da base dos saberes. Já vimos até que ponto essa reavaliação se liga a uma evolução geral das ciências humanas para o reconhecimento da capacidade descritiva dos agentes.[27]

Outro avanço maior, permitido pela inteligência artificial, o da robótica, abriu um setor cada vez mais bem-sucedido e revolucionou profundamente o mundo do trabalho no setor secundário. Depois de ter permitido dotar a indústria de robôs com movimentos em séries pré-registradas, os de hoje são capazes de uma autonomia de ação em vista dos tipos de tarefa que se lhes confia.

O terceiro campo de aplicação, de realizações surpreendentes, é o do tratamento da imagem. A última década viu nascer nesse domínio o ajuste de um meio de análise notável que permite uma melhor compreensão das doenças neurológicas. Na base desse progresso, pode-se invocar o papel desempenhado pelo desenvolvimento de técnicas de produção de imagem sofisticada e o preparo de um meio de análise muito eficaz, chamada de tomografia por emissão de pósitrons (TEP), que permite marcar as estruturas cerebrais ativas durante a execução de uma tarefa cognitiva.

Vimos até que ponto as neurociências foram radicalmente transformadas pelo modelo do tratamento da informação próprio do cognitivismo. A psicologia encontra-se, assim, no centro do paradigma cognitivista desde a revisão do procedimento behaviorista que dominou

---

26 Vignaux, *Les Sciences cognitives*, p.27.
27 Ver Capítulo 15, "A guinada descritiva".

por muito tempo a psicologia experimental. É sobretudo nesse nível que se levanta uma reavaliação da capacidade heurística do senso comum "há muito reprimido".[28] A psicologia cognitiva tem como campo de investigação as diversas atividades mentais: a percepção, a aprendizagem, a memorização e o raciocínio.[29] Encontra-se aqui a importância da ação, já sublinhada nas orientações gerais das ciências humanas hoje. Assim, as capacidades perceptivas e as capacidades motoras fazem aparecer invariantes, uma certa estabilidade das representações perceptivas. A percepção aparece ao mesmo tempo construída pelo organismo sob a influência do tratamento de informações proveniente do ambiente e constrangida por mecanismos característicos do próprio sistema perceptivo. Também apareceram propriedades invariantes do desempenho motor. A distinção entre motricidade reflexa e motricidade voluntária, colocando o problema de sua articulação, desemboca na tese de reorganização dos elementos próprios à motricidade reflexa em função da motricidade voluntária por meio da intencionalidade.[30]

As representações são analisadas a partir da distinção de três níveis: o plano infrassemântico, o plano semântico de identificação dos objetos físicos ou simbólicos e o plano semântico do tratamento de significações em vista das ações. Da mesma maneira, o estudo dos processos memoriais leva a distinguir a codificação ou armazenamento dos dados, a retenção e a reativação desses dados. Sobretudo, a memória não é mais percebida como um simples apêndice passivo com relação ao saber, "ela é parte integrante desse próprio conhecimento, e talvez a forma de todo conhecimento".[31]

O inconsciente revisitado

As relações entre cognitivismo e psicanálise são particularmente ambivalentes, pois há deslocamento da atenção do inconsciente para

---

28 Varela; Thompson; Rosch, *L'Inscription corporelle de l'esprit*, p.82.

29 Bonnet; Ghiglione; Richard, *Traité de psychologie cognitive*.

30 Bruner, On Voluntary Action and Its Hierarchical Structure, *Intentional Journal of Psychology*, n.3, 1968, p.239-55.

31 Vignaux, *Les Sciences cognitives*, p.223.

AS REPRESENTAÇÕES MENTAIS

o consciente, e portanto relativização dos mecanismos revelados pela psicanálise. Contudo, Freud, como mostrou Hubert Dreyfus, sempre adotou um procedimento que se aproxima do cognitivismo, mostrando que toda conduta é mediada por representações. Essas interações entre ciências cognitivas e psicanálise levam a recuperar o que foi a descoberta do inconsciente. Esse é o objeto de estudo a que se dedicou recentemente Marcel Gauchet.[32] Ele mostra que ao lado do inconsciente dos filósofos, exaltando a natureza contra a temática das luzes no tempo do romantismo,[33] duas outras formas de inconsciente surgem no século XIX: o inconsciente hereditário, que traduz a teoria do evolucionismo no plano do psiquismo humano e leva a olhar o passado, e sobretudo o inconsciente neurológico que impõe a ideia de um funcionamento automático do cérebro, de tipo reflexo, fonte do sonambulismo, das manifestações histéricas, mas que se percebe também em situação normal no indivíduo quando ele não controla totalmente seu comportamento. Essa concepção, primeiramente chamada de "cerebração inconsciente", "solapou muito eficazmente a base da representação clássica do sujeito consciente e de sua potencia voluntária".[34]

A descoberta de uma parcela de automaticidade no funcionamento do cérebro vem de fato pôr em causa a assimilação tradicional entre o psiquismo e a consciência. Essa confunde a noção de *membro* da etnometodologia que designa um infrassujeito: "O membro é um conjunto de competências, um *savoir-faire*, domínios de um certo tipo de operações a fazer, e não um sujeito".[35] A valorização dessa guinada radical na concepção do sujeito inscreve-se, para Marcel Gauchet, no interior de um projeto mais amplo que é mostrar que na virada do século, em torno de 1900, situa-se um ponto de inflexão decisivo: "A mudança de rumo na representação da subjetividade que marca o surgimento do inconsciente é inseparável de uma mudança da mesma amplitude na representação da ordem política e social".[36]

Nas relações entre inconsciente cognitivo e psicanalítico, as diferenças parecem hoje notáveis. Daniel Wildlöcher insiste em distinguir bem

---

32 Gauchet, *L'Inconscient cérébral*, 1992.
33 Hartmann, *Phylosophy of the Unconscious*.
34 Gauchet, *L'Inconscient cerebral*, p.32.
35 Quéré, Le Sociologue et le touriste, *Espaces Temps*, n.49-50, 1992, p.51.
36 Gauchet, Le Mal démocratique (entretien), *Esprit*, out. 1993, p.71.

as duas perspectivas.[37] Segundo ele, as representações que são objeto da cura psicanalítica têm como singularidade o fato de ser complexas, de emergir da memória declarativa e de ser objeto de uma rejeição ativa: "São os fantasmas que poderiam penetrar a consciência se medidas defensivas não viessem impedir o acesso a uma representação verbal ou pré-verbal".[38] Entretanto, alguns pesquisadores reclamam uma "cognitivização"[39] das noções psicanalíticas. Desenham-se incontestavelmente algumas perspectivas de um diálogo fecundo entre os dois domínios reivindicados pelas duas partes.

Mesmo que os psicanalistas sejam mais reticentes, levando em conta riscos de redução neurônica da abordagem do inconsciente, alguns entre eles estão abertos à troca entre essas duas vias de abordagem do inconsciente. Assim, o psicanalista André Bourguignon considera que a "psicanálise pode propor hipóteses fecundas às neurociências e estas podem impor limites às especulações psicanalíticas".[40] Marie Bonnafé vai na mesma direção quando escreve:

> Mesmo que não seja possível aplicar diretamente esquemas oriundos das ciências exatas à psicanálise, o psicanalista em seu procedimento não pode deixar de se referir a modelos e procurar registrar determinismos em ação em sua prática. Se não se fizer isso conscientemente, corre o risco de que isso aconteça sem seu conhecimento.[41]

O psicanalista Pierre Fédida também está aberto ao diálogo com as ciências cognitivas e lamenta que o debate ainda não tenha tido lugar. Estimando que vinte anos de pesquisa em filosofia analítica não permitiram estabelecer a existência de pontes possíveis entre cérebro e pensamento, "é preciso saber se as reformulações podem servir de vias transacionais entre a psicanálise e a psicobiologia".[42] O reforço atual da

---

37 Wildlöcher, Inconscient cognitif et inconscient psychanalytique, *Annales Medico-Psychologiques*, v.147, n.9, 1989, p.1008-10.

38 Ionescu, Inconscient: les pistes du futur, *Sciences Humaines*, n.29, jun. 1993, p.24.

39 Eagle, Revisioning the Unconscious, *Canadian Psychology*, v.28, n.2, 1987, p.113-6.

40 Bourguignon, Du cerveau au sujet: pour une histoire du psychisme (entretien), *Sciences Humaines*, n.29, jun. 1993, p.29.

41 Bonnafé, Et la neurobiologie?, *Revue Française de Psychanalyse*, v.54, n.6, 1990, p.1673-6.

42 Pierre Fédida, debate com Pascal Engel, Daniel Andler e Pierre Jacob na *Maison des écrivains*, 2 fev. 1993.

AS REPRESENTAÇÕES MENTAIS

heterogeneidade dos modelos pode permitir um diálogo, com a condição de que as posições cognitivas não se apresentem como negadoras da psicanálise em sua descrição da singularidade dos estados mentais. Como psicanalista, Fédida está especialmente interessado em tudo o que diz a filosofia do espírito a respeito da crença.

A linguagem

Uma vez que as ciências cognitivas têm como objeto o funcionamento da inteligência humana em suas manifestações observáveis, compreende-se de que maneira a linguagem e a linguística são um domínio particularmente importante destas. Certamente, a linguística não ocupa mais a posição de ciência-piloto que tinha no tempo do estruturalismo, mas muitos de seus avanços no decorrer desse período são retomados no seio da configuração cognitivista. Admite-se, assim, que nosso universo cognitivo é um universo de signos. As gramáticas cognitivas desenvolvidas em seu último período dedicam-se a descrever as operações mentais elementares no trabalho de toda língua, prosseguindo a pesquisa dos níveis de competência numa filiação chomskyana: "O estatuto da linguagem é de pronto 'cognitivo', e isso duplamente: como *medium* e lugar operatório do trabalho cotidiano sobre nossos estados de conhecimento e como sistema dinâmico produtor".[43]

A demanda social é particularmente importante nesse domínio do tratamento automático da linguagem. O hipertexto informatizado permite todas as dobras possíveis; como mostra Pierre Lévy,[44] a informática interfere na ecologia cognitiva, mas também nos processos de subjetivação individuais e coletivos. Essa dimensão permite enxergar uma abordagem pragmática da comunicação informatizada. É o caso, por exemplo, do computador concebido por Terry Winograd e Fernando Flores.[45] Sua rede de conversação não faz transitar simples informações, "mas muito mais atos de linguagem que entabulam aqueles que

---

43 Georges Vignaux, op. cit., p.274.
44 Lévy, *Les Technologies de l'intelligence.*
45 Winograd; Flores, *Understanding Computers and Cognition.*

os cometem diante de si mesmos e dos outros".[46] De fato, eles propuseram uma abordagem da organização como rede de conversações na qual as ofertas e promessas, as consultas e decisões se entrecruzam, e nas quais as promessas devem ser mantidas no quadro de uma verdadeira comunidade de conversação. Assim, é sobre múltiplos possíveis de uma interatividade que se abre a utilização dos hipertextos.

A pragmática linguística é também reconsiderada conforme novas orientações cognitivas. Essa reinflexão tem incidências gerais uma vez que a atual oscilação de paradigma em todas as ciências sociais pode ser qualificada como guinada pragmática. Um paradoxo, sublinhado por François Récanati,[47] está no cerne dessa evolução, uma vez que, no ponto de partida, a atenção à dimensão pragmática da linguagem se opunha ao ponto de vista cognitivo. Recusando a redução da comunicação a uma simples questão de codificação e acentuando a noção de contexto do "ato ilocucionário", do ato de linguagem, os linguistas da corrente pragmática se mantinham à distância das análises cognitivas. Hoje é o contrário. Segundo a teoria da "modularidade" de Fodor,[48] o espírito humano seria constituído por dois tipos de sistemas de tratamento de informação. De um lado, os sistemas "periféricos" são especializados no tratamento de um tipo particular de sinal. Assim, haveria um "módulo" cuja tarefa seria decodificar os sinais linguísticos; um outro seria encarregado de reconhecer os rostos; outro as melodias... De outro lado, os sistemas "centrais" estariam encarregados da centralização da informação coletada pelos diversos sistemas periféricos, de tratá-los e explorá-los. Essa teoria da "modularidade" permite conectar as análises em termos pragmáticos e em termos cognitivos: "Essa reinterpretação dá à pragmática um papel importante a desempenhar nos estudos cognitivos".[49]

Todos esses avanços permitem melhor captar o fenômeno da representação e superar os antigos dualismos redutores; mas fica o essencial, a saber, pensar a articulação necessária entre ciências sociais e ciências cognitivas.

---

46 Lévy, *Les Technologies de l'intelligence*, p.72.

47 Récanati, Du tournant linguistique au tournant cognitif: l'exemple de la pragmatique, *Préfaces*, n.10, nov./dez. 1988, p.80-3.

48 Fodor, *La Modularité de l'esprit*.

49 Récanati, Du tournant linguistique au tournant cognitif, p.83.

19

A TENTAÇÃO NEURÔNICA E SEUS LIMITES

G eorges Canguilhem reagiu fortemente às críticas formuladas a respeito do programa estruturalista enunciado por Michel Foucault quando da publicação de *As palavras e as coisas*. Ele ridicularizava o sentimento dos chorosos que defendiam os direitos do homem contra aquele que, em nome de uma filosofia do conceito, clamava seu nascimento recente e sua morte próxima. Ele ironizava: "Humanistas de todos os partidos, uni-vos".[1] Entretanto, é o mesmo Georges Canguilhem que ataca em 1980, numa conferência dedicada ao cérebro e ao pensamento, as ambições desmedidas da cibernética, da informática, ao reducionismo em geral para defender um Eu ameaçado, e do qual a filosofia seria definitivamente a última defesa. Diante desse alerta, não se pode senão endossar a posição de Daniel Andler segundo o qual "não se defende um mistério, pelo menos não contra a ciência",[2] acrescentando contudo com justeza que as ciências cognitivas não esquecem que a ciência conta apenas uma parte do real. É forçoso, no entanto, constatar que há um risco de triunfalismo por trás dos progressos espetaculares realizados pelas neurociências, que por seu poder de atração ameaça envolver largamente as ciências humanas em vertigens ilusórias, em novos logros reducionistas.

---

1 Canguilhem, Mort de l'homme ou épuisement du cogito, *Critique*, jul. 1967, p.599-618.
2 Andler, À quoi pensent les sciences cognitives?, *Raison Présente*, n.109, 1994, p.50.

Os riscos de uma neurofilosofia

Jean-Pierre Dupuy, que tinha reunido duas equipes de pesquisadores do Crea (Centre de Recherche en Épistémologie Appliquée) em 1980 a fim de maximizar as sinergias e evitar as forças centrífugas, considera em 1994 que é preciso novamente diferenciar duas perspectivas sensivelmente diferentes. Sem voltar à distinção de duas equipes, convém, segundo Dupuy, definir dois eixos de pesquisa: "Um eixo de filosofia cognitiva e um eixo de filosofia prática".[3] Diante da tentação de ricocheteio das disciplinas sobre si mesmas, conjugado a uma frieza da pesquisa na França, o vazio tem possibilidades de ser preenchido pelas ciências cognitivas. Importa pois, hoje em dia, preservar a interrogação própria das ciências sociais e da filosofia: "As ciências cognitivas são algo de muito importante, fundamental mesmo. Fico contente que elas tenham seu lugar no Crea, mas com a condição de que não sejam tudo. Ora, as ciências cognitivas tendem a invadir tudo, inclusive a teoria da ação, a filosofia da ação, o normativo".[4] O efeito dessas ciências de fato ameaça colocar tudo atrás delas na cegueira de uma naturalização do normativo. Sua ambições são manifestas, como o prova a publicação recente de uma obra coletiva coordenada por Jean-Pierre Changeux sobre a ética.[5] O objetivo de atingir uma causalidade biológica a encontrar no funcionamento do cérebro, e que permitiria explicar todas as formas do comportamento humano, é defendido por uma corrente que se pretende resolutamente materialista. Changeux representa uma posição fundamentalmente reducionista. Alguns, como o neurobiólogo Jean-Didier Vincent, assumem uma dupla posição. Reducionista no plano funcional da memória ("Quando se vê um hormônio capaz de desencadear um comportamento natural, não se pode impedir-se de ser reducionista"),[6] Vincent recusa no entanto uma generalização da redução orgânica: "Eu sou contra um certo imperialismo neurônico, uma ordem neurônica que substituiria a ordem moral, na qual tudo é

---

3 Jean-Pierre Dupuy, entrevista com o autor.

4 Ibidem.

5 Changeux (Org.), *Les Fondements naturels de l'éthique*.

6 Vincent, Des hormones aux passions humaines. Rencontre avec Jean-Didier Vincent, *Sciences Humaines*, n.8, jul. 1991, p.22.

determinado, tudo está amarrado, na qual o homem é prisioneiro de seus determinismos".[7]

Essa tensão epistemológica induz uma dupla posição que defende também o filósofo Pascal Engel, membro do Crea. Recusando um modo causalista simplista, ele se inscreve no centro da guinada mentalista das ciências cognitivas como filósofo do espírito: "A posição que se deve adotar, a meu ver, é naturalista quanto à ontologia, mas antirreducionista quanto à explicação".[8] Para Pascal Engel, o divórcio entre filosofia e psicologia é ao mesmo tempo fundador para a filosofia contemporânea e daí em diante superado. Frege e Husserl rejeitaram ambos a psicologização da lógica no tempo em que o psicologismo se caracterizava unicamente pela introspecção. Atualmente, a psicologia, que deixou de ser behaviorista para tornar-se "cognitiva", "não tem mais muito a ver com a psicologia introspectiva que Husserl e Frege atacavam".[9]

A filosofia do espírito, disciplina nova que remonta aos anos 1950, desdobra-se no interior desse horizonte reconciliado entre filosofia e psicologia a partir de pressupostos materialistas e naturalistas. Mas sua dualidade disciplinar a impede de sucumbir ao canto das sereias reducionista. Numa tal perspectiva, trata-se de defender ao mesmo tempo a autonomia dos estados mentais, das representações, das crenças, e a existência de imposições pesando sobre eles. É o caso da concepção defendida desde os anos 1960 por Hillary Putnam. Ele dá mais "plasticidade" à teoria então em vigor sobre a identidade entre estados mentais e as propriedades do sistema nervoso. Putnam propõe um esquema funcionalista para tornar possível a determinação da variação dos estados mentais. Essa tensão que atravessa o materialismo em torno de um dilema permanente "entre suas versões 'eliminatórias' em suas versões 'não reducionistas'"[10] se encontra entre uma ontologia psicanalista e uma defesa da autonomia do mental, no interior da filosofia do espírito.

De um lado, alguns queriam engendrar a filosofia na esteira neurônica e construir uma teoria neural do pensamento. É a posição que

---

7 Ibidem.

8 Engel, Le Rêve analytique et le réveil naturaliste, Le Débat, n.72, nov.-dez. 1992, p.113.

9 Engel, États d'esprit, questions de philosophie de l'esprit, p.10; idem, Introduction à la philosophie de l'esprit, p.9.

10 Ibidem, p.10-1.

280   O IMPÉRIO DO SENTIDO

defende Patrícia-Smith Churchland, propondo uma neurofilosofia[11] que preconiza uma via puramente reducionista. Do outro, a corrente que tem a "simpatia" de Pascal Engel, representada por teses "interpretacionistas", favoráveis a um materialismo não reducionista. São as posições desenvolvidas por Davidson e Dennett.[12]

Numa filiação humanista, naturalista, convém então superar a tensão própria a essa pesquisa sobre os estados mentais, distinguindo os diversos níveis de explicação nos quais interferem as diferentes propriedades, é o que Hilary Putnam definiu como um conflito próprio entre um realismo metafísico ou transcendente induzido por uma concepção naturalista, que considera que o mundo existe independentemente do sujeito, e um realismo segundo o qual esse mesmo mundo é tecido pelos conhecimentos, representações e práticas humanas.[13]

A filosofia do espírito

A filosofia do espírito situa-se na filiação do pensamento analítico que teve o mérito, ao contrário do estruturalismo, de não negar o problema da referência. Mas, sob a influência da guinada naturalista e humiana da filosofia americana, especialmente de Quine, ela tentou desenvolver as consequências de uma posição segundo a qual a filosofia não pode ter mais uma posição secundária de discurso transcendental sobre as outras disciplinas.

A filosofia do espírito, assumindo sua posição naturalista no plano ontológico, devia partir da ideia segundo a qual o homem é um ser natural, entre outros seres naturais, que produz representações. Ela introduziu nessa perspectiva todo um conjunto de conceitos: o de "realizabilidade múltipla" dos estados mentais, introduzido por Putnam nos anos 1960, segundo o qual um mesmo estado mental pode se realizar em estados físicos diferentes em cada indivíduo. Outro conceito de vocação heurística que emana da filosofia do espírito é o de

---

11 Churchland, *Neurophylosophy*.
12 Ver Capítulo 16, "O horizonte hermenêutico".
13 Putnam, *Raison, vérité et histoire*.

"superveniência", que intervém quando o conteúdo de um estado mental é determinado pelo ambiente, isto é, por um quadro extrínseco, relacional, colocado externamente à psicologia individual. A partir dessa situação, os conteúdos mentais amplos não têm poder causal.

O conceito de "postura ou estratégia intencional" é também próprio da filosofia do espírito de Daniel Dennett. A interpretação dos comportamentos postula *a priori* que esses comportamentos obedecem a certas condições ótimas de racionalidade. Essa imputação de racionalidade deve se aplicar não somente aos humanos, mas também aos animais e às máquinas da inteligência artificial. É um domínio que permite a reconciliação inesperada das crenças, da psicologia popular, com a análise filosófica contemporânea.

Enquanto a filosofia analítica apoiava seus estudos no domínio da linguagem, a filosofia do espírito assegura a guinada mentalista que a conecta com as ciências cognitivas sem no entanto chegar a uma naturalização total do mental. Essa guinada aliás, tinha sido preparada por Chomsky, que inscreveu seu estudo da gramática gerativa sob um registro naturalista segundo o qual a verdade se encontra no espírito humano, o que a ciência linguística pode verificar.

Da mesma forma que Davidson, Pascal Engel pensa que a maneira pela qual nos representamos o mundo e a teoria do conhecimento são necessariamente produto de uma certa interação causal entre o homem e seu meio. Mas ao mesmo tempo, ele recusa todas as formas de reducionismo. Para evitá-las, preserva o dualismo epistemológico que separa as ciências sociais e as ciências da natureza: "Não acho que as ciências humanas possam ser jamais ciências do mesmo tipo que a física ou a biologia".[14] Nesse sentido, o programa naturalista convém a Pascal Engel como programa limite que permite compreender em que se baseia essa distinção epistemológica, sem para tanto postulá-la, mas demonstrando-a de novo, com novos instrumentos conceituais. O que é interessante é justamente sua posição de tensão, que leva em consideração as duas vertentes dos fenômenos mentais. Engel encontra finalmente a posição do filósofo interrogando-se sobre uma "teoria das condições de possibilidade das formas de discurso".[15] As fronteiras que se pode traçar

---

14 Pascal Engel, entrevista com o autor.
15 Ibidem.

entre as ciências humanas e as ciências da natureza devem ser historicizadas em estreita relação com a evolução dos conhecimentos científicos.

Essa abordagem leva o Crea a reatar com certo número de problemas clássicos da filosofia em torno das noções de intenção, ação e vontade. Ela reúne a sugestão feita por Jean-Pierre Dupuy de constituir um eixo de filosofia prática, posto que convém revisitar "esse capítulo da psicologia filosófica que foi considerado como dos velhos tempos".[16] Assim, as noções de convenções implicam postular uma intenção dos indivíduos de seguir algumas regularidades na ação. A referência à noção de intencionalidade nem por isso significa para a corrente naturalista uma adesão à fenomenologia: "Husserl se interessa pela intencionalidade. Mas não aceita em nenhum momento que ela possa fornecer uma teoria em termos naturalistas. Eu levo isso a sério, mesmo que esta seja definitivamente um engodo".[17]

A abordagem fenomenológica comete, segundo Pascal Engel, o erro de considerar que o mundo natural deve ser situado ao lado da ilusão. Sem sustentar de forma alguma uma concepção biológica das ciências sociais, parece indispensável, para Pascal Engel, não descartar a hipótese de que alguns tipos de comportamento têm determinações biológicas. A partir daí, ele considera que Searle separa rápido demais a filosofia e as ciências cognitivas quando considera que a intencionalidade remete à subjetividade, à consciência. O fato de colocar a consciência do sujeito situa-se mais como ponto de chegada da análise do que como condição desta na perspectiva naturalista de Engel, que se recusa a postular qualquer primado da consciência: "Isso me diferencia dos fenomenologistas".[18]

A enação

No campo das ciências naturais, Francisco Varela, biólogo e membro do Crea, defende também uma posição antirreducionista.

16 Ibidem.
17 Ibidem.
18 Ibidem.

A TENTAÇÃO NEURÔNICA E SEUS LIMITES

Inspirando-se fortemente na fenomenologia, ele parte do caráter indissociável da percepção e da ação em todo ato cognitivo e propõe, por isso, o conceito de *enação*, de ação materializada. As ciências cognitivas devem, assim, segundo Varela, pôr em evidência essa interação circular entre o organismo e o ambiente, que permanecem estritamente autônomos em relação um ao outro. O fenômeno cognitivo é duplamente tributário das capacidades sensório-motoras do corpo, e essas capacidades inscrevem-se elas mesmas num contexto biológico, psicológico e cultural mais amplo.

Para ilustrar essa circularidade, Francisco Varela dá o exemplo da percepção das cores,[19] que tem valor paradigmático. Esse fenômeno ilustra bem o fato de que o conhecimento não é simples reflexo de um mundo já pronto, independente das capacidades perceptivas individuais, e que também não é simples produto das representações. A tese "objetivista", a mais compartilhada em neurobiologia, segundo a qual a percepção das cores não seria senão o reflexo no cérebro das cores da natureza que corresponderiam a comprimentos de ondas específicas, desemboca num certo número de aporias. Experiências mostram de fato que um comprimento de onda pode ser interpretado diferentemente conforme o contexto. Há, portanto, reinterpretação global da informação que infirma a tese "objetivista". A posição "subjetivista" é tão insatisfatória quanto, apresentando a visão das cores como simples expressão das "categorias mentais" próprias da espécie humana. De fato, a visão das cores remete à experiência humana: "A cor constitui o paradigma de um domínio cognitivo que não é pré-dado, nem representado, mas ao contrário experimentado e registrado".[20]

Os processos cognitivos contribuem, portanto, para a construção da realidade e não somente para sua representação passiva. Francisco Varela leva em consideração a situação de dilema das ciências cognitivas sob a forma de círculo entre estas e a experiência. O eixo dessa circularidade é representado pela possibilidade de corporificação da experiência, tal como o entendia Merleau-Ponty, englobando o corpo como estrutura vivida e o corpo como contexto dos mecanismos cognitivos. Essa recusa ao "objetivismo" o leva a abrir a perspectiva das ciências

---

19 Varela, Rencontre avec Francisco Varela, *Sciences Humaines*, n.31, ago.-set. 1993, p.52-5.
20 Varela; Thompson; Rosch, *L'Inscription corporelle de l'esprit*, p.272.

cognitivas para uma necessária dimensão ética, para a intersecção das descobertas mais avançadas da ciência ocidental e da meditação budista.

Francisco Varela continua na linhagem que foi a do Crea desde sua criação, insistindo na *enação* e nas noções de autonomia que ela implica. Ele continua a se reconhecer no projeto epistemológico inicial do Centro, que considera hoje como "a idade de ouro do Crea".[21] Em compensação, é mais cético a propósito da situação atual, que percebe como um fechamento dogmático devido ao próprio sucesso, à maior visibilidade da instituição de pesquisa: "O Crea é hoje mais conhecido como centro de filosofia analítica, o que tem como consequência ter deixado de ser um centro de pesquisa interdisciplinar".[22]

A epidemiologia das representações

Dan Sperber, outro membro do Crea, antropólogo, vindo do estruturalismo depois do chomskysmo, adere a uma posição exclusivamente materialista no domínio das ciências cognitivas. Ele considera que o modelo naturalista pode ser estendido aos fenômenos sociais, comunicacionais, culturais; é essa ambição que ele define em seu programa de pesquisa em torno da noção de "epidemiologia das representações",[23] cujo objeto é a difusão das representações, tendo como objetivo um progresso na explicação causal dos fenômenos socioculturais.

Dan Sperber se distanciou com relação à capacidade heurística dos modelos semiológicos e substituiu-os por um modelo cognitivo da comunicação fundado nas noções de pertinência e inferência.[24] Ele propõe, com Deirdre Wilson, um modelo de comunicação que confere um lugar central aos processos de inferência e se integra, assim, nas ciências cognitivas. Na filiação da ambição de Lévi-Strauss de ver a antropologia despertar um dia entre as ciências naturais, Dan Sperber sempre defendeu uma posição monista, naturalista. O futuro das

---

21 Francisco Varela, entrevista com o autor.

22 Ibidem.

23 Sperber, Les Sciences cognitives, les sciences sociales et le matérialisme, *Le Débat*, n.47, 1987, p.103-15.

24 Sperber; Wilson, *Relevance*: Communication and Cognition.

A TENTAÇÃO NEURÔNICA E SEUS LIMITES

ciências sociais não é ampliar os domínios das ciências naturais tal como elas são, mas modificar qualitativamente sua natureza e quantitativamente suas dimensões: "No dia em que se acrescentaram a biologia e a física, as ciências naturais não foram mais as mesmas. Se certo número de iniciativas das ciências sociais se tornarem naturalistas, isso modificará as ciências naturais".[25]

A fim de realizar essa transformação, Dan Sperber insiste firmemente em manter uma noção forte de causalidade nas ciências sociais, que percebe como ciências potencialmente exatas, desde que se faça pesar certo número de imposições sobre a maneira de pensar os objetos sociais. Primeiramente, postula ausência de dicotomia epistemológica entre as ciências da natureza e as ciências sociais: "Não há outras causas que não causas naturais. Não há exceções às leis da física. No social, estamos confrontados com o mesmo material".[26] O primeiro postulado de um procedimento científico, segundo Dan Sperber, é portanto constituído por uma hipótese naturalista e causalista. O segundo supõe uma teoria de vocação generalizante a mais explícita possível, testável e falsificável no sentido em que coloca Popper.

Evidentemente, todas as ciências sociais não podem responder a todas essas exigências draconianas. Só um pequeno núcleo pode eventualmente se extrair da contingência, do descritivo. Assim é que Dan Sperber defendia já em 1968 o aspecto naturalista do programa de Lévi-Strauss, separado de sua "ganga" etnográfica, descritiva, ficcional.[27] Partindo de uma ontologia materialista, de um monismo de princípio, Sperber se aproxima de fato das posições reducionistas de Jean-Pierre Changeux quando considera que a colaboração entre ciências cognitivas e neurociências permite enxergar um "campo contínuo. Trata-se de uma redução pacífica da fronteira entre ciência do homem e da sociedade de um lado, e ciências da natureza de outro".[28]

Esse *continuum* leva Dan Sperber a redefinir a noção de representação a partir da construção de modelos neuronais e a enxergar um programa de pesquisa sobre o porquê da difusão, do contágio dessas

---

25 Dan Sperber, entrevista com François Dosse. In: Dosse, *Histoire du structuralisme*.
26 Ibidem.
27 Sperber, *Qu'est-ce que le structuralisme?*, t.3.
28 Sperber, Les Sciences cognitives, les sciences sociales et le matérialisme. In: Andler (Org.), *Introduction aux sciences cognitives*, p.406.

representações: "Tal explicação emerge de uma espécie de epidemiologia das representações",[29] na qual a estrutura social não passa de um prolongamento da estrutura mental. O lugar da explicação causal está designado: "São as interações materiais entre cérebros e ambientes que explicam a distribuição das representações".[30] A capacidade de simbolização nesse quadro de análise não é uma propriedade dos fenômenos e de sua percepção, mas uma propriedade das representações conceituais produzidas pelo espírito: "Contrariamente ao racionalismo estruturalista, o do cognitivismo sperberiano vê no simbolismo a ação de um aparelho especializado do intelecto, não operações gerais do espírito".[31] Dan Sperber separa, assim, o projeto das ciências sociais, em todo caso de seu núcleo central, de toda perspectiva hermenêutica: "Uma cultura não é um texto, e as relações entre os elementos que a compõem são relações mais ecológicas do que lógicas".[32]

Essa afirmação segundo a qual a antropologia tem a possibilidade, graças às ciências cognitivas, de tornar-se uma ciência integral, como as ciências naturais, é debatida no próprio seio do Crea. Lucien Scubla, antropólogo também, membro da equipe iniciadora do Crea, no momento em que a orientação estava centrada na autonomia, na inspiração girardiana e na complexidade, recusa o grande otimismo de Dan Sperber.[33] Ele não acha que uma redução da antropologia a uma epidemiologia das representações seja possível. Denuncia aí uma iniciativa reducionista: "Estudar um ritual é sempre, para ele, estudar os encadeamentos causais das representações, e estudar encadeamentos causais de representação é, em última instância, estudar interações físico-químicas".[34] Scubla não nega a necessidade de ligar a antropologia à biologia ou de perceber que a técnica é um fenômeno cultural indissociável da vida. Ele nota, aliás, a esse respeito uma incoerência em Dan Sperber

---

29 Ibidem, p.412.

30 Sperber, Les Sciences cognitives, les sciences sociales et le matérialisme, *Le Débat*, n.47, 1987, p.112.

31 Jamard, *Anthropologies françaises en perspective*, p.186.

32 Sperber, De l'anthropologie structurale à l'anthropologie cognitive (entretien), *Préfaces*, n.10, nov.-dez. 1988, p.104.

33 Scubla, Sciences cognitives, matérialisme et anthropologie. In: Andler (Org.), *Introduction aux sciences cognitives*, p.421-46.

34 Ibidem, p.430.

A TENTAÇÃO NEURÔNICA E SEUS LIMITES   287

em querer refúgio nas representações, concedendo-lhes um privilégio exorbitante que ameaça empobrecer o estudo das ações e comportamentos humanos, assim como dos objetos técnicos. Ora, se a fabricação assim como a utilização dos instrumentos requerem capacidades cognitivas, as condições nas quais essa difusão se desdobra são largamente independentes das capacidades cognitivas requeridas. O mesmo acontece com a maior parte das atividades sociais e a fortiori com as lógicas institucionais instaladas na longa duração.

O que Lucien Scubla contesta não é o postulado materialista de Dan Sperber, mas o atomismo mental que ele avaliza: "Acreditar que se pode restituir as instituições e as culturas inteiras partindo das representações ou, melhor ainda, de micromecanismos cerebrais que lhes correspondem parece-me tão temerário quanto querer utilizar um microscópio eletrônico ou até um microscópio ótico para descrever a estrutura do sistema solar ou a anatomia de um vertebrado".[35]

Segundo Daniel Andler, essa controvérsia resulta essencialmente de um mal-entendido. De um lado, Lucien Scubla acusa Dan Sperber de desafiar a matéria postulando um materialismo radical, e nessa demonstração ele pode mostrar à vontade que filósofos e físicos nem sempre sabem muito bem o que emerge da matéria. Do outro, não é realmente o problema maior de Dan Sperber, que não tem necessidade, como antropólogo cognitivista, de instilar mais a ontologia do que o praticante físico. Para Andler, Dan Sperber tem o mérito de propor um programa de produção de conhecimentos, de ir tão longe quanto possível no sentido que definiu. Contudo, a direção imprimida por esse programa de pesquisa é fundamentalmente reducionista.

Essa situação ambivalente suscita em Daniel Andler uma posição dividida entre a obstrução aos progressos espetaculares realizados pelas ciências cognitivas e a convicção de que as problemáticas das ciências humanas e da filosofia daqui a um século serão apenas levemente deslocadas. É sempre a dialética do lugar respectivo atribuído à liberdade e à imposição que está em jogo: "Os grandes avanços consistem em perceber que certo número de comportamentos que pareciam de nenhum modo impostos, totalmente livres, não o são".[36] Certamente, a linguística

---

35 Ibidem, p.444.
36 Daniel Andler, entrevista com o autor.

já tinha evidenciado certo número de invariantes, mas, até as ciências cognitivas, essas invariantes eram percebidas como uma pura acumulação cultural emergindo unicamente da ordem histórica. As ciências cognitivas desvendam outras imposições, e o ponto de encontro possível para avaliar sua parte poderia ser a retomada da famosa questão do inato e do adquirido. Essa interrogação renovada a propósito daquilo que pesa sobre o exercício do pensamento e da ação também tem como efeito modificar a "maneira pela qual pensamos as relações entre o individual e o coletivo".[37]

A psicologia cognitiva e a economia das convenções

Essa rearticulação possível remete-nos aos trabalhos dos economistas das convenções: "Sempre estivemos interessados no julgamento, e portanto numa atividade cognitiva submetida à imposição de uma orientação coletiva".[38] Em *Économies de la grandeur*,[39] percebem-se bem as diferenças de qualificação das coisas, mas convém se colocar a questão daquilo que fundamenta esses valores, perguntar-se por que tal objeto é tratado como signo enquanto em outro lugar ele não tem nada a ver com um tratamento funcional.

Depois de ter reconstruído grandes artefatos sociais que definem uma perspectiva coletiva, a prova de realidade precisava regressar ao plano da justificação individual: "Nesse momento, parece-me completamente normal que nos preocupemos com o que se faz em psicologia cognitiva",[40] mesmo que esse encontro não seja perfeitamente satisfatório, pois o ponto de vista procurado é o do ajustamento ao mundo que implica uma abordagem dinâmica da atividade humana. Não se trata, por isso, de um simples recurso aos trabalhos de psicologia cognitiva, pois o que prevalece é sempre a situação de interação entre o plano individual e o plano coletivo. Laurent Thévenot está ao mesmo

---

37 Ibidem.
38 Laurent Thévenot, entrevista com o autor.
39 Boltanski; Thévenot, *De la justification*.
40 Laurent Thévenot, entrevista com o autor.

A TENTAÇÃO NEURÔNICA E SEUS LIMITES

289

tempo seguro da fecundidade das relações com as ciências cognitivas e consciente de seu perigo potencial, pois "as ciências cognitivas avançam como a economia neoclássica. É o mesmo modelo. Eu não acho, entretanto, que a resposta seja a ignorância".[41]

A economia das convenções dedica-se, portanto, a tentar esclarecer as zonas obscuras do modelo padrão dos economistas ortodoxos. Assim se coloca a questão de saber se "a racionalidade calculadora é tão forte quanto o diz a microeconomia mais tradicional".[42] Se se constata o contrário, que os agentes têm capacidades de memorização, de cálculo e de análise limitadas, devemos nos perguntar sobre a maneira pela qual tomam decisões e gerenciam a incerteza: "Se aceitarmos colocar essa questão, todo o campo das ciências cognitivas se torna pertinente para o economista".[43] Certamente, essas questões já tinham sido colocadas nos anos 1950 por Herbert Simon,[44] mas pouco percebidas na época dos gloriosos anos 1930. Hoje, ao contrário, a crise de um lado e os progressos das ciências cognitivas de outro impõem um questionamento do modelo de otimização que os economistas acreditavam particularmente ser operacional e confiável. A noção de racionalidade limitada, que se oferece ao economista como às outras disciplinas das ciências humanas, tem como efeito desfatalizar as explicações e colocar a questão dos novos modos de causalidade. Ela aponta para uma investigação sistemática do campo das representações. No domínio da economia, a conexão com as ciências cognitivas situa-se no plano dos fenômenos cognitivos ligados a coletivos, portanto num nível muito fora do eixo em comparação com as neurociências. Os critérios de otimização e do máximo de eficiência esperado são revistos pelas experiências e descobertas cognitivas que permitem trazer respostas à recente consideração da incompletude, da incerteza.[45] A teoria dos jogos permitiu que se descobrissem lógicas comportamentais no plano cognitivo, como o mostrou Jean-Pierre Dupuy, que utilizou muito o dilema dos prisioneiros no quadro de suas demonstrações.

---

41 Ibidem.
42 Olivier Favereau, entrevista com o autor.
43 Ibidem.
44 Simon, A Formal Theory of the Employment Relationship, *Econometrica*, v.19, n.3, jul. 1951, p.293-305. Ver também idem, *The Sciences of Artificial*; e idem, *Reason in Human Affairs*.
45 Kahneman; Slovic; Tversky (Eds.), *Judgement under Uncertainty*.

Olivier Favereau se interessa por um segundo eixo de fecundidade das relações entre cognição e economia: é todo o setor nascente da cognição social ligada aos fenômenos de organização. Assiste-se de fato a um início de abertura para o social, para o coletivo, no interior das ciências cognitivas: "Começa-se a falar notadamente de sistemas-atores, que se descrevem a partir de simulações de interações entre os agentes cujas capacidades cognitivas se designaram, e examina-se como evolui o conjunto do sistema".[46]

A socialidade

A elaboração de uma cognição social é um dos objetivos do sociólogo Bernard Conein, que vê nas novas hipóteses nascidas das observações da etologia cognitiva ou da psicologia do desenvolvimento a possibilidade de constituição de um novo domínio, o da cognição social. As descobertas no setor permitem demonstrar que a categorização social nem sempre emerge da esfera cultural, como o mostra a observação de atitudes comportamentais de socialidade entre os macacos *vervets*.[47] Chega-se a conclusões similares a partir da observação feita nos trabalhos de psicologia do desenvolvimento.[48]

Bernard Conein utiliza a hipótese da "inteligência maquiavélica", que atribui aos etólogos. Essa consiste em tentar isolar certo número de mecanismos próprios do social e que emergem de fenômenos cognitivos: "As ciências cognitivas em geral têm subestimado essa ideia. As pessoas não têm somente aptidões de percepção, aptidões para cognições naturais, mas também têm aptidões sociais".[49] Há, portanto, uma base possível de elaboração de uma cognição social, e se Bernard Conein se inscreve à primeira vista no interior do paradigma cognitivista, é sobretudo porque ele não acha que haja uma autonomia das ciências sociais. Elas devem se conceber como compatíveis com a biologia, a psicologia, a etologia...

---

46 Olivier Favereau, entrevista com o autor.
47 Cheney; Seyfarth, *How Monkees See the World*.
48 Premack, The Infants Theory of Self-Propelled Objects, *Cognition*, v.36, n,1, 1990, p.1-16.
49 Bernard Conein, entrevista com o autor.

A TENTAÇÃO NEURÔNICA E SEUS LIMITES

291

É a tese que defende Barkow recentemente: "Eu coloco como exigência que toda explicação sociológica da ética seja compatível com as teses psicológicas da ética, e que estas sejam compatíveis ao mesmo tempo com as neurociências e com a biologia da evolução".[50] Ele prega não uma interdisciplinaridade fundada na biologia, mas a existência de uma compatibilidade das hipóteses sociológicas com aquilo que se sabe, por outro lado, do funcionamento das outras ciências: "A maneira pela qual as ciências sociais se isolam é indefensável. Isso não quer dizer que seja preciso ser reducionista. É preciso ser compatível".[51]

Humanos e não humanos

Bernard Conein, como vimos, trabalha com Laurent Thévenot em introduzir os objetos como elementos centrais da análise social.[52] Esse novo interesse pelos objetos é de fato tema de desacordo e controvérsia entre o Centre de Sociologie de l'Innovation (CSI), que vê nela a grande inovação que permite revolucionar as ciências sociais, e o Crea, que é muito mais reservado, ainda que Laurent Thévenot, membro deste último, participe ativamente dessa introdução. Por trás dessa controvérsia, encontram-se recolocados de maneira um pouco renovada velhos debates sobre o que especifica a natureza humana, do ponto de vista ontológico, e sobre as relações possíveis entre humanos e não humanos.

É sobre esse ponto que o diretor do Crea Jean-Pierre Dupuy discerne melhor o que o separa da antropologia das ciências de Michel Callon e Bruno Latour quando eles "atribuem o predicado da subjetividade de alguma espécie, em todo caso da palavra, da ação, às coisas. Quando ouço isso, eu me digo que é preciso retornar a Marx e denunciar o que me parece ser um fetichismo, se não da mercadoria, ao menos dos objetos".[53] Certamente Dupuy concorda que as relações entre os homens não

---

50 Barkow, Règles de conduite et conduite de l'évolution. In: Changeux (Org.), *Fondements de l'éthique*, p.89.
51 Bernard Conein, entrevista com o autor.
52 Ver Capítulo 10, "Uma grande inovação".
53 Jean-Pierre Dupuy, entrevista com o autor.

são possíveis senão no quadro de mundos comuns, de objetos em posição, constitutivos das relações humanas: "Foi Hannah Arendt, aliás, que me fez compreender isso".[54] Daí a atribuir aos objetos uma intenção, há um passo que Dupuy se recusa a dar. As divergências giram em torno da questão das competências que se requer dos agentes para introduzir uma ordem no mundo que constroem.

Michel Callon e Bruno Latour acusam, por seu lado, o Crea de subestimar o papel dos não humanos na construção da ordem e na composição das interações: "Para alguém como Jean-Pierre Dupuy, o problema é construir uma totalidade que se impõe ao redor dos indivíduos, mas construída pelos indivíduos. É individualismo metodológico um pouco sofisticado".[55] Segundo Callon, é um ponto de vista muito mais astucioso que aquele segundo o qual os indivíduos seriam capazes de assimilar só com sua racionalidade todas as interações, regras e convenções possíveis. É mais eficiente pensar que os indivíduos não seguem regras cegamente, sem interpretá-las. Mas nem por isso evitar essas duas escolhas – o dos atores muito racionais e o dos atores muito determinados por regras exteriores – é satisfatório diante das exigências da nova antropologia das ciências: "Damo-nos conta de que são meios que exigem indivíduos relativamente nus".[56] Ao contrário, a antropologia das ciências enxerga os fenômenos de interações introduzindo um papel particular e consequente aos objetos, aos não humanos, aos quase-objetos, no próprio cerne das interações.

Bruno Latour é até particularmente polêmico quando qualifica o Crea. Certamente, ele concorda, trata-se de um centro de pesquisas no qual se profissionaliza, no qual existe uma espécie de *ethos* da relação profissional. Reconhece, aliás, uma certa comunidade de espírito que vem do fato de que muitos dos pesquisadores do CSI e do Crea são originários das grandes escolas de engenharia. Mas para Latour, uma primeira grande diferença resulta do fato de que a antropologia das ciências trabalha na exportação de problemáticas, enquanto o Crea "é da importação. No fundo ele é, como toda a tradição americana na

---

54 Ibidem.

55 Michel Callon, entrevista com o autor.

56 Ibidem.

qual se insere, totalmente cientificista".[57] Por outro lado, ele lamenta que o Centro devolva artificialmente uma segunda vida à epistemologia, que tinha perdido toda sua vitalidade. Mas encontra-se o desacordo maior, sobretudo, em relação à questão do terreno, dos objetos e da relação com a investigação empírica: "Nós nos interessamos pelo terreno. Temos objetos ricos que perturbam; já a questão principal de saber que corredor cognitivo se abre quando se pega o gato na cerca não tem muito interesse".[58]

Essas proposições deixam perceber claramente que a pesquisa de um novo paradigma em ciências humanas está longe de se fazer de maneira consensual. Além das questões institucionais que não são negligenciáveis, restam também clivagens no plano das posições teóricas que opõem os pesquisadores. Essas tomadas de posição, no entanto, não devem ocultar uma certa comunidade subjacente no modo de questionamento e na atual recolocação das ciências humanas em direção aos quadros experimentais da ação.

---

57 Ibidem.
58 Ibidem.

20

AS REPRESENTAÇÕES COLETIVAS
A SAÍDA DA HISTÓRIA DAS MENTALIDADES

A noção de representação certamente não é realmente nova na prática histórica. Ela foi largamente utilizada nos anos 1970 como uma noção conexa, coadjuvante a uma história das mentalidades em pleno triunfo. Contudo, assume hoje um novo significado, no momento em que a disciplina histórica parece, depois de seu momento de glória, a prima pobre da atrelagem cognitiva. Alguns remetem a história a sua dimensão contingente, a sua inaptidão para se transformar em verdadeira ciência. Outros pretendem participar ativamente na mudança de paradigma em curso demonstrando que, ao lado das representações mentais individuais, as representações coletivas devem ser necessariamente historicizadas e constituem a melhor defesa contra qualquer tentação reducionista.

O que está em jogo também com essa referência cada vez mais insistente no mundo das representações é uma redefinição e uma certa distância crítica da maneira pela qual a escola dos *Annales* tratou das mentalidades nos anos 1970. No quadro desse distanciamento da história das mentalidades, Alain Corbin pôde falar da "subversão pela história das representações".[1] Esse deslocamento foi definido por Roger Chartier num artigo programático num número dos *Annales* dedicado

---

1 Corbin, Le Vertige des foisonnements, esquisse panoramique d'une histoire sans nom, *Revue d'Histoire Moderne et Contemporaine*, v.36, n.1, jan-mar 1992, p.117.

à "Inflexão crítica".[2] Ele lembra que o terceiro nível,[3] o das mentalidades, teve a oportunidade de abrir a história para novos objetos, mas segundo métodos já experimentados em história demográfica e econômica. Essa conjunção de métodos seriais, quantitativos, eficazmente aplicados a objetos até então mais visitados pelos antropólogos e filósofos como o medo, a sexualidade, a morte etc., garantiu um belo sucesso à disciplina histórica.

Contudo, a história das mentalidades contentava-se de fato em transferir os métodos em uso num outro campo de investigação em torno de uma noção deliberadamente fluida, generalizante, como a de mentalidade. Disso resultava uma visão que dava prioridade à longa duração, ao corte socioprofissional, a uma dicotomia postulada entre uma cultura do grande número, popular, e uma cultura de elite, e a uma confiança absoluta nos números, séries, desconectados dos esquemas interpretativos. Essa serialização era uma fonte de dispersão de uma história cada vez mais esmigalhada.[4]

Os diversos modos de apropriação

Roger Chartier nota três deslocamentos que marcaram recentemente a prática histórica. Em primeiro lugar, houve a renúncia progressiva a um projeto de história total, articulado em torno de instâncias de determinações. Esse abandono multiplicou as tentativas de penetração no passado a partir de objetos mais particularizados: acontecimento ou relato de vidas particulares "considerando que não há prática nem estrutura que não sejam produzidas pelas representações, contraditórias e confrontadas, pelas quais os indivíduos e os grupos dão sentido ao mundo que é o seu".[5] O segundo deslocamento vem da renúncia a considerar as singularidades territoriais como a única divisão possível da pesquisa e a substitui-la pela valorização das regularidades de

---

2 Chartier, Le Monde comme réprésentation, *Annales*, n.6, nov.-dez. 1989, p.1505-20.

3 Sendo os dois outros níveis o econômico e o social.

4 Dosse, *L'Histoire em miettes*.

5 Chartier, Le Monde comme réprésentation, p.1508.

AS REPRESENTAÇÕES COLETIVAS

natureza antropológica. Em terceiro lugar, a transposição dos cortes socioprofissionais no plano das mentalidades é questionada pelas últimas pesquisas nesse domínio, que mostram que "é impossível qualificar os motivos, os objetos ou as práticas culturais em termos imediatamente sociológicos".[6]

Esses deslocamentos convidam a dar mais atenção ao processo de construção do sentido, verificado como resultante de um ponto de encontro entre "mundo do texto" e "mundo do leitor", noções que Roger Chartier retoma de Paul Ricoeur, mas numa perspectiva especificamente histórica de restituição das práticas, dos suportes, das modalidades concretas da arte de escrever e de ler.

Roger Chartier situa o novo espaço de pesquisa no cruzamento entre uma história das práticas socialmente diferenciadas e uma história das representações que tem como objetivo dar conta das diversas formas de apropriação. Essa pluralização das construções culturais põe em causa "o recorte fundamentalmente dualista dominantes/dominados",[7] utilizado até então para coadunar descrições brotadas no interior da hierarquia socioprofissional: "As coisas pareceram mais complexas a partir do momento em que se pousou o olhar sobre circulações de objetos, de crenças, de práticas que perpassavam os recortes sociais".[8] O reexame da capacidade organizadora dessa grade de leitura dá à questão das formas de apropriação uma posição central.

A redescoberta de Norbert Elias[9] contribuiu fortemente para reforçar essa direção da pesquisa da história para as diversas modalidades de apropriação. Na concepção de Chartier, essa história das apropriações não corresponde ao sentido que Michel Foucault tinha dado ao conceito de "apropriação social dos discursos" como procedimento de sujeição e confisco do discurso.[10] Tampouco ela é equivalente, como vimos, ao sentido que lhe dá a hermenêutica: "A apropriação tal como a entendemos visa a uma história social dos usos e das interpretações, relacionados a suas determinações fundamentais e inscritos nas práticas

---

6 Ibidem, p.1509.
7 Roger Chartier, entrevista com o autor.
8 Ibidem.
9 Ver capítulo 8, "A escola de Chicago, Elias, Weber".
10 Foucault, *L'Ordre du discours*, p.45-7.

específicas que os produzem".[11] Chartier pretende, assim, dar espaço à textualidade, à leitura, porém mais amplamente a todos os processos portadores de sentido, sem esquecer que estes jamais são desencarnados, que sempre têm suportes materiais, condicionando sua eficácia histórica:

> É também a partir das divisões instauradas pelo poder (por exemplo, entre os séculos XVI e XVIII, entre razão de Estado e consciência moral, entre patronato estatal e liberdade do foro íntimo) que devem ser apreciadas a emergência de uma esfera literária autônoma bem como a constituição de um mercado de bens simbólicos e dos julgamentos intelectuais ou estéticos.[12]

Essa orientação deve muito a Michel de Certeau, que estudou as práticas cotidianas de apropriação que têm como característica ser efêmeras, instáveis, sem lugar.[13]

Mesmo se diferenciando da posição foucaultiana, Roger Chartier cruza as interrogações de Michel Foucault, notadamente as de *Surveiller et Punir* [Vigiar e punir], quando ele se coloca a questão de saber como dar conta pelo discurso de práticas não discursivas: "Eis aí um dos desafios extremos sobre os quais os historiadores que trabalham com esse ponto são confrontados",[14] o do funcionamento quase automático das práticas não discursivas acessíveis unicamente por meio dos textos que as descrevem, normatizam, proíbem, prescrevem ou as proscrevem. A noção de apropriação e sua autonomização com relação às categorizações sociais, contudo, não deve chegar, segundo Chartier, a uma "espécie de equivalência generalizada de todas as apropriações".[15]

Sair do esquema do reflexo em termos de posições de dominações não deve fazer esquecer que o poder de produzir, o poder de impor e de nomear as representações é desigualmente repartido, o que implica ligar os fenômenos de apropriação às práticas. Nesse sentido, a história sociocultural exclusivamente articulada nas classificações socioprofissionais

---

11 Chartier, Le Monde comme réprésentation, p.1511.
12 Ibidem, p.1518.
13 Certeau, *L'Invention du quotidien*, t.I.
14 Roger Chartier, entrevista com o autor.
15 Ibidem.

AS REPRESENTAÇÕES COLETIVAS

"viveu muito longamente numa concepção mutilada do social".[16] Ela não deu lugar a outras distinções também pertinentes, como a do pertencimento sexual, de gerações, do religioso, do territorial... Disso resulta uma atenção às redes que vai ao encontro das demais disciplinas como a sociologia ou a antropologia, e que tem valor paradigmático: "Daí a necessidade de um segundo deslocamento dando atenção às redes de práticas que organizam os modos, histórica e socialmente diferenciados, da relação com os textos",[17] a fim de reverter a história social da cultura em história cultural do social.

Essa noção de redes permite especialmente não esquecer que há variações históricas sensíveis, hierarquias sociais e indústrias culturais, sem com isso reduzir o consumidor de cultura a uma espécie de ectoplasma, totalmente submetido a esses poderes: "Depois de uma fase em que, por reação, era preciso, sobretudo, insistir em noções como a de prática contra os discursos e a de apropriação contra as imposições, acho que é possível agora tentar rearticular essas formas umas com as outras".[18] Roger Chartier preconiza voltar à noção de Marcel Mauss e de Émile Durkheim que, encarada como matriz de práticas construtivas do social, permite articular as três modalidades da relação com o mundo social:

> Primeiramente, o trabalho de classificação e recorte que produz as configurações intelectuais múltiplas pelas quais a realidade é contraditoriamente construída pelos diferentes grupos que compõem a sociedade; em segundo lugar, as práticas que visam fazer reconhecer uma identidade social [...]. Por fim, as formas institucionalizadas e objetivadas.[19]

Assim poderia ser recuperada a dinâmica da luta de representações, as questões das estratégias simbólicas em confronto. É nesse espírito que o conceito de representação pode ser fecundo, desde que seja concebido a partir de sua capacidade de articular o espaço dos possíveis no interior do qual se inscrevem as produções, as decisões, as intenções

---

16 Idem, Le Monde comme réprésentation, p.1511.
17 Ibidem, p.1512.
18 Idem, entrevista com o autor.
19 Idem, Le Monde comme réprésentation, p.1514.

explícitas. Dizia-se em geral de toda uma série de imposições que elas determinavam, comandavam, impediam a ação estabelecendo entre elas uma relação mecânica de causalidade, enquanto seria preferível utilizar o termo inscrições sociais desconhecidas pelos agentes.

A eficiência simbólica

No centro da inflexão de paradigma na disciplina histórica tal como o analisa Marcel Gauchet, encontra-se para o historiador a necessidade de compreender como o simbolismo age na sociedade. Esse novo campo de investigação deve ser desenterrado pelo historiador a partir da divisão realizada entre a porção explícita e a porção inconsciente das representações. Isso implica um novo olhar, pois o historiador encontra-se, então, confrontado com "novos problemas diante dos quais estamos no estágio da exploração preliminar".[20]

Rompendo com o historicismo radical do período da história das mentalidades, a reativação das questões clássicas sob o ângulo novo da história das representações leva a postular "estruturações muito profundas da experiência que fazem, aliás, com que a história seja possível".[21] Considerar que se pode ter acesso ao passado implica pensar que há, além das variações, mudanças e rupturas entre a cultura de hoje e a de ontem, alguma coisa que permita a comunicação possível, portanto uma "comum humanidade", o que Joëlle Proust chama a "tópica comparativa" que permite encontrar, por exemplo, o sentido do belo em Platão ou qualquer outro valor cultural de uma sociedade que não é mais a nossa. Esse postulado reúne, portanto, as orientações das ciências cognitivas.

No plano histórico coloca-se, então, a questão de saber o que fundamenta essa humanidade comum. Foi com esse problema que Marcel Gauchet se defrontou em *Le Désenchantement du monde*, sob o ângulo da observação das crenças religiosas. A tese central de Marcel Gauchet consiste em demonstrar que a sociedade moderna, libertada da religião como

---

20 Marcel Gauchet, Seminário *Espaces Temps*, Université européenne de la recherche, 5 abr. 1993.

21 Idem, entrevista com o autor.

AS REPRESENTAÇÕES COLETIVAS

quadro fundador da sociabilidade, o que representa bem uma ruptura essencial, revela, contudo, por trás dessa mutação, o *continuum* de uma modernidade que se dotou de equivalentes que substituíram a experiência religiosa de outrora respondendo às mesma necessidades. Essa história das metamorfoses do lugar do religioso tem como intenção conjugar duas abordagens frequentemente apresentadas como antinômicas:"A unidade do futuro e a existência de descontinuidades radicais em seu seio".[22]

Essa combinação entre continuidades e descontinuidades está na base de uma possível inteligibilidade e compreensão do passado, pois uma experiência humana comum liga passado e presente. Na demonstração de Marcel Gauchet, há, então, toda uma experiência coletiva inconsciente de uma sociedade moderna inscrita em experiências que têm relação com a experiência religiosa do passado:"A determinação do presente efetua-se sempre sob o signo do invisível".[23] O lugar eminente concedido à ciência assim como à estética na modernidade são os sinais tangíveis desse postulado segundo o qual o lugar de verdade se encontra num nível profundo ao mesmo tempo invisível e presente nas próprias coisas. Há, portanto, um desvendamento, mas como ponto de chegada da análise e numa perspectiva que não é denunciativa.

A abordagem de Marcel Gauchet tem o mérito de romper com o duplo horizonte aporético do continuísmo histórico, do evolucionismo de um lado, e do descontinuísmo radical em voga no tempo das rupturas estruturais do outro. Sua história das representações desdobra-se em torno de um movimento complexo que combina variações e invariantes. É conforme essa abordagem que muitos fenômenos deveriam ser relidos, revisitados pelos historiadores:"A esse respeito, a historiografia de um domínio particular como a feitiçaria seria muito exemplar".[24]

A feitiçaria não é o testemunho da inércia do passado, um legado arcaico opondo-se à cultura letrada. Ao contrário, é uma criação típica da transição para a modernidade. Quanto à caça às feiticeiras, ela encontra seu apogeu no momento em que se constituem o conceito e o pessoal do Estado moderno:"O que importa ressaltar é a contemporaneidade e o *continuum* que existem entre a representação difusa e

---

22 Idem, *Le Désenchantement du monde*, p.XVIII.
23 Idem, entrevista com o autor.
24 Idem, seminário *Espaces Temps*, Université européenne de la recherche, 5 abr. 1993.

o pensamento formado. A partir daí, convém colocar em evidência o modo de coerência que pode existir entre elas".[25] É assim que se pode chegar a compreender como as representações mais irracionais podem coexistir com capacidades de construção racional sofisticadas, como é o caso em Jean Bodin, promotor e inventor do Estado moderno e ao mesmo tempo obcecado pela demonologia, sem por isso tentar explicar mecanicamente um tipo de representação pelo outro.

Essa leitura do passado exige que se faça os arquivos falarem de forma completamente diferente, e que se preste uma atenção particularmente meticulosa a sua ambiguidade, a sua materialidade, à intenção assim como às omissões do redator do documento analisado. Essa nova exigência do historiador, definida por Marcel Gauchet e que o aproxima da maneira pela qual Arlette Farge situa a importância da literalidade do arquivo,[26] faz participar plenamente a disciplina histórica na orientação atual das ciências humanas em sua vontade de encontrar mais de perto a experiência dos atores, de descer ao nível mais baixo para poder interpretá-lo.

Esse procedimento favorece uma escala micro: "Desse ponto de vista, de certa maneira, toda a história está por refazer".[27] Contudo, Marcel Gauchet não opta por um nível exclusivo de análise que seria a leitura microscópica. Bem ao contrário, esta deve ser correlata à escala macro. É o que se encontra na obra de Robert Bonnaud, que pretende construir um "sistema da história",[28] escorado por datas extremamente precisas, numa escala planetária: "Há um repensar das durações e das escalas nos dois sentidos. É preciso utilizar o telescópio e o microscópio".[29]

Nas fronteiras da história

Tal perspectiva remete a repartição quádrupla do tempo usual da instituição histórica e implica uma concepção mais ampla daquilo que

---

25 Ibidem.
26 Farge, Le Goût de l'archive.
27 Marcel Gauchet, entrevista com o autor.
28 Bonnaud, Le Système de l'histoire.
29 Marcel Gauchet, entrevista com o autor.

AS REPRESENTAÇÕES COLETIVAS

constitui o arquivo histórico. Um historiador como Alain Corbin fez uma espécie de exploração dos pontos limites, das margens, das fronteiras, dos momentos paroxísticos. É no entanto a mesma interrogação que a de Marcel Gauchet: compreender comportamentos passados insólitos apesar da "comum humanidade" que nos liga a eles. Depois da história da praia,[30] ponto limite na paisagem, Corbin se dedicou ao caso de Hautefaye, na Dordogne, no decorrer do qual centenas de camponeses lincharam e depois queimaram um nobre durante uma feira, em 16 de agosto de 1870, numa cena de horror particularmente chocante nessa segunda metade do século XIX.[31] Eis aí um outro objeto explorado por ele, o das violências extremas, desses momentos à beira do abismo, em que o vínculo social se dissolve de fato e dá lugar ao horror absoluto, o que leva o historiador a perguntar-se como homens puderam ter tais comportamentos. O ato de compreensão deve, então, interrogar a racionalidade dos atores do drama. Pode-se, nesse sentido, mobilizar o esquema especular de René Girard, mas rapidamente se tropeça no indefinível. Pode-se também recorrer à velha psicologia das multidões de Gabriel Tarde, ou à antropologia da violência, ou ainda invocar a marginalidade do lugar, mas ainda assim a explicação é insuficiente. Situa-se à beira de algo que escapa à explicação e que obriga ao desvio descritivo, para estar o mais próximo dos comportamentos analisados. Nessa exposição do não dizível, do horror, "a história das emoções faz experimentar mais fortemente os pavores da condição humana".[32]

Essa história das emoções contrasta com certa história, notadamente aquela do século XIX, que Alain Corbin considera como "enjoativa, adocicada, linear e cheia de bons sentimentos".[33] A "comum humanidade" ao longo das variações do tempo, que interessa a Alain Corbin, deve ser procurada em primeiro lugar nas representações que têm curso no passado e pela consideração de seu papel ativo:

> O sistema de representações não faz senão ordenar o sistema de apreciação; ele determina as modalidades da observação do mundo, da

---

30 Corbin, *Le Territoire du vide, l'Occident et le désir de rivage, 1750-1840.*
31 Corbin, *Le Village des cannibales.*
32 Corbin, Désir, subjectivité et limites, *Espaces Temps*, n.59-61 (Le Temps réfléchi. L'Histoire au risqué des historiens), 1995, p.46.
33 Ibidem, p.45.

sociedade e de si; em função dele, organiza-se a descrição da vida afetiva. É ele que, em último lugar, rege as práticas. Seria evidentemente absurdo conceber uma história das sensibilidades, da psicologia coletiva ou, se se preferir, das mentalidades que não fosse primeiramente aquela das representações.[34]

A preocupação em recuperar as representações necessita também de uma busca de mediações que são os traços para compreender como o olhar do outro, diferente de si no espaço ou no tempo, foi estruturado, e de marcar as coincidências e discordâncias entre o dito e o experimentado. A dupla postulação da humanidade comum e das variações históricas contribui para uma melhor compreensão da história dos afetos, das paixões, das emoções e das pulsões humanas. A propósito da dor, ela implica considerar que o indivíduo sofre do mesmo jeito na Idade Média e hoje em dia, contrariamente ao que afirmam algumas hipóteses segundo as quais se sofria menos no passado do que hoje. A partir dessa variante (o sofrimento humano), pode-se determinar bem evidentemente variações que o historiador deve recuperar sobre as tolerâncias a esta, sobre o acolhimento que se dá à dor no plano social e por esta em relação ao tipo de tratamento considerado suportável ou insuportável em tal ou qual momento.

A história das sensibilidades, tal como a concebe Alain Corbin, é porção integrante das representações, que constitui sua precondição para compreender a evolução das lógicas comportamentais. A exploração dos sistemas de representação torna necessário um novo passo no sentido de tornar coerentes o "mundo do texto" e o "mundo do leitor", tal como o define Paul Ricoeur, consagrando-se à construção do arquivo, aos procedimentos retóricos empregados, aos silêncios, às circunstâncias que presidiram a escrita, aos destinatários e, portanto, à contextualização das interações.

---

34 Idem, Le Vertige des foisonnements, p.117.

Uma nova história social

A história das representações tem grandes chances de renovar a história social, desde que não seja considerada como um setor à parte, suplementar, vindo simplesmente acrescentar-se aos domínios econômico, social e político. Essa perspectiva de recomposição global por meio da história social alimentada pelo estudo das representações é notadamente defendida por Gérard Noiriel,[35] que propõe uma superação da velha querela entre sociologia e história. Ele preconiza renovar o modelo epistemológico proposto pelos alemães no começo do século e cuja herdeira é a fenomenologia. Esse modelo tinha o mérito de "demonstrar a possibilidade de uma ciência histórica fundada sobre o singular da experiência vivida".[36] Noiriel vê na noção de instrumental mental de Lucien Febvre uma alavanca heurística eficaz para penetrar numa compreensão da estranheza que resulta da distância temporal com o mundo vivido do passado: "Na lógica hermenêutica, a história é antes de tudo uma psicologia. E o trabalho empírico de Febvre não infringe essa regra".[37] Noiriel acentua a oposição de orientação que separava os dois diretores dos *Annales*, Marc Bloch numa filiação durkheimiana de sociologia objetivista, e Lucien Febvre que se situaria no interior do círculo hermenêutico de inter-relação circular entre o indivíduo e sua época, daí seu interesse particular pelo setor biográfico. Se essa oposição é justa quanto à comparação da obra pessoal dos dois diretores da revista dos *Annales*, ela é inconveniente em vista do modo de posicionamento do periódico nos anos 1930, que permanece de maneira consistente unicamente na seara durkheimiana.

Ora, é exatamente essa lógica hermenêutica que deve guiar a prática histórica, depois do sucesso sem par da tradição durkheimiana, quantitativa, cientificista dos anos 1960. Ela volta a situar a história no terreno da questão da compreensão do passado em relação às questões colocadas pelo historiador no presente, confrontada à estranheza da distância temporal, e procurando restabelecer uma comunicação possível graças à

---

35 Noiriel, Pour une approche subjectiviste du social, *Annales*, n.6, nov.-dez. 1989, p.1435-59; Idem, Histoire: la perspective pragmatiste, *Espaces Temps*, n.49-50, 1992, p.83-5.
36 Noiriel, Pour une approche subjectiviste du social, p.1437.
37 Ibidem, p.1443.

"comum humanidade". A reorientação da história social para se levar em consideração o "paradigma subjetivista"[38] leva a uma atenção à intencionalidade, a uma consideração da experiência vivida. Toda a dimensão do sentido torna-se objeto do historiador. Esta pareceu essencial a Gérard Noiriel em seus trabalhos de pesquisa histórica sobre a imigração.[39]

Neles, mostra notadamente até que ponto todo um universo de sinais simbólicos pode funcionar numa comunidade, mas com a condição de estar em adequação com a experiência vivida dos indivíduos. Assim, os desfiles nos monumentos aos mortos organizados pelos antigos resistentes comunistas seduziam toda a geração da Segunda Guerra mundial apesar do desmoronamento da influência do aparelho comunista. Em compensação, a nova geração dos filhos dos comunistas, filhos do *baby boom*, desvia-se desse ritual que não responde a sua experiência vivida. As representações estão, portanto, fortemente ancoradas numa experiência vivida que foi o conceito central da sociologia compreensiva e que convém adaptar ao território do historiador estudando como o tempo desdobra processos de subjetivação, de cristalização do passado no presente.

As mentalidades restritas

A saída da história das mentalidades tal como é concebida nos anos 1970, como conceito generalizante, e sua substituição por uma concepção mais restrita da história das mentalidades são preconizadas por Alain Boureau.[40] Essa história das mentalidades, refúgio dos objetos até então proscritos, teve como tendência substancializar as mentalidades: "Essa deriva substancialista contradizia a primeira função distributiva da história das mentalidades".[41] Resta uma questão não resolvida por essa escrita da história mental que é saber como passar, por que mediações, do coletivo histórico ao individual. A solução proposta, em geral, é

---

38 Ibidem, p.1451.

39 Idem, *Le Creuset français, histoire de l'immigration, XIXe-XXe siècles*.

40 Boureau, Propositions pour une histoire restreinte des mentalités, *Annales*, n.6, nov.-dez. 1989, p.1491-1504.

41 Ibidem, p.1493.

AS REPRESENTAÇÕES COLETIVAS

acrescentar referências contextuais à descrição dos afetos. Mas é grande o risco de um reducionismo não dominado que utiliza relações de causalidade de geometria variável.

A reorientação "restrita" acrescenta-se ao problema maior das ciências humanas: a articulação do singular e do coletivo. Alain Boureau consigna ao coletivo "o que restringe as possibilidades da ação e da decisão".[42] Ele poderia levar à descrição, à maneira da que realizaram Luc Boltanski e Laurent Thévenot, de uma "gramática do consentimento".[43]

Essa história restrita das mentalidades tem parentesco, segundo Alain Boureau, com a "descrição dos acontecimentos discursivos", os enunciados raros dos quais fala Michel Foucault em *Archéologie du savoir* [Arqueologia do saber]. No entanto, diferentemente da vontade desconstrutiva de Foucault, cuja tarefa é explorar um espaço de dispersão, Alain Boureau conserva uma ambição globalizante em seu desejo de compreender a implicação vivida das determinações globais: "Tratar-se-ia de puxar o feixe de relações que ligam as totalidades aos agentes históricos e designar uma zona fronteiriça de imbricação em que o mesmo enunciado pertence simultânea e integralmente a um discurso social determinado e a enunciações singulares".[44]

A história restrita das mentalidades é, então, a das apropriações em momentos privilegiados de estruturação, isto é, momentos de emergência, de autopoiese. Ela encontra o acontecimento, a novidade, e supõe, com isso, levar os atores em conta, considerar que eles podem agir em função de suas representações. Estas não são mais percebidas pelo historiador numa vontade de desvendamento daquilo que revelam de falso em relação a uma verdade postulada. Tampouco são concebidas como simples instrumentos. O historiador das representações tem como tarefa reaver delas o "uso diferenciado em táticas de apropriação e de deslocamento".[45]

Diante do fenômeno de crenças coletivas, o historiador pode retomar com proveito o conceito de "irredução"[46] utilizado por Bruno Latour e o de "competência" dos atores emprestado de Luc Boltanski e

---

42 Ibidem, p.1496.

43 Newman, *Grammaire de l'assentiment*.

44 Boureau, Propositions pour une histoire restreinte des mentalités, p.1501.

45 Idem, La Croyance comme compétence, *Critique*, n.529-530, jun.-jul. 1991, p.513.

46 Latour, *Les Microbes*.

Laurent Thévenot. O crer torna-se ato nos recentes trabalhos de historiadores sobre as crenças.[47] Coloca-se a questão enigmática de saber o que encobre o ato de crer. Isso implica uma leitura completamente nova dos arquivos a partir da qual o historiador se pergunta como os rituais agem e produzem, pois, efeitos concretos na cabeça das pessoas. Segundo Marcel Gauchet, os historiadores são levados a traduzir no plano do passado o programa heurístico definido por Claude Lévi-Strauss em seu artigo sobre a "eficácia simbólica".[48]

O imperativo cognitivo pode contribuir para iluminar um pouco no sentido de saber em que consiste realmente essa eficiência simbólica, e assim superar o simples descritivismo da escola cerimonialista americana. Essa corrente é constituída por discípulos de Ernst Kantorowicz[49] que desenvolveram toda uma série de estudos sobre os rituais cívicos, notadamente na Inglaterra, na França e na Itália, ignorados pela maior parte dos historiadores, salvo alguns medievalistas como Bernard Guénée.

A crença é um canteiro de investigação inteiramente essencial, segundo Marcel Gauchet. Ela permite colocar um problema particularmente difícil quando não nos contentamos em remetê-la a uma simples consciência mitificada, mas quando se tenta uma "descrição laica do que é a religião".[50] O historiador tenta, então, retomar a crença como o cadinho do vínculo social a partir de sua articulação com a coerência das coletividades referidas.

Ventos da Itália: a micro-*storia*

Nesse domínio, os historiadores italianos da micro-*storia*, Carlo Ginzburg, Edoardo Grendi, Giovanni Levi, Carlo Poni, desempenham o papel de precursores. Dedicando-se a estudos de casos, a microcosmos, valorizando as situações limites de crise, eles prestaram uma

---

47 Rousselle, *Croire et guérir, la foi en Gaule dans l'Antiquité tardive*; Crouzet, *Les guérriers de Dieu*; Ginzburg, *Storia notturna*.

48 Lévi-Strauss, L'Éfficacité symbolique, *Revue d'Histoire des Réligions*, n.1, 1949, p.5-27.

49 Kantorowicz, *L'Empéreur Fréderic II*; idem, *Les Deux corps du roi*.

50 Marcel Gauchet, entrevista com o autor.

AS REPRESENTAÇÕES COLETIVAS

atenção renovada às estratégias individuais, à interatividade, à complexidade das questões e ao caráter imbricado das representações coletivas. Os casos de ruptura cuja história eles retraçaram não são concebidos como um cerco à marginalidade, ao avesso, ao recalcado, mas como uma maneira básica de revelar a singularidade como entidade problemática definida por esse oxímoro: a "exceção normal".[51]

O estudo de caso mais conhecido é o do moleiro friulano Menocchio, exumado por Carlo Ginzburg.[52] Menocchio, recuperado em seu concreto singular, não é um indivíduo médio nem exemplar, mas uma identidade singular. Encontra-se nele uma busca do senso comum a partir do menos ordinário. Estudando as microrrealidades, a micro-*storia* não renuncia, mas procura, ao contrário, as vias da generalização, da globalização: "Muito poucos historiadores aceitariam que seu objeto de estudo tivesse tão somente um valor local".[53] A micro-história concilia uma técnica singular, a escolha de uma localização precisa e uma vocação para elucidações mais gerais. Se essa vontade é comum a todos os trabalhos de micro-história, pode-se, no entanto, diferenciar duas versões, duas finalidades um tanto divergentes.

A maior parte dos estudos dessa corrente define novos instrumentos, uma outra escala de análise para responder a questões de história social bastante clássicas. É o caso, entre outros, da obra de Giovanni Levi, cujo objetivo é compreender, num quadro cronológico bem determinado (o fim do século XVII e o começo do XVIII) as relações entre as comunidades camponesas e o Estado moderno na escala de uma região particular (o Piemonte). O caso concreto tratado por Giovanni Levi é de uma aldeia do Piemonte no século XVII, Santena, na qual um padre herético é levado à justiça por suas atividades de exorcista curandeiro.[54] O fio condutor da analise de Giovanni Levi não é, porém, o exotismo de práticas marginais, mas os fracassos cumulados de uma comunidade aldeã diante de diversos perigos e da irresistível ascensão do Estado piemontês.

---

51 Grendi, Micro-analisi e storia sociale, *Quaderni Storici*, v.12, n.35(2), 1972, p.506-20.

52 Ginzburg, *Le Fromage et les vers*.

53 Roger Chartier, entrevista com o autor.

54 Levi, *Le pouvoir au village*.

Essa monografia poderia aparentemente emergir dos numerosos estudos de sociografia do passado realizados pela escola dos *Annales*. Pensa-se em Montaillou, em Romans, de Emmanuel Le Roy Ladurie.[55] Mas de fato, a técnica de análise é outra, pois ela se dedica sobretudo a recuperar as estratégias individuais, familiares ou de linhagens, clãs no interior do sistema de normas.[56]

A outra versão da micro-*storia* é aquela representada por Carlo Ginzburg. A técnica utilizada é a mesma, mas inscreve-se no interior de uma finalidade de ordem mais antropológica. Ginzburg liga o método da micro-*storia* a um paradigma que ele define como o do parafuso. Este permite quebrar a crosta que mascarava as grandes estruturas antropológicas num ponto preciso, e fazer assim advir uma paisagem de muito longa duração, à maneira de um geólogo.

O objetivo de Carlo Ginzburg mais é, então, inscrever sua investigação no interior de uma história das grandes invariáveis, das grandes regularidades históricas. As fissuras, anomalias e desvios não são, pois, objetos a valorizar em si. Eles permitem simplesmente chegar à observação da base antropológica subjacente. É um objetivo tornado explícito recentemente por ocasião da retomada do dossiê das batalhas noturnas, cuja aparição remonta a 1966:[57] "Há muito tempo, tinha me proposto demonstrar experimentalmente, e de um ponto de vista histórico, a inexistência da natureza humana; e me acontece, 25 anos depois, de sustentar uma tese exatamente inversa".[58]

Decidido a trabalhar com a ideia de determinar as práticas dos atores situando-se perto delas, Carlo Ginzburg queria historicizar um fenômeno que se apresentava como recorrente. Ele descobre não uma projeção fantasmagórica da Igreja católica, como o deixava pensar a historiografia da feitiçaria, mas uma cultura autônoma, historicamente constituída, que punha em cena batalhas entre bons feiticeiros saindo de seus corpos para combater os maus feiticeiros. Desde 1966, Ginzburg evoca a comparação possível com as práticas xamanistas. É essa invariável cultural que ocupa hoje o coração da compreensão do

---

55 Le Roy Ladurie, *Montaillou, village occitan*; idem, *Le Carnaval de Romans*.

56 Revel, L'Histoire au ras du sol. Prefácio à tradução francesa. In: Levi, *Le Pouvoir au village*, p.I-XXXIII.

57 Ginzburg, *I Benandanti*.

58 Idem, *Storia notturna*, p.37.

AS REPRESENTAÇÕES COLETIVAS

fenômeno para ele. Essa invariável reſponde à finitude da exiſtência e à conſtrução – que ela suscita – de siſtemas de relações com o além, seguindo diversas modalidades contextualmente determinadas.

Alain Boureau qualifica essa invariável de "forma transcendental, de uma penhora da finitude humana, que poderia fundar a invariabilidade (a 'natureza humana') conhecida por suas únicas variáveis e de modo intermitente".[59] A inveſtigação hiſtórica é, então, tomada em tensão entre o regiſtro da prova, do quadro contextual e aquele que consiſte em determinar invariáveis, transversalidades eſpaço-temporais próprias à "comum humanidade". Essa tensão inevitável pode se traduzir nos termos das relações entre a crença como competência que remete a uma cultura comum e a suas formas variáveis conforme a situação precisa de inserção social, e conforme a escala requerida.[60]

A micro-ſtoria devolveu, portanto, em suas duas variantes, seu direito de cidadania à singularidade, depois de uma longa fase de eclipse no decorrer da qual o hiſtoriador devia, sobretudo, pesquisar as médias eſtatíſticas, as regularidades de uma hiſtória quantitativa e serial. Ela permite, deslocando-o sensivelmente, redinamizar um gênero que se acreditava em vias de extinção, o gênero biográfico. A biografia defendida pela micro-ſtoria diferencia-se de certo número de iniciativas praticadas para renovar um gênero unanimemente recusado sob sua forma tradicional linear e puramente faſtual. Ela se diſtingue das biografias iluſtrativas de formas coletivas de comportamento que Giovanni Levi qualifica como "biografia modal".[61] Ela se diferencia também das biografias muito eſtritamente dependentes de um contexto congelado que dá as chaves de inteligibilidade de maneira artificial transferindo a coerência contextual para o percurso individual. Do mesmo modo, diſtancia-se do procedimento biográfico em termos de casos limites, assim como da antropologia interpretativa.

A biografia defendida por Giovanni Levi deve permitir que se questione sobre a parcela da liberdade de escolha dentre as múltiplas possibilidades de um contexto normativo incluindo numerosas incoerências: "Nenhum siſtema normativo é, de fato, eſtruturado o baſtante para

---

59 Boureau, La Croyance comme compétence, p.519.
60 Ver Boureau, La Papesse Jeanne.
61 Levi, Usages de la biographie, Annales, v.44, n.6, nov.-dez. 1989, p.1329.

eliminar qualquer possibilidade de escolha consciente, de manipulação ou de interpretação das regras, de negociação".[62] Ela leva a se interrogar sobre o tipo de racionalidade posta em ação pelos atores da história, o que pressupõe distanciar-se do esquema da economia neoclássica de maximização do interesse e de postulação de uma racionalidade total dos atores. Esse modo de biografia leva a definir as bases de uma racionalidade limitada e seletiva e a questionar novamente a inter-relação entre o grupo e o indivíduo. Os conflitos de classificações, de distinções e de representações são também meios de tornar dialéticos procedimentos cognitivos por natureza diferentes quando se aplicam a um grupo ou indivíduos.

Mede-se até que ponto essas interrogações da micro-história prolongam sobre o terreno histórico um balanço paradigmático geral das ciências humanas, que reformulam cada uma a sua maneira o estudo do agir social e de suas representações como modos de apropriação diferenciados conforme um quadro intersubjetivo.

---

62 Ibidem, p.1333.

21

O MOMENTO MEMORATIVO

Uma outra "saída" das mentalidades é aquela preconizada por Pierre Nora, uma "saída" pela memória. A razão maior dessa eclosão da memória vem da dissociação recente desse par incestuoso história-memória, que sempre funcionou, sobretudo na França, numa relação especular. A memória nacional estava plenamente tomada por um Estado-nação portador de uma história-memória cuja idade de ouro foi o momento *à la* Lavisse da III República. Declinado diferentemente conforme o modelo romântico e organicista numa França tornada uma pessoa e exemplificada por Michelet, ou conforme o modelo metódico de uma crítica meticulosa das fontes historiográficas *à la* Langlois e Seignobos, o esquema nacional carregava integralmente a empreitada da história e sua função identificadora.

O tempo dos *Annales* inscreveu-se incontestavelmente em ruptura com relação a esse esquema correndo sua busca histórica no interior de outros moldes estruturantes, aqueles das ciências sociais. Mas o esmigalhar do discurso histórico, apesar de sua fecundidade e de sua faculdade de determinar novos objetos logo entronizados no "território do historiador", não podia ser satisfatório por muito tempo enquanto função identitária, no plano coletivo, da história. Tinha chegado o tempo, aliás, dos "rendimentos decrescentes", conforme a expressão de Pierre Chaunu.

Uma necessidade de memória

É na metade dos anos 1970 que o choque memorial se torna espetacularmente perceptível, quando Jakez-Hélias escreve um *best-seller* com seu *Cheval d'orgueil*, que atinge um milhão de exemplares, e quando Emmanuel Le Roy Ladurie, representante de uma história científica, universitária, consegue atingir um grande público de várias centenas de milhares de leitores com seu *Montaillou, village occitan*, que alguns chamarão: *"Mon caillou, village excitant"*.[1] Compreende-se, então, que uma oscilação, um verdadeiro deslizamento de terreno acaba de sacudir o solo, cuja força telúrica aparenta-se ao choque de 1789, a ponto de o sociólogo Henri Mendras o qualificar como "segunda revolução francesa", que situa em 1965, com efeitos culturais diferidos em torno de 1975. O fim da França das glebas acaba de engendrar uma França órfã *desse mundo que perdemos*.[2] Os quadros sociais da memória, então, desapareceram: "Não se fala tanto de memória, senão porque não há mais memória".[3]

Outras mutações vêm dissociar história e memória. A crise das escatologias revolucionárias no mesmo momento, no meio dos anos 1970, vem obscurecer o horizonte de expectativa ao mesmo tempo que desconstrói o estatuto de barqueiro concedido ao presente que não era concebido senão como lugar transitório de passagem, de um passado animado por um motor da história que permite dirigir-se com confiança para um futuro pré-determinado. Essa operação de tornar o futuro opaco contribuiu fortemente para confundir a figura de um passado no seio da qual não se sabia mais hierarquizar o que emergia de um devir potencial e positivo. Esses sismos estiveram na origem de um duplo efeito: de um lado, a memória, escapando à história, podia tornar-se seu objeto, seu problema. De outro lado, uma nova relação passado-presente deslocava-se num constante encaixe instantâneo, do vivido ao cotidiano de uma história cada vez mais mundializada sob os efeitos da midiatização.

---

1 Caillou é usado aqui no sentido de pedra preciosa. O trocadilho remete ao fato de Ladurie inaugurar um veio novo da escrita histórica que atinge o público não especialista. [N. T.]

2 Lasslet, *Un monde que nous avons perdu*.

3 Nora, *Les lieux de mémoire*, t.I, p.XVII.

O MOMENTO MEMORATIVO

Pierre Nora se lança, então, num imenso projeto, que concebe em 1978-1979, em seu seminário da École des Hautes Études en Sciences Sociales (Ehess). Ele terminará em 1993, quando da publicação dos três últimos dos sete volumes dedicados à República, à Nação e à França. Essa empreitada corresponderá a um verdadeiro refluxo da casa França no começo dos anos 1980, depois que o presidente François Miterrand ficou alarmado porque não se ensinava mais a história do país. Mas a empreitada de Nora se situa em descompasso com relação às múltiplas publicações sobre esse tema, pois não tem por objetivo escrever um Lavisse renovado, mas construir uma história outra, simbólica, no segundo grau, numa relação inédita e crítica entre memória e história: "A França está inteiramente do lado da realidade simbólica; ela não tem sentido, por meio das múltiplas peripécias de sua história e de suas formas de existência, senão simbólico".[4]

As interrogações transversais nas ciências humanas sobre a questão das representações e sobre suas metamorfoses sucessivas no curso do tempo estão no cerne dessa realização coletiva. Nesse sentido, Pierre Nora retoma a maneira pela qual o sociólogo durkheimiano Maurice Halbwachs tinha explorado os vínculos difíceis de desatar entre memória histórica e memória coletiva.[5] Halbwachs opõe termo a termo essas duas noções, que encara de maneira antinômica. Segundo ele, o tempo da memória coletiva está ancorado na vida das pessoas.

A memória é real, múltipla, flutuante, enquanto o tempo da história é, ao contrário, abstrato, arbitrário, conceitual, fora do tempo vivido. Em última análise, a história não começaria senão no ponto em que se extingue a memória. Para que uma memória coletiva possa perdurar, são necessários quadros instituídos, grupos sociais que a carreguem, que a enquadrem. A duração e o lugar são, portanto, a condição necessária a uma cristalização, para retomar uma noção de Stendhal, das representações, da memória. Halbwachs leva, assim, a uma pluralização do fenômeno da memória em função de seus quadros sociais de existência.

Pierre Nora retoma de início essa oposição binária de Halbwachs para mostrar que as duas noções, de história e memória, não são

---

4 Nora, *Les lieux de mémoire*, t.III, v.1, p.22.
5 Halbwachs, *Les Cadres sociaux de la mémoire*.

sinônimos: "Nós tomamos consciência de que tudo as opõe".[6] Mas essa tomada de consciência é recente, pois história e memória foram mais ou menos confundidas até aqui em torno dos mitos de origem.[7] A crise dos quadros identitários universalistas e a atual inflexão pragmática inverteram uma relação que consistia em passar da história à memória. A proliferação dos relatos vividos, ligada ao desaparecimento progressivo dos lugares, dos suportes da lembrança, contribui para essa inversão que conduz da memória à história. Disso resulta uma fragmentação dos tempos e dos lugares da memória.

A memória torna-se, então, o problema mesmo de nossa modernidade, um meio de reinjetar experiência para remediar o sentimento de esgotamento histórico ao ceticismo reinante diante da história.[8] Esses lugares de memória são tanto marcadores topográficos dos traços do passado quanto formas simbólicas de identificação coletiva, como se pode constatar hoje com a moda comemorativa. A ordem bíblica "Não esquecerás!" impôs-se, e a memória tira proveito de todos os legados do passado.

O paradigma do rastro

A escrita histórica induzida por essa nova relação com a memória é completamente diferente. Ela exige até revisitar sob esse ângulo todo o passado. A noção central é de traço, ao mesmo tempo ideal e material: ela se torna o lugar essencial do afresco dirigido por Pierre Nora. O traço é esse vínculo indizível que liga o passado a um presente. O presente torna-se categoria pesada na reconfiguração do tempo, por intermédio desses traços memoriais.

Pierre Nora vê nisso uma nova descontinuidade na escrita da história "que não se pode chamar de outra forma senão de historiográfica".[9] Essa ruptura modifica o olhar e incita a comunidade dos historiadores a revisitar de outra maneira os mesmos objetos a partir dos rastros

---

6 Nora, *Les lieux de mémoire*, p.XIX.

7 Citron, *Le Mythe national*.

8 Mongin, *Face au scepticisme*.

9 Nora, *Les Lieux de mémoire*, t.III, v.i, p.26.

deixados na memória coletiva pelos fatos, homens, símbolos e emblemas do passado. Esse congela-descongela de toda a tradição histórica por esse momento memorativo que vivemos abre o caminho para uma história completamente diferente:

> Não mais determinantes, mas seus efeitos; não mais as ações memorizadas, nem mesmo comemoradas, mas o rastro dessas ações e o jogo dessas comemorações; não os fatos por si mesmos, mas sua construção no tempo, o apagamento e o ressurgimento de seus significados; não o passado tal como aconteceu, mas seus usos retomados permanentemente, seus usos e maus usos, seu impacto sobre os presentes sucessivos; não a tradição, mas a maneira pela qual ela se constituiu e transmitiu.[10]

Esse vasto terreno permite, por sua dupla problematização da noção de historicidade e de memória, exemplificar esse tempo intermediário definido por Paul Ricoeur como ponte entre tempo vivido e tempo cósmico.

A desmitologização

O trabalho de desmitologização e de historicização da memória tinha sido feito desde os anos 1970 por Georges Duby.[11] Numa coleção particularmente tradicional, *Trente journées que ont fait la France*, Duby relativizou duplamente o acontecimento fundador de Bouvines, mostrando que a batalha em si se reduz a pouca coisa, e restituindo-a numa temporalidade mais longa, a das variações múltiplas de sua lembrança. O problema não é mais tanto saber o que realmente aconteceu no dia 27 de julho de 1214: "ninguém perceberá jamais em sua verdade total esse turbilhão de mil atos emaranhados que, na planície de Bouvines, mesclaram-se inextrincavelmente naquele dia, entre meio-dia e cinco horas da tarde".[12]

---

10 Ibidem, p.24.
11 Duby, *Le Dimanche de Bouvines*.
12 Ibidem, p.12.

318   O IMPÉRIO DO SENTIDO

Georges Duby deslocava, então, o olhar do historiador a fim de melhor auscultar as diversas maneiras de pensar e de agir. Ele construía, além disso, uma sociologia da guerra no limiar do século XIII. Mas, sobretudo, o acontecimento era considerado ao mesmo tempo como surgimento do inesperado e como inscrição, como rastro na longa duração. Os limites de Bouvines não são mais os de um ilustre domingo, mas a sequência de suas metamorfoses, de seus acasos e omissões na memória coletiva. O objeto histórico torna-se daí em diante o "destino de uma lembrança no seio de um conjunto movediço de representações mentais".[13]

Nos mesmos anos 1970, Philippe Joutard foi um dos precursores de uma investigação sistemática da memória coletiva quando, tendo como projeto examinar os fundamentos do rancor persistente que opunha duas comunidades das Cévennes, protestante e católica, ele constatava que essa clivagem de fato só datava da segunda metade do século XIX. Anteriormente, a historiografia é unânime em reprovar a revolta calvinista. O discurso histórico oficial, portanto, não conseguiu apagar as feridas nem reunir a comunidade regional. Joutard elaborou, então, a hipótese, que ele testa junto aos camponeses da região, de uma memória oral subterrânea, e empreende a primeira verdadeira investigação histórico-etnográfica a partir de 1967. Esta restabelece a existência de uma tradição oral em torno do acontecimento traumático da revolta calvinista e de sua repressão, memória recalcada mas enraizada: "Este estudo espera ter mostrado que uma pesquisa historiográfica não pode ser separada de um exame das mentalidades coletivas".[14]

A memória pluralizada, fragmentada, invade hoje por todos os lados o "território do historiador". Instrumento maior do vínculo social, da identidade individual e coletiva, ela se encontra no cerne de uma questão real e espera frequentemente do historiador que ele dê a ela, posteriormente, o sentido, à maneira do psicanalista. Durante muito tempo instrumento de manipulação, a memória pode ser reinvestida numa perspectiva interpretativa aberta para o futuro, fonte de reapropriação coletiva e não simples museografia separada do presente. A memória supondo a presença da ausência permanece o ponto

---

13 Ibidem, p.14.
14 Joutard, *La Légende des camisards, une sensibilité au passé*, p.356.

O MOMENTO MEMORATIVO

de costura, essencial entre o passado e o presente, desse difícil diálogo entre o mundo dos mortos e o dos vivos.

Multiplicam-se, assim, os trabalhos sobre as zonas de sombra da história nacional. Quando Henry Rousso se ocupa do regime de Vichy, não é para catalogar o que se passou de 1940 a 1944. Seu objeto histórico começa quando Vichy não é mais um regime político em exercício. Ele se revela como sobrevivência das fraturas que engendrou na consciência nacional. É então que ele pode evocar o "futuro do passado".[15] Sua periodização utiliza explicitamente as categorias psicanalistas, mesmo que sejam usadas de maneira puramente analógica. No trabalho de luto de 1944-1954, segue o tempo do recalcamento, depois o da emersão do recalque, antes que a neurose traumática se transforme em fase obsessiva.

De seu lado, Benjamin Stora terá atravessado uma outra zona de sombra, a da guerra da Argélia, estudada por meio dos mecanismos de fabricação de uma verdadeira amnésia coletiva de um lado e de outro do Mediterrâneo.[16] À guerra sem nome do lado da metrópole responde a guerra sem rosto dos argelinos.

A história da memória é particularmente exposta à complexidade por sua situação central, no centro mesmo da inter-relação problemática para todas as ciências sociais entre o individual e o coletivo. É o que bem mostra Michaël Pollak a propósito da memória dos deportados retornados dos campos de extermínio. Investigando junto aos sobreviventes de Auschwitz-Birkenau, ele faz a demonstração de que silêncio não é esquecimento. O sentimento oculto de culpabilidade está no coração da síndrome dos sobreviventes presos entre a raiva a transmitir e a impotência de comunicar.[17] Daí a função daqueles que enquadrarão essas memórias fazendo viver múltiplas associações. Eles têm como tarefa retomar os limites flutuantes entre os possíveis do dito e do não dito, e facilitar assim o trabalho de luto dos indivíduos. As memórias coletivas, assim como as memórias individuais, estão sujeitas a múltiplas contradições, tensões e reconstruções. É assim que o "silêncio sobre si – diferente do esquecimento – pode até ser uma condição necessária

---

15 Rousso, *Le Syndrome de Vichy*.
16 Stora, *La Gangrène de l'oubli*.
17 Pollak, *L'Expérience concentrationnaire*.

da comunicação".[18] No cerne desse trabalho sobre a memória conduzido por Michaël Pollak há, como diz Nathalie Heinich – que trabalhou com ele sobre os testemunhos de deportados –, a busca do "sentimento de identidade".[19] Uma melhor inteligibilidade deste foi possível graças à recusa em dissociar o conteúdo dos testemunhos e as condições de sua enunciação. Isso permitiu a Michaël Pollak interrogar o que há de opaco no fenômeno de registro do depoimento: "A probabilidade do testemunho é uma chance ínfima, cujas raras ocorrências Michel agarrou para tratar de compreender o sentido delas lá onde o sentido da enunciação não se reduz ao sentido do enunciado".[20]

Tomando por objeto a memória enquadrada por excelência, a memória comunista, Marie-Claire Lavabre demonstra que esta disfarça mal, por trás do discurso oficial, uma memória coletiva mais complexa que permanece plural, contraditória. Sua investigação demonstra que a imagem de De Gaulle depois de sua morte permanece negativa entre os comunistas ingressos no Partido Comunista Francês (PCF) sob a V República, enquanto se torna positiva entre os velhos militantes que aderiram ao PCF durante a Resistência.[21]

Por outro lado, a emersão, nos anos 1980, das propostas dos antigos colaboracionistas e de seus jovens êmulos negacionistas lembra o historiador de seu dever de memória, do contrato de verdade da disciplina à qual ele pertence. Foi nesse quadro que Pierre Vidal-Naquet desempenhou um papel decisivo numa contraofensiva dos historiadores diante das teses negacionistas.[22] Quanto aos remanescentes desse período sombrio, eles sentem a urgência de testemunhar, de entregar sua memória às gerações futuras por todos os meios postos à sua disposição.

---

18 Idem, Mémoire, oubli, silence. In: *Une identité blessée*, p.38.

19 Heinich, Motifs d'une recherche: hommage à Michaël Pollak, *Bulletin Trimestriel de la Fondation Auschwitz*, n.35, jan-mar. 1993, p.101.

20 Ibidem, p.103.

21 Lavabre, Génération et mémoire. In: Congresso da Association Française de Science Politique, Génération et Politique, out. 1981, datilog.; idem, *Le fil rouge, sociologie de la mémoire communiste*.

22 Vidal-Naquet, *Les Assassins de la mémoire*.

Uma memória tirânica

A inflexão memorativa atual permite melhor compreender os fatores do comportamento humano. Ela participa nesse sentido plenamente da reviravolta pragmática das ciências humanas, até no objeto mais indefinido do qual se dota, ao mesmo tempo material e ideal, flutuante, sempre aberto a novas metamorfoses e a novas mudanças de sentido. Seu objeto "foge constantemente a qualquer definição simples e clara".[23] Longe de estar confinada ao estatuto de resíduo ilusório, mistificado, de atores manipulados, a memória convida a levar os atores em consideração, suas competências, e nos lembra de que ela frequentemente comanda a história que se faz.

Tomada uma outra dialética, a da *arché* e do *telos*, o regime de historicidade é inteiramente atravessado pela tensão entre espaço de experiência e horizonte de expectativa. Ricoeur recusa nesse sentido o encerramento do discurso histórico numa relação puramente memorativa de retomada do passado, separada de um futuro repentinamente tornado excluído. Pierre Nora afirma aliás que nosso presente memorativo talvez não passe de um momento, uma conjuntura intelectual quando, em sua frase conclusiva dos sete volumes dos *Lieux de mémoire*, ele especifica que essa tirania da memória talvez dure apenas um tempo, "mas era o nosso".[24]

Para além da conjuntura memorativa atual, sintomática da crise de uma das duas categorias meta-históricas, o horizonte de expectativa, a ausência de projeto de nossa sociedade moderna, Ricoeur lembra a função do agir, da dívida ética da história em vista do passado. O regime de historicidade, sempre aberto para o devir, certamente não é mais a projeção de um projeto plenamente pensado, fechado em si mesmo. A própria lógica da ação mantém aberto o campo das possibilidades. Nesse sentido, Ricoeur defende a noção de utopia, não quando ela é o suporte de uma lógica louca, mas como função libertadora que "impede o horizonte de expectativa de fundir-se com o campo da experiência. É o que mantém a separação entre a esperança e a tradição".[25] Ele defende

---

23 Rousso, La Mémoire n'est plus ce qu'elle était. In: *Écrire l'histoire du temps présent*, p.105.
24 Nora, *Les Lieux de mémoire*, t.III, v.3, p.1012.
25 Ricoeur, *Du texte à l'action*, p.391.

com a mesma firmeza o dever, a dívida das gerações presentes diante do passado, fonte da ética e da responsabilidade. A função da história permanece então viva. A história não é órfã, como se acredita, desde que responda às exigências do agir. Assim, o enterro das visões teleológicas pode se tornar uma ocasião para revisitar a partir do passado os múltiplos possíveis do presente a fim de pensar o mundo de amanhã.

PARTE VI

AS CONVENÇÕES

UMA TERCEIRA VIA?

22

DA REGULAÇÃO ÀS CONVENÇÕES

No cruzamento das interrogações sobre a natureza do vínculo social, o agir e as representações, surgiu uma corrente particularmente inovadora na cena do pensamento econômico, há muito fechado às evoluções das ciências humanas: a da economia das convenções. Já se havia reconhecido na corrente regulacionista uma primeira saída inovadora da teoria padrão e dos esquemas fundados na simples reprodução.[1] A escola da regulação (na qual se encontravam entre outros Michel Aglietta, Hugues Bertrand, Robert Boyer, Benjamin Coriat, Alain Lipietz, Jacques Mistral, Carlos Ominami...) tinha se distanciado dos determinismos mecanicistas a fim de melhor recuperar as modalidades de passagem das grandes mutações econômicas.[2] A necessária articulação da lógica estatal e a do mercado levou os regulacionistas a valorizar o papel das relações intermediárias, institucionais.

Essa inclusão do nível das instituições na macroeconomia permite integrar na perspectiva econômica as racionalidades plurais dos grupos sociais. Partidos de um programa estruturalista-marxista, os regulacionistas permitiram dinamizar a estrutura e reintegrar os agentes da economia, os homens que eram encarados até então como simples

---

1 Ver Dosse, *Histoire du structuralisme*, t.2, p.362-77.
2 Para um balanço dessa corrente regulacionista, ver Boyer; Saillard (Coords.), *Théorie de la régulation*: L'état de savoir.

suportes de lógicas estruturais. A consideração do pilar institucional dos fenômenos de mercado abriu os regulacionistas para a história.[3] Fernand Braudel e Immanuel Wallerstein foram utilizados pelos economistas da regulação como historiadores do desenvolvimento desigual do capitalismo, valorizando a irreversibilidade dos fenômenos econômicos assim como as novas lógicas espaciais de intensidade variável conforme a situação no centro ou na periferia das economias-mundos.

Foi de fato no quadro histórico que os regulacionistas puderam discernir momentos diferentes de acumulação entre o modo de regulação concorrencial próprio do século XIX, o taylorismo do começo do século XX e o fordismo que se cristaliza depois da crise de 1929 e permite uma retomada da economia sobre a base de uma racionalização ainda mais aprofundada do trabalho, assim como um desenvolvimento espetacular do consumo de massa.[4]

A emergência

Foi na filiação dessa corrente heterodoxa que nasceu o que se pode já qualificar como escola das convenções. Um dos economistas das convenções, Olivier Favereau, coordenador do número da *Revue Économique* dedicada a essa corrente, assistia nos anos 1970 a todos os seminários do Centre Pour La Recherche Economique et Ses Applications (Cepremap) voltados para a teoria regulacionista: "Assisti à eclosão de tudo aquilo. Era um momento extraordinariamente revigorante e renovador".[5] Se por um lado há algum vínculo de filiação e empreitadas comuns entre as duas correntes, por outro as diferenças são cada vez mais marcantes. Os regulacionistas, advindos do marxismo, permanecem apegados a posições universalistas. Eles tiveram o mérito, numa época em que se praticava a teoria do reflexo, de tornar mais complexa a relação entre infra e superestrutura a fim de dar a esta última toda sua

---

3   Ver Aglietta, Le Schumpeter de l'histoire, *Espaces Temps*, n.34-35 (Braudel dans tous ses états), 1986, p.38-41; Lipietz, Le Proudhon du vingtième siècle, *Espaces Temps*, n.34-35 (Braudel dans tous ses états), 1986, p.47-50.

4   Boyer, *Théorie de la régulation*: une analyse critique.

5   Olivier Favereau, entrevista com o autor.

DA REGULAÇÃO ÀS CONVENÇÕES

densidade. Mas os regulacionistas "não querem cortar o cordão umbilical com o marxismo e, por isso, não ousam colocar certo número de questões teóricas".[6]

Eles se situam sempre no plano de um sistema totalizante. Saídos do keynesianismo-marxismo; os regulacionistas partem do holismo, enquanto os economistas das convenções reivindicam um individualismo metodológico complexo. Mas erigem-se pontos de encontro e terrenos de pesquisa comuns em vista de uma atenção privilegiada à ação dos agentes que é cada vez mais presente entre os regulacionistas hoje. De seu lado, os estudos em termos de convenções, que têm por base as categorias da racionalidade limitada, têm maior abertura para a consideração do social, do contexto: "Assim é possível reencontrar-se em muitas questões práticas".[7]

Os economistas das convenções, enquanto individualistas metodológicos, não utilizam os coletivos como categorias de análise pertinentes. Contudo, rompendo com os economistas ortodoxos, consideram que os indivíduos têm uma capacidade de cálculo apenas limitada, fortemente constrangida pelo contexto. Em última análise, a utilização da racionalidade limitada no interior do individualismo metodológico permite fazer emergir objetos coletivos: "O coletivo não se reduz a representações interindividuais, em parte porque somos menos racionais do que o diz a teoria econômica ortodoxa".[8] Para contornar os limites da racionalidade individual, os economistas das convenções precisam apoiar-se numa multiplicidade de técnicas, de procedimentos e de objetos coletivos.

Há uma zona de contato possível entre as duas correntes, que parecem aliás evoluir de maneira conjunta para encontrar-se em campos de investigação comuns abertos por esse entremeio, espaço intermediário entre um holismo e um individualismo metodológico puro e seco. Essa convergência potencial não deve, no entanto, mascarar as diferenças de posições entre a economia das convenções e os regulacionistas. Segundo Laurent Thévenot, "é um movimento de ruptura em relação à regulação

---

6 Ibidem.
7 Ibidem.
8 Laurent Thévenot, entrevista com o autor.

e aos institucionalistas em geral".[9] Contudo, os economistas da regulação e das convenções parecem hoje multiplicar os campos e publicações comuns, que demonstram uma fecundação mútua criando uma real dinâmica atrás das teses que tendem a se aproximar.[10]

Esse paradigma das convenções foi elaborado em consequência de uma interrogação coletiva, própria de um grupo de economistas que trabalhavam desde os anos 1970 no Institut National de la Statistique et des Études Économiques (Insee) abordando as noções de categorias socioprofissionais, na fronteira com a sociologia. É no Insee que se estabelecem relações entre Alain Desrosières, Robert Salais, François Eymard-Duvernay, André Orléan, Laurent Thévenot, Olivier Favereau...

As categorias

A problemática das convenções nasceu de uma dupla interrogação: uma propriamente econômica das categorias, e outra, sociológica, sobre a avaliação das pessoas e das coisas. Daí um paradigma híbrido socioeconômico que pega emprestado do Insee os recursos estatísticos, a tradição de codificação e as ricas fontes de informação sobre as organizações e sobre as empresas.[11] Ele é também o prolongamento do trabalho em comum dirigido por Laurent Thévenot e Luc Boltanski sobre as competências avaliativas dos agentes, sobre a passagem do particular para o geral, que dará lugar, como já vimos, às *Économies de la grandeur*,[12] com seu modelo das cidades.

No momento dessa elaboração socioeconômica, Laurent Thévenot trabalha na divisão de Emprego do Insee. O responsável por essa unidade de pesquisa, Robert Salais, rapidamente fica convencido do valor heurístico desses novos instrumentos de análise. Ele encontra no estudo

---

9 Ibidem.
10 Ver Orléan (Coord.), *Analyse économique des conventions*, obra coletiva na qual se encontram, entre outros, Michel Aglietta, Robert Boyer etc.; e Boyer; Saillard (Coords.), *Théorie de la régulation*: L'États de savoir, obra coletiva na qual se encontra Olivier Favereau.
11 Ver Desrosières, *La Politique des grands nombres*.
12 Boltanski; Thévenot, *De la justification*.

DA REGULAÇÃO ÀS CONVENÇÕES

das cadeias do desemprego um terreno de aplicação desses modelos.[13] A convergência de certo número de estudos leva a unidade de pesquisa a tomar a iniciativa de organizar uma mesa-redonda conjunta no Centre National de la Recherche Scientifique (CNRS) e no Insee sobre "Os instrumentos de gestão do trabalho", que acontece em 1984. Colocado sob a responsabilidade de um comitê de preparação,[14] esse encontro "terá um efeito bastante estruturador".[15] Essa primeira reunião de intervenções é ainda mais ampla. Ela inclui sociólogos fora do campo da economia, como Patrick Pharo, e regulacionistas, como Robert Boyer. Publicado em 1986, sob a dupla direção de Robert Salais e Laurent Thévenot, o resultado da reunião traz já como subtítulo uma referencia às "convenções".[16]

Laurent Thévenot já tinha colocado, em 1983, suas interrogações sobre o caráter cognitivo dos instrumentos materiais num artigo maior: "*Les investissements de la forme*".[17] Não somente Laurent Thévenot inova por seu enfoque dos objetos, mas manifesta também sua preocupação em não permanecer num nível puramente representacional, graças a uma pesquisa sobre as articulações possíveis entre categorias mentais e sobre os instrumentos. Ele preconiza nessa ocasião uma definição ampliada da noção de investimento que ultrapassa a oposição entre bens materiais e imateriais. Ele critica nesse sentido o uso muito secundário dos objetos institucionais na teoria econômica clássica.

O termo forma nessa acepção ampla permite responder ao desejo de "tratar da capacidade de entrar em equivalência dos seres que desejamos apreender".[18] O ensinamento maior do estudo dirigido por Laurent Thévenot é voltar a encarar essas formas em relação com um investimento. Ele põe notadamente em evidência o custo necessário de transformação a fim de estabelecer uma capacidade de equivalência.

---

13 Salais; Baverez; Reynaud, *L'Invention du chômage*.

14 O comitê responsável pela mesa-redonda compreende Robert Boyer, François Eymard-Duvernay, Robert Salais, Jean-Jacques Silvestre e Laurent Thévenot.

15 Laurent Thévenot, entrevista com o autor.

16 Salais; Thévenot (Eds.), *Le travail*: marchés, règles, conventions.

17 Thévenot, Les Investissements de forme, *Cahiers du CEE*, n.29 (Conventions Économiques), 1986. p.21-71.

18 Ibidem, p.63.

Os investimentos de forma

É significativo que a coletânea de artigos no qual aparece "Les investissements de forme" já traga, desde 1986, o título de *Conventions économiques*: "É uma aventura original e própria da França a existência desse espaço misto de sociologia e economia".[19] A proximidade é tal entre essas duas disciplinas que muitas pessoas confundem as duas e pensam que as economias da magnitude e a economia das convenções são duas maneiras de expressar a mesma coisa: "Nem sempre eu corrijo o erro".[20]

Laurent Thévenot enfatiza em "*Les investissements de forme*" a centralidade das histórias de marca, de normatização dos produtos. Ele dirige, então, o trabalho no domínio da produção agroalimentar de dois pesquisadores que têm por objetivo demonstrar no setor de queijos a atuação de dois modelos diferentes, aquele que emerge de uma lógica industrial, centrado numa produção de massa correspondente à fabricação do *camembert* padronizado, e aquele que corresponde a uma lógica completamente diferente, a da tradição, e que corresponde à fabricação do *camembert* "normando", com alto teor de fungos, produzido em padrão artesanal.[21] Com a recuperação dos procedimentos de fabricação como a coleta do leite em recipientes não refrigerados, a utilização do leite cru, da concha..., podia-se mostrar o que era um investimento de forma e "isso permitia remontar aos utensílios de produção e, assim, fazer a ligação com um dos temas maiores das *Économies de la grandeur*, que é a qualificação dos objetos e a qualificação das pessoas".[22]

As formas convencionais permitem melhor compreender, nos anos 1980 no decorrer dos quais se fala em desregulamentações necessárias, o que é uma regra confrontando a fluidez do mercado e a rigidez na organização da produção. Esse confronto conduz Laurent Thévenot a preferir o termo convenção ao termo regra, muito marcado no estrito plano jurídico. O termo convenção tem como vantagem de ser mais

---

19 Laurent Thévenot, entrevista com o autor.

20 Ibidem.

21 Boisard; Letablier, Le Camembert: normand ou normé. Deux modèles de production dans l'industrie fromagère, Cahiers du CEE, n.30 (*Entreprises et Produits*), 1987, p.1-29.

22 Laurent Thévenot, entrevista com o autor.

DA REGULAÇÃO ÀS CONVENÇÕES

amplo graças a sua ambivalência: "Ele pode ser utilizado tanto quando de uma troca de prestações mercantis quanto para designar uma norma técnica, um uso costumeiro, a autoridade de uma assembleia etc.".[23]

Toda essa efervescência em torno das convenções se cristalizará e amplificará em torno da preparação de um número especial da *Revue Économique* sobre esse tema. Olivier Favereau é, então, membro do comitê dessa revista canônica nos meios economistas, e decide com Robert Salais e François Eymard-Duvernay dedicar um número à convergência dos trabalhos em curso sobre as regras e as instituições.[24] Durante um ano, um grupo inteiro prepara o número na perspectiva de uma publicação realmente coletiva. Aliás, Favereau se recusa a assumir sozinho a responsabilidade do número para melhor valorizar o nascimento de uma escola na época de sua visibilidade pública. O número aparece em 1989 e sua introdução é uma obra coletiva. Por esse motivo, tem valor de manifesto e engaja todos os signatários.[25]

Essa introdução-manifesto oferece um quadro constitutivo comum a todas as pesquisas em curso e convergentes em torno da ideia de convenção. Ela exprime a ambição de superar a oposição entre holismo e individualismo, comum a todos os colaboradores: "A convenção deve ser apreendida ao mesmo tempo como o resultado de ações individuais e como um quadro constrangendo os indivíduos".[26] Se o conceito de convenção se refere a fenômenos coletivos, nem por isso deixa de ser especificado que o ponto de partida da análise continua na linhagem do "individualismo metodológico".[27] Quanto ao que abrange o quadro constitutivo da convenção, a introdução deixa transparecer opiniões diversas. Paradigma para André Orléan, ele diz respeito ao senso comum para Jean-Pierre Dupuy ou a um modelo cognitivo segundo Olivier Favereau, ou ainda a um sistema de conhecimento para Robert Salais. Esse número teve um eco muito favorável. Ele organizou claramente as interações entre os diversos economistas e mais que isso, uma vez que a empreitada das convenções se apresentava ainda como pluridisciplinar.

---

23 Idem, Introduction, *Cahiers du CEE*, n.29 (Conventions Économiques), 1986, p.VI.

24 Ver Capítulo 3, "O polo pragmático".

25 Dupuy; Eymard-Duvernay; Favereau et al., Introduction, *Revue Économique* (L'Économie des conventions), v.40, n.2, mar. 1989, p.141-6.

26 Ibidem, p.143.

27 Ibidem, p.143.

Ela dizia beneficiar-se da "contribuição de disciplinas não econômicas (sociologia, psicologia, antropologia, direito)".[28] Teve, aliás, como centro de irradiação o Crea, onde trabalhavam, entre os signatários desse número da *Revue Économique*, André Orléan, Laurent Thévenot, Olivier Favereau e obviamente seu diretor, Jean-Pierre Dupuy.

Uma socioeconomia?

Essa aproximação interdisciplinar é acompanhada de um novo entusiasmo por uma socioeconomia na qual se redescobre, quer seja entre os pais fundadores da economia ou da sociologia, uma mesma vontade de não reduzir suas análises a uma ou outra abordagem, mas, ao contrário, a uma constante preocupação de agregar seus trabalhos econômicos ou sociológicos. Assim ocorre para Marx, Weber, Thorstein Veblen, Vilfredo Paretto, Joseph Schumpeter, François Simiand... que recusam essa divisão mutiladora, como o atesta certo número de publicações recentes.[29] A fim de encontrar essa inspiração fundadora, Alain Caillé advoga pela criação de uma disciplina universitária nova que seria uma socioeconomia.[30] Ela permitiria escapar ao atual processo simultâneo de fragmentação dos saberes e de redução formalista de uma disciplina econômica muito voltada somente para a análise da maximização dos lucros. A socioeconomia permitiria opor, de fato, a esse estado, uma verdadeira aprendizagem da complexidade no seio de uma disciplina de pretensão globalizante.

---

28 Ibidem, p.145.

29 Ver Swedberg, *Histoire de la sociologie économique*; Gislain; Steiner, *La sociologie économique*: 1890-1920.

30 Caillé, D'une économie politique que aurair pu être. In: Mauss. *Pour une autre économie*. Paris, La Découverte, 1994, p.282-84.

23
Superar a oposição holismo/ individualismo metodológico

A maior ambição da economia das convenções consiste em superar a oposição clássica entre holismo e individualismo metodológico. A introdução ao número da *Revue Économique* dedicado à economia das convenções afirma essencialmente a filiação individualista, mas sobretudo por insistir na ruptura com a corrente durkheimiana. Com a noção de convenção, esses economistas pretendem colocar o problema da emergência de regulações coletivas subtendidas por processos dinâmicos de interação. Essa noção induz, pois, à superação de uma falsa alternativa que por muito tempo empobreceu as análises das ciências sociais. Ela permite, aliás, pela centralidade dos problemas tratados, ousar atravessar as estritas fronteiras da disciplina econômica:

> A noção de convenção e o espaço semântico muito rico que a envolvem certamente não pertencem exclusivamente à ciência econômica. Pelo que essa noção carrega de coletivo, de comum, ela emerge de tradições outras, da sociologia (convenção social, costume) ou, acima, da filosofia política (contrato social, comunidade de pertencimento) e, obviamente, de direito.[1]

---

1 Thévenot, A quoi convient la théorie des conventions?, *Réseaux*, n.62 (Les Conventions), nov.-dez. 1993, 62, p.137.

Essa noção de convenção permite favorecer um confronto interdisciplinar. Ele não é concebido à maneira dos anos 1970, no decorrer dos quais a captação de conceitos de uma disciplina pela outra era obrigatória para fundamentar uma posição de legitimidade científica, mas antes como uma "codisciplinaridade"[2] que permite problematizar as fronteiras de uma disciplina a partir de um equipamento conceitual transversal. A noção de convenção pode, portanto, ser fonte de recomposições a ocorrer entre disciplinas por seu valor pragmático.

A coordenação

A questão da coordenação que a noção de convenção traz em si permite, segundo Laurent Thévenot, fazer uma nova aliança entre especialistas de horizontes diversos em torno da noção de julgamento. A economia das convenções alimenta-se, então, de uma longa tradição, a da sociologia compreensiva que mobiliza as obras de Weber, Schütz, Berger, Luckman, Goffman, pondo-a à prova de um procedimento pragmático. É no ponto de articulação entre a tradição interpretativa/hermenêutica e a perspectiva pragmática que se situa a noção de convenção. Ela pode, por esse motivo, permitir recompor notadamente em novos termos as relações entre economia e sociologia num momento em que o instrumento que constituiu o modelo de equilíbrio geral é fortemente questionado.

A reorientação em curso permite colocar o problema daquilo que funde o vínculo social com uma nova centralidade. Já evocamos certo número de tentativas de elucidação que vão nesse sentido.[3] A economia das convenções recusa os dois modelos de explicação tradicionais quanto aos fundamentos do vínculo social.

Ela retoma a questão colocada desde Adam Smith: quais são os mecanismos de coordenação dos agentes econômicos? Nesse sentido, rompe com a teoria clássica segundo a qual a forma exclusiva de coordenação é o mercado, e o agente econômico dispõe de uma racionalidade

---

2 Ibidem, p.138.
3 Ver Parte III, "O vínculo social".

SUPERAR A OPOSIÇÃO HOLISMO/INDIVIDUALISMO METODOLÓGICO

tal que ela lhe permite em todas as circunstâncias maximizar seu lucro. São os dois postulados de base da teoria *standard* (TS). Ora, "a maior parte das formas de coordenação evidentemente não emergem desse modelo *standard*"[4] A coordenação dos agentes passa pela mediação das regras, das normas e das instituições. Contudo, a prevalência concedida a estruturas institucionais enrijecidas cujos agentes não seriam senão os suportes tampouco é um bom modelo de análise. A economia das convenções não consiste, portanto, em acrescentar o elo institucional que falta à teoria *standard*, mas desloca o eixo de análise para entidades mais finas, mais centrais entre aquelas que fundamentam o vínculo social.

Essa tentativa de elucidação implica um deslocamento de escala da macroeconomia para a microeconomia, o que não implica aliás nenhum encerramento num nível micro, mas vias de passagem de um para outro graças às noções de contratos, regras, convenções, coordenações. O trabalho comum de Luc Boltanski e Laurent Thévenot fez surgir nesse plano a pluralidade dos modos de coordenação e de justificação com o modelo das cidades, que permite tornar mais complexa a oposição tradicional entre interesse individual e coletivo e "introduzir uma dialética do individual e do coletivo no centro da análise econômica".[5]

Essa noção de convenção é tributária de uma tradição filosófica, a de Hume, que o exemplificou com seu famoso exemplo dos remadores que, nos barcos, sem se falar, encontram um ritmo comum, um ritmo convencional, um acordo implícito não verbalizado. Há entre o mercado smithiano e a convenção humiana um aspecto comum, o de uma espécie de mão invisível, de acordo tácito. A diferença maior situa--se no plano dos interesses, cuja divergência é expressa pelo mercado, enquanto a convenção se apoia em diversas formas de coordenação, de regulação social.

Os conflitos passam para o segundo plano, o que é um limite do modelo, mas este é um bom antídoto em comparação com esquemas de análise que tinham uma tendência a se contentar com uma oposição binária entre um mercado conflituoso e um Estado regulador, faltando, assim, o elo essencial do vínculo social efetivo que se situa num entremeio de contornos variáveis.

---

4 Rallet, La Théorie des conventions chez les économistes, p.48.
5 Ibidem, p.51.

O *common knowledge*

O conceito de convenção foi desenvolvido por um filósofo analítico, David Lewis, em 1969.[6] Lewis preconiza critérios de diferenciação entre um contrato, uma convenção, uma regra ou uma norma. A convenção não tem caráter normativo nem caráter moral. Contudo, age como norma uma vez que é uma "regularidade à qual se acredita ter que obedecer".[7] Lewis introduz aí uma noção hoje discutida por Jean-Pierre Dupuy, a de *common knowledge*.[8] Para Lewis, a convenção responde a um problema de coordenação e implica, portanto, um saber partilhado, o que Dupuy qualifica como espelhamento infinito dos agentes. Desse ponto de vista, considera que o *common knowledge* leva ao extremo o individualismo metodológico, pois "o coletivo é tornado totalmente transparente aos indivíduos".[9]

Essa noção conduz, portanto, a um impasse, uma vez que o espelhamento infinito dos agentes, em vez de levar a uma estabilização da coordenação social, levaria a uma absoluta incapacidade de decisão. A opacidade do coletivo limita de fato o jogo especular das identificações mútuas. Há, pois, uma entidade coletiva que excede a soma dos indivíduos.

Se Jean-Pierre Dupuy contribuiu fortemente para importar a noção de *common knowledge*, o fez enquanto portadora de paradoxos, de aporias. Lewis aparece como iniciador por ter enfatizado essa noção de convenção, mas a escola das convenções nem por isso é lewisiana, pois "Lewis é radicalmente não social. Ele quer realizar a operação mais radical da redução que consiste em reduzir uma coordenação a identificações de dois indivíduos que se coordenam".[10] Nesse sentido, a noção de *common knowledge*, permitindo operar uma ligação com a prática, torna-se um operador de redução das representações comuns em representações estritamente individuais. Não é senão por cumulação,

---

6 Lewis, *Convention*: a Philosophical Study.

7 Ibidem, p.97.

8 Dupuy, Convention et common knowledge, *Revue Économique*, v.40, n.2, mar. 1989, p.361-400.

9 Ibidem, p.397.

10 Laurent Thévenot, entrevista com o autor.

SUPERAR A OPOSIÇÃO HOLISMO/INDIVIDUALISMO METODOLÓGICO

reflexividade, reprodução infinita que se espera atingir o social: "Sob essa relação, ninguém sustenta o *common knowledge*, e Jean-Pierre Dupuy só se interessa por este enquanto isso lhe permite mostrar os limites daquela relação".[11]

Contudo, essa noção oferece o interesse de abrir-se para uma pragmática da reflexão cuja utilização inicial, aliás, é possível situar:

> A noção de *common knowlwdge* fez sua aparição num campo vizinho, a pragmática, ou seja, a análise do contexto da comunicação verbal. Em seu artigo pioneiro de 1957, "*Meaning*", Paul Grice[12] mostrava que o que torna a comunicação possível é a capacidade que tem o ouvinte de reconhecer a intenção do locutor de informá-lo sobre alguma coisa.[13]

Essas noções de saber partilhado e de espelhamento remetem à efetividade da ação coletiva.

As características do *common knowledge*, ou saber comum partilhado, são de várias ordens. Em primeiro lugar, por um lado, ele emerge de um horizonte de expectativa que presume certa uniformidade da relação. Por outro lado, está incorporado no próprio interior da situação, estando essas duas características, aliás, numa relação de consubstancialidade: "Uma expectativa está embutida na situação da qual brota".[14] Em segundo lugar, as crenças mobilizadas excedem a categoria proposicional e emergem de um engajamento moral; elas se referem a um quadro normativo. E sobretudo, o *common knowledge* não é um saber de ordem teórica, mas corresponde à visão do mundo "do ponto de vista dos interesses que levam os membros da coletividade à gestão de 'seus negócios práticos' (Garfinkel). Um motivo propriamente pragmático insere-se, assim, na escolha da conformidade".[15]

A convenção em Lewis, segundo Robert Salais, pressupõe a consciência de vários mundos possíveis. Não se pode, portanto, considerar a convenção como uma simples rotina, um simples hábito: "Há pluralidade

---

11 Ibidem.

12 Grice, Meaning, *Philosophical Review*, v.66, n.3, jul. 1957, p.377-88.

13 Dupuy, Convention et common knowledge, p.375.

14 Wittgenstein, *Philosophical Investigation*, p.581.

15 Quéré, A-t-on vraiment besoin de la notion de convention?, *Réseaux*, v.11, n.62, 1993, p.38.

das convenções em relação com a situação".[16] A convenção não intervém como imposição externa ao indivíduo, uma vez que ele tem uma opção entre diversos possíveis e pode adaptar tal ou qual norma em função de sua ação.

Esse postulado de uma pluralidade de racionalidades concebíveis e acessíveis permite melhor compreender até que ponto pode haver complementaridade entre o uso das convenções em economia e o modelo sociológico das cidades de Luc Boltanski e de Laurent Thévenot. O mérito de Lewis consistiu também em recuperar a teoria da mão invisível: "A obediência às normas aparece como produto não intencional da agregação de comportamentos individuais guiados pelo interesse".[17]

A contingência

Por outro lado, o uso da noção de convenção corresponde a uma "cura de emagrecimento" geral dos esquemas de causalidade tal como já o notamos na antropologia das ciências de Michel Callon e Bruno Latour. A convenção em Lewis emerge da pura contingência. Ela participa, então, do registro da descrição e não da explicação causal: "A convenção procede das circunstâncias (de momento, lugar, de pessoas, de precedente etc.): ela não resulta dessas".[18] Sob esse aspecto, a noção de convenção em Lewis não corresponde a sua utilização usual de norma, pois exprime a realização de um dispositivo singular de estabilização dos contextos de interação.

Entre a apreensão da convenção como força normativa e social e a apreensão em termos de pura contingência interativa, a gama de usos possíveis é ampla e Louis Quéré considera que o recurso à noção de convenção ainda está longe de ser estabilizado. Ela carrega ainda definições muito diversas entre os teóricos dessa corrente na França: "Eles consideram a teoria ora como uma 'teoria', um 'paradigma' ou um

---

16 Salais, Conventions et mondes possibles, p.133.

17 Quéré, A-t-on vraiment besoin de la notion de convention?, p.32.

18 Salais, Convention et mondes possibles, *Réseaux*, n.62, nov.-dez. 1993, p.133.

'modelo cognitivo', ora como um 'senso comum', um 'sistema de representação' ou um 'sistema de conhecimento'".[19]

Louis Quéré ressalta na teoria econômica da convenção financeira de André Orléan usos muito variáveis da noção de convenção. Orléan insiste na importância dos fenômenos de representação e de aprendizagem cognitiva nos procedimentos de interação dos agentes, tomando o exemplo das crises bancárias como lugar privilegiado de observação desse tipo de fenômenos. Trata-se de resolver problemas por natureza incertos quanto a seu devir. As proposições que Orléan leva adiante "procuram estabelecer que a incerteza se exprime em certas imposições específicas, de natureza cognitiva, que necessitam, para ser geradas, das formas mercantis diferentes do mercado walrassiano".[20] Sua atenção volta-se para os movimentos de desconfiança generalizada a partir das crises bancárias. Ele pode, assim, mostrar que a desconfiança é um processo cumulativo diante do qual "as arbitragens de mercado são processos insuficientes".[21] Louis Quéré sublinha a originalidade da via explorada por André Orléan no que ela pressupõe um quadro comum constitutivo que permite a coordenação na ação. Esse quadro convencional emerge de fato da própria ação.

Contudo, Quéré assinala uma tensão interna entre duas dimensões heterogêneas quanto à natureza da convenção econômica. Ele distingue de fato uma "dimensão processual: ela é um método de coordenação *a priori* das antecipações cruzadas dos agentes" e uma "dimensão mais substancial",[22] que estaria na origem de representações coletivas reificadas, objetivadas, exteriorizadas, encontrando aí uma origem de fundação natural e garantindo, assim, sua validade normativa. Essa tensão interna induz em Orléan a definições de geometria variável da noção problemática de convenção.

---

19 Quéré, A-t-on vraiment besoin de la notion de convention?, p.23.
20 Orléan, Pour une approche cognitive des conventions économiques, *Revue* Économique, v.40, n.2, mar. 1989, p.243.
21 Ibidem, p.244.
22 Quéré, A-t-on vraiment besoin de la notion de convention?, p.26.

A indeterminação da interação

Contudo, pode-se dizer que essas variações se referem à indeterminação própria a toda situação de interação que se caracteriza pela flexibilidade das conjunturas e pela imprevisibilidade das informações requeridas. Louis Quéré assinala de fato duas filiações diferenciadas: a tradição da filosofia analítica americana na perspectiva de Lewis e a teoria francesa das convenções. A partir de um núcleo comum no plano processual, divergências significativas aparecem no plano da dimensão substancial da convenção, "uma vez que de um lado temos regularidades de comportamentos ou de crença, objetos de um saber comum, do outro representações coletivas, dispositivos cognitivos ou mesmo teorias".[23]

No plano estrito da tradição econômica, a teoria *standard* (TS) conheceu uma evolução desde os anos 1970 quando, confrontada com impasses, teve que levar em consideração outras variáveis além do indivíduo que maximiza seu lucro na cena do mercado. A teoria *standard* transformou-se, então, em teoria *standard* expandida (TSE), integrando sob o termo organização uma pluralidade de outras dimensões, recobrindo fenômenos heterogêneos "desde as simples regras de comportamento individual até os sistemas de regras que são as instituições coletivas".[24]

Revisitando a teoria keynesiana, Olivier Favereau distingue uma tensão, uma hesitação entre dois projetos. A construção keynesiana "fornece a matéria de uma comparação impressionante com aquilo que se convencionou chamar de filosofia do segundo Wittgenstein".[25] O projeto pragmático finalmente adotado por Keynes e a tradição keynesiana clássica disfarçaram uma outra ambição, a de um projeto radical que repousa essencialmente na noção de incompletude. Esse segundo projeto não pode se enraizar somente na base do "Tratado de probabilidade"; ele deve se escorar na observação do comportamento mimético, especular.

Esse projeto faz aparecer um Keynes diferente, um verdadeiro iniciador do projeto atual da economia das convenções. As convenções

---

23 Ibidem, p.34.

24 Favereau, Marchés internes, marchés externes, *Revue* Économique, v.40, n.2, 1989, p.273.

25 Idem, L'Incertain dans la "révolution keynesienne": l'hypothèse Wittgenstein, *Économies et Sociétés*, n.3 (série PE, Oeconomia), 1985, p.30.

SUPERAR A OPOSIÇÃO HOLISMO/INDIVIDUALISMO METODOLÓGICO   341

estão de fato no cerne de seu projeto radical tal como ele o expôs resumidamente em 1937.[26] As intuições keynesianas conforme as quais as convenções estão longe de expressar uma manifestação de irracionalidade, mas ao contrário, estão no cerne da inteligibilidade do social e permitem suprir as fragilidades do mercado, permaneceram por muito tempo letra morta. Elas podem se tornar hoje particularmente fecundas "quando, contrariamente a todas as expectativas, a revolução keynesiana não estaria atrás de nós, mas à frente".[27] Esse projeto radical permite fazer uma avaliação totalmente diferente das teses de Keynes.

Enquanto até aqui elas foram comparadas a uma concepção da economia a partir do Estado, percebe-se graças a outro tipo de leitura de suas teses que o projeto de Keynes concede um lugar central à antecipação produtiva e, portanto, ao que ele encarna, a empresa. Assim aparece, segundo Olivier Favereau, o "surgimento da figura oculta do keynesianismo: um pensamento da economia a partir da empresa".[28] Ora, a empresa implica a existência de convenções pelas quais uma coletividade se engaja num processo de aprendizagem partilhada distante dos mecanismos de mercado. Nesse sentido, a economia das convenções não se furta a questões de microeconomia. Ela se volta como campo de investigação a questões centrais de macroeconomia concernindo ao papel de agentes coletivos como as empresas.

Uma atenção particular é, portanto, dada aos fenômenos de aprendizagem coletiva, notadamente a partir de um novo universo de observação e problematização, o dos países do Leste, que tentam com dificuldade sair do dirigismo estatal tentando dinamizar a iniciativa da empresa. Os economistas solicitados a reavivar o mercado percebem que nada há na teoria econômica que permita responder às solicitações dos dirigentes. Essa incapacidade dos modelos econômicos da teoria *standard* (no entanto exclusivamente fundada nas regras do mercado) de se defrontar com problemas concretos, os dos países do Leste, obriga a um "retorno sobre as variáveis essenciais da economia de mercado.

---

26 Keynes, The General Theory of Employment, *Quarterly Journal of Economics*, v.51, n.2, fev. 1937, p.209-23.

27 Favereau, L'Incertain dans la "révolution keynesienne": l'hypothèse Wittgenstein, p.64.

28 Idem, La Théorie générale: de l'économie conventionelle à l'économie des conventions, *Cahiers d'Économie Politique*, n.14-15, 1988, p.214.

Estas estão relacionadas à maneira pela qual uma sociedade produz cooperação, vínculo social".[29]

Esse interesse novo pelos processos de aprendizagem coletiva e a incapacidade da teoria *standard* em estudá-los pode favorecer comparações fecundas entre regulacionistas e convencionalistas, entre uma "macroeconomia da reprodução" e uma "macroeconomia da diversidade". Esse terreno potencial comum pode ser o meio de ressaltar os atores, as redes, as grandezas (equivalências) e os objetos sobre os quais elas se apoiam para definir as regras e os ritmos das dinâmicas cumulativas em limites, os estados de equilíbrio ou desequilíbrio, sem negligenciar as perturbações introduzidas pelos efeitos de reflexibilidade e as manifestações de exterioridade "ecológicas" produzidas ou sofridas.

Da mesma maneira, o estudo dos fenômenos de desenvolvimento pelos economistas das convenções oferece um novo terreno de experimentação para suas orientações. A noção central é igualmente aquela do aprendizado coletivo: "Uma organização é o ponto fixo de um processo de aprendizado coletivo".[30] Essa centralidade concedida ao aprendizado coletivo implica a saída do paradigma da teoria *standard* ampliada, que tem por base a decomposição da empresa em uma arquitetura de relações contratuais. Os modelos contratuais da rigidez dos salários, mesmo os mais heterodoxos, aqueles fundados na relação dádiva/retribuição como os de Akerlof,[31] tampouco são mais operacionais, pois muito estáticos. Convém elaborar uma teoria das regras por meio de uma teoria da organização, e não o inverso: "Uma regra jamais é uma solução completa – é sempre uma heurística".[32] Esse desvio pelas regras para compreender a economia de mercado permite demonstrar a eficácia de certas formas sociais no desdobramento das relações econômicas. Assim, "a confiança é um importante lubrificante das relações sociais. Ela é extremamente eficaz".[33]

---

29 Idem, entrevista com o autor.

30 Idem, Règle, organisation et apprentissage collectif: un paradigme non standard pour trois théories hétérodoxes. In: Orléan (Dir.), *Analyse économique des conventions*, p.127.

31 Akerlof, Labor Contracts as Partial Gift Exchange, *Quarterly Journal of Economics*, v.97, n.4, nov. 1982, p.543-69.

32 Favereau, Règle, organisation et apprentissage collectif, p.132.

33 Arrow, *The Limits of Organization*, p.23.

SUPERAR A OPOSIÇÃO HOLISMO/INDIVIDUALISMO METODOLÓGICO

Os economistas das convenções não reivindicam, portanto, nem o individualismo metodológico nem um holismo funcionalista, como o sugere Hervé Defalvard.[34] Eles estão de fato no coração do equilíbrio atual de paradigma por sua tentativa de repensar a questão do coletivo evitando as aporias do estruturalismo.

A noção do coletivo no modelo convencionalista é um coletivo em construção e não um dado, um sujeito agindo sob constrangimento cuja ação se expõe a um questionamento constante, portanto a uma precariedade que permite sempre reabrir para novos possíveis. Problematizando o indivíduo por meio do estudo de seus comportamentos, a perspectiva das convenções permite justamente pensar a superação do corte entre o econômico e o social, que foi fundador das análises em termos de individualismo metodológico, de um lado, e universalista, de outro. A questão é significativa, pois não é nada menos do que a divisão do trabalho entre a economia e a sociologia que se encontra em questão pelo programa de pesquisa da economia das convenções.

---

34 Defalvard, Critique de l'individualisme méthodologique revu par l'économie des conventions, *Revue Économique*, v.43, n.1, 1992, p.127-43.

24

UMA TEORIA INTERPRETATIVA HISTORICIZADA

A uma concepção naturalizada da economia substituiu uma abordagem que leva em conta a dimensão das representações coletivas e permite, assim, conceder um lugar decisivo às dinâmicas intersubjetivas. O *Homo economicus* torna-se, então, um ser dotado de crenças, que tece relações socializadas no quadro das relações de troca, de produção ou de consumo. Essa nova concepção da economia abre-se sob uma dupla dimensão cognitiva e interpretativa. Ela não é mais a simples resultante mecânica de limitações naturais, mas implica fazer o desvio pela representação que têm os agentes econômicos das diversas interações econômicas nas quais estão engajados.

Disso resulta uma inversão espetacular da relação entre o econômico e o social: "Essa concepção nova mostra que a determinação dos valores econômicos repousa sobre uma escolha social, sobre a adesão a uma certa convenção".[1] Passou-se de uma concepção que empresta das ciências da natureza a ideia de leis imutáveis para uma economia das convenções que privilegia a esfera da ação pela mediação da noção de normatividade, tornada sua passagem obrigatória.

É nessa perspectiva que os economistas das convenções revisitam a tradição hermenêutica: "A tradição hermenêutica colocava bem o problema da tensão entre o traço objetivo, ou em certos aspectos coletivo,

---

1 Orléan, Un savoir dinamique, *Le Monde des Débats*, dez. 1993, p.7.

346   O IMPÉRIO DO SENTIDO

e o caráter singular do ator".[2] Essa tradição, inexistente em economia, está em contrapartida presente na sociologia da compreensão e exige um desvio pela filosofia: "Ricoeur teve um papel muito importante, em particular sobre a questão de explicar/compreender, sobre as figuras da ação e sobre a relação à narração [...]. Para nós, a hermenêutica é completamente fundamental".[3] A relação entre a compreensão da totalidade e a restituição do detalhe em sua singularidade está no cerne da reflexão hermenêutica. Ela inspira os convencionalistas em sua aspiração em tornar inteligíveis as diversas configurações das coordenações sociais: "Quando Ricoeur prolonga essa tradição passando da interpretação do texto para a da ação, ele insiste sobre os traços, os documentos, os 'monumentos' que estão na ação, o que a coisa do texto é para a palavra".[4]

A perspectiva cognitiva

A essa inflexão interpretativa acrescenta-se uma inflexão cognitiva que afeta a análise da ação em economia. Herbert Simon permitiu essa inflexão dedicando-se às operações cognitivas de identificação e de seleção dos elementos pertinentes para a ação.[5] A obra de Simon, aliás, tornou-se estratégica na conexão entre a economia das convenções e o cognitivismo graças a sua qualidade de psicólogo, e porque ele admitiu a noção, há muito problemática em economia, de racionalidade limitada: "Simon tem um papel enorme hoje. Eis um belo exemplo de tradição. Simon é a tradição".[6] Ele teve o mérito de voltar toda sua atenção para a natureza da construção prévia operada pelo ator e os critérios de pertinência de sua seletividade quanto à massa de informações mobilizadas.

A orientação cognitiva foi favorecida na França pelo fato de numerosos economistas das convenções pertencerem ao Crea. É no Crea que

---

2   Laurent Thévenot, entrevista com o autor.

3   Ibidem.

4   Thévenot, Rationalité ou normes sociales: une opposition dépassée? In: Gérard-Varet; Passeron (Eds.), *Le Modèle et l'enquête*.

5   Simon, Rationality as Process and as a Product of Thought, *American Economic Review*, v.68, n.2, 1978, p.1-16.

6   Laurent Thévenot, entrevista com o autor.

UMA TEORIA INTERPRETATIVA HISTORICIZADA

Laurent Thévenot encontra o filósofo Pierre Livet, especialista em filosofia da linguagem, que se interessa notadamente pelos limites da interpretação, interrogando suas categorias no plano individual.[7]

Livet elaborava suas categorias de análise numa escala individual, recusando o convencionalismo linguístico clássico que consistia em basear os atos de linguagem em convenções sociais. Ele partia essencialmente da releitura de Wittgenstein por Kripke[8] para captar o argumento cético do primeiro a propósito do caráter aporético da regra da linguagem privada, ligando-o a uma comunidade de referência. Como lógico, Kripke tinha feito a demonstração dessa aporia designando aqueles que se situam fora da comunidade como contraventores designados como tais, por falta e, mais tarde, pela comunidade: "É muito interessante pois não é em termos de positividade, como em Durkheim para quem a comunidade define sua regra. Aqui é uma abordagem em termos negativos".[9] Pierre Livet retomava essa interrogação deslocando-a para a relação entre ato e regra, e se colocava a questão de saber a partir de que momento se pode dizer de um ato que ele é portador de tal ou qual regra. A relação entre o ato e sua intencionalidade rapidamente se tornará crucial para Livet em sua definição do coletivo, uma vez que se pergunta sobre as intenções do outro a fim de inferir daí coisas sobre a sequência de seus próprios atos. O truísmo posto às claras por Livet, apoiando-se na demonstração de Kripke, consiste em avançar que "os homens estão convencidos de não poder controlar a referência positiva da regra e estão conscientes disso".[10]

Livet chegava, assim, a considerações sobre os fundamentos de acordos possíveis, sobre a necessária suspensão da dúvida, e remontava a cadeia individual para um plano mais coletivo. A noção de convenção à qual chegava pressupunha que não havia nenhum meio de garanti-la. Ele atingiu uma formulação elaborada, complexa, de um convencionalismo que não tinha mais muito em comum com seu sentido usual de acordo mútuo: "É, ao contrário, nessa certeza da retomada sempre possível de atritos que a convenção poderá se apoiar".[11]

---

7 Livet, Les Limites de la communication, *Les Études Philosophiques*, n.2-3, 1987, p.255-75.

8 Kripke, *Wittgenstein on Rules and Private Language*.

9 Laurent Thévenot, entrevista com o autor.

10 Ibidem.

11 Ibidem.

348   O IMPÉRIO DO SENTIDO

Essa concepção reúne, por caminhos totalmente diferentes, a de Luc Boltanski e Laurent Thévenot em *Les Économies de la grandeur*. Ela esteve no ponto de partida de um trabalho em comum com Thévenot que, por sua vez, continuava insatisfeito com sua própria elaboração das diferentes magnitudes e que se colocava a questão de saber do que elas eram constituídas, qual era sua base. Com Pierre Livet, ele se engaja, então, num vasto campo de pesquisa para compreender por que dinâmica se constroem os artefatos sociais.

Seu campo de investigação comum se situa, portanto, no plano da elucidação de questões cognitivas e de uma abertura sobre a ética. Eles se perguntarão sobre aquilo que as categorias de ação coletiva abrangem.[12] A incapacidade de decisão das observações está associada a uma abordagem da convenção como processo de interpretação. O espaço aporético da regra é visto como praticável desde que abra três novas abordagens do problema de coordenação. Em primeiro lugar convém pensar a coordenação como uma "interpretação em curso de ação";[13] em segundo lugar convém encarar o caráter dinâmico cíclico entre uma qualificação que suspende o julgamento e relança uma investigação sobre objetos que permanecem em posição de terceiro entre os atores. Em terceiro lugar, "essa dinâmica deve levar em conta as antecipações e representações cruzadas dos atores, suas tentativas de verificar a reciprocidade de seus pontos de vista, pretensão de um julgamento comum".[14] É, portanto, uma racionalidade fundamentalmente interpretativa cujo desdobramento trata-se de traçar. Ela se choca invariavelmente com os impasses da racionalidade "pura" que reconhece como tais.

As emoções

Pierre Livet e Laurent Thévenot levaram suas investigações até o ponto de considerar o lugar das emoções na cognição para melhor

---

12 Livet; Thévenot, Les Catégories de l'action collective. In: Orléan (Dir.), *Analyse économique des conventions*.

13 Ibidem, p.145.

14 Ibidem, p.145.

apreciar as faculdades de apreciação dos julgamentos dos atores.[15] O julgamento de valor aparece como uma pacificação por sua capacidade de fixar as emoções. Há, assim, imbricação entre esses dois níveis: o da emotividade, que emerge do afeto, e o do julgamento, que se situa no regiſtro da racionalidade.

As emoções trazem em si mesmas avaliações conforme uma corrente que reivindica uma análise "cognitiva-fenomenológica" das emoções.[16] Livet e Thévenot se dedicam à emoção suscitada pela avaliação. Eſta tem como origem a interação. É à medida que sentimos o alcance da avaliação de outrem sobre nós que eſtamos em condição de avaliar nossa conduta. É então "indefinível saber se é pela avaliação que eu penso impoſta a mim mesmo que os outros me avaliam".[17] A partir dessa indefinição própria ao processo de aprendizagem da avaliação social, os autores tentam uma tipologia do campo emocional e de sua tradução em termos coletivos de avaliação. Eles propõem uma diferenciação do movimento da emoção segundo dois eixos: de um lado, em termos de graus (afetos, sentimentos, emoções propriamente ditas e paixões), do outro, graças a uma diferenciação entre diversos regimes ou regiſtros de juſtificações do julgamento axiológico que retoma no essencial as diversas ordens de grandeza, as cidades de pertinência (doméſtica, mercantil, induſtrial...). Eles se apoiam em núcleos plurais de coerência emocional. Assim, o regime doméſtico eſtá baseado na generalização do julgamento de confiança a partir da autoavaliação contornada pela paixão da comunicação coletiva. Ao contrário, na cidade inſpirada, o desencadeamento emocional é puramente privado. Quanto ao regime mercantil, ele se desdobra separadamente da familiaridade e se diſtancia da emoção... Essas correlações múltiplas participam de uma busca das categorias individuais que permitem fundar uma dinâmica de regimes de coordenação coletiva.

A economia das convenções foi até então portadora de uma temporalidade de superfície por sua atenção exclusiva a configurações muito

---

15 Livet; Thévenot, Modes d'aɗion colleɗive et conſtruɗion éthique. Les Émotions dans l'évaluation. In: Colóquio Internacional de Cerisy, Limitation de la Rationalité et Constitution du Colleɗif, 5-12 jun. 1993. Aɗes..., 1995.

16 Lazarus; Kanner; Folkman, Emotions: a Cognitive-Phenomenological Analysis. In: Plutchik; Kellerman (Orgs.), Emotion. Theory, Research and Experience, v.1.

17 Livet; Thévenot, Modes d'aɗion colleɗive et conſtruɗion éthique.

estreitamente situadas em sequências rápidas no decorrer das quais se fazem e desfazem as coordenações na ação. Conviria em primeiro lugar opor-se ao primado epistemológico das estruturas profundas, que dava ao passado um lugar predominante sobre o presente. Se o tipo de regime de historicidade trazido pelos economistas das convenções rompe com o tempo estrutural, nem por isso deixa de estar aberto à história, mas a uma história diferente, centrada numa compreensão do agir, das ações portadoras de sentido.

As temporalidades

Já em 1989, Robert Boyer definia novas alianças possíveis entre economia e história.[18] Levar em consideração a multiplicidade das lógicas e utilizar necessariamente as categorias intermediárias pode contribuir para comparações, pois "à luz das pesquisas contemporâneas, torna-se sem dúvida cada vez mais difícil prosseguir um programa de pesquisa que postulasse a existência de uma racionalidade cujos princípios e modalidades seriam válidos em qualquer tempo e em todo lugar".[19] Convém então perceber a variedade das configurações do vínculo social no passado e dar conta da emergência de novas configurações.

Robert Boyer, regulacionista, continua a ver no *habitus* de Bourdieu um instrumento heurístico que permite dar um conteúdo concreto à abstração dos economistas, a do *Homo economicus*. Além disso, considera, ainda, o tempo longo do historiador como um "antídoto à impaciência do economista".[20] Ele manifesta, assim, uma sensibilidade um pouco retardada em comparação com os economistas das convenções, que têm mais a ambição de mudar a relação com a temporalidade. Foi o que já fizeram dois economistas das convenções que se tornaram membros do comitê de direção dos *Annales*, André Orléan e Laurent Thévenot. Tanto nesse plano quanto no do registro de justificações, Thévenot

---

18 Boyer, Économie et histoire: vers de nouvelles alliances, *Annales*, n.6, nov.-dez. 1989, p.1397-426.

19 Ibidem, p.1405.

20 Ibidem, p.1414.

opta por uma pluralização das temporalidades e também de construções pelos atores em função das exigências de coordenação social. Se o tempo fosse um dado exterior, não poderia haver comprovação na ação: "Na temporalidade doméstica, a temporalidade não é completamente dada. Senão, não seria possível fazer experiências. Se a tradição fosse o passado, não haveria dinâmica. Não haveria assim tradição".[21] Para que haja uma tradição, é preciso visar uma forma de conexão ao passado, mas, segundo Thévenot, não é necessário que esse passado seja determinante. Ao contrário da temporalidade doméstica, a temporalidade industrial é completamente diferente, já que a permanência de ferramentas, de instrumentos de produção, permite uma regularidade temporal que abre o futuro para investidas possíveis.

A atenção ao agir entre os economistas das convenções já teve efeitos em alguns historiadores, em sua apreciação nova da noção de tempo. O historiador Bernard Lepetit, membro do comitê de direção dos *Annales* e iniciador da inflexão pragmática dessa revista em 1988-1989,[22] dá uma atenção particular à sociedade encarada como categoria da prática social. Partindo do princípio dos economistas das convenções segundo o qual a sociedade produz suas próprias referências e não deve ser remetida a alguma naturalidade profunda, ele concede uma prevalência à questão do acordo.

Para o historiador, a maior consequência desse desdobramento sobre os atores é uma recomposição do tempo com uma revalorização da curta duração, da ação situada, da ação no contexto, que tinham sido recalcadas pela longa duração braudeliana e pela história imóvel de Le Roy Ladurie. Isso não significa, no entanto, a desqualificação da longa duração. É o ponto de vista exterior ao tempo que deve ser relativizado. Tal posição, guiada pela noção de apropriação, "termina colocando no presente o centro de gravidade do temporal. A história é presente em deslizamento".[23] Essa presentificação própria ao nível do discurso histórico, que sai de seu sono estrutural, visa levar em consideração os modelos temporais dos economistas das convenções sobre a sociedade

---

21 Laurent Thévénot, entrevista com o autor.
22 Ver Delacroix, La Falaise et le rivage: histoire du inflexão critique", *Espaces Temps*, n.59-61 (Le Temps réfléchi. L'Histoire au risque des historiens), 1995, p.86-111.
23 Lepetit, L'Histoire prend-elle les acteurs au sérieux?, *Espaces Temps*, n.59-61 (Le Temps réfléchi. L'Histoire au risque des historiens), 1995, p.112-22.

presente. Bernard Lepetit faz sua a inflexão pragmática das ciências sociais. Ele constata a "cristalização de um novo paradigma"[24] e pretende fazer participar dela uma história transformada cujo eixo central reside na problematização da noção de acordo ou convenção. À ideia de representações coletivas que enrijecem em instituições, Lepetit prefere a de convenção, que remete também a uma ancoragem em instituições ou objetos, mas indissociáveis de sua dotação de sentido, produtos da interação social, e que permite confiar a identidades, resultando de formas e durações variáveis, a "utilidade e a maleabilidade das categorias da prática".[25]

A força das convenções parece emergir de sua espessura temporal, da herança de um longo passado, mas, como justamente faz notar Lepetit, ela se deve também e sobretudo a sua capacidade de atualização. Ela realça, assim, no plano de seu estudo, uma dotação de sentido variável segundo o contexto e uma capacidade polissêmica. O historiador, então, não é mais, como via Braudel, aquele que relembra o peso das pressões do passado. Ele não é mais o simples provedor do antídoto, como o definia ainda Robert Boyer em 1989, pois o passado que ele retraça é um universo de recursos atualizáveis.

Numa inversão retórica espetacular e significativa do novo momento historiográfico, Bernard Lepetit preconiza voltar à inspiração labroussiana. Labrousse pensava que toda sociedade possuía a conjuntura de suas estruturas, e poder-se-ia dizer, ao contrário, que ela "se dá às estruturas temporais de sua conjuntura".[26] As convenções tornam-se, então, uma dupla escola para o historiador, pois contribuem para mudar sua maneira de conceber o real e lhe proporcionam uma ferramenta heurística capaz de recuperar as mudanças de configurações do campo social. A sociedade é, dessa forma, concebida por Lepetit como categoria da prática, e enquanto tal pode se tornar o objeto privilegiado do historiador, desde que seja definida não como "uma das dimensões particulares das relações de produção ou das representações do mundo, mas como o produto da interação, como uma categoria da prática social".[27]

---

24 Idem (Org.), *Les formes de l'expérience*, p.14.
25 Ibidem, p.17.
26 Ibidem, p.21.
27 Idem, L'Histoire prend-elle les acteurs au sérieux?, p.119.

O uso das convenções torna-se particularmente pertinente no quadro da definição em curso de uma nova história social, pois permite se situar no interior das crises de legitimação do sistema que necessitam de rearranjos sucessivos das convenções emergentes entre o antigo e o novo. "O momento pós-Revolução, e particularmente a ascensão de uma nova ordem industrial oferecem a oportunidade para tanto".[28] Alain Cottereau analisou como a sociedade é feita de reutilizações que são, no entanto, diferentes do passado a partir do caso concreto da constituição, primeiro a título experimental e depois definitivamente, dos conselhos profissionais no começo do século XIX para regular as relações entre operários e patrões.[29] Sua análise permite mostrar concretamente as modalidades precisas do restabelecimento da confiança na esfera econômica.

---

28 Ibidem p.283.

29 Cottereau, Esprit public et capacité de juger. La Stabilization d'un espace public en France aux lendemains de la Révolution, *Raisons Pratiques*, v.3 (Pouvoir et légitimités), 1992, p.239-273.

PARTE VII

A SUBDETERMINAÇÃO

25

O INDIZÍVEL OU A CRISE
DO CAUSALISMO

A divisão entre o sujeito e o objeto, com a posição de contrapeso que implicava, deixava entender que as ciências humanas poderiam chegar a uma situação de clausura do conhecimento na qual o sujeito poderia esgotar o objeto pelo invólucro de seu saber. Hoje, o princípio da autodeterminação, originado em Duhem,[1] tornou-se o fundamento filosófico de um número crescente de estudos das ciências humanas. Ele faz ressoar o questionamento e torna vã toda tentativa de redução monocausal. Esse princípio tem um prolongamento em Bruno Latour com sua noção de irreduções.[2] De um lado e de outro, a fechadura causalista remete a uma aporia, pois há apenas provas singulares, não equivalências, mas traduções; e, além do mais, na outra ponta da corrente, "nada em si é dizível ou indizível, tudo é interpretado".[3]

Por outro lado, a evolução das ciências físicas para uma multiplicação dos níveis de explicações segundo um duplo plano micro e macro, com uma variação das relações causais de um a outro, contribui para uma abertura geral dos procedimentos científicos a uma "indeterminação para saber que nível tem a prioridade".[4] Isso leva à consideração de

---

1 Duhem, *La Théorie physique, son objet, sa structure*.
2 Latour, Irréductions. In: *Les Microbes*.
3 Ibidem, p.202.
4 Daniel Andler, entrevista com o autor.

um real enxergado em sua complexidade, composto de vários estratos, sem prioridade evidente, tomado em hierarquias emaranhadas, dando lugar a múltiplas descrições possíveis.

A inflexão interpretativa adotada pelos trabalhos atuais permite não se deixar encerrar na falsa alternativa entre, de um lado, uma cientificidade que remeteria a um esquema monocausal organizador e, de outro, uma deriva sob padrões estéticos. A guinada é particularmente espetacular na disciplina histórica, que foi alimentada ao longo dos anos 1960 e 1970, sob o impulso da escola dos *Annales*, por um ideal cientificista, o de encontrar a verdade última no final das curvas estatísticas e dos grandes equilíbrios imóveis e quantificados.

Graças ao trabalho de Paul Ricoeur sobre o tempo, redescobre-se a dupla dimensão da história que, sob o mesmo vocábulo na França, abrange ao mesmo tempo a narração e a ação narrada. A operação historiográfica, para retomar a expressão de Michel de Certeau, é uma operação complexa, mista, que torna ultrapassado todo objetivismo, o que não quer dizer que ela rompe com sua função que se constituiu desde sempre em torno da ideia de um contrato de verdade a revelar: "É um misto, ficção científica, cujo relato tem apenas a aparência do raciocínio, mas nem por isso deixa de estar circunscrito por controles e possibilidades de falsificações".[5]

Entre ciência e ficção

Michel de Certeau, retomando o discurso histórico em sua tensão entre ciência e ficção, era particularmente sensível ao fato de que ele é relativo a um lugar particular de enunciação, e assim mediado pela técnica que faz dele uma prática institucionalizada, atribuível a uma comunidade de pesquisadores: "Antes de saber o que a história diz de uma sociedade, importa analisar como ela funciona nessa sociedade".[6] A prática histórica é, portanto, inteiramente correlata à estrutura da

---

5 Certeau, L'Histoire, une passion nouvelle. Mesa redonda com Paul Veyne e Emmanuel Le Roy Ladurie, *Magazine littéraire*, n.123, abr. 1977, p.19-20.

6 Certeau, *L'Écriture de l'histoire*, p.78.

O INDIZÍVEL OU A CRISE DO CAUSALISMO   359

sociedade, que desenha as condições de um dizer que não é nem legendário, nem atópico, nem despido de pertinência. Desde 1975, Certeau acentuara o fato de que a história é também escrita num duplo plano: performativo, assim como o evoca o próprio título da trilogia que aparece em 1974 sob a direção de Pierre Nora e Jacques Le Goff, *Faire de l'histoire*, e escrita em espelho de um real. A escrita histórica tem um papel de rito funerário. Instrumento de exorcismo da morte, ela introduz no próprio coração de seu discurso e permite a uma sociedade situar-se simbolicamente dotando-se de uma linguagem sobre o passado.

O discurso histórico fala-nos do passado para enterrá-lo. Ele tem, segundo Michel de Certeau, a função do túmulo, no duplo sentido de honrar os mortos e participar de sua eliminação da cena dos vivos. A revisitação histórica tem, dessa maneira, essa função de abrir ao presente um lugar próprio para definir o passado a fim de redistribuir o espaço das possibilidades. A prática histórica é, por princípio, aberta a novas interpretações, a um diálogo sobre o passado aberto para o futuro, a ponto de falar-se cada vez mais em "futuro do passado". A história não pode, então, deixar-se encerrar numa objetivação fechada sobre si mesma.

Essa atenção ao relato, à escrita na disciplina histórica já tinha sido largamente desenvolvida por Paul Veyne desde 1971, em plena moda quantitativista.[7] Ele já tinha posto de cabeça para baixo as pretensões nomológicas de uma história que se situava resolutamente do lado da idiografia. A história não pode ser, segundo ele, senão um romance-verdade, um simples relato verídico. Quanto às causalidades introduzidas pelo historiador, elas só têm valor como artifícios literários que permitem desenvolver o enredo.

No mesmo momento, François Furet anunciava o fim da história-relato e o advento de uma história-problema que devia permitir colocar a questão de saber "em que medida, tomando emprestado, integrando certas contribuições, ela instituiu um conhecimento do passado que se pode qualificar como científico".[8] Ele exprimia as ambições de uma escola, os *Annales*, cujos destinos presidia, então, no Ehess e que pensava relegar o relato ao rol das velharias antiquadas.

---

7   Veyne, *Comment on écrit l'histoire*.

8   Furet, De l'histoire-récit à l'histoire-problème, *Diogène*, n.89, jan.-mar. 1975, p.80 (Ed. 1982).

Em 1979, uma nota discordante faz-se ouvir. Ela vem do outro lado da Mancha, é a de Lawrence Stone.[9] Ele opõe a história narrativa à história estrutural. Esta última é encarnada sob três formas de história dita científica: o modelo marxista, o modelo ecológico-demográfico francês, o dos *Annales*, e enfim o modelo cliométrico americano. Ora, todos eles têm em comum o fato de terem fracassado em suas ambições monocausalistas. Lawrence Stone opõe a eles a necessidade de retorno da narrativa, a fim de explorar o que acontecia na cabeça das pessoas de outrora. Tal busca induz uma mudança de escala que corresponde hoje às orientações italianas da micro-*storia*.

Uma epistemologia mista

Paul Ricoeur já mostrara, na metade dos anos 1950, que a história emerge de uma epistemologia mista, de um entrelaçamento de objetividade e subjetividade, de explicação e de compreensão. Dialética do mesmo e do outro afastada no tempo, confronto entre linguagem contemporânea e uma situação revolvida, "a linguagem histórica é necessariamente *equívoca*."[10] Ricoeur, considerando a necessária captura do acontecimental, do contingente assim como do estrutural, das permanências, define a função do historiador, a justificação de sua empreitada, como sendo a exploração daquilo que ressalta da humanidade: "Esse apelo soa às vezes como um despertar quando o historiador é tentado a renegar sua intenção fundamental e ceder à fascinação de uma falsa objetividade: aquela de uma história em que não haveria mais do que estruturas, forças, instituições e não mais homens e valores humanos".[11]

Na metade dos anos 1980, publica sua grande trilogia sobre a história.[12] Ele retoma, ampliando-a, sua reflexão sobre os regimes de historicidade concebidos como terceiro tempo, terceiro discurso tomado em tensão entre a concepção puramente cosmológica do movimento

---

9 Stone, The Revival of Narrative: Reflections on a New Old History, *Past and Present*, n.85, nov. 1979.

10 Ricoeur, Objetivité et subjectivité em histoire, *Histoire et vérité*, p.30.

11 Ibidem, p.43.

12 Ricoeur, *Temps et récit*, t.1-3.

O INDIZÍVEL OU A CRISE DO CAUSALISMO

temporal tal como ela se desdobra em Aristóteles, depois em Kant, e uma abordagem íntima, interna, do tempo que se encontra em Santo Agostinho, depois em Husserl. Entre o tempo cósmico e o tempo íntimo situa-se o tempo relatado do historiador. Ele permite reconfigurar o tempo por meio de conectores específicos. Paul Ricoeur coloca, assim, o discurso histórico numa tensão que lhe é própria entre identidade narrativa e ambição de verdade. Por esse motivo, e ainda reconhecendo sua contribuição essencial para a reavaliação do relato como reserva de saber, Ricoeur se confronta com os narrativistas anglo-saxões: William Dray, Von Wright, Arthur Danto, Hayden White... Eles terão tido o imenso mérito de mostrar que a construção do enredo garante a transição entre contar e explicar, que a explicação é interna ao relato.

Inversamente aos narrativistas, a tentativa dos *Annales* de romper com o relato é ilusória e contraditória com o projeto historiográfico. Certamente, a escola dos *Annales*, mesmo admitindo que o historiador constrói, problematiza e projeta sua subjetividade sobre seu objeto de pesquisa, parecia *a priori* aproximar-se da posição de Paul Ricoeur. Mas de fato, não foi para adotar o ponto de vista hermenêutico da explicação compreensiva.

Os *Annales* tinham como alvo essencial a escola metódica, chamada pejorativamente de "história historicizante", a de Charles-Victor Langlois, Charles Seignobos, Gabriel Monod... Tratava-se, portanto, de afastar-se do sujeito para quebrar o relato historicizante e fazer prevalecer a cientificidade do discurso histórico renovado pelas ciências sociais. Para melhor fazer aparecer o corte epistemológico operado pelos *Annales*, seus iniciadores e discípulos torceram o nariz para aquilo que era designado sob a forma pejorativa de história historicizante: o acontecimento e seu relato.

Houve deslocamentos de objetos, uma reavaliação dos fenômenos econômicos nos anos 1930, depois uma valorização das lógicas espaciais nos anos 1950. Fernand Braudel denunciou o tempo curto remetido ao ilusório em relação às permanências dos grandes pilares da geo-história, à longa duração. Contudo, e Paul Ricoeur o mostrou bem, as regras da escrita histórica a impediram de cair na sociologia, pois a longa duração continua duração.

Braudel, como historiador, permanecia tributário das formas retóricas próprias da disciplina histórica. Contrariamente a suas proclamações tonitruantes, ele também perseguia em sua tese a realização de um relato: "A própria noção de história de longa duração deriva do acontecimento dramático [...] isto é, do acontecimento-enredo".[13] Certamente, o enredo, que não tem mais por sujeito Philippe II, e sim o mar Mediterrâneo, é de outro tipo, mas nem por isso deixa de ser um enredo. O Mediterrâneo representa um quase-personagem que conhece sua última hora de glória no século XVI antes que se assista a uma guinada para o Atlântico e a América, momento no decorrer do qual o "Mediterrâneo ao mesmo tempo sai da grande história".[14]

A elaboração de um enredo impõe-se, portanto, a todo historiador, mesmo àquele que mais se distancia do recitativo clássico do acontecimental político-diplomático. A narração constitui, assim, a mediação indispensável para fazer obra histórica e ligar dessa forma o espaço de experiência e a perspectiva de espera da qual fala Koselleck: "Nossa hipótese de trabalho consiste em considerar o relato como guardião do tempo, uma vez que não haveria tempo pensado senão contado".[15] A configuração do tempo passa pela narração do historiador. Assim encarada, ela se desloca entre um espaço de experiência que evoca a multiplicidade dos percursos possíveis e um horizonte de expectativa que define um futuro tornado presente, não redutível a uma simples derivada da experiência presente: "Assim, espaço de experiência e perspectiva de espera fazem mais do que se polarizar, eles se condicionam mutuamente".[16]

A construção dessa hermenêutica do tempo histórico oferece uma perspectiva que não é mais tecida somente pela finalidade científica, mas tendida para um fazer humano, um diálogo a instituir entre as gerações, um agir sobre o presente. É nessa perspectiva que convém reabrir o passado, revisitar suas potencialidades.

Recusando a relação puramente antiquária com a história, a hermenêutica histórica visa "tornar nossas expectativas mais determinadas e nossa experiência mais indeterminada".[17] O presente reinveste o passado a partir de um horizonte histórico destacado dele. Ele transforma

---

13 Ricoeur, *Temps et Récit*, t.1, p.289.
14 Ibidem, p.297.
15 Ibidem, t.3, p.435.
16 Ibidem, t.3, p.377.
17 Ibidem, t.3, p.390.

O INDIZÍVEL OU A CRISE DO CAUSALISMO

a distância temporal morta em "transmissão geradora de sentido".[18] O vetor da reconstituição histórica encontra-se, então, no cerne do agir, do tornar presente que define a identidade narrativa sob sua dupla forma de mesmice (*idem*) e de si mesmo (*ipséidade*). A centralidade do relato relativiza a capacidade da história de encerrar seu discurso numa explicação fechada sobre os mecanismos de causalidade. Ela não permite voltar "à pretensão do sujeito constituinte de dominar o sentido",[19] nem renunciar à ideia de uma globalidade da história conforme suas "implicações éticas e políticas".[20]

Das ciências do histórico

O abandono do causalismo do tipo das ciências experimentais traduz-se também pela tentativa de definição de um novo espaço, próprio das ciências sociais, o da sociologia, da história e da antropologia. O laboratório da Ehess de Marselha dirigido por Jean-Claude Passeron reivindica essas três disciplinas e defende uma epistemologia comum a estas. O *Raisonnement sociologique*[21] representa assim um manifesto de delimitação desse espaço comum, apesar de seu título falsamente limitador que lembra simplesmente a especialidade acadêmica e seu autor, Jean-Claude Passeron. Essas três disciplinas nascem das categorias weberianas: os objetos que elas estudam se caracterizam pela singularidade da configuração histórica na qual eles estão implicados. Essa fenomenalidade torna impossível a iniciativa de normalização nomológica que visava desindexar os contextos. Os dêiticos são indissociáveis da contextualidade histórica.

Weber opôs seus tipos ideais às ilusões próprias ao objetivismo e ao naturalismo epistemológico. Essas três disciplinas (antropologia, história e sociologia) só podem produzir seminomes próprios ao estatuto misto entre sua função heurística generalizante e sua capacidade

---

18 Ibidem, t.3, p.399.
19 Ibidem, t.3, p.488.
20 Ibidem, t.3, p.489.
21 Passeron, Le Raisonnement sociologique, 1991.

364   O IMPÉRIO DO SENTIDO

de traduzir uma situação singular. Jean-Claude Passeron alerta justamente contra as ilusões experimentalistas que alimentaram o sonho nomológico. Lamentar-se-á ainda mais sua denúncia infundada, para aumentar um pouco, da "divagação hermenêutica",[22] que ele define como simples delírio interpretativo, desconhecendo totalmente uma tradição marcada pelo rigor de pensamento que Paul Ricoeur ilustra em todos os campos.

O espaço weberiano definido e reivindicado, aliás, não tem filiação hermenêutica. Ele corresponde a uma autonomia epistemológica das ciências sociais que têm em comum com as ciências da natureza postular a existência do real, com a ambição empírica de explicá-lo. Mas essa epistemologia autonomiza-se com relação às ciências da natureza considerando sua impossibilidade de tratar os fatos sociais como coisas. Esse espaço próprio se define por um "pilar que é a historicidade e três pilares que são a tipificação, o comparatismo e um horrível neologismo que é a emicidade".[23,24] O pilar da historicidade foi definido por Weber como não reproduzível, pois marcado por coordenadas espaço-temporais singulares. Ele se abre em apostas interpretativas que situam as ciências sociais sob o registro da plausibilidade: "Constantemente, os atores sociais produzem sentido sobre suas próprias ações e esse mesmo sentido se torna um elemento dessas ações; efeitos performativos estão incessantemente presentes".[25] Quanto ao primeiro pilar, a tipificação, ele também é inspirado nos tipos ideais de Weber. Ele permite utilizar artefatos que têm estatuto de seminome próprio. A dificuldade é substantivar essas tipologias que são de fato esquemas descritivos tomados emprestados da interpretação, uma vez que "toda descrição é também uma interpretação".[26] O segundo pilar é mais tradicional: é o comparatismo, há muito utilizado como instrumento heurístico nas ciências humanas. Enfim, a emicidade representa o terceiro pilar: "O êmico são as representações indígenas autóctones".[27] Ele implica uma

---

22 Ibidem, p.358.

23 O êmico designa as representações autóctones.

24 Sardan, L'Unité épistémologique des sciences sociales, *L'Histoire entre épistémologie et demande sociale*, p.16.

25 Ibidem, p.17.

26 Ibidem, p.18.

27 Ibidem, p.20.

O INDIZÍVEL OU A CRISE DO CAUSALISMO

incorporação na descrição da análise que os atores fazem dela, o que também vem ao encontro do objetivo de compreensão weberiana.

Encontramo-nos confrontados por essas três ciências humanas que são a história, a sociologia e a antropologia com o que Anthony Giddens chama de uma dupla hermenêutica,[28] isto é, o processo simultâneo de tradução e interpretação. Em primeiro lugar, as ciências humanas devem levar em consideração que as representações das ações pelos atores são portadoras de um conhecimento pertinente. Em segundo lugar, as ciências humanas são elas próprias disciplinas interpretativas. Esse duplo círculo hermenêutico tem um efeito de retorno na apropriação pelos atores e instituições dos conhecimentos produzidos pelas ciências humanas, graças à capacidade ativa e reativa desses sujeitos; o que Giddens qualifica de "capacidade de combinação".

Essa competência para a transformação abre um horizonte pragmático, próprio ao humano, comum à história, à sociologia e à antropologia, para as quais "a performatividade das representações é indissociável da capacidade de combinação dos atores".[29] Se o horizonte epistemológico é pragmático, não se pode prejulgar o que acontecerá. A previsão não passa de uma pós-dicção. As ciências humanas são levadas a uma oscilação entre o porquê e o como, pois a "indeterminação é inerente à capacidade de combinação que me parece ser uma particularidade do objeto de todas as ciências sociais".[30]

A exploração histórica do sensível

Essa indeterminação encontra-se exemplificada pela obra de um historiador pioneiro, como já evocamos, na exploração das zonas limites do território de sua disciplina, Alain Corbin. Seu percurso simboliza a "incerteza do objeto".[31] As zonas fronteiras, os pontos limites revisitados por Corbin, no centro de uma sensibilidade historicizada, tomam

---

28 Giddens, *Social Theory and Modern Sociology*.
29 Sardan, L'Espace webérien des sciences sociales, *Genèses*, v.10, jan. 1993, p.160.
30 Idem, L'Unité épistémologique des sciences sociales, p.32.
31 Corbin, Le Vertige des foisonnements, esquisse panoramique d'une histoire sans nom, *Revue d'Histoire Moderne et Contemporaine*, n.39, jan.-mar. 1992, p.103.

a tiracolo as taxionomias usuais, os cortes tradicionais e reificados da disciplina. A própria complexidade desses objetos, no limite do dizível, entre o compreendido e o não compreendido, torna impossível o desdobramento de causalidades simples.

Inovador na França no domínio da história das sensibilidades, das emoções, realizando o desejo antigo de Lucien Febvre nesse campo, Alain Corbin, que se sentia limitado e insatisfeito no quadro da sociografia retrospectiva do Limousin dada por seu orientador Ernest Labrousse, ganha um novo objeto com a história da prostituição.[32] Esse dossiê de pesquisa o leva a prosseguir, mais adiante, num estudo das manifestações olfativas naquilo que as liga às representações sociais: "A assimilação da prostituição à carne morta, ao açougue"[33] dava uma coerência a essa pesquisa original cuja ideia lhe é sugerida pela leitura das *Memórias* de Jean-Noël Hallé, membro da Sociedade Real de Medicina e primeiro titular da cadeira de higiene pública criada em Paris em 1794. Esse maníaco pela desodorização traduz bem uma "hiperestesia coletiva".[34]

Nos confins da história e da literatura, entre os fantasmas de autores como Huysmans e a investigação de Jean-Noël Hallé, Alain Corbin se coloca a questão de saber a que corresponde essa inflexão da sensibilidade olfativa. Como esse sentido habitualmente desqualificado, considerado como menor, cristaliza repentinamente a inquietude coletiva? Corbin restitui-lhe a configuração complexa que oscila entre 1750 e 1880, no clima das mitologias pré-pasteurianas, ignorada pela perspectiva teleológica da história clássica das ciências, que expele para fora de seu campo as hesitações do saber.

Ele restabelece o princípio da simetria de Bruno Latour a fim de exumar esses trabalhos sobre as substâncias pútridas, a química pneumática... e sua transferência do vital para o social: "Ao povo o instinto, a animalidade, o fedor orgânico. Mais do que o pesado vapor da multidão pútrida, indiferenciada, são o covil e as latrinas do pobre, o esterco camponês, o suor engordurado e fétido do qual se impregna a pele do trabalhador que concentra daí em diante a repugnância olfativa".[35]

---

32 Idem, *Les filles de noce.*
33 Idem, Désir, subjectivité et limites, *Espaces Temps*, n.59-61 (Le Temps réfléchi. L'Histoire au risque des historiens), 1995, p.40-6.
34 Idem, *Le Miasme et la Jonquille*, 1986, p.I.
35 Ibidem, p.268.

O INDIZÍVEL OU A CRISE DO CAUSALISMO

Depois de ter recuperado os vínculos entre o olfativo e o imaginário social, Alain Corbin encontra um novo ponto limite, o das praias em direção às quais os ocidentais voltam seus desejos a partir do século XVIII.[36] Pesquisa, então, qual perspectiva os homens de outrora tinham do ambiente e quais eram suas emoções. Mais ainda que com o discurso dos atores, ele mergulha no cerne das sensibilidades com o cuidado próprio do historiador de evitar o anacronismo.

Essa ascensão do desejo de praia "cruza toda espécie de contribuição, e o interesse de tal objeto reside, precisamente, nesse entrelaçamento".[37] Essa forma de história, atenta aos processos emergentes, distancia-se da noção braudeliana de prisão da longa duração. Ela marca, ao contrário, descontinuidades nas práticas e nos discursos que atestam um desejo novo. Leva, portanto, a uma atenção particular com relação às práticas discursivas. A renúncia a uma reconstituição causalista interroga a divisão do dito e do não dito: "Eu não quis construir, a propósito dos litorais, um tipo qualquer de malha de leitura paisagística".[38]

Uma história das sensibilidades como essa não pode ficar confinada aos limites da disciplina histórica. Ela se abre ine. luta velmente para problemas de filosofia da linguagem, a fim de resolver a questão de saber se se pode aproximar o não dito do não experimentado quando se determinam fenômenos emergentes. Além disso, tal história implica questionar-se sobre a natureza do sujeito do qual se fala. Nesse sentido, a reflexividade filosófica que oferece a perspectiva hermenêutica de Paul Ricoeur,[39] bem como a do último Foucault, o da *Souci de soi* [O cuidado de si], da governabilidade de si, com uma atenção particular dada ao corpo, ao biopoder, pode inspirar o discurso do historiador. Essa perspectiva pode se tornar muito sugestiva no âmbito da construção de uma nova história das emoções ou de uma "emociologia", como a denominam os historiadores americanos Peter N. Stearns e Carol Zisowitz-Stearns.[40]

---

36 Idem, *Le Territoire du vide*.
37 Idem, Désir, subjectivité et limites, p.43.
38 Idem, *Le Territoire du vide*, p.322.
39 Ricoeur, *Soi-même comme un autre*.
40 Zisowitz-Stearns; Stearns, *Emotion and Social Change*.

A escola da desfatalização

A apropriação do sensível, e em geral das representações, no campo da investigação histórica, orienta a pesquisa para objetos mais ideais, mais simbólicos que materiais. Os processos estudados não têm a linearidade que permite aplicar relações de causalidade segundo as quais os fenômenos anteriores determinam e engendram aqueles que seguem. O historiador pode, contudo, indicar emergências, coerências, contemporaneidades: "Nós observamos a co-ocorrência de fenômenos que podemos compreender. Mas não é uma problemática de causalidade".[41]

A desfatalização de processos históricos está em curso com essa crise dos esquemas de causalidade postulados. As emergências são revisitadas, e não mais pressupostas, e subtendidas por uma visão teleológica pela qual elas seriam apenas o ponto de partida de uma direção já estabelecida. Essa reabertura do campo múltiplo das possibilidades do passado conduz à noção de subdeterminação. Isso não significa no entanto que tudo seja possível a qualquer momento e que uma indeterminação traduza uma indistinção postulada. A noção de subdeterminação designa ao mesmo tempo a pluralidade dos possíveis e a existência de constrangimentos que têm como efeito que alguns possíveis aconteçam, e outros não.

Essa dialética de abertura/fechamento é central nos estudos de Roger Chartier a propósito da história das práticas de leitura: "Há espaços limitados. Não é possível toda leitura para qualquer leitor em qualquer momento. Todo leitor é um ser social habitado por normas, convenções, competências que são profundamente históricas e sociais. Ao mesmo tempo, pode-se abrir todo um espaço de apropriação, entendido como conjunto de possibilidades diferenciadas".[42] A inscrição de possibilidades no próprio interior das limitações levou Chartier a abandonar o esquema simples de oposição entre cultura letrada e cultura popular: "É, em primeiro lugar, contra o uso tornado clássico da própria noção de cultura popular que este livro é construído".[43]

---

41 Marcel Gauchet, entrevista com o autor.
42 Roger Chartier, entrevista com o autor.
43 Idem, *Lectures et lecteurs dans la France d'Ancien Régime*, p.7.

O INDIZÍVEL OU A CRISE DO CAUSALISMO

Ele opõe a esse postulado fundado na adequação perfeita entre clivagens sociais e clivagens culturais o desdobramento de práticas divididas, mais fluidas, mais imbricadas, fundamentalmente híbridas. A maior complexidade do objeto histórico não implica contudo, segundo Roger Chartier, renunciar a toda determinação e escolher o aleatório absoluto. Em compensação, "pode-se empregar a noção de determinações frágeis".[44] É essa noção que está no cerne da arqueologia das práticas de leitura empreendida por Chartier. Ela permite compreender as estratégias operadas simultaneamente aos diversos processos de apropriação.

Essa esfera da subdeterminação é o próprio quadro da análise de Alain Caillé e da *Revue du MAUSS*. A dádiva, que tem para ele o valor paradigmático, não é possível e pensável senão a partir de uma indeterminação no interior de um espaço intermediário entre o utilitarismo de um lado e as pressões institucionais do outro: "A dádiva é a manifestação do indeterminado e sua abertura para uma singularidade".[45] Esse operador concreto que é a dádiva nas relações humanas permite afirmar o poder da liberdade dos atores, aquilo pelo que eles escapam à redução à simples soma dos interesses calculados. A atenção maior às relações entre pessoas, a suas competências próprias, permite afrouxar as tenazes que são as imposições sem negá-las, e fazer valer a porção de indeterminação, portanto a liberdade de cada um. Mais ainda que a relação de indivíduos, "o político é a manifestação ao quadrado, mais geral"[46] desse fenômeno. O que mantém o estar-junto de uma sociedade no plano político, sua unidade temporária, problemática, não se refere a nada mais do que ela mesma. Não se pode reduzi-la a uma soma de interesses: "É o indefinível definido".[47]

---

44 Roger Chartier, entrevista com o autor.

45 Alain Caillé, entrevista com o autor.

46 Ibidem.

47 Ibidem.

26

UMA POÉTICA DO SABER

A indeterminação própria ao discurso histórico tenso entre as humanidades literárias e a ambição científica dá uma importância particular aos processos pelos quais a escrita da história participa e ao mesmo tempo se subtrai ao gênero literário. A organização "folhada" (como a qualificava Michel de Certeau) do discurso histórico, que compreende os materiais que o fundamentam, leva a uma atenção necessária com relação aos processos narrativos e às figuras retóricas utilizadas. Ela leva à construção de uma poética do saber. Esta não significa voltar às hesitações do *lingusitic turn* que marcaram o momento estruturalista e que implicavam encarar a textualidade em sua ruptura radical com todo referente.

A demonstração recente que fez o filósofo Jacques Rancière, convidando a história a "reconciliar-se com seu nome próprio",[1] vai no sentido da construção de uma disciplina histórica que possa manter juntas suas três exigências: científica, narrativa e política. Da mesma maneira que os historiadores das mentalidades se distanciaram da adequação postulada entre categorias socioprofissionais e formas de cultura, Rancière, para quem um dos objetivos privilegiados sempre foi resgatar a palavra operária, não se satisfaz mais com uma história desta em termos de identificação com categorias sociais ou culturais.

---

1 Rancière, *Les Noms de l'histoire*, p.208.

A relação entre condições do discurso e ordens de discursos não é simples. Ela deixa uma franja indeterminada, um núcleo de sentido autonomizado, uma experiência singularizada, o que Rancière qualifica de heresia democrática.

A subjetivação progressiva da palavra torna impossível remetê-la a seu húmus, identificá-la a um centro material do qual ela seria apenas a expressão. É nessa perspectiva de reapropriação da singularidade da palavra "de baixo" que Jacques Rancière não dá razão nem à velha escola da crônica real ou republicana nem à escola dos *Annales*. Esta última acreditava, contudo, exumar a palavra dos mudos, dos anônimos da história: "Quando Braudel fala em *O Mediterrâneo* do renascimento dos pobres cuja preciosa papelada cobre a escrivaninha do rei, ele designa para este uma figura negativa das massas: essa multiplicação das falas que é um traço próprio da época democrática".[2] A história de longa duração, das séries quantificadas, das permanências plurisseculares, desliza por baixo da proliferação da palavra. É repensando a articulação das três dimensões próprias ao discurso histórico que a disciplina histórica pode reatar com a matéria sensível de seu objeto: "o tempo, as palavras e a morte".[3]

O projeto de Arlette Farge, sua atenção ao arquivo e seu cuidado em recuperar sem trair a palavra das camadas inferiores, compartilha da mesma preocupação que aquela de Rancière, com o qual ela dividiu a aventura comum de uma das melhores revistas dos anos 1970, *Révoltes Logiques*. Farge pratica a anulação para melhor deixar lugar aos seres falantes que a história oculta sob seu relato oficial: "Daquilo que se dissipa aqui, eu não tenho que fazer o inventário. O que se dissipou não pertence a ninguém, nem mesmo ao historiador. Ele está lá, intransmissível e secreto, presente e defunto".[4] A atenção aos processos textuais, narrativas e sintáticas pelas quais a história enuncia seu regime de verdade leva a se reapropriar dos conhecimentos adquiridos dos trabalhos de toda a filiação narrativista, particularmente desenvolvida no mundo anglo-saxão e conhecida na França graças a Paul Ricoeur.[5]

---

2 Idem, entrevista com o autor, *Politis*, 21 jan. 1993.

3 Idem, *Les Noms de l'histoire*, p.208.

4 Farge, *Le Cours ordinaire des choses*, p.151.

5 Ricoeur, *Temps et Récit*, t.1, p.173-246.

UMA POÉTICA DO SABER

O desenvolvimento das teses narrativistas alimentou-se do *linguistic turn*, da crítica do modelo nomológico e do fato de considerar o relato como reserva de saber, desdobramento dos recursos de inteligibilidade.

Os narrativistas

Os narrativistas permitiram, assim, mostrar a maneira pela qual o modo de relato tem valor explicativo, exceto pela utilização constante da conjunção de subordinação "porque", que encobre e confunde duas funções distintas: a consecução e a consequência. Os vínculos cronológicos e os vínculos lógicos são afirmados sem ser problematizados. Ora, convém desvencilhar essa fórmula, o "porque" de uso discordante.

William Dray mostrou, a partir dos anos 1950, que a ideia de causa deve ser desvinculada da ideia de lei.[6] Ele defendeu um sistema causal irredutível a um sistema de leis, criticando ao mesmo tempo aqueles que praticam essa redução e aqueles que excluem toda forma de explicação. Um pouco mais tarde, Georg Henrik von Wright preconizou um modelo misto fundado numa explicação dita quase causal[7] como a mais apropriada para a história e para as ciências humanas em geral. As relações causais são, segundo ele, estreitamente relativas a seu contexto e à ação que nela é implicada. Inspirando-se em trabalhos de Elisabeth Anscombe, ele privilegia as relações intrínsecas entre as razões da ação e a própria ação. Von Wright opõe, então, a conexão causal não lógica, puramente externa, tendo por objeto as condições do sistema, e a conexão lógica relacionada às intenções e tomando uma forma teleológica. O vínculo entre esses dois níveis heterogêneos situa-se nos traços configuradores do relato: "O fio condutor, a meu ver, é o enredo, enquanto síntese do heterogêneo".[8]

Arthur Danto, por sua vez, desvenda as diversas temporalidades no interior do relato histórico e questiona a ilusão de um passado como entidade fixa com relação à qual o olhar do historiador só seria móvel.

---

6 Dray, *Laws and Explanation in History*.
7 Wright, *Explanation and Understanding*.
8 Ricoeur, *Temps et récit*, t.i, p.202.

374 O IMPÉRIO DO SENTIDO

Ele distingue, ao contrário, três posições temporais internas à narração.[9] O domínio do enunciado implica já duas posições diferentes: a do acontecimento descrito e a do acontecimento em função do qual ele é descrito. É preciso ainda acrescentar ao plano da enunciação, que se situa numa outra posição temporal, a do narrador. A consequência epistemológica de tal diferenciação temporal aparece como paradoxo da causalidade uma vez que um acontecimento ulterior pode fazer aparecer um acontecimento anterior em situação causal. Por outro lado, a demonstração de Danto consiste em considerar como indistintas explicação e descrição, a história sendo de um só dono, segundo sua expressão.

Alguns, como Hayden White, foram ainda mais longe na perspectiva de construção de uma poética da história,[10] pressupondo que o registro do historiador não é fundamentalmente diferente daquele da ficção no plano de sua estrutura narrativa. A história seria, portanto, principalmente escrita, artifício literário. White situa a transição entre o relato e a argumentação na noção de construção de enredo.

Paul Ricoeur está, dessa forma, muito próximo dessas teses. Ele saúda, aliás, duas das maiores contribuições dos narrativistas. Em primeiro lugar, eles demonstram que "contar já é explicar [...]. O 'um pelo outro' que, segundo Aristóteles, faz a conexão lógica da trama, é daí em diante o ponto de partida obrigatório de toda discussão sobre a narrativa histórica".[11] Em segundo lugar, à diversificação e hierarquização dos modelos explicativos, os narrativistas opuseram a riqueza dos recursos explicativos internos ao relato.

Essa proximidade entre ficção e história pode estar também na origem de uma escrita histórica outra, metamorfoseada pela liberdade ficcional que pode permitir à história dotar-se de um discurso menos fechado sobre si mesmo, menos saturado de sentido, mais aberto à polifonia das vozes, à pluralidade dos registros. Foi o que realizou Régine Robin recorrendo à memória-ficção.[12]

Entretanto, e apesar desses avanços na compreensão daquilo que é um discurso histórico, Paul Ricoeur não segue as teses mais radicais dos

---

9 Danto, *Analytical Philosophy of History*.

10 White, *Metahistory*: The Historical Imagination in Nineteenth-Century Europe.

11 Ricoeur, *Temps et récit*, t.i, p.251.

12 Robin, *Le Cheval blanc de Lénine, ou l'Histoire autre*; idem, *Le Roman mémoriel*.

UMA POÉTICA DO SABER

narrativistas quando elas postulam a indistinção entre história e ficção. Apesar de sua proximidade, subsiste um corte epistemológico que está fundado no regime de veracidade próprio ao contrato do historiador com relação ao passado.

A atenção aos tipos de discurso implica entrar nessa zona de indeterminação a fim de recuperar como se fabricam os regimes de verdade e qual é o estatuto do erro, o caráter incomensurável ou não das diversas asserções que se dão como científicas. Ricoeur não segue, assim, a tentativa desconstrutivista de Michel Foucault e Paul Veyne, que se inspira em Nietzsche e prega uma simples genealogia das interpretações que abrangeria os fatos históricos. Recusando ao mesmo tempo a tentação positivista e a tentação genealógica, Ricoeur lhes opõe uma "análise da realidade histórica que ele coloca sob o signo da 'representância' para sublinhar seu duplo estatuto de realidade e de ficção".[13]

Ricoeur partilha nesse ponto a posição de Roger Chartier: "O historiador tem como tarefa dar um conhecimento apropriado, controlado, dessa 'população dos mortos' – personagens, mentalidades, preços – que é seu objeto. Abandonar essa pretensão, talvez desmedida mas fundadora, seria deixar o campo livre a todas as falsificações, a todos os falsários".[14]

Certamente, Hayden White mostrou que o discurso histórico emerge de figuras retóricas, da utilização de tropos similares aos da ficção. Ele permitiu melhor distinguir os diversos registros possíveis de construção da trama, os diversos processos argumentativos (contextualistas, organicistas, formuladores, mecanicistas). Mas basta a combinação destes para postular uma indistinção do discurso histórico com relação à ficção? Não é o ponto de vista de Roger Chartier:

> Para Hayden White, o estatuto de conhecimento da história ou sua intenção de verdade, e o que isso engendra no plano da elaboração de instrumentos de trabalho, de técnicas de produção de saber, de critérios de validação, não tem importância e é até completamente secundário. Eu acho que é uma posição relativista completamente insustentável.[15]

---

13 Mongin, *Paul Ricoeur*, p.132.
14 Chartier, Pourquoi l'histoire litteraire n'a-t-elle jamais reussi en france a se constituer en discipline scientifique autonome?, *Le Monde*, 18 mar. 1993.
15 Roger Chartier, entrevista com o autor.

376   O IMPÉRIO DO SENTIDO

Esse apelo do contrato de verdade que liga o hiſtoriador a seu objeto desde Heródoto e Tucídides é de primeira importância para opor-se a todas as formas de falsificação e de manipulação do passado. Ele não é contraditório com o fato de eſtar atento à hiſtória como escrita, como prática discursiva. A demonſtração que faz Paul-André Rosental quanto ao uso da metáfora em Braudel é uma bela iluſtração de uma eſtratégia epiſtemológica que se encarna numa figura retórica.[16]

A tese de Braudel é unanimemente celebrada como um monumento eſtético. Por seu eſtilo, ela opera no sentido literário. Ora, Rosental moſtra que o recurso conſtante à metáfora não participa em Braudel de um simples desejo de ornamentação, mas de uma polêmica, de uma defesa e iluſtração do discurso de método, o dos *Annales*. A metáfora tem um duplo uso: ela personifica o novo sujeito da hiſtória que Braudel torna a natureza, o mar Mediterrâneo erigido em verdadeiro herói cujo cenário fica Felipe II, e ao mesmo tempo a metáfora "transforma *O Mediterrâneo*, obra de hiſtória, em uma obra *sobre* a hiſtória"[17] que visa desqualificar os adversários dos *Annales*. A atenção à eficácia das figuras retóricas no interior dos esquemas argumentativos oferece múltiplos campos de inveſtigação que ultrapassam o simples campo literário e aparecem como tantos princípios organizadores da textualidade em ciências humanas, explorando todos os recursos do analógico.[18] Essa atenção à textualidade se duplica com o novo interesse por seus entornos: paratextos, notas de pé de página, modalidades de apresentação.[19]

---

16 Rosental, Métaphore et ſtratégie épiſtémologique: *La Méditerranée* de Fernand Braudel. In: Milo; Bourreau, *Alter-hiſtoire*.

17 Ibidem, p.125.

18 Ver certamente Ricoeur, *La Métaphore vive*, assim como Boissinot, Comparaison eſt-elle raison? *Eſpaces Temps*, n.47-48 (La Fabrique des sciences sociales), 1991, p.113-28 e Dosse, Oxymore, le soleil noir du ſtruĉturalisme, *Eſpaces Temps*, n.47-48 (La Fabrique des sciences sociales), 1991, p.129-43.

19 Ver lévy-Piarroux, Les Notes donnent le ton, *Eſpaces Temps*, n.47-8 (La Fabrique des sciences sociales), 1991, p.21-33.

27

UMA PERSPECTIVA MAIS ÉTICA
QUE EPISTEMOLÓGICA

O reconhecimento da indeterminação ou subdeterminação em matéria científica levou a considerar que o mundo não é mais capaz de se tornar o objeto de uma interpretação nomológica. Como já vimos, essa crise da causalidade permite liberar um reconhecimento do momento reflexivo de uma hermenêutica que se persegue de maneira frutífera num momento pragmático, intersubjetivo. Essa evolução é realmente fecunda uma vez que permite desenvolver um modelo "na direção de uma ética da discussão, de uma teoria da argumentação".[1] A unidade da razão é, então, uma perspectiva possível, não mais como *a priori* de experiências que são diversas, mas no nível de um *a priori* de argumentação. Quer seja no plano científico ou ético, o recurso "a esse processo pragmático da argumentação é necessário para estabilizar as pretensões à validade".[2]

O par da incompletude e da interrogação renovada sobre a ética começa a realizar uma penetração no próprio interior do núcleo das ciências humanas que são as ciências econômicas. Numa obra recente, Amartya Sen distingue duas origens à economia: a ética e a mecânica.[3]

---

1 Jean-Marc Ferry, entrevista com o autor.

2 Ibidem.

3 Sen, *Éthique et économie.*

Sem rejeitar a filiação mecanicista da economia, Sen considera que esta se empobreceu ao se separar de sua origem, a ética.

O utilitarismo próprio à teoria da escolha racional não pode jamais definir senão a figura mínima de "idiotas racionais". É na base da crítica do modelo mecânico de Walras que se constituiu toda uma nova microeconomia.[4] Essa não abandona as análises em termos de racionalidade, mas estas são reativadas e enriquecidas pela noção de informação imperfeita.

Alguns economistas descobrem, sob o ângulo de uma ausência, que eles esvaziaram todo julgamento de valor de seu campo de análise. Mesmo os economistas ortodoxos percebem que, para pensar a cooperação, eles não podem permanecer unicamente na lógica da racionalidade individual. São seguramente os economistas das convenções que são os mais receptivos a esses problemas: "Há uma maneira de gerar racionalmente a incompletude: é justamente a ética".[5]

A completude dos acordos contratuais, que subtende que todos os casos de figura são reais *a priori* para os envolvidos, é muito raramente realizada. Os contratos comportam em geral uma margem de incerteza, de incompletude. Pode-se dar a esse fenômeno dois tipos de explicação: de um lado, faz-se valer a impossibilidade cognitiva de prever tudo e, de outro, ao contrário, considera-se que os atores podem muito bem chegar à exaustão na previsão, mas que eles nem por isso desejam concluir um contrato contingente completo. Nos dois casos, a incompletude sofrida ou desejada é um elemento maior: "A incompletude não é (forçosamente) uma ausência, é (às vezes) um trunfo, não é um 'menos', é um 'mais'".[6]

O acordo

Olivier Favereau revisita nessa problemática os conceitos de Keynes para mostrar que, longe de fazer da incerteza um fundamento de

---

4 Cahuc, *La Nouvelle microéconomie*.

5 Olivier Favereau, entrevista com o autor.

6 Idem, L'Incomplétude n'est pas le problème, c'est la solution. In: Colóquio Internacional de Cerisy, Limitation de la Rationalité et Constitution du Collectif, 5-12 jun. 1993. *Actes...*, 1995.

UMA PERSPECTIVA MAIS ÉTICA QUE EPISTEMOLÓGICA   379

comportamentos que emergem da irracionalidade, Keynes estabelece fortes relações entre incompletude e racionalidade comportamental, tornando-nos atentos ao fato de que em situação de crise, de antecipação, quando o risco depende do comportamento de outrem, a negação do risco pode agravá-lo. A ética se situa em posição de implícito central na relação que se amarra entre dois contratantes que só se conhecem pouco. Tal vínculo de cooperação não pode se realizar na transparência total e no quadro de um contrato escrito. O acordo assinado, por definição incompleto, pressupõe que as duas partes procurem realizar seu interesse. O fato de aceitar assinar apesar de uma grande porção de incerteza é o sinal tangível concedido a futuro parceiros que o signatário aceita cooperar no longo prazo: "Esse agente, não sendo nem louco nem santo, manifesta por outro lado todos os sintomas da racionalidade usual, egoísta e não cooperativa".[7]

O que oscila no caso desse *Homo economicus* não padrão, cuja racionalidade é limitada nesse momento em que ele avança a descoberto, não é realmente seu desejo de otimização, mas sua relação com a temporalidade. Ele renuncia a um egoísmo no curto prazo por uma racionalidade de mais longo termo, optando por um "egoísmo esclarecido" ou um "altruísmo frágil".[8]

Os trabalhos da economia das convenções permitem abordar no plano social a questão da ética. Esta não está ausente da tradição sociológica, inclusive durkheimiana. A vontade de reificação não excluía, em princípio, um lugar para o sujeito moral. Mas o essencial dessa tradição se inscreve numa pretensão nomológica do mundo, exemplificada por Kant. Ela opõe dois domínios heterogêneos: aquele que está submetido às leis naturais, e no qual se inscrevem as leis sociais, e um outro plano, o de um sujeito livre que se afirma como sujeito moral diante do determinismo natural.

---

7 Ibidem.
8 Simon, *Reason in Human Affairs*, p.115.

A dimensão normativa

A tradição sociológica privilegiou o primeiro plano, deixando à filosofia o cuidado de ocupar-se da dimensão ética. Nessa divisão, a liberdade do sujeito moral é retirada do conhecimento teórico: "Em Kant, tem-se um conceito sem a intuição sensível. É um conceito que nos permite agir, mas que não nos permite ter um conhecimento teórico".[9] A necessidade de retomar essa questão a partir da junção desses dois domínios incita a se inspirar no programa fenomenológico, melhor armado para permitir a construção de uma sociologia da ação incluindo a dimensão ética de um sujeito empírico engajado em sua realidade natural e social, o que nos remete mais uma vez à filosofia de Paul Ricoeur.

O fato de que todo conhecimento do social seja fortemente normatizado, forjado por julgamento de valor, torna-se hoje uma dimensão essencial do saber. Ele não deve mais ser rejeitado como epifenômeno em nome do objetivo de cientificidade.

A dimensão normativa torna-se, assim, um componente constitutivo do trabalho de pesquisa. Bernard Conein, outrora reticente nesse ponto e em desacordo com Patrick Pharo depois de ter por muito tempo trabalhado com ele e Louis Quéré sobre a etnometodologia, retorna de fato a suas posições iniciais. A noção de norma era no início para Bernard Conein puramente explicativa, permitindo estabelecer as condições de possibilidade das relações sociais, enquanto Patrick Pharo lhe dava uma dimensão interpretativa que o fazia considerar o funcionamento das representações como civilidade. Contudo, Bernard Conein evoluiu nesse ponto a partir de uma busca sobre a questão de categorização. Ele percebe, então, a necessidade de reintroduzir a questão da moral e das normas no quadro de uma epistemologia experimental. A observação o leva a constatar que a categorização das espécies naturais como categorização de reconhecimento, simples meio de reconhecimento (por exemplo, a espécie natural "cão"), não funciona da mesma maneira quando se substitui a espécie natural por uma pessoa humana: "Não é mais de reconhecimento, mas sim avaliador. O julgamento

---

9 Patrick Pharo, entrevista com o autor.

interfere lá automaticamente".[10] Há uma imbricação forte entre a avaliação, o aspecto ético e a atividade de reconhecimento, de classificação social. Não se pode, então, praticar uma simples redução do problema das categorias a sua referência.

Por sua vez, as ciências cognitivas preocupam-se com emergências, com a aquisição dessas categorias morais. Esse aspecto torna Jean-Pierre Dupuy "muito cuidadoso"[11] para evitar toda redução dos problemas éticos e práticos sobre a cognição. Já vimos que ele pretendia dissociar esses dois eixos de pesquisa no seio do Crea, e essas interrogações lhe fazem revisitar hoje a filosofia de Sartre como filosofia da práxis. As ciências humanas se orientam, portanto, cada vez mais para a questão do julgamento.

Essa evolução caminha paralelamente à inflexão interpretativa em curso. A ingenuidade epistemológica do falso-aparente da não implicação do autor em seu discurso tornou-se impossível. É por isso que cada vez mais historiadores se voltam sobre seu passado para melhor situar seu percurso e suas escolhas a partir de uma equação que lhes é bem pessoal e que tende a ser reconhecida como desvio indispensável para que o leitor aceite ou rejeite suas predisposições interpretativas:[12] "Toda retrospecção é normativa".[13].

O problema desloca-se do aspecto da capacidade de dominar essa normatividade para fazer dela um instrumento heurístico e não a simples expressão de um puro subjetivismo. Daí a diferenciação que faz Paul Ricoeur entre o indivíduo pesquisador e o indivíduo patético.[14] O alerta contra o indivíduo ressentido lembra a necessária imparcialidade do intérprete que se atribui com o objetivo entrar no próprio interior das motivações dos atores cujo percurso ele recupera. Mas o modo de problematização, o tipo de questionamento é, sobretudo e antes de tudo, produto de uma subjetividade forjada por valores: "Estudar a revolução hoje, para além de tudo o que diferencia os pesquisadores, é estudar a constituição de um objeto no qual acreditamos: a democracia.

---

10 Bernard Conein, entrevista com o autor.

11 Jean-Pierre Dupuy, entrevista com o autor.

12 Ver Duby, *L'Histoire continue*; Chaunu; Dosse, *L'Instant éclaté*.

13 Marcel Gauchet, entrevista com o autor.

14 Ricoeur, *Histoire et vérité*, p.34.

É julgar normativamente o acontecimento na medida desse valor que é o nosso e que dá sentido a interrogá-lo".[15]

A nova "postura" científica

A dimensão ética não se limita, aliás, à relação do pesquisador em ciências humanas com seu objeto; ela se tornou indispensável no quadro da inflexão pragmática atual já que, como diz Peirce, a verdade é produzida pelo grupo: "É preciso ter confiança na instituição quando se considera que é verdade historicamente aquilo que os historiadores consideram como verdade".[16] A disciplina organizadora, a própria instituição é, então, duplamente concebida como lugar de elaboração da pesquisa e como prática de estruturação do meio.

É em todo caso a perspectiva de Gérard Noiriel, fortemente animada pela preocupação com uma ética do meio profissional que deve ficar em situação de autonomia com relação ao Estado, a partir de critérios específicos de legitimação de um saber: "A questão ética é para mim a ligação com a prática coletiva da disciplina".[17] A sociologia do meio tem, então, uma importância crescente na compreensão da evolução do regime de verdade de uma disciplina, o que implica uma boa porção de relativismo, de incerteza. A partir dessa constatação de incompletude, o pesquisador sai da lógica da denúncia, da filosofia da suspeita, como a qualificou Paul Ricoeur. A atenção maior às práticas permite sair da dicotomia sociedade civil/Estado e perceber até que ponto "estamos tomados pelas lógicas institucionalizadas, administradas".[18]

A perda da posição de contrapeso de uma verdade científica naturalizada pode ter como efeito positivo um avanço no sentido de uma democratização do regime de legitimação dos conhecimentos por uma subjetividade coletiva, como vimos com a experiência das árvores de conhecimento feita por Pierre Lévy. A escolha adotada pela imanência

---

15 Marcel Gauchet, entrevista com o autor.
16 Gérard Noiriel, entrevista com o autor.
17 Ibidem.
18 Ibidem.

dessa validação ligada a uma prática específica tem consequências éticas imediatas, uma vez que não há "nenhuma razão para que eu me coloque em posição de transcendência diante de quem quer que seja".[19] Assim, o modo de comunicação, encarado até então como simples sistema a difundir, pode se transformar prioritariamente em máquina a escutar. Mas isso pressupõe que se comece pela questão da identidade da outra e de vê-lo como fonte de saber e portador de riquezas.

A filosofia moral

Evidentemente, as ciências humanas não são as únicas a reapropriar-se da dimensão ética. A filosofia encontra algumas de suas mais ilustres tradições, momentaneamente abandonadas. No momento estruturalista, quando a filosofia se pretendia a ciência social das ciências sociais, a teoria suprema das práticas, a simples menção de uma dimensão moral aparecia arcaísmo deslocado. Fazendo frente a uma demanda social opressiva do Estado que erige comitês de ética para resolver um número crescente de questões de sociedade, os filósofos são chamados a utilizar seu instrumental conceitual a fim de iluminar o debate público.

Monique Canto-Sperber, que acaba de criar uma nova coleção intitulada "Filosofia moral" na PUF, lembra que quando começou seus estudos de filosofia nos anos 1970 "a filosofia moral e, em geral, toda reflexão sobre a moralidade eram o objeto de suspeição e de reprovação".[20] A filosofia moral, contudo, não estava ausente na França. Ela era até bem representada por diversas correntes: o personalismo de Emmanuel Mounier, o existencialismo cristão de Gabriel Marcel, a filosofia dos valores de Louis Lavelle e de Louis Le Senne, aos quais convém acrescentar a filosofia de Jean-Paul Sartre, a tradição reflexiva de Nabert... Contudo, todas essas correntes conheceram um longo e radical eclipse nos anos 1960 e 1970. A reflexão moral certamente prosseguiu, mas fora da França, notadamente no mundo anglo-saxão, onde

---

19 Pierre Lévy, entrevista com o autor.
20 Canto-Sperber, Pour la philosophie morale, *Le Débat*, n.72, nov.-dez. 1992, p.42.

animou uma boa parte das questões da filosofia analítica. Ela encontrou por outro lado na Alemanha uma terra de eleição com Karl Jaspers e em torno da pragmática transcendental de Habermas.

A redescoberta atual da filosofia moral na França constitui o sintoma de um simples recuo sobre a tradição filosófica e anuncia um retorno do moralismo de antanho? Não é nada disso, pois, lá como aqui, os retornos não existem. A filosofia moral revisita e desloca a tradição filosófica essencialmente a partir das interrogações novas da filosofia analítica e da fenomenologia. Nesse sentido, depois de ter sofrido pessoalmente o longo eclipse da filosofia moral, Paul Ricoeur hoje se beneficia com justiça de um ganho espetacular de interesse que o coloca em posição tanto mais central porquanto ele se encontra no cruzamento da tradição continental enquanto herdeiro do existencialismo de Jaspers e de Gabriel Marcel, da tradição reflexiva de Nabert, da fenomenologia de Husserl e da tradição analítica anglo-saxônica.

Sua filosofia, enquanto filosofia do agir, constitui de fato o próprio objeto dessa nova filosofia moral em gestação que concentra seu questionamento sobre as motivações, sobre as finalidades da ação humana e, assim, sobre as formas de normatividade que ela implica. Trata-se, então, de compreender "de que maneira um indivíduo cumpre suas obrigações universais".[21] Isso pode permitir esclarecer os debates em curso sobre ética médica ou muitos outros, mas nem por isso o filósofo pretende reencontrar um magistério perdido que lhe conferia uma posição-chave de poder graças a sua posição moral. Seu objetivo continua modesto, é "esclarecer, às vezes recomendar, mas em nenhum caso prescrever".[22] A ética processual da discussão a partir de universais foi levada a um alto nível especulativo por Jean-Marc Ferry,[23] e o Colégio de filosofia em geral animado por seu irmão Luc Ferry e Alain Renaut muito contribuiu para a reflexão ética em filosofia.

A renovação do questionamento moral, tangível tanto nas ciências humanas quanto em filosofia, permite instituir, como veremos mais tarde, novas relações frutíferas e menos conflituosas entre filósofos e

---

21 Idem, *Le Monde*, Le Retour de la philosophie morale. Un entretien avec Monique Canto-Sperber, 11 mar. 1994.

22 Ibidem.

23 Ferry, *Les Puissances de l'expérience*.

especialistas em ciências humanas. À articulação da fenomenologia e das ciências cognitivas, Francisco Varela afirma o caráter primordial da ética para um mundo moderno exposto às incertezas e à desordem ligada à descoberta da ausência de fundamentos: "A tomada de consciência da ausência de fundamentos enquanto capacidade de resposta não egocêntrica exige que reconheçamos o outro com quem convivemos de maneira codependente".[24]

A interpelação social de normatividade é sinal de eficácia científica. Quando a sociedade convoca especialistas para estatuir sobre os incidentes sociais de tal ou qual inovação científica, isso é sinal da importância atribuída pelos poderes públicos ao setor convocado para a arbitragem. É manifestamente o caso no domínio da inteligência artificial, da robótica, da biologia molecular, que adquiriram, assim, seu estatuto de ciências maduras. A ética acompanha, portanto, as inovações científicas que requerem uma retomada filosófica de questões essenciais do vínculo social.

---

24 Varela; Thompson; Rosch, *L'Inscription corporelle de l'esprit*, p.335.

PARTE VIII

A HISTORICIDADE

28

A ACONTECIMENTALIZAÇÃO DO SENTIDO

A atenção nova das ciências modernas às noções de caos, de irreversibilidade, de fractal permitiu romper com um determinismo evolucionista e entrar numa nova forma de temporalidade que privilegia o acontecimento. Esse contexto geral afasta-nos do tempo em que Braudel caçava os "vaga-lumes", a espuma do acontecimento, que remetia ao plano da insignificância. A atualidade política responde nesse plano, como em eco, à atualidade científica pela radicalidade das descontinuidades acontecimentais que tornam ultrapassado todo encerramento no interior de esquemas explicativos que saturassem seu sentido. A própria ideia de processo contingente exclui a explicação e leva a seguir a trama acontecimental: "Cada sequência sendo ao mesmo tempo prolongamento e reinvenção".[1] O tempo torna-se fio condutor sobre o qual se constrói a narração do novo.

Essa ligação entre a nova objetividade científica e o registro narrativo permite abandonar o objetivismo de uma atribuição de causas que reatava a causalidade e seu efeito numa relação de equivalência reversível: "Com a noção de força atrativa caótica, por exemplo, a questão não é mais contrapor determinismo e imprevisibilidade, mas tentar compreender por que uma evolução é imprevisível".[2] Essa nova

---

1 Stengers, *L'Invention des sciences modernes*, p.85.
2 Prigogine; Stengers, *Entre le temps et l'éternité*, p.180.

temporalidade, resultado das reflexões sobre as descobertas da física quântica e sobre as estruturas dissipadoras de Prigogine, tem como efeito inscrever um vínculo orgânico entre o vetor do tempo e sua dimensão humana: "O movimento tal como o concebemos hoje dá uma espessura ao instante e articula-o ao futuro. Cada 'estado' instantâneo é memória de um passado que permite definir apenas um futuro limitado, restrito pelo horizonte temporal intrínseco".[3]

O tempo da consciência

A solidariedade entre o tempo das coisas e o dos seres situa nossa relação contemporânea com a temporalidade numa grande proximidade com a concepção agostiniana, depois husserliana, do tempo.[4] O paradoxo inicial que alega Santo Agostinho é o fato de se perguntar como o tempo pode ser enquanto o passado não é mais e o futuro ainda não é. A esse paradoxo acrescenta-se um outro que é o de medir o que não é. Santo Agostinho acha uma saída a essa aporia na valorização de um presente que se encontra em posição de inclinação: "O passado e o futuro estão presentes a nós nas representações de nosso espírito".[5] Assim não há passado e futuro senão por meio de um presente. É o tempo íntimo, a memória que é fundação mesma do vetor do tempo. Essa presentificação do tempo situa-o do lado do locutor, da enunciação.

Essa abordagem fisiológica é retomada mais tarde pelo programa fenomenológico de Husserl em sua preocupação de fazer advir o sentido da consciência íntima, da intencionalidade, o "tempo imanente do curso da consciência".[6] Para tentar resolver o caráter aporético de um tempo íntimo separado do tempo cosmológico, Husserl situa o instante no interior de uma "intencionalidade longitudinal"[7] que permite encontrar uma conexão com a duração, assim como estabelecer uma relação entre a repetição do mesmo e o surgimento do novo.

---

3 Ibidem, p.192.
4 Ver os argumentos de Pierre Chaunu in: Chaunu; Dosse, *L'Instant éclaté*.
5 Saint Augustin, *Confessions*, livro IX, cap. XVIII, p.267.
6 Husserl, *Leçons pour une phénoménologie de la conscience intime du temps*, p.9.
7 Ricoeur, *Temps et récit*, t.3, p.51.

A ACONTECIMENTALIZAÇÃO DO SENTIDO

Essa inserção do tempo vivido na definição do tempo dá também ao presente um lugar preeminente como momento do relembrar e da realização das antecipações rememoradas. Ela permite pensar a unidade temporal. O acontecimento é criador de atores e, como diz Isabelle Stengers, de herdeiros que falam em seu nome, interessados em realizar a propagação das ideias ou novidades portadas pela descontinuidade que ele envolve: "Para seus herdeiros, o acontecimento faz uma diferença entre o passado e o futuro".[8] Esse vínculo constitutivo entre o acontecimento e seus herdeiros abre o devir da ruptura acontecimental a uma indeterminação original de sua amplitude, que não é mais *a priori*, mas aquilo que dela farão os atores que propagarão sua onda de choque.

O acontecimento engendra, assim, uma temporalidade nova para os atores, suscita novas práticas. Ele não pode, portanto, encerrado em seu cerco cronológico, tomar lugar como causa uma vez que os inventores (quer seja Galileu, Newton, Boyle...) não têm o poder de explicar o que acontece depois. É a proliferação das práticas que eles permitiram fazer aflorar que permitirá medir a amplitude do acontecimento que elas encarnam: "A causa não preexiste a seus efeitos, mas ao contrário, os efeitos do acontecimento são aquilo que dará a ele um estatuto indefinidamente proliferativo e, se for o caso, de causa".[9]

A poética* do tempo

O acontecimento requer, assim, um novo olhar que tem parentesco com a maneira pela qual Paul Valéry definia no Collège de France em 1937 a ciência das condutas criadoras, a poética. É essa abordagem poética da história que preconiza René Passeron, isto é, a atenção particular à atividade criadora como singularidade individual ou coletiva: "Quem negará que as mudanças de concepção, nas ciências (inclusive na história), nas artes, nos costumes, nas religiões, as filosofias, são devidas à

---

8 Isabelle Stengers, seminário *Espaces Temps*, Université européenne de la recherché, 10 jan. 1994.

9 Ibidem.

* O termo poético aqui utilizado refere-se à concepção grega de criação, composição. O autor manteve no original a palavra grega. [N. T.]

faísca de um acontecimento imprevisto?".[10] Se acreditarmos no prefácio de sua *História da França*, foi de fato o clarão de julho de 1830 que suscitou em Jules Michelet sua paixão histórica num sentido quase missionário. A faísca aqui requerida é aquela que faz estragos; ela se situa no campo do risco, do rasgo temporal, do começo de uma aventura nova. Essa fatalização reabre o horizonte do futuro à imprevisibilidade. Ela introduz a incerteza nas projeções previsíveis: "A abertura para as surpresas futuras introduz uma abertura na prospectiva".[11]

O messianismo judaico

Essa concepção descontinuísta da historicidade, privilegiando o caráter irredutível do acontecimento, leva a um questionamento da visão teleológica de uma razão histórica cumprindo-se segundo um eixo orientado. A atenção a tudo o que se refere ao acontecimento é hoje preconizada pelo filósofo Alain Badiou.[12] Ela faz eco à reflexão desenvolvida na Alemanha nos anos 1920 por Franz Rosenzweig, Walter Benjamin e Gershom Sholem, com sua ideia de um tempo do hoje, descontínuo, saído do continuísmo progressivo e da ideia de causalidade. Eles têm em comum, como mostra Stéphane Mosès, o fato de passar de um "tempo da necessidade para um tempo dos possíveis".[13]

O messianismo judaico, próprio a esses três autores expostos aos inconvenientes da experiência direta de seu tempo, escapa ao finalismo para privilegiar as rupturas da história. O paradigma estético serve a Walter Benjamin para definir entre os diversos momentos do tempo um "vínculo que não seja uma relação de causalidade".[14] Partindo de uma temporalidade descontínua, o sentido desvenda-se a partir de um trabalho hermenêutico fortemente tributário da instância do presente que se encontra em situação predominante, verdadeiramente constitutiva do passado. Somente depois, no rastro, é que se pode pretender

---

10 Passeron, Poïétique et histoire, *Espaces Temps*, n.55-56, 1994, p.103.
11 Ibidem, p.105.
12 Badiou, *L'Être et l'évènement*.
13 Mosès, *L'Ange de l'histoire. Rosenzweig, Benjamin, Scholem*, p.23.
14 Ibidem, p.122.

A ACONTECIMENTALIZAÇÃO DO SENTIDO

393

retomar um sentido que não é um *a priori*: "O modelo estético da história repõe em questão os postulados de base do historicismo: continuidade do tempo histórico, causalidade regendo o encadeamento dos fatos do passado para o presente e do presente para o futuro".[15]

Essa abordagem da história como criação implica um novo questionamento da distância instituída pela maior parte das tradições historiográficas entre um passado morto e o historiador encarregado de objetivá-lo. Ao contrário, a história deve ser recriada, e o historiador é o mediador, o intermediário dessa recriação. A história realiza-se no próprio trabalho do hermeneuta, que lê o real como uma escrita cujo sentido se desloca no fio do tempo em função de suas diversas fases de atualização. O objeto da história é, então, construção para sempre reaberta por sua escrita.

A história é em primeiro lugar acontecimentalidade enquanto inscrição num presente que lhe confere uma atualidade sempre nova, pois situada numa configuração singular. Walter Benjamin via já no historicismo a simples transposição de um modelo emprestado da causalidade mecânica, na qual a causa de um efeito é procurada na posição de anterioridade imediata na cadeia temporal. Benjamin opunha a esse modelo cientificista um "modelo hermenêutico, tendendo à interpretação dos fatos, isto é, a uma iluminação de seu sentido".[16] A acontecimentalidade que retorna não é pois aquela da escola metódico-positivista do século XIX, da história-batalhas que certamente tem mais virtudes do que a imagem demoníaca que dela deixaram os *Annales*, mas cujo trabalho de crítica interna e externa das fontes, realmente indispensável, limitava-se de fato a um levantamento puramente factual.

O fim da história fria

A orientação atual é bem diferente, pois privilegia a leitura dessas fontes no plano de sua significância e, nesse caso, "toda a história está para ser reescrita em função disso. As fontes falam-nos de outra

---

15 Ibidem, p.126.
16 Ibidem, p.161.

maneira".[17] É no rastro do sentido que o fato é interrogado, como o exemplificou Georges Duby a propósito da famosa batalha de Bouvines.[18] Fernand Braudel estava, portanto, errado em querer encerrar o acontecimento na curta duração. Ele denunciava a "fumaça abusiva" e afirmava que "a ciência social tem quase horror ao acontecimento. Não sem razão. O tempo curto é a mais caprichosa, a mais enganadora das durações".[19] Ao contrário, a longa duração, erigida em causalidade estrutural, oferecia-se como infraestrutura cujo núcleo se situava numa geo-história, uma história de ritmo geológico, esvaziando a dimensão humana progressivamente.

Essa tendência a repelir o acontecimento tinha se acentuado nos anos 1970 com os herdeiros diretos de Fernand Braudel. Emmanuel Le Roy Ladurie não falava mais de história quase imóvel, mas de história imóvel: "A Escola (dos *Annales*) é a própria imagem das sociedades que estuda: lenta. Ela define sua própria duração no longo prazo de nosso século [...] ela dá prova de uma indiferença bastante notável em relação aos fenômenos que acontecem na superfície".[20]

Mesmo que não visse contradição entre esses grandes sustentáculos de história fria e seu próprio preconceito epistemológico em favor de uma concepção descontinuísta da história das ciências emprestada de Bachelard e Canguilhem, Michel Foucault contribuiu fortemente para o retorno da acontecimentalidade. Sua crítica radical a toda temporalidade continuísta, a toda absolutização e naturalização dos valores permitiu desenvolver uma atenção às cesuras próprias ao espaço discursivo entre epistemes separadas por linhas de falha que não permitem mais remendar falsas constâncias ou permanências ilusórias: "É preciso pôr aos pedaços aquilo que permitia o jogo constante dos reconhecimentos".[21]

Michel Foucault se dizia um positivista "feliz", praticando o evitar nietzschiano das buscas em termos de causalidade ou de origem e dedicando-se, ao contrário, às descontinuidades, ao descritivo das positividades materiais, à singularidade do acontecimento: "A história

---

17 Marcel Gauchet, entrevista com o autor.
18 Duby, *Le Dimanche de Bouvines*.
19 Braudel, Histoire et sciences socials: la longue durée. In: *Écrits sur l'histoire*, p.46.
20 Le Roy Ladurie, L'Histoire immobile. In: *Le Territoire de l'historien*, t.2, p.14.
21 Foucault, Nietzsche, la généalogie et l'histoire. In: *Hommage à Hyppolite*, p.160.

A ACONTECIMENTALIZAÇÃO DO SENTIDO

efetiva faz ressurgir o acontecimento naquilo que ele pode ter de único e de penetrante".[22]

Sob o fogo das mídias

Dentre os historiadores, e na contracorrente da moda no longo prazo, Pierre Nora anuncia bem cedo, em 1972, o "retorno do acontecimento".[23] Ele percebe esse "retorno", que tem o perfume desusado da antiga geração de historiadores positivistas, pelo viés das mídias. Estar é ser percebido, e para fazer isso as diversas mídias se tornaram mestres, até em deter o monopólio da produção dos acontecimentos. Pierre Nora distingue no caso Dreyfus o primeiro acontecimento no sentido moderno que deve tudo à imprensa.

Questão dos meios de comunicação de massa, o acontecimento contemporâneo resulta rapidamente da mídia-espuma, que cria de todas as peças uma sensibilidade à atualidade e dá a ela a sensação de historicidade. Alguns desses fatos contemporâneos são percebidos auditivamente (as barricadas de maio de '68, o discurso de 30 de maio de 1968 do general De Gaulle), outros são ligados à imagem (a invasão de Praga, a chegada à lua da missão Apolo, a repressão na praça Tianam men...): "Os *mass media* fizeram assim da história uma agressão, e tornaram o acontecimento monstruoso".[24] O imediatismo torna o decifrar do acontecimento mais fácil, uma vez que ele choca repentinamente, e mais difícil porque ele dá um golpe inteiro. Essa situação paradoxal necessita, segundo Pierre Nora, de um trabalho de desconstrução do acontecimento que o historiador deve efetuar para compreender como as mídias constroem o acontecimento.

---

22 Ibidem, p.161.
23 Nora, L'Évènement monstre, *Communications*, n.18 (L'Évènement), 1972, p.162-72.
24 Ibidem, p.164.

O acontecimento supersignificado

Entre sua dissolução e sua exaltação, o acontecimento, segundo Paul Ricoeur, sofre uma metamorfose que se refere a sua repetição hermenêutica. Reconciliando a abordagem continuísta e descontinuísta, Ricoeur propõe que se distingam três níveis de abordagem do acontecimento: "1. Acontecimento intrassignificativo; 2. Ordem e reino do sentido, no limite não acontecimental; 3. Emergência de fatos suprassignificativos, sobressignificantes".[25] O primeiro uso corresponde simplesmente ao descritivo do "que acontece" e evoca a surpresa, a nova relação com o instituído. Ele corresponde, aliás, às orientações da escola metódica de Langlois e Seignobos, aquela do estabelecimento crítico das fontes.

Em segundo lugar, o acontecimento é tomado no interior de esquemas explicativos que o põem em correlação com regularidades, leis. Esse segundo momento tende a subsumir a singularidade do acontecimento sob o registro da lei do qual ele advém, a ponto de estar nos limites da negação do acontecimento. Pode-se reconhecer aí a orientação da escola dos *Annales*. A esse segundo estágio da análise deve suceder um terceiro momento, interpretativo, de retomada do acontecimento como integrante de uma construção narrativa constitutiva de identidade fundadora (a tomada da Bastilha) ou negativa (Auschwitz). O acontecimento que retorna não é o mesmo que aquele que foi reduzido pelo sentido explicativo, nem aquele subsignificado que era exterior ao discurso. Ele próprio engendra o sentido: "Essa salutar retomada do *acontecimento supersignificado* só prospera nos limites do sentido, no momento em que ele fracassa por excesso e por ausência: por excesso de arrogância e por ausência de apreensão".[26]

---

25 Ricoeur, Évènement et sens, *Raisons Pratiques*, n.2, 1991, p.51-2.
26 Ibidem, p.55.

O só-depois*

Dessa relação ativa entre presente e passado resulta uma aproximação possível entre a disciplina histórica e a psicanálise. Como o mostra Conrad Stein,[27] a cura tem como alvo paradoxal mudar o passado. Missão tão impossível para o historiador para sempre separado do passado por uma ruptura intransponível, aquela que opõe as gerações vivas às desaparecidas, quanto para o psicanalista que se enreda numa estrutura de incompletude do sujeito que analisa.

Encontram-se semelhanças entre os dois procedimentos no nível do lugar do acontecimento para o historiador e para o psicanalista. Para esse último, o acontecimento não é redutível a um trauma externo: "O trauma não se poderia definir simplesmente como um acontecimento externo, por mais violento, por mais penoso que seja, mas como a ligação do perigo interno ao perigo externo, do presente ao passado".[28] Em Freud, o trauma é um só-depois [après-coup], ele engendra um passado incorporado no presente, vias de passagem, recortes. A tarefa do analista é, portanto, segurar as duas pontas da cadeia de significados, fora de determinismos simplistas.

Tanto o historiador quanto o analista são confrontados com o mesmo impasse. Eles não podem fazer reviver o passado senão graças à mediação de seus rastros. É tão impossível para o analista ter um acesso ao real quanto é impossível para o historiador fazer reviver a realidade do passado. Ambos devem considerar ao mesmo tempo a realidade externa e seu impacto interno para tentar abordar seu objeto. De seu lado, o historiador tem ainda a aprender do analista o caráter fundamentalmente dividido do homem, e portanto de sua incapacidade de um total domínio de sua consciência. Ele pode tirar da experiência freudiana a lição de um procedimento que privilegia o caráter inédito da descoberta, o fulgor da ideia incidente: "O lugar que então se oferece a nós é o imaginário teórico de Freud: como o fantasma para o indivíduo, esse imaginário dá as linhas de força do pensamento, indica suas

---

* L'après-coup no original francês, versão de Lacan para o conceito freudiano de Nachträglichkeit. [N.E.]

27 Stein, L'Enfant imaginaire.

28 Bertrand; Doray, Psychanalyse et sciences sociales, p.132.

exigências e impele para o campo do relato as metáforas designadas para explicar um trabalho de pensamento".[29] Quanto ao psicanalista, ele deve renunciar a acreditar na existência de categorias trans-históricas. É o que bem mostra Jean-Pierre Vernant a Pierre Kahn, lembrando-lhe que o sujeito antigo é muito diferente do sujeito moderno. A consciência de si ainda não é a de um Eu, mas passa por um Ele.[30]

A fixação do acontecimento

Os acontecimentos não são decifráveis senão a partir de seus rastros, discursivos ou não. Sem reduzir o real histórico a sua dimensão de linguagem, a fixação do acontecimento, sua cristalização, efetua-se a partir de sua nomeação. É o que mostram, numa perspectiva não essencialista, as pesquisas de Gérard Noiriel sobre a construção da identidade nacional: "Eu trabalho muito nessa perspectiva, sobre a questão social da designação, do registro que dá lugar a reutilizações potenciais".[31] Ele constata, assim, a propósito da imigração, que fenômenos sociais podem existir sem que para isso tenham atingido uma visibilidade. Durante o segundo Império, a França já tinha mais de um milhão de imigrados que, segundo as pesquisas de Le Play, se adaptavam sem problemas nas regiões francesas sem ser percebidos como imigrados. É apenas nos anos 1880 que a palavra imigrado faz verdadeiramente seu nome, se fixa e se torna acontecimento, cheio de consequências posteriores. Constitui-se, dessa forma, uma relação completamente essencial entre linguagem e acontecimento, que hoje é largamente levada em consideração e problematizada pelas correntes da etnometodologia, do interacionismo e, seguramente, da abordagem hermenêutica.

Todas essas correntes contribuem para estabelecer as bases de uma semântica histórica. Esta leva em consideração a esfera do agir e rompe com as concepções psicanalistas e causalistas. A constituição do

---

29 Di Mascio, Freud hors de contexte, *Espaces-Temps*, n.59-61, 1995, p.141.

30 Vernant, D'une illusion des illusions, *Espaces. Journal des Psychanalystes*, primavera 1986, p.75-83.

31 Gérard Noiriel, entrevista com o autor.

A ACONTECIMENTALIZAÇÃO DO SENTIDO

acontecimento é, e vimos com Paul Ricoeur, tributária de sua trama. Ela é a mediação que garante a materialização do sentido da experiência humana do tempo "nos níveis de sua *prefiguração prática*, de sua *configuração epistêmica* e de sua *reconfiguração hermenêutica*".[32] A constituição da trama faz o papel de operador, pondo em relação acontecimentos heterogêneos. Ela substitui a relação causal da explicação psicanalista.

A hermenêutica da consciência histórica situa o acontecimento numa tensão interna entre duas categorias meta-históricas que Koselleck ressalta, a do espaço da experiência e a do horizonte de expectativa: "Trata-se aí de categorias do conhecimento capazes de ajudar a fundar a possibilidade de uma história".[33] Essas duas categorias permitem uma tematização do tempo histórico que pode ser lida na experiência concreta, com deslocamentos significativos como o da dissociação progressiva entre experiência e expectativa no mundo moderno ocidental. O sentido do acontecimento, segundo Koselleck, é assim constitutivo de uma estrutura antropológica da experiência temporal e de formas simbólicas historicamente instituídas. Koselleck desenvolve, então, uma "problemática de individuação dos acontecimentos que coloca sua identidade sob os auspícios da temporalização, da ação e da individualidade dinâmica".[34] Ele visa a um nível mais profundo que o da simples descrição, apegando-se às condições de possibilidade da acontecimentalidade. Sua abordagem tem o mérito de mostrar a capacidade operatória dos conceitos históricos, sua capacidade estruturante e ao mesmo tempo estruturada por situações singulares.

Esses conceitos, portadores de experiência e de expectativa, não são simples epifenômenos de linguagem a contrapor à história "verdadeira"; eles têm "uma relação específica com a linguagem, a partir da qual influem sobre cada situação e acontecimento ou reagem nele".[35] Os conceitos não são nem redutíveis a alguma figura retórica, nem simples instrumental próprio para classificar em categorias. Eles estão ancorados no campo da experiência de onde nasceram para subsumir uma multiplicidade de significações. Pode-se afirmar, então, que os conceitos

---

32 Petit, La Constitution de l'évènement social, *Raisons Pratiques*, n.2, 1991, p.15.
33 Koselleck, *Le Futur passé*, p.308.
34 Quéré, Évènements et temps de l'histoire, *Raisons Pratiques*, n.2, 1991, p.267.
35 Koselleck, *Le Futur passé*, p.264.

conseguem esgotar o sentido da história chegando a permitir uma fusão total entre história e linguagem? Como Paul Ricoeur, Koselleck não chega até aí e considera, ao contrário, que os processos históricos não se limitam a sua dimensão discursiva: "A história nunca coincide perfeitamente com a maneira pela qual a linguagem a apreende e a experiência a formula".[36] É, como pensa Paul Ricoeur, o campo prático que é o enraizamento último da atividade de temporalização.

Os porta-vozes

Um dos exemplos da fecundidade dessa nova abordagem do traço acontecimental, retomada a partir de um procedimento de configuração no sentido de Norbert Elias, é manifesto com os trabalhos de um historiador da revista *Raisons Pratiques*, Jacques Guilhaumou. Linguista e historiador, ele participou do projeto de análise do discurso do grupo de Pêcheux no começo dos anos 1980. Na época, tratava-se de analisar os discursos políticos constituídos pelos partidos, pelas associações. Essa abertura linguística não estava lá senão para confirmar algumas hipóteses com relação a um saber histórico válido.

Com relação a essa orientação, Jacques Guilhaumou ficou imediatamente deslocado, tendo escolhido trabalhar sobre o discurso do jornal *Le Père Duchesne* durante a Revolução Francesa, portanto um discurso burlesco, fora dos padrões. Em seguida, introduz a ideia de arquivo "que fez arrebentar o ferrolho do *corpus*, a relação com o discurso doutrinário".[37] Guilhaumou mostra que, a partir do momento em que se trabalha com o arquivo, não é mais possível ater-se ao julgamento do historiador; é então necessário questionar-se sobre os graus de reflexividade do discurso.

Hoje, o dispositivo de leitura dos arquivos que empreendeu leva absolutamente em conta os atores e a acontecimentalidade. É o caso desde o fim do ano de 1985, momento em que trabalha sobre a morte

---

36 Ibidem, p.195.

37 Jacques Guilhaumou, seminário *Espaces Temps*, Université européenne de la recherche, 5 dez. 1994.

A ACONTECIMENTALIZAÇÃO DO SENTIDO

de Marat.[38] Por ocasião do bicentenário da Revolução Francesa, publica um estudo sobre Marselha entre 1791 e 1793,[39] a partir dos arquivos departamentais. Jacques Guilhaumou mostra que a adesão republicana se conjuga em Provença com a experiência federalista. Marselha aparece em 1792 como uma ilha de republicanismo no interior de uma Provença essencialmente regalista. A atenção ao arquivo o leva a seguir passo a passo a aventura extraordinária de dois jovens republicanos marselhe-ses, Isoard e Tourneau, que conseguem fazer cair a cidade regalista de Sisteron criando umas sessenta sociedades populares em quarenta dias, sem armas, sem combate, tendo como único argumento a expressão "povo armado da Constituição": "O ato de fazer falar a lei está bem no centro da atividade dos 'missionários patriotas'. Ele permite, com suas múltiplas concretizações, a formação de um espaço público conforme à Constituição".[40] O que interessa a Guilhaumou é mostrar como os porta-vozes, os intermediários, autolegitimam-se como atores e elaboram eles mesmos sua própria razão prática no interior do acontecimento.

Esse deslocamento da acontecimentalidade para o rastro e seus herdeiros suscitou um verdadeiro retorno da disciplina histórica sobre si mesma, no interior daquilo que se poderia qualificar como círculo hermenêutico ou de inflexão historiográfica. Esse novo momento convida a seguir as metamorfoses do sentido nas mutações e deslizamentos sucessivos da escrita histórica entre o próprio acontecimento e a posição presente. O historiador pergunta-se, então, sobre as diversas modalidades da fabricação e da percepção do acontecimento a partir de sua trama textual.

Esse movimento que leva a revisitar o passado pela escrita histórica acompanha a exumação da memória nacional e consolida ainda o momento memorativo atual. Pela renovação historiográfica e memorativa, os historiadores assumem o trabalho de luto de um passado em si e trazem sua contribuição ao esforço reflexivo e interpretativo atual nas ciências humanas.

---

38 Idem, *1793, la mort de Marat*.
39 Idem, *Marseille républicaine*.
40 Ibidem, p.77.

29
A AÇÃO SITUADA

A tentativa de superar a alternativa entre valorização das estruturas e valorização dos acontecimentos está no bom caminho graças à descoberta de meios intelectuais que permitem abandonar essas clivagens artificiais que até então inspiraram as ciências sociais. É esse, especialmente, todo o sentido das pesquisas em curso sobre o sentido do aparecer, ligado ao domínio do agir.

Uma microssociologia da ação explora esse domínio da historicidade do cotidiano. Essa abertura para a questão do tempo na pesquisa sociológica foi favorecida quando se recolocou a questão da organização da experiência cotidiana. É o caso notadamente do trabalho de Louis Quéré, que foi fortemente inspirado nesse plano pela obra do pragmatista americano Georges H. Mead.[1] Ela lhe permite estabelecer a relação entre a temporalização e a organização da ação. Mead mostra de fato que a natureza do passado não existe em si, mas que permanece fortemente tributária da relação mantida com o presente. A emergência do presente suscita sempre novos passados e torna, dessa maneira, o passado totalmente relativo ao presente.

Essa relativização do passado e o primado concedido ao presente na sua restituição para Mead são fundamentados "na noção central que é

---

1 Mead, *The Philosophy of the Present.*

a de acontecimento".[2] É em torno do próprio acontecimento como ação situada que se opera a estruturação do tempo. O acontecimento, por sua descontinuidade frente àquilo que o precede, obriga à distinção e à articulação das noções de passado e futuro.

A perspectiva pragmática de Georges Mead leva a perceber essa temporalização como um componente essencial da ação. Ele dá o exemplo daquilo que poderia representar a evocação de nossa infância tal como a pudemos viver, não como passado relativo a nosso presente, mas como um passado cortado de seu devir. Isso não teria nenhum interesse além do exótico. Essa aporia demonstra que "a realidade daquilo que são o passado, o presente e o futuro são dimensões da práxis para designar a implicação na ação".[3]

A tradição revivificada

A segunda fonte de inspiração dessa nova sociologia da ação em sua relação com a temporalidade, com a acontecimentalidade, é a hermenêutica, que sublinhou o caráter eminentemente histórico da experiência humana:

> O tempo não é mais, em primeiro lugar, esse abismo que é preciso atravessar porque ele separa e afasta: é, na realidade, o fundamento e o sustentáculo do processo (*Geschehen*) no qual o presente tem suas raízes. A distância temporal não é, portanto, um obstáculo a ultrapassar [...]. Importa na realidade ver na distância temporal uma possibilidade positiva e produtiva dada à compreensão.[4]

Ao contrário da concepção objetivista, é o pertencimento a uma tradição que torna possível a compreensão, e não a simples postura cientificista objetivante.

Por outro lado, o trabalho hermenêutico não enxerga a distância histórica como uma *handicap*, mas ao contrário como um trunfo que

---

2 Louis Quéré, seminário *Espaces Temps*, Université européenne de la recherché, 2 maio 1994.
3 Ibidem.
4 Gadamer, *Vérité et méthode*, p.137.

A AÇÃO SITUADA

405

facilita o conhecimento histórico, uma vez que permite, graças ao trabalho de decodificação e de interpretação daquilo que aconteceu entre o próprio acontecimento e o presente a partir do qual o estudamos, enriquecer nossa compreensão.

Essa dimensão hermenêutica, que permite devolver vida à tradição e ter acesso a uma compreensão mais profunda do passado, foi para sociólogos da geração de Louis Quéré uma verdadeira descoberta. Ela contrastava com o discurso epistemológico mantido em geral pelas ciências sociais, que pensavam seu regime de cientificidade em termos de corte epistemológico, de não envolvimento do pesquisador como fonte da objetivação necessária.

Uma outra dimensão sugestiva da hermenêutica é sua atenção toda particular à linguagem, a uma semântica da ação: "A tradição não é simplesmente algo que acontece [...] ela é linguagem".[5] A porção de linguagem da experiência não é redutível ao domínio das representações; ela é parte integrante, constitutiva da realidade, e fator de historicidade. Os conceitos sociais e políticos incorporam uma dimensão temporal, como mostrou Koselleck.

Um desvendamento progressivo do sentido

A partir dessas fontes de inspiração, Louis Quéré preconiza desenvolver novas investigações categoriais sobre o tempo. Para um sociólogo, estas não são somente especulativas, mas também empíricas. Elas visam "apreender o mundo social do interior das estruturas da experiência. É um ponto de vista que foi defendido de maneira muito forte pela corrente etnometodológica que, para mim, é uma forma de fenomenologia".[6]

Nesse plano, a fenomenologia é fonte de dois aspectos novos na apreensão da acontecimentalidade. Em primeiro lugar, permite considerar que o tempo é constitutivo da identidade e do sentido do fato. O desvendamento do sentido só advém progressivamente no fio do tempo que lhe confere uma identidade em gestação. Não há, portanto, um

---

5 Ibidem, p.203.
6 Louis Quéré, seminário *Espaces Temps*, Université européenne de la recherché, 2 maio 1994.

406 O IMPÉRIO DO SENTIDO

sentido do acontecimento que seria dado de uma vez por todas quando ele ocorre: "Pode-se reabrir o processo da identificação e da atribuição do sentido ao acontecimento".[7] Em segundo lugar, o fenômeno de comunicação, de "palavra operante" como o diz Merleau-Ponty, é essencialmente também um fenômeno de temporalização: "A própria expressão supõe um processo de constituição de um passado e de um futuro que estão imbricados um no outro".[8]

Foi a partir dessas múltiplas fontes de inspiração que Louis Quéré encarou o estudo concreto do acontecimento se constituindo como acontecimento público. Atento à construção social do acontecimento, ele parte do pressuposto de que a identidade, a significação do acontecimento em vias de manifestar-se, não se constituiu *a priori*, mas responde a um processo emergente que se constrói na duração: "É um processo temporal, não é um instantâneo".[9] Certamente, a identidade do acontecimento acaba por estabilizar-se, mas sem jamais se saturar, permanecendo aberta a interpretações sempre renovadas.

Foi nessa perspectiva que Quéré trabalhou sobre a profanação do cemitério de Carpentras. Esse acontecimento chamou particularmente sua atenção, pois, "segundo a descrição que dele se fez, ele está inscrito em campos semânticos absolutamente diferentes. Cada campo leva a explicações diferentes e possibilidades de enredo completamente diversas".[10] Com efeito, se esse ato é definido como uma profanação, ele diz respeito a uma comunidade religiosa. Se é atestado como ato antissemita, tem um outro alcance e pede uma resposta de outra amplitude. Se é apenas manifestação mórbida de um jogo macabro de jovens desocupados, pertence ainda a outro registro de respostas possíveis.

Louis Quéré trabalhou também com problemas da periferia, especialmente a partir dos incidentes de Vaulx-en-Velin de 1990-1991. Tratava-se de compreender por que mecanismos um acidente de moto que engendra manifestações violentas se torna um acontecimento público, transforma-se em tema e coloca a questão social das periferias: "o que é que ocorre no fato de que esse acontecimento penetre na cena pública?".[11]

---

7 Ibidem.
8 Ibidem.
9 Ibidem.
10 Louis Quéré, entrevista com o autor.
11 Ibidem.

A AÇÃO SITUADA

407

O estudo empírico desses acontecimentos ilustra a maneira pela qual eles emergem de um processo de construção. Rapidamente, são atrelados a uma tentativa de tipologia a partir da qual se constrói uma "textura causal"[12] graças a uma recolocação em situação temporal das causas e dos efeitos entre um antes e um depois. Mobiliza-se, de acordo com a seleção operada pelo próprio acontecimento, um campo de experiência e um horizonte de expectativa que lhe são específicos.

Por outro lado, o acontecimento encontra-se associado a um campo prático, a um campo problemático que envolve tal ou qual comunidade de cidadãos. Assim, ele não é percebido "numa situação de contemplação, de observação desengajada".[13] O acontecimento público emerge de um registro particular, aquele da ação pública articulada em torno de entidades coletivas reais ou virtuais: "É a ideia de Michel de Certeau segundo a qual os relatos andam na frente das práticas para abrir-lhes um campo".[14] O acontecimento não depende de qualquer relato; ele sofre nesse plano a forte determinação da ação situada, do contexto que impõe sua identificação. Em última instância, é tributário da descrição que dele se faz e que define sua identidade a partir de imposições semânticas próprias do contexto de sua emergência.

A elaboração reflexiva

A perda de todo fundamento de ordem ontológica na sociedade moderna foi analisada por Max Weber, cujo diagnóstico resulta em constatar a perda do senso comum organizador, o desencantamento de um mundo de valores plurais que perdeu a fonte religiosa que fundamentava sua autoridade política. A atomização e a individualização progridem em paralelo com uma racionalização que desencanta, retira o caráter sagrado das imagens religiosas do mundo. Disso resulta uma perda de substância e de compreensão das representações.

---

12 Louis Quéré, seminário *Espaces Temps*, Université européenne de la recherche, 2 maio 1994.

13 Ibidem.

14 Ibidem.

408 O IMPÉRIO DO SENTIDO

Essa constatação weberiana não implica inelutavelmente o diagnóstico que foi feito da conjuntura atual como era do vazio.[15] Pode-se, ao contrário, com Jean-Marc Ferry, considerar que esse trabalho de solvente da razão conduz a uma "elaboração reflexiva que formaliza a razão sem por isso ser sinônimo de vacuidade. O sentido é certamente muito menos visível, muito menos substancial, palpável e tangível, mas isso não quer dizer que seja vazio".[16] O sentido deve ser retomado, segundo Ferry, graças a uma recuperação em situação contextual. Ele apela, então, aos recursos da pragmática. A formação do sentido comum, dos processos de entendimento e de intercompreensão define a singularidade das situações segundo o processo comunicacional.

É reconhecendo a contextualidade dos recursos de sentido, as cadeias de pertinência que permitem a compreensão na situação que se pode recuperar o sentido de uma ação. São esses processos que, para além de seu caráter formal, são portadores de um sentido comum substancial: "Há algo de substancial que permite partir de uma base contextual para elaborar formações de compromissos e de consensos".[17]

Mas em muitos casos há incomensurabilidade das posições argumentativas, como nos difíceis debates de bioética, quando se trata de estabelecer uma posição comum entre participantes numa comissão cujas bases antropológicas, éticas, religiosas são totalmente diferentes. Nesse caso, o consenso só pode se realizar a partir do momento em que cada um decide suspender seus recursos de conteúdo semântico de argumentação para substitui-los, ou antes articulá-los com regras, processos pragmáticos.

Tal deslizamento apela para uma ética da responsabilidade cujo objetivo é o entendimento sobre as condições processuais da formação dos conteúdos consensuais. Esse deslocamento pragmático "consiste em perguntar-se quanto custará a renúncia a fazer valer suas próprias posições, em comparação com as frustrações que seriam impostas ao outro se você impuser suas posições".[18] Não se trata mais, portanto, de uma racionalidade voltada para o ego, mas de um cálculo descentralizado

---

15 Lipovetsky, *L'Ère du vide*.
16 Jean-Marc Ferry, entrevista com o autor.
17 Ibidem.
18 Ibidem.

A AÇÃO SITUADA

409

que faz o desvio pela consideração da posição do outro. O sentido que disso resulta é um misto entre o bom e o justo, graças a uma ética da responsabilidade descentralizada.

A lógica das situações segundo Popper

Como dizia Raymond Aron: "É preciso devolver ao passado a incerteza do futuro". Essa desfatalização leva o historiador a voltar às situações singulares para tentar explicar sem pressupor um determinismo *a priori*. É o procedimento que preconiza o filósofo Alain Boyer, membro do Crea. Ele apoia sua crítica radical do positivismo a partir das obras de Weber e de Popper segundo vários eixos. Em primeiro lugar, e contrariamente ao positivismo, considera que aquilo que não é científico nem por isso é despido de sentido, e que a realidade observável não abarca todo o real, tecido de zona de sombras. Diante do modelo indutivo do positivismo, Boyer se opõe à "hipótese popperiana do primado da teoria sobre a experiência, que conserva no entanto um papel crucial que consiste em pôr as hipóteses à prova".[19]

Ao contrário da tese desenvolvida por Jean-Claude Passeron, segundo o qual o paradigma popperiano apenas define um espaço próprio para as ciências da natureza, Alain Boyer considera que não há modelo científico popperiano. Este apenas corresponde à aspiração de constituir uma instituição científica fundada num racionalismo crítico e na qual os debates e as controvérsias podem ser discutidos. O único ponto de acordo entre as posições de Popper e do positivismo situa-se na defesa de uma comum epistemologia das ciências: "Mas essa unidade é somente considerada de um ponto de vista metodológico, e não de um ponto de vista ontológico".[20]

O que Alain Boyer retém, sobretudo da análise de Popper em matéria de estudo da acontecimentalidade, é sua atenção à lógica das situações. O historiador deve colocar o problema da natureza das

---

19 Alain Boyer, seminário *Espaces Temps*, Université européenne de la recherche, 7 fev. 1994; Idem, *Introduction à la lecture de Popper*.
20 Ibidem.

410 O IMPÉRIO DO SENTIDO

circunstâncias dos problemas dos agentes num momento dado, o que permite fazer hipóteses explicativas das ações em função das tentativas de solução sob pressão: "A análise situacional determina-se como objetivo a explicação do comportamento humano como conjunto de tentativas de soluções de problemas".[21]

Essa análise situacional apresenta-se como uma ecologia generalizada que tem por objetivo construir uma teoria das decisões. Ela pressupõe postular que os agentes se determinam de maneira racional, não que sua ação remete à razão, e sim que, de maneira mais simples, é "dirigida para um fim".[22] A noção de situação não funciona como determinismo; não remete a nenhuma fixidez. Assim, a mesma montanha será vista diferentemente e até contraditoriamente pelo turista, pelo alpinista, pelo militar e pelo agricultor. Além disso, as pressões situacionais são mais ou menos fortes sobre a ação humana. Quanto mais a sociedade é aberta, como demonstrou Popper, mais as disposições individuais podem se desenvolver no interior de um amplo campo de possibilidades.[23] Essa indeterminação é completamente essencial para pensar várias possibilidades na escolha dos agentes da história: "Explicar uma situação histórica consiste em mostrar suas potencialidades e em explicar por que as disposições dos agentes os conduziram a agir de uma maneira tal que algumas consequências dessas ações transformaram a situação de uma maneira que eles não podiam prever".[24] Tal abordagem implica, pois, romper com as formas de determinismo em uso.

A abordagem popperiana recusa toda teodiceia ou sociodiceia, e portanto toda forma de historicismo que pressuporia o desdobramento de leis históricas no tempo. Popper visa aqui a uma concepção essencialista da explicação histórica segundo a qual o historiador poderia atingir "descrições autoexplicativas de uma essência".[25] A essas leis que pretendem subsumir as situações históricas, Alain Boyer substitui uma atenção à noção há muito negligenciada de intencionalidade.

---

21 Idem, *L'Explication historique*, p.171.
22 Ibidem, p.175.
23 Popper *La Société ouverte et ses deux énnemis*.
24 Boyer, *L'Explication en histoire*, p.182.
25 Popper, *Objective Knowledge*, p.195.

O espaço das possibilidades

Os trabalhos de John Elster[26] e Philippe Van Parijs[27] nesse plano permitem colocar a questão complexa da racionalidade individual, da intencionalidade. É o espaço das possibilidades que convém encontrar no passado a fim de esclarecer as razões que levaram a tal ou qual direção escolhida. As pressões que pesam sobre a ação referem-se primeiramente à situação que a torna possível ou não; essa é a pressão estrutural. Em segundo lugar, as regras, normas ou convenções orientam a escolha dos atores. A sociologia de Elster e de Van Parijs oferece o interesse de introduzir um terceiro filtro, aquele da escolha racional, da motivação própria dos atores. O horizonte intencional permite levar em conta a noção de efeito inesperado e evitar assim o risco do psicologismo. Encontra-se nesse nível a função que Popper atribui à ciência social teórica que teria como objetivo primeiro "determinar as repercussões sociais não intencionais das ações humanas intencionais".[28]

Pode-se de fato multiplicar os casos de efeitos inesperados. É assim com as antecipações autorrealizadoras. Merton mostrava já em 1936 como a atitude dos sindicatos americanos, impedindo a contratação de operários negros sob o pretexto de que eles tinham tendência a furar as greves, teve como efeito perverso que, sem trabalho, esses trabalhadores negros tenham efetivamente se tornado aquilo que os sindicatos queriam evitar: "É a mais célebre antecipação autorrealizadora. Popper chama isso de forma mais bonita: o 'efeito-Édipo'".[29]

Pode-se ter dessa forma, mais frequentemente, aquilo que se chama de efeito Cournot, isto é, o encontro fortuito de várias séries causais independentes que provoca um efeito inesperado. Esse tipo de acaso emerge de uma abordagem puramente descritiva, pois não se pode senão constatar o fato contingente sem poder ligá-lo a algum sistema causal ou razão humana para explicá-lo.

---

26 Elster, *Le Laboureur et ses enfants*.

27 Parijs, *Le Modèle économique et ses rivaux*.

28 Popper, *Conjectures and Refutations*, p.342.

29 Alain Boyer, seminário *Espaces Temps*, Université européenne de la recherche, 7 fev. 1994.

O tempo do projeto

Essa abordagem situacionista é também muito ativa nas ciências cognitivas que voltam suas investigações para aquilo que é a racionalidade situada. Esse tema contribui para fazer ressurgir a questão da temporalidade, muito frequentemente esvaziada da perspectiva cognitiva. Jean-Pierre Dupuy faz a demonstração de que a escolha racional no sentido amplo e os paradoxos sobre os quais ela tende revelam, apesar dela, a existência de uma dupla temporalidade.

Normalmente, busca-se apoio num princípio metafísico de fixidez do passado com relação à ação livre, tal como se pode encontrá-la no princípio de racionalidade sobre o qual se apoia Maurice Allais e segundo o qual "só o futuro conta". Entretanto, mais frequentemente, os atores transgridem esse princípio que não poderia pretender uma validade universal.

Jean-Pierre Dupuy distingue duas formas de racionalidade irredutíveis uma à outra e que se originam em duas concepções diferentes do tempo.[30] Esses dois modos de temporalidade diferem sobre a questão da natureza do passado. De um lado, a fixidez deste parece constituir a própria essência da racionalidade. Jean-Pierre Dupuy qualifica essa temporalidade como "tempo da história", o que é aliás um pouco abusivo, pois se essa relação de consequência que define o passado como objeto fixo e um futuro aberto corresponde bem a um momento da produção e da definição do ofício de historiador, este último há muito não se fundamenta, como acabamos de ver, numa tal dicotomia. Com relação a essa fixidez do passado, Dupuy sustenta a tese de que o ser humano tem a experiência de uma outra temporalidade que qualifica como "tempo de projeto". Este tem um caráter demiúrgico e leva a uma temporalidade mais paradoxal, a ponto de se ter por hábito situá-la do lado da irracionalidade. O ator coloca-se em situação de exterioridade com relação a si mesmo para dotar-se de um poder sobre seu passado fundado num "raciocínio retrógrado a partir do horizonte" (*backward induction*). Esse tempo do projeto, Dupuy o define como apreensão

---

30 Dupuy, Two Temporalities, Two Rationalies: a New Look at Newcomb's Paradox. In: Bourgine; Walliser (Orgs.), *Economics and Cognitive Science*.

A AÇÃO SITUADA   413

propriamente humana da temporalidade. Ele permite encontrar uma
articulação entre a racionalidade e o horizonte ético do agir.

É a partir desse vínculo que se pode descobrir uma racionalidade
em práticas sociais que teriam sido remetidas a manifestações irracionais ao olhar da concepção tradicional da temporalidade. Segundo
esta, é de fato irracional no nível do indivíduo ir votar numa democracia moderna, uma vez que a probabilidade de fazer mudar o curso
do escrutínio por meio de seu próprio voto é infinitesimal. Esse "paradoxo do voto" não pode ser resolvido segundo o paradigma causalista.
Somente o reflexo ético e uma temporalidade do projeto permitem
pensar a atitude dos eleitores como emergindo de uma temporalidade
outra, qualificada como raciocínio "evidencialista".[31]

Uma temporalidade de superfície

A temporalidade induzida pelo estudo da ação situada é mais frequentemente uma temporalidade curta nos trabalhos atuais, que se
situam na filiação do interacionismo e da etnometodologia. A plasticidade suposta no modelo de competência dos atores implica a utilização
de sequências curtas de observação. É o meio de voltar toda a atenção
necessária para os desníveis que fazem passar de uma situação para uma
outra. A temporalidade pertinente do modelo de Boltanski e de Thévenot[32] desdobra-se para pensar essas mudanças. Ela contém uma temporalidade de superfície correspondente aos motivos declarados da ação e
uma temporalidade de fundo que define as disposições, as competências
do ator, situando-se num nível inconsciente da ação.

Esse modelo concede tal privilégio à situação que tende a esquecer
o enraizamento histórico. "Não é uma posição de rejeição com relação
à história, de modo algum",[33] mas isso corresponde à recusa de uma
entrada pela história que substituiria um trabalho analítico. Ora, nesse

---

31 Quattrone; Tversky, Self-Deception and the Voter's Illusion. In: Elster (Org.), *The Mul-
    tiple Self*.
32 Boltanski; Thévenot, *De la Justification*.
33 Laurent Thévenot, entrevista com o autor.

plano, Boltanski e Thévenot se questionam sobre as categorias analíticas da história a fim de melhor compreender de que forma o tempo está inserido no interior dos artefatos coletivos da ação: "Pode-se dizer que não nos interessamos senão pelo instante, uma vez que nos perguntamos como o passado vale como referência".[34]

Esquecer a história torna-se, assim, um momento metodológico necessário para valorizar as mutações perceptíveis, e com o objetivo de não pressupor falsas formas de fixidez. Mas resta em seguida articular e redistribuir os diversos tipos de temporalidades. Estas não são postuladas, são mediadas pelo desdobramento do relato, pelas justificações das pessoas engajadas no presente. De outro lado, o modelo das cidades revisita a tradição, não numa perspectiva historicista, mas para "fazer a ligação entre uma tradição de textos e uma pragmática do julgamento".[35] A sociologia da ação articula nesse plano suas investigações ao que Gadamer chama de "eficiência do tempo histórico".[36] Ela tem, aliás, para Gadamer, a própria estrutura da experiência.

Os economistas das convenções participam também da reflexão sobre os diversos modos de temporalidade. Ao contrário dos economistas do modelo padrão, segundo os quais a historicidade não tem estatuto, pois a qualquer momento o indivíduo pode operar livremente a escolha que lhe parece preferível com toda a liberdade, os economistas das convenções aprofundaram a reflexão sobre o papel da historicidade na fabricação de situações irreversíveis, de configurações institucionais estabilizadas.

Eles construíram modelos formalizados como aqueles da "dependência da trajetória" (*path dependancy*) ou a noção de "pequenos eventos" (*small events*). Essas noções permitem-lhes conciliar o inesperado, o contingente, as irreversibilidades com a produção de configurações estabilizadas: "Desse ponto de vista, a economia da mudança técnica trouxe algo de realmente interessante mostrando o papel que desempenham as opções técnicas naquilo que os economistas chamam de 'situações aferrolhadas'".[37] As opções técnicas operadas sem combinação

---

34 Ibidem.
35 Dodier, Agir dans plusieurs mondes, *Critique*, n.529-530, jun.-jul. 1991, p.457.
36 Gadamer, *Vérité et méthode*, p.191.
37 Michel Callon, entrevista com o autor.

A AÇÃO SITUADA

415

acabam por fabricar, por sua própria dinâmica, irreversibilidades que predeterminam os comportamentos posteriores. Sem ligação linear de interação entre dois momentos de decisão, é a própria lógica das escolhas técnicas que influi mais frequentemente nas escolhas que se seguirão. A observação e a descrição daquilo que se passa torna-se, assim, a forma mais apropriada para dar conta dos efeitos concretos dessa lógica situacional, como o mostram os trabalhos de Michel Callon sobre as inovações tecnológicas.

O ponto em que a orientação da antropologia das ciências se separa dos economistas das convenções e do Crea reside no fato de considerar que não há necessidade de elaborar uma teoria transferível do ator que permita qualificar todas as situações e todas as formas de interações: "Essa dialética da abertura, da diversidade, da irreversibilidade conduz à ideia de que não há um modelo do ator e um modelo da ação".[38] Conviria, sob esse aspecto, distinguir a maior parte das situações nas quais os atores não fariam senão seguir comportamentos que são essencialmente pré-inscritos em seu ambiente material, e outras situações nas quais os atores fazem um papel de elaboração, de arbitragem muito mais elaborada.

A competência pode, portanto, situar-se no campo da situação ou no campo do ator, o que permite superar a falsa alternativa colocada em geral entre estrutura e ator, pois de fato eles se ajustam um ao outro: "O que não é a mesma coisa que a situação na qual cada um dos elementos é conhecido a partir de uma ontologia fixa".[39]

Uma racionalidade situada

Um dos postulados dos economistas das convenções é o de uma dinâmica, de um processo a retomar nas diversas modalidades constitutivas e desconstrutivas das diversas coordenações da ação: "As formas de coordenação articulam-se no tempo segundo três modos: a

---

38 Ibidem.
39 Ibidem.

simultaneidade, a sucessão, a comparação".[40] Os economistas das convenções preferem, aliás, a noção de racionalidade situada à de racionalidade limitada, que pressupõe um modelo de racionalidade perfeita da qual ela seria apenas a realização incompleta: "Na realidade, não há racionalidade perfeita. Há apenas racionalidades em construção".[41]

Desprovidos de teoria da situação, do contexto, os economistas voltam-se para a filosofia analítica, para as ciências cognitivas a fim de encontrar as bases de uma semântica das situações. Essa orientação pode permitir considerar o acontecimento de outro modo. Não mais situá-lo no interior de uma cadeia causal, mas percebê-lo como fonte de sua própria inteligibilidade: "Eu acredito na interpretação cognitiva da Revolução Francesa".[42]

Esse trabalho interpretativo valoriza a noção de situação, a de ator. O acontecimento engendra sua própria representação, que se torna uma parte indissociável daquele; o que pressupõe deslocar uma competência cognitiva, até então monopólio do historiador, restituindo-a aos protagonistas, sem por isso parar nesse estrato interpretativo que permanece aberto para o futuro de outras representações posteriores.

Esse enraizamento na própria situação dos conceitos operatórios permite distinguir uma epistemologia específica às ciências históricas, que não concerne apenas à disciplina da história. Jean-Claude Passeron definiu assim três tipos de epistemologia: "Há o arquétipo formal da lógica e das matemáticas; o arquétipo da pesquisa experimental; e o arquétipo da pesquisa histórica, do qual eu digo que nos originamos".[43] A ancoragem em contextos históricos, em configurações singulares, define a singularidade de ciências que não podem senão ilusoriamente visar construir modelos trans-históricos, asserções nomológicas. Nem por isso essa especificidade reduz essas ciências à empiria. Como o mostrou Weber, elas estudam o real graças à mediação de tipos ideais, de conceitualizações. Contudo, esses conceitos, como já notamos, são seminomes próprios. As explicações generalizantes adiantadas por essas ciências históricas "não podem jamais perder de vista que

---

40 Dodier, Les Appuis conventionnels de l'action. Éléments de pragmatique sociologique, Réseaux, v.11, n.62 (Les Conventions), nov.-dez. 1993, p.73.

41 Olivier Favereau, entrevista com o autor.

42 Bernard Conein, entrevista com o autor.

43 Passeron, Les Sciences humaines en débat (1), Raison Présente, n.108, 1993, p.39.

A AÇÃO SITUADA

417

a validade assertiva de seus raciocínios repousa sempre em desdobramentos singulares e insubstituíveis".[44]

A predominância da experiência da temporalidade, da atenção ao surgimento do novo, encontra-se na teoria da enação de Francisco Varela, cujo objeto privilegiado, como em Husserl, é o presente cognitivo, os processos emergentes, a partir de uma nova teorização da ação situada.

Esse instante, esse presente, deve ser relacionado, segundo Pierre Lévy, à própria historicidade de nossas técnicas de comunicação, que dá nascimento hoje a uma prevalência do "tempo real", ligado a uma ecologia cognitiva própria à informatização progressiva da comunicação. Esta permite enxergar um novo tipo de temporalidade, o de um "tempo real, sem relação com um antes e um depois, imediato, interativo".[45] Essa noção de tempo real provoca uma condensação no presente, uma presentificação: "Poderíamos falar de uma espécie de implosão cronológica, de um tempo pontual instaurado pelas redes informáticas".[46] Esse presente que volta não é o presente puramente psicológico, individual e íntimo de Santo Agostinho, mas um tempo íntimo social, interativo, que serve para coordenar os indivíduos, produtores de entendimento coletivo.

O par acontecimento-situação é, por isso, fundamental nessa nova configuração, mediada pelos indivíduos que dão sentido ao acontecimento, ao mesmo tempo que o suscitam. Essa reconstrução em ação desloca o centro de gravidade da subjetividade para a intersubjetividade, e convida-nos a tomar a medida da inflexão pragmática na apreensão da noção de historicidade.

---

44 Ibidem, p.8.
45 Pierre Lévy, entrevista com o autor.
46 Idem, *Les Technologies de l'intelligence*, p.131.

30

O POLÍTICO

O político como perspectiva de análise tem um destino paradoxal. Nos anos 1960 e 1970 havia uma convicção de que tudo era político, segundo uma crítica radical trazida por uma filosofia da suspeita, que permitia descobrir e arrancar o científico debaixo de sua ganga ideológico-política. Contudo, a partir do momento em que o político estava por toda parte, estava, sobretudo, em lugar nenhum, tendo perdido sua autonomia. Estava reduzido, em nome de interesses de classe ou dos fantasmas libidinosos, era não mais do que o fino véu de uma verdade sempre oculta, para sempre exterior à consciência. É o momento em que, para a escola histórica dos *Annales* e na filiação de seus mestres fundadores, a história do político é comparada à simples crônica sem significação de uma história-batalhas, que François Simiand tinha expulsado do território da ciência quando denunciava em 1903 os três ídolos da tribo dos historiadores: a biografia, a cronologia e... a política.[1] O político estava por toda parte, multiforme, polimorfo. Com o conceito de poder de Michel Foucault, ele estava em cada um, portanto em lugar nenhum, indeterminável, sem autonomia.

Desde os anos 1980, assiste-se a um renascimento espetacular. Ele se manifesta quando da publicação do primeiro número da revista *Le Débat*

---

1 Simiand, Méthode historique et science sociale, *Revue de Synthèse Historique*, v.6, 1903, p.129-57.

em 1980, que traz como subtítulo: "História, política, sociedade". Esse ressurgimento é concomitante à inflexão global das ciências humanas, que começam a se questionar sobre a "porção refletida da ação humana".[2] A relativização da porção do inconsciente, que tinha sido a estrada real de acesso à verdade sob o estruturalismo, e a reabilitação da porção explícita da ação reergueram um horizonte político que se tinha considerado o aspecto mais desusado, obsoleto, da análise em ciências humanas.

Isso não significa que antes dessa guinada não tenha havido uma reflexão política profunda. Esta foi produto, sobretudo no plano da filosofia política, dos trabalhos da corrente Socialismo ou Barbárie de Castoriadis e Lefort que analisaram o fenômeno totalitário. É significativo que Alain Caillé, denunciando hoje *La Démission des clercs* por seu esquecimento do político, dedique sua obra a Claude Lefort. Essa dedicatória é menos a lembrança de seu mestre de antanho do que a homenagem àquele que soube não deserdar o campo de investigação do político enquanto tal, como o prova a publicação de seus *Essais sur le politique*.

A condenação do totalitarismo teve como efeito perverso condenar toda forma de inovação, de voluntarismo, e de envolver o político inteiro em sua queda. A originalidade do pensamento de Claude Lefort consistiu em aprofundar sua crítica do totalitarismo preservando o político, a interrogação sobre o novo, deslocando a problematização para "o que advém com a formação e o desenvolvimento da democracia moderna".[3] O político ligado a uma sensibilidade histórica e a uma atenção à maneira pela qual pode impregnar o agir social permite descobrir a "dimensão simbólica do social".[4] Ele se torna novamente fonte de reflexão sobre nosso presente.

A desvinculação do religioso e do político

É ao processo de desvinculação do político e do religioso que a análise deve voltar seu olhar para perceber as articulações e desarticulações

---

2 Gauchet, Changement de paradigme en sciences socials?, *Le Débat*, n.50, maio-ago. 1988, p.169.

3 Lefort, *Essais sur le politique*, p.12.

4 Ibidem, p.14.

o político 421

da relação entre esses dois níveis. Ora, a empresa totalitária provoca uma "nova interrogação sobre o religioso e o político".[5] O poder na democracia moderna define-se, segundo Claude Lefort, por uma "composição" inédita. Ele se verifica como sistema de representação atestando a existência de um lugar vazio que mantém a "distância entre o simbólico e o real".[6] É o único sistema a levar a sociedade à prova de sua instituição, já que ela pode encarnar esse lugar vazio e central, essa distância necessária.

Essa relação de desvinculação do político com relação ao religioso foi um dos objetos privilegiados da análise de Marcel Gauchet. Nela, ele percebe a própria singularidade do Ocidente moderno. Gauchet faz seu estudo remontar aos primeiros tempos do cristianismo, cuja vocação revolucionária, portadora de nossa singularidade ocidental, foi assegurar a ruptura com a imanência, permitindo assim a liberação do político. Com isso, "o cristianismo terá sido a religião da saída da religião".[7] Gauchet se dedica a marcar as descontinuidades e reformulações que implicam na relação entre o político e o religioso. O Ocidente conhece um duplo processo de redução da alteridade e de promoção da interioridade com o cristianismo. Ele garante a passagem da imanência, que supunha uma cisão com o fundamento da transcendência, que por sua vez aproxima e torna acessível esse fundamento. Essa mutação é perceptível pela nova relação com a temporalidade. Ela permite o "salto do passado para o presente"[8] reunindo o original e o atual graças à ideia de criação. A transcendência divina libera por sua vez a comunidade humana entregue a si mesma, reunida em torno de uma ausência, em torno de um puro lugar simbólico. Essa separação permite a progressiva autonomização do corpo político.

É o político que assumirá a questão do vínculo social e das relações com a natureza. Assim, Marcel Gauchet atribui ao político um lugar predominante que, no entanto, não é o da determinação em última instância, mas o lugar possível de uma totalização da inteligibilidade do social, de uma retomada de sentido: "A história política não será a

---

5 Ibidem, p.264.
6 Ibidem, p.265.
7 Gauchet, *Le Désenchantement du monde*, p.II.
8 Ibidem, p.54.

história global no sentido de que ela exerceria uma espécie de imperialismo. Trata-se de construir uma teoria da coerência".[9]

Não se trata de substituir a causalidade econômica, utilizada durante muito tempo de maneira mecânica, por uma causalidade política, mas de recuperar essa coerência imanente às formações sociais por meio do político. É essa "composição" do social pelo político de que fala Claude Lefort que Marcel Gauchet explora com sua noção de "tornar coerente", o que significa que ele não lhe atribui nenhum lugar determinado.

O político está então numa situação nivelada, ao mesmo tempo mais realizada e mais oculta. De fato, o político é, concomitantemente, o setor em que se exprime o aspecto mais explícito do funcionamento da sociedade, o lugar dos confrontos racionais, e também representa um nível simbólico, oculto, inconsciente. Ora, é esse último estrato que Marcel Gauchet explora em suas relações com a religião. Daí resulta uma inversão de perspectiva segundo a qual a infraestrutura seria de fato estreitamente tributária da superestrutura. A visão de engendramento da sociedade situa-se no princípio de suas mutações significantes: "O que é motor, no caso, não é o controle das coisas, é a influência sobre as pessoas".[10]

A inversão da relação com a natureza não vem de alguma instância política perceptível num lugar preciso, mas mais profundamente da dualidade ontológica que provocou um investimento das energias do social, do agir, sobre a apropriação dos recursos deste mundo. Esse novo modo de problematização, que tem como objetivo interrogar as mutações simbólicas profundas da sociedade, renunciou aos causalismos simples, impróprios ao seu objeto: "Tarefa problemática, uma vez que confrontada permanentemente com o que é impossível concluir. Impossível de fato, nesse campo, separar o que é da ordem da determinação e o que é da ordem da correspondência".[11]

É errado acusar Marcel Gauchet, como o fez Roger Chartier,[12] de se contentar com a porção explícita da ação humana e de ter como desejo

---

9 Idem, entrevista com o autor.
10 Idem, *Le Désenchantement du monde*, p.87.
11 Ibidem, p.113.
12 Chartier, Le Monde comme representation, *Annales*, n.6, nov.-dez. 1989, p.1505-20.

O POLÍTICO

destacar o político das ciências sociais. Para Gauchet, a sociedade liberal é por excelência o quadro social no qual os atores têm uma representação falsa do político, pois consideram que a coerência social se situa no mercado (a mão invisível) ou na sociedade civil, enquanto é a função política que está em ação com maior força: "Quanto mais as sociedades são liberais, mais o Estado atua. Ora, este não é compreendido pelos atores, que não param de denunciar o fato de que ele interfere demais, ainda que demandando que ele o faça ainda mais".[13]

É o modo de encaixe dos diversos níveis de uma formação social que permanece como a perspectiva de um programa de história total cujo princípio consiste em compreender as articulações e não em reduzir um nível ao outro. Historicizar as grandes divisões é o problema central que essa história política pretende colocar no sentido simbólico. Essa historicização torna manifesto o processo de eliminação de símbolos em curso na sociedade moderna. Essa mutação permite conceder maior espaço à porção explícita, consciente do pensamento, que coexiste com um registro simbólico sempre importante, mas latente, que se subtrai ao olhar direto.

A autonomia e a dualidade do político

O olhar sobre o político não pode mais se contentar com uma visão instrumental, quer seja em sua variante leninista, para a qual o Estado é manipulado diretamente pela classe dominante, ou em sua variante althusseriana dos aparelhos ideológicos de Estado (AIE), que permanecem subordinados a sua exterioridade para garantir a mesma função de hegemonia social. Elias já tinha mostrado desde os anos 1930 que o político é mais complexo. Escapando a uma concepção instrumental, ele analisou o poder como tentativa de equilibrar tensões sociais segundo configurações sempre renascentes. O político tem, segundo ele, um papel nodal, como mostra com seu estudo da

---

13 Marcel Gauchet, entrevista com o autor.

424 — O IMPÉRIO DO SENTIDO

sociedade cortesã,[14] em torno do processo de curialização[15] dos guerreiros que está na origem do "processo civilizatório", da pacificação das condutas e do controle dos afetos.

O político é a entrada privilegiada para compreender o que fundamenta o vínculo social. Ele permite escapar ao causalismo físico e, ao mesmo tempo, constrange a liberdade dos indivíduos. Elias toma a metáfora do tabuleiro para descrever essa tensão, essa interdependência: "Como no jogo de xadrez, toda ação realizada numa relativa independência representa um golpe no tabuleiro social, que desencadeia infalivelmente um contragolpe de um outro indivíduo limitando a liberdade de ação do primeiro jogador".[16]

Erige-se um sistema complexo, no qual o equilíbrio das tensões é mantido por um soberano que constrói um Estado cada vez mais absolutista sobre a base das rivalidades entre aristocracia de toga e de espada, opostas demais para pôr em risco a posição do soberano, e solidárias o suficiente para não contestar as bases da formação social. As relações sociais são, dessa forma, ambivalentes, e o Estado não está mais em posição de instrumento de uma aristocracia que se serviria dele a partir do exterior. Elias faz, com isso, a demonstração de que o político tomado na longa duração pode ser o lugar de uma recomposição global da história e de uma elucidação do sentido das evoluções fundamentais de uma sociedade.

A autonomia do político tinha sido fortemente sublinhada por Paul Ricoeur numa análise que seguiu à repressão da revolução de Budapeste em 1956 pelo exército soviético. Esse acontecimento suscitara em Ricoeur uma reflexão ainda muito atual sobre a natureza do político:

> O acontecimento de Budapeste, como todo acontecimento digno desse nome, tem um poder infinito de abalo; ele nos tocou e mobilizou em vários níveis de nós mesmos: no nível da sensibilidade histórica, mordida

---

14 Elias, *La Société de cour*.

15 O processo de curialização corresponde, para Norbert Elias, à construção do Estado absolutista em torno de uma corte que transforma as condições sociais, as mentalidades, a psicologia de uma boa parte da nobreza de espada e de uma burguesia transformada em nobreza de toga que vivem no universo confinado da corte real. Elias estuda notadamente esse processo em *La Dynamique de l'Occident*.

16 Idem, *La Dynamique de l'Occident*, p.152-3.

O POLÍTICO

pelo inesperado; no nível do cálculo político de médio prazo; no nível da reflexão durável sobre as estruturas políticas da existência humana.[17]

Em plena guerra fria, Paul Ricoeur tomava uma posição que repunha em questão ao mesmo tempo o ponto de vista daqueles que reduziam o político aos conflitos de classes e o daqueles que, denunciando os regimes do Leste, pregavam a renúncia a qualquer validade do político.

A compreensão do acontecimento e sua relativização com relação à própria natureza do político levam-no a sublinhar o caráter duplo e paradoxal do político. Este emerge, por sua autonomia, de uma racionalidade específica irredutível aos alicerces econômicos e sociais. Ao mesmo tempo, caracteriza-se por males específicos. A análise do político implica essa dupla dimensão, enquanto a tradição da filosofia política tendeu seja a superestimar a racionalidade do político sem integrar sua outra vertente – é o caso de Aristóteles, Rousseau, Hegel –, seja, ao contrário, a insistir sobre o aspecto mentiroso e violento do poder, que é a corrente que vai de Platão a Marx passando por Maquiavel.

Ora, o político é, em primeiro lugar, essa instância que pretende garantir o bem público, a felicidade comum. Refletir sobre sua autonomia é, assim, "encontrar na teologia do Estado sua maneira irredutível de contribuir para a humanidade do homem".[18] Tal concepção torna vazias as oposições do tipo Estado/cidadão, uma vez que o indivíduo só se torna humano na totalidade cidadã. A verdade do político encontra-se, dessa forma, na noção de igualdade: "É aquela que faz a realidade do Estado".[19] O ponto de vista do Estado não pode, portanto, ser atribuído a uma singularidade como aquela da dominação de tal ou qual categoria social.

Mas há, em segundo lugar, a outra face do político, a da alienação que ele implica. O mal político não é um elemento exógeno, ligado à contingência, a maus governantes: "Não que o poder seja o mal. Mas o poder é uma dimensão do homem eminentemente sujeita ao mal".[20] Assim, é também legítimo denunciar, revelar a mentira, a ficção do

---

17 Ricoeur, *Histoire et vérité*, p.260.
18 Ibidem, p.263.
19 Ibidem, p.266.
20 Ibidem, p.269.

Estado, já que é uma de suas dimensões. A crítica radical de Marx é, portanto, aceitável, mas sua fraqueza reside no fato de não ter compreendido a alienação própria ao político e de ter reduzido essa dimensão a uma "simples superestrutura",[21] por deixar de ter concebido o caráter autônomo da contradição inerente ao político.

A crítica dos limites da filosofia da suspeita por Ricoeur não é sinal de nenhum pessimismo ou derrotismo. Bem ao contrário, ela permite continuar a elevar alto e forte o político em sua dupla dimensão, e não a rejeitá-lo em nome das desilusões que semeiam a história humana: "Assim, o homem não pode evitar a política, sob pena de evitar sua própria humanidade. Por meio da história e pela política, o homem é confrontado com *sua* grandeza e com *sua* culpabilidade".[22]

As deficiências do político

Os anos 1970, ao contrário, desenvolveram à vontade a visão de um poder maléfico presente em toda parte, e a este opuseram a figura do indivíduo livre e revoltado, procurando escapar daquela rede, identificando seus interstícios, suas falhas. Algumas correntes isoladas tentaram pensar o político em sua autonomia e em sua dualidade ontológica. A ausência foi o que melhor caracterizou esses anos no plano do pensamento do político. Jean-Marc Ferry constata hoje a ausência de vitalidade dos elementos fundamentais que deveriam constituir a base política das grandes nações europeias: "A civilidade do século XVI com Erasmo; o princípio de igualdade do século XVII com Locke, e a publicidade, no sentido nobre do termo, no século XVIII com Kant, a formação de um espaço público".[23] Ora, se esses três ingredientes necessários à boa marcha de uma democracia política ocidental continuam a ser deixados sem herdeiros, Ferry vê o risco de um retorno à vida comunal mais ou menos selvagem da sociedade. Esta poderia tomar duas formas. A primeira seria a das pequenas cidades voltadas para si mesmas, à

---

21 Ibidem, p.273.
22 Ibidem, p.275.
23 Jean-Marc Ferry, entrevista com o autor.

O POLÍTICO

maneira das cidades antigas, isto é, comunidades exclusivistas. Pode, no entanto, haver pior que isso, com a degeneração do social sob a forma de multiplicação de seitas, com seus líderes carismáticos organizando uma violência comunitária sobre a base de um intenso vínculo afetivo. A constatação desse desvio do político e de seus efeitos funestos é também atestada por Alain Caillé, que incrimina a responsabilidade dos intelectuais, em particular das ciências sociais, que esqueceram sua função cívica exacerbando seu corte constitutivo.[24]

Esse abandono do político a um setor especializado, o das ciências políticas, foi favorecido, como já vimos, pela dominação em ciências sociais dos paradigmas que as levavam a considerar esse nível de estudo como emergindo do efêmero, do ilusório. A evolução da disciplina histórica nesse ponto é exemplar. A mutação é radical: "Organizam-se instrumentos de trabalho e de pesquisa em história política muito mais sofisticados que antes. Os trabalhos atuais distanciam-se daquilo que é o perigo que ameaça a história política, ou seja, voltar a uma história puramente acontecimental. Mergulharemos imediatamente em tendências mais sólidas".[25]

O que domina é incontestavelmente o retorno do político, que tinha sido o grande domínio abandonado pela tradição dos *Annales*, que o considerava como um aspecto do singular, do acidental, do qual o historiador como cientista devia se precaver para se dedicar ao contrário, àquilo que dura. A genealogia do nacional, segundo Lavisse, foi substituída por uma genealogia do social, frequentemente economicista. Assiste-se hoje, ao contrário, a uma renovação certa da história política, cujo iniciador na França foi René Rémond, com a publicação de sua tese em 1954, *La Droite en France*.

Quando a história interpela o político

A própria história bate à porta do político quando não se pode explicar acontecimentos tão importantes quanto a queda do regime

---

24 Caillé, *La Démission des clercs*.
25 Michel Trebitsch, entrevista com o autor.

428   O IMPÉRIO DO SENTIDO

soviético e aquela, consecutiva, do muro de Berlim somente pelas curvas econômicas; quando até os economistas parecem impotentes para elaborar modelos da crise econômica mais longa de nossa modernidade. Hoje, em torno de René Rémond, da Fondation National des Sciences Politiques e da universidade de Paris-X-Nanterre, ou ainda do Institut d'Histoire du Temps Présent, uma nova história política nasceu, rica em contribuições de um diálogo fecundo com as outras ciências sociais, notadamente com os politólogos, a sociologia eleitoral, os juristas. Sob esse aspecto, a publicação recente, em 1988, de uma obra coletiva sob a direção de René Rémond, *Pour une histoire politique* [Por uma história política], é sintomática dessa reviravolta de conjuntura historiográfica. As lições da nova história foram guardadas pelos autores das doze contribuições da obra.

No livro, o político é concebido num sentido ampliado ao estudo das palavras, das manifestações e dos mitos fundadores do imaginário social, e se apoia numa minuciosa atenção às flutuações eleitorais. René Rémond constata: "A história política experimenta uma espantosa mudança de destino, cuja importância os historiadores nem sempre têm percebido".[26] Jean-Pierre Azéma traça o panorama das concepções da guerra em suas relações com a racionalidade e a violência. As eleições, os partidos, as associações, as biografias, a opinião, as mídias, os intelectuais, as ideias políticas, as palavras, a religião em sua relação com o político, as relações entre política interna e política externa são uma a uma estudadas por René Rémond, Serge Bernstein, Jean-Pierre Rioux, Philippe Levillain, Jean-Jacques Becker, Jean-Noël Jeanneney, Jean-François Sirinelli, Michel Winock, Antoine Prost, Aline Coutrot e Pierre Milza.

Disso resulta que o político irriga mais uma vez o campo histórico, porém com um olhar novo e como lugar de gestão da sociedade global, não como um subcontinente desconexo da história social. Testemunha-o a recente iniciativa editorial de um grupo reunido em torno de Jean-François Sirinelli e do editor historiador Eric Vigne, que acaba de realizar uma demonstração evidente: a história política reintegra o "território" do historiador com brilho. Os autores do projeto de uma nova *Histoire des droites en France* não voltam à história historicizante e redutiva

---

26 Rémond, *Pour une histoire politique*, p.12.

O POLÍTICO

da era de Lavisse. Eles constroem uma história global na qual *a* política se abre para *o* político. Longe de ser uma história excludente, essa história é inclusiva. Ela se organiza segundo um triplo registro, que permite abrir a análise geral dos fenômenos para microacontecimentos do cotidiano.

Em primeiro lugar, a dimensão propriamente política, a das diversas formas de poder, é concebida a partir de uma diferenciação entre seus aspectos institucionais e uma nova dimensão, retomada em Reinhardt Koselleck, que é a dos horizontes ideológicos como horizontes de expectativas. Segundo estrato da análise: o da cultura política por meio de seus canais de difusão, das diversas peneiras que filtram as doutrinas a partir dos círculos de inventores e dos círculos de mediadores. Enfim, e ainda mais novo, o trabalho de Luc Boltanski e Laurent Thévenot sobre a justificação dos atores encontra aqui um prolongamento na disciplina histórica por levar em consideração no terceiro volume o domínio das sensibilidades.

Penetra-se, então, na esfera do subjetivo, a das solidariedades essenciais que fundamentam o estar-junto na cidade no plano do vivido individual e coletivo: "Nosso uso do termo 'cidade' é evidentemente inspirado no uso conceitual que Luc Boltanski e Laurent Thévenot fazem desse último".[27] A obra dirigida por Sirinelli e Vigne retoma a concepção pluralista do fenômeno das direitas, posto em evidência desde 1954 por René Rémond, mas, sobretudo, abre o político para o cultural, toma em consideração os trabalhos de Maurice Agulhon sobre a sociabilidade política, suas redes, seus lugares e meios, assim como o desenvolvimento recente dos trabalhos sobre a memória que renova totalmente a historiografia.

O acontecimento é percebido como traço na evolução de uma memória coletiva. Ele pode ser, por mais afastado que seja, um marcador maior para uma geração. É o que ocorre para a direita da Revolução Francesa, acontecimento estruturante essencial, mas também – e isso é menos conhecido – desse momento-chave que constitui a adesão à República no final do século XIX. O projeto desse estudo remonta a 1986. A data não é anódina, pois corresponde à retomada do fenômeno da extrema direita, aquela de um nacional-populismo cujas raízes históricas era preciso reencontrar na espessura da história francesa. É também um

---

27 Sirinelli (Dir.), *Histoire des droites em France*, t.I, p.XLI, nota I.

momento em que certos comentadores apressados começavam a teorizar o fim da excepcionalidade francesa, o fim da clivagem esquerda/direita em nome de uma conjuntura que exigia também uma reacomodação no interior de uma duração mais longa.

A extensão do político ao campo do imaginário teve, entre outros, como pioneiro, Maurice Agulhon, com seu conceito-chave de sociabilidade.[28] Definida por Agulhon como uma aptidão a viver em grupo e a consolidar os grupos pela constituição de associações voluntárias, a noção de sociabilidade permitiu abrir um vasto campo novo à pesquisa, que ilustra a publicação recente de *Histoire vagabonde*, que reúne uma vintena de artigos do período entre 1968 a 1987. Insatisfeito com a história política tradicional, Agulhon ausculta profundamente os fundamentos do civismo e do republicanismo no decorrer do século XIX. Por trás das leis e da cenografia da casta política, ele explora uma circulação mais subterrânea, aquela que mantém uma relação de adesão com toda uma demonstração da fé republicana em torno de uma estatuária específica, de inscrições e de fontes que permitem a reunião e a expressão de um fervor coletivo.

Esse retorno do político repõe à frente da cena midiática os historiadores do político. René Rémond se tornou o comentarista mais especializado das noites eleitorais na televisão, Michel Winock nos conta 1789 pelo menu, Jean-Pierre Azéma nos faz reviver as horas sombrias de 1939 por ocasião do quadragésimo aniversário, e Jean-Pierre Rioux anima o *XXe siècle, revue d'histoire*, transmitido pelas *Presses de la Fondation des Sciences Politiques*. Esclarecer a espessura temporal das questões do presente é sua ambição comum. O lugar temporal conferido ao político é preponderante, sem por isso liquidar a interrogação problemática em proveito do simples relato cronológico.

A renovação da história política tornou-se possível, graças a um fecundo diálogo com as outras ciências sociais, a uma pluridisciplinaridade em ação. Assim, em sua nova versão, ela não se apresenta como um setor à parte com pretensão hegemônica: "O político não constitui um setor separado: é uma modalidade da prática social".[29] A história do político pressupõe a existência de um domínio autônomo, mas exige um

---

28 Agulhon, *La République au village*.
29 Rémond, *Pour une histoire politique*, p.31.

O POLÍTICO

horizonte globalizante no qual ele é ponto de condensação. O político, em sua indeterminação e sua ambivalência primeira, ensina-nos os limites dos esquemas explicativos, sua incompletude: "É forçoso reconhecer que há em política mais coisas do que nos sistemas de explicação".[30] O sacrifício humano oferecido no fenômeno da guerra permanece irredutível às análises de pura racionalização utilitária. A história do político é, assim, uma boa escola de aquisição da modéstia para o pesquisador. Está também na base de um vasto campo multidiscipinar.[31]

---

30 Ibidem, p.384.
31 Peschanski; Pollack; Rousso, *Histoire politique et sciences sociales*.

31

O PRESENTE

A implicação reconhecida do historiador com relação a sua escrita fez brilhar o objetivismo reivindicado por aqueles que definiam a história a partir do rompimento entre um passado fixo a exumar e um presente considerado como lugar de contrapeso de uma possível prática científica. Essa indivisibilidade entre passado e presente fez o passado mais próximo adentrar o campo de investigação do historiador. As questões da história contemporânea concentraram-se largamente num primeiro século XX que tinha como ponto final os recônditos arquivísticos da Segunda Guerra mundial. É aliás a pesquisa desse período que está na origem da criação do Institut d'Histoire du Temps Présent (IHTP) em 1978.

Nos anos 1950 e 1960, o Comitê de história da Segunda Guerra mundial, criado em 1951, animado então por Henri Michel, reúne, coleta os testemunhos e multiplica as investigações, essencialmente orientadas para o estudo das diversas formas de resistência. No curso dos anos 1970, sai-se progressivamente do discurso heroico sobre esse episódio da história francesa com a publicação, em 1973, da obra do historiador americano Robert Paxton.[1] Além dos tabus que consegue derrubar, ele leva a uma necessária interrogação sobre os vínculos tecidos pela história com a memória. O filme de Marcel Ophüls sobre a crônica da vida

---

1 Paxton, *La France de Vichy*.

cotidiana em Clermont-Ferrand durante a Ocupação, *Le Chagrin et la Pitié* [A dor e a compaixão], por muito tempo proibido na televisão mas grande sucesso nos cinemas, convida a uma reflexão similar e participa de um verdadeira guinada, um refluxo do recalque.

Impõe-se então a necessidade de repensar a relação com a Segunda Guerra Mundial no interior de uma perspectiva mais ampla, reinserindo-a num presente largamente tributário de seus efeitos. Além disso, a lei dos trinta anos torna possível o acesso mais rápido aos arquivos, e permite, assim, interrogar sobre o acontecimento, banido até então pela longa duração braudeliana, e isso com o apoio de uma base arquivística.

Pierre Nora escreve nesse momento, como vimos, sobre o "retorno do acontecimento"[2] e recebe a incumbência, em 1978, de coordenar uma linha de pesquisa na Ehess intitulada "História do presente", no momento mesmo em que se cria o IHTP, dirigido por François Bédarida. Este último encarna nesse momento o sucesso de uma iniciativa até então subterrânea de renovação da história muito contemporânea. Institucionalmente, o IHTP realiza o difícil casamento entre o tempo e o presente.

Da presença cristã até o presente

Na contramão das orientações dos *Annales* nos anos 1950, toda uma corrente de intelectuais cristãos colocava já as questões próprias às categorias da contemporaneidade que tinham ecos particularmente intensos no interior de uma atualidade dolorosa. Nesse sentido, "o conceito de presente deve ser tomado, aqui, no sentido muito forte de presença no mundo".[3] Essa presença real enraíza-se no personalismo dos anos 1930, que procura definir as responsabilidades da pessoa numa reflexão sobre a ação e o atual. Michel Trebitsch insiste com razão sobre os vínculos entre o engajamento espiritual dos principais atores da fundação do IHTP e sua postura no campo histórico.

---

2 Nora, Le retour de l'évènement. In: Le Goff; Nora (Orgs.), *Faire de l'histoire*, t.1, 1974, p.210-29.

3 Trebitsch, La Quarantaine et l'an 40. In: *Écrire l'histoire du temps présent*, p.70.

O PRESENTE

O próprio René Rémond lembrou a importância de sua experiência católica: "O pertencimento à Igreja católica foi e continua para mim fundamental".[4] Ele foi militante ativo da Jeunesse Étudiante Chrétienne (JEC) e exerceu ali importantes responsabilidades. Quanto a François e René Bédarida, eles militaram ativamente na *Témoignage chrétien*.[5] Esse engajamento deu-lhes uma consciência particularmente aguda da responsabilidade dos historiadores. Para eles, esta não se situa numa simples resposta pontual a uma demanda social midiática. Ela deve ser "fonte de valores".[6] Essa vigilância ética é tanto mais preciosa quanto são grandes os riscos incorridos de instrumentalização, num instituto fortemente solicitado pelo imediatismo das necessidades de uma informação cada vez mais midiatizada.

Desde os anos 1950, é dessa corrente cristã e de esquerda que vem uma reflexão sobre uma história política e uma história do presente deixadas de lado pela historiografia dominante. O contexto trágico da descolonização, o da dupla guerra da Indochina e da Argélia, constitui o trauma inicial que parece garantir as bases dessa retomada necessária do historiador com relação às solicitações de seu tempo. René Rémond advoga desde 1957 por essa "história abandonada".[7] Ele rejeita nela todas as tradicionais críticas contra a história muito contemporânea, que se referiam a um necessário recuo a fim de empreender um trabalho de historiador. Sua defesa inscreve-se no quadro de uma reflexão de fundo sobre a implicação subjetiva do historiador com relação a seu objeto de estudo.[8]

A redescoberta das possibilidades

Exposto à circulação mundial das informações, à aceleração de seu ritmo, o mundo contemporâneo conhece uma "extraordinária dilatação

---

4 Rémond, Le Contemporain du contemporain. In: Nora (Org.), *Essais d'ego-histoire*, p.330.

5 Bédarida, *Les Armes de l'esprit*: Témoignage chrétien, 1941-1944.

6 Trebitsch, La Quarantaine et l'an 40, p.71.

7 Rémond, Plaidoyer pour une histoire délaissée. La Fin de la IIIe République, *Revue Française de Sciences Politiques*, v.7, n.2, 1957, p.253-70.

8 Marrou, *De la connaissance historique*; Ricoeur, *Histoire et vérité*.

da história, um impulso de um sentimento histórico de fundo".[9] Essa presentificação teve como efeito uma experiência especificamente moderna da historicidade. Ela implicava uma redefinição da acontecimentalidade como abordagem de uma multiplicidade de possibilidades, de situações virtuais, potenciais, e não mais como o ocorrido em sua fixidez.

O movimento apoderou-se do presente até modificar a relação moderna com o passado. A leitura histórica do acontecimento não é mais redutível ao acontecimento estudado, mas encarada em seu rastro, situada numa cadeia de acontecimentos. Todo discurso sobre um acontecimento veicula, conota uma série de acontecimentos anteriores, o que dá toda sua importância à trama discursiva que os relaciona num enredo. Como se pode medi-lo, a história do presente não envolve somente a abertura de um período novo, o muito próximo abrindo-se ao olhar do historiador. Ela é também uma história diferente, participando das orientações novas de um paradigma que se busca na ruptura com o tempo único e linear, e pluralizando os modos de racionalidade.

Contra a história do presente opuseram-se argumentos que apresentavam certo número de obstáculos insuperáveis. Em primeiro lugar, a desvantagem da proximidade que não permite hierarquizar conforme uma ordem de importância relativa na massa das fontes disponíveis. Não se pode, segundo a crítica, definir o que cabe à história e o que se refere ao epifenômeno. Em segundo lugar, acusam-na de utilizar um tempo truncado de seu futuro. O historiador não conhece o destino temporal dos fatos estudados enquanto mais frequentemente o sentido não se revela senão posteriormente.

A esse respeito, Paul Ricoeur, que inscreve sua intervenção no quadro de uma defesa legítima da história do presente, chama a atenção sobre as dificuldades de uma configuração inscrita na perspectiva de uma distância temporal curta. Ele preconiza distinguir no passado recente o tempo inacabado, o devir em curso, quando deste se fala no meio da travessia, "o que constitui uma desvantagem para essa historiografia, é o lugar considerável das previsões e das antecipações na compreensão da história em curso",[10] e, por outro lado, o tempo fechado,

---

9 Nora, De l'histoire contemporaine au présent historique. In: *Écrire l'histoire du temps présent*, p.45.

10 Ricoeur, Remarques d'un philosophe. In: *Écrire l'histoire du temps présent*, p.38.

O PRESENTE

aquele da Segunda Guerra Mundial, da descolonização, do fim do comunismo... e sob esse aspecto, a data de 1989 torna-se uma data interessante de encerramento que permite configurar conjuntos inteligíveis, uma vez que acabou um certo ciclo. A essas desvantagens acrescenta-se a lei dos trinta anos que não permite ter acesso imediato aos arquivos. É preciso acrescentar a acusação tradicional de falta de recuo crítico que especifica o procedimento do historiador.

A indeterminação

Entretanto a história do presente também tem a capacidade de transformar vários desses inconvenientes em vantagens, como demonstra Robert Frank, o sucessor de François Bédarida no IHTP até 1994.[11] O trabalho de investigação sobre o inacabado contribui para retirar o caráter de fatalismo da história, para relativizar as cadeias causais que constituíam as grades de leitura, o *prêt-à-porter* do historiador. A história do presente é, nesse sentido, um bom laboratório para romper o fatalismo causal. Por outro lado, ainda que sua manipulação coloque problemas metodológicos sérios, o historiador tem a chance de poder trabalhar sob controle dos testemunhos dos acontecimentos que analisa. Ele dispõe de fontes orais que são um trunfo certo, mesmo que estas devam ser manipuladas com prudência e com uma distância crítica, porque ela é "uma fonte sobre o passado e não, como numerosas fontes escritas, contemporânea do acontecimento".[12] Essa interatividade do historiador confrontado com sua investigação de campo, à maneira do sociólogo, coloca-o em boa posição "para fazer uma história objetiva da subjetividade".[13]

Essa história do presente terá contribuído para inverter a relação história/memória. A oposição tradicional entre uma história crítica situada no campo da ciência e uma memória que emerge de fontes flutuantes e em parte fantasmagóricas está se transformando. Enquanto a

---

11 Frank, Enjeux épistémologiques de l'enseignement de l'histoire du temps présent. *L'histoire entre épistémologie et demande sociale*, atas da Université d'Été de Blois, set. 1993-1994, p.161-9.

12 Ibidem, p.165.

13 Ibidem, p.166.

438   O IMPÉRIO DO SENTIDO

história perde uma porção de sua cientificidade, a problematização da memória leva a conceder uma parcela essencial na construção do saber crítico à noção de memória, tornada essencial no trabalho de desmistificação. As duas noções aproximaram-se, e a participação das fontes orais na escrita do presente torna possível uma história da memória: "Erige-se a própria memória em objeto histórico".[14]

Essa inversão tem um valor heurístico, pois permite melhor compreender o caráter indeterminado das possibilidades abertas por atores de um passado que foi seu presente. A história do presente modifica, assim, a relação com o passado, sua visão e seu estudo. Ela é uma ruptura significativa na prática do historiador e ultrapassa, por sua amplitude, a significação de outras locuções como a de história próxima ou história imediata. Essa última noção tinha adquirido foros de legitimidade em 1978 quando figurava como entrada na enciclopédia *Nouvelle histoire*. Ela representava uma história do imediato marcada pelo selo do bom jornalismo, no caso o de Jean Lacouture. Além de juntar duas noções que podem parecer antinômicas, história e imediato, esse gênero, filho da imprensa e da importância da informação midiática, "é mais comparável às técnicas jornalísticas do que às da ciência histórica".[15]

O presente como "lacuna"

O historiador do presente inscreve a operação historiográfica na duração. Ele não limita seu objeto ao instante e deve fazer prevalecer uma prática consciente de si mesma, o que impede as ingenuidades frequentes diante da operação histórica. Pertencendo ao tempo que ele estuda, o historiador é obrigado a situar-se, a pensar em si mesmo com relação ao seu objeto como agente de conhecimento e não como simples vetor ou ectoplasma. Esse olhar retrospectivo induz uma releitura de toda a produção histórica, uma reavaliação do acaso, do acontecimento em sua singularidade e assim sua desfatalização. Disso

---

14 Ricoeur, Remarques d'un philosophe, p.37.
15 Chauveau; Tétart, *Questions à l'histoire des temps présents*, p.25-6.

O PRESENTE

439

resulta, portanto, toda uma problemática nova sobre as escolhas dos atores no sentido de uma via mediana entre contingência e encadeamento, entre relato e estrutura. O presente não é mais tanto concebido como o lugar de uma passagem contínua entre um antes e um depois, mas assim como o concebe Hannah Arendt como "lacuna" entre passado e futuro.[16] Essa noção arendtiana permite compreender melhor o que o presente pode comportar de descontinuidade, de ruptura, de início do possível. Ela remete à noção de geração, que permite estruturar o vivido do presente de maneira coletiva: "Segundo essa concepção, o tempo não é um *continuum*, mas é interrompido no ponto em que o ser humano se encontra e onde ele/ela deve tomar posição contra passado e futuro juntos".[17]

Inscrito na descontinuidade, o presente é trabalhado por aquele que deve lhe dar historicidade, por um esforço de apreender sua presença como ausência, à maneira pela qual Michel de Certeau definia a operação historiográfica.[18] Essa dialética é tanto mais difícil de realizar quanto é preciso proceder a uma desvinculação voluntarista para a história do presente, mais natural quando se trata de um tempo completado: "A questão é saber se, para ser histórica, a história do presente não pressupõe um movimento semelhante ao da queda na ausência, do fundo da qual o passado nos interpelaria com a força de um passado que outrora foi presente".[19] Percebe-se, assim, até que ponto a história do presente é animada por motivações mais profundas que aquelas de um simples acesso ao mais contemporâneo. É a busca de sentido que guia suas pesquisas tanto quanto a recusa do efêmero. Um sentido que não é mais um telos, uma continuidade pré-construída, mas uma reação à "acronia contemporânea".[20]

A história do presente diferencia-se, dessa forma, radicalmente da história classicamente contemporânea. Ela está em busca de espessura temporal e procura ancorar um presente muito frequentemente vivido numa espécie de ausência de gravidade temporal. Por sua

---

16 Arendt, *Between Past and Future.*
17 Passerini, La Lacune du présent, *Écrire l'histoire du temps présent*, p.60.
18 Certeau, *L'Absent de l'histoire.*
19 Ricoeur, Remarques d'un philosophe, p.39.
20 Rioux, Peut-on faire une histoire du temps present?, In: Chauveau; Tétart, *Questions à l'histoire des temps presents*, p.50.

vontade reconciliatória, no cerne do vivido, do descontínuo e das descontinuidades, a história do presente como encaixe constante entre passado e presente permite um "*vibrato* do inacabado que colore bruscamente todo um passado, um presente pouco a pouco liberado de seu autismo".[21]

---

21 Ibidem, p.54.

32

A HISTORICIDADE DAS CIÊNCIAS

O PRINCÍPIO DE SIMETRIA

E m nome de um processo de purificação moderno, muito frequentemente tem sido postulada uma dicotomia entre aquilo que emerge da verdade científica destacada de sua ganga e a ideologia, o social. Esse modo de pensamento encontrou com Althusser e os althusserianos seu ponto culminante. Ele privilegiava um pensamento em termos de rupturas epistemológicas. Tal posição situava-se numa posição assimétrica para permitir realizar a divisão entre o erro e a verdade. O mérito dessa perspectiva foi romper com o continuísmo da velha história das ideias puramente linear. Mas o privilégio concedido à lógica interna do conceito teve como efeito subestimar o peso da contextualização nas inovações científicas.

A história científica apresentava-se, então, como a sucessão do ponto de vista dos vencedores, e o historiador das ciências não podia senão zombar das veleidades científicas dos vencidos. A essa forma de história, a sociologia das ciências opôs o que Bloor chama de princípio de simetria,[1] que permite realizar aquilo que François-André Isambert qualifica de programa forte da sociologia das ciências.[2] A sociologia de Bloor, no

---

1 Bloor, *Sociologie de la logique ou les limites de l'épistémologie.*
2 Isambert, Un programme fort en sociologie de la science?, *Revue Française de Sociologie,* n.26, p.485-508.

entanto, realiza somente uma desontologização, aquela da natureza, para fazer retornar à sociedade todos os elementos explicativos.

A antropologia das ciências de Michel Callon e Bruno Latour, em sua filiação "fortista" de Bloor, como diz François-André Isambert, preconiza ir mais longe com um princípio de simetria generalizada que o impede, ao mesmo tempo, de utilizar a realidade exterior para explicar o laboratório e de alternar realismo natural e realismo sociológico ao sabor das necessidades explicativas. Convém, portanto, voltar à grande divisão entre uma sociedade considerada em sua historicidade diante de uma natureza imutável da qual bastaria desvendar as leis de funcionamento que escapariam à historicidade. Ao contrário, humanos e não humanos encontram-se modificados por sua historicidade: "Com a historicização, insistir-se-á nas noções de acontecimento, circunstância, contingência, localidade".[3] É um historicismo radical que é defendido, pois tem relação não somente com os homens, mas com os objetos, os elementos naturais. Nesse sentido, é comum à antropologia das ciências e à sociologia de Boltanski e Thévenot.

Pouchet/Pasteur

Bruno Latour dá uma ilustração exemplar da aplicação que pretende fazer de seu princípio de simetria generalizada quando retoma a controvérsia de Pasteur e Pouchet no segundo Império. Os termos da disputa concentram-se na questão da geração espontânea, cuja existência é atestada por Pouchet e negada por Pasteur. A história clássica das ciências, diante de tal controvérsia, tende a situar-se numa posição de contrapeso, a do fim do debate. Ela parte do ponto de chegada segundo o qual Pasteur tem razão. A posição do inovador Pasteur se origina, então, na emergência do verdadeiro só em seu laboratório. Todo o resto, inclusive Pouchet, não são senão parasitas que atrasam a esperada descoberta.

Bruno Latour nos convida a um outro relato.[4] Com efeito, ele distingue quatro formas de historicização nas ciências: "A história-descoberta,

---

3 Bruno Latour, seminário *Espaces Temps*, Université européenne de la recherche, 7 mar. 1994.

4 Latour, Pasteur et Pouchet: hétérogenèse de l'histoire des sciences. In: Serres, *Éléments d'histoire des sciences*, p.423-45.

A HISTORICIDADE DAS CIÊNCIAS

443

a história-condicionamento, a história-formação e enfim a história-construção".[5] A primeira forma, a mais clássica, é a história-descoberta. Ela é uma série contínua e heroica de inventores. Em tal relato, a questão é puramente cronológica. Trata-se simplesmente de situar o momento das descobertas no eixo temporal. Daí em diante há irreversibilidade e incomensurabilidade entre dois paradigmas, o do erro e o do verdadeiro. Simples crônica das descobertas, essa história reduz-se a uma série de "pérolas enfiadas nas necrologias sem que haja história a contar".[6]

Na outra ponta da corrente, a história-construção aplica um princípio de simetria generalizada. O historiador deve, então, remontar o fio do tempo e da demonstração aplicando um tratamento similar a Pasteur e Pouchet. Se se adianta uma explicação para um, é preciso testar a confiabilidade para o outro. Assim, não se poderá desqualificar Pouchet como provinciano, professor em Rouen, senão a partir do momento em que se puder demonstrar que o parisianismo de Pasteur é um trunfo decisivo. A verdadeira identidade da história-construção "é a história *tout court*, mas estendida às próprias coisas".[7]

Deve-se, então, submeter tudo ao princípio de transferência de forças segundo o qual entre o início e o fim do relato todos os elementos se encontrarão modificados e as constantes deverão ser explicadas. O procedimento clássico da epistemologia das ciências tinha sido desqualificar o erro e seus porta-vozes revelando as influências perversas que pesam sobre eles. Assim, Pouchet, tendo perdido, podia ser entregue à história como provinciano, crente, retórico, portanto incapaz de atingir o nível de racionalidade científica ao qual chegou Pasteur. É a posição da sociologia dita científica de Bourdieu, segundo a qual a crítica radical de seus próprios determinismos a situa no plano da verdade do conhecimento. Ora, o "contexto social é o éter dos sociólogos e dos historiadores".[8] Ele também deve ser historicizado, pluralizado.

O imperador Napoleão III não é o mesmo para Pouchet e para Pasteur, como o provam as duas cartas que ele recebe no mesmo ano de 1862. A carta de Pouchet veicula uma concepção das relações entre a

---

5 Ibidem, p.424.

6 Ibidem, p.430.

7 Ibidem, p.445.

8 Bruno Latour, seminário *Espaces Temps*, Université européenne de la recherche, 7 mar. 1994.

política e a ciência radicalmente diferente da de Pasteur. Pouchet apela ao imperador para encerrar a controvérsia e lhe dar razão de fundo no plano científico: "É o princípio: tal rei, tal religião. Dai-me um príncipe para a geração espontânea e a organização das ideias seguirá a posição do príncipe".[9] Mas Pasteur não apela ao poder senão por acidente, para que esse lhe conceda os meios materiais dos quais necessita para prosseguir suas pesquisas. Em nenhum caso ele solicita a opinião de Napoleão III sobre o conteúdo da controvérsia. O historiador não pode, assim, postular o que é uma política científica em 1862. Deve-se confrontar com essas duas concepções sem remetê-las a um éter contextual comum.

Outra dimensão a historicizar: a virulência da própria controvérsia, suas questões. Quando Pouchet escreve a Joly, professor na escola de medicina de Toulouse, é nesses termos: "O sr. Pasteur nos tratou como ignorantes em suas aulas no círculo clínico. Ele pagará a afronta de maneira sangrenta [...]. Eu não o abandonarei senão sufocado sob o peso dos rochedos da heterogenia".[10]

Os condicionamentos que pesam sobre os dois pesquisadores não param na porta do laboratório. Até os micróbios devem ser historicizados: "Os micróbios para Pouchet não são a mesma coisa do que os micróbios para Pasteur".[11] Os micróbios, como cultura com Pasteur e não como geração espontânea com Pouchet, tornam-se um acontecimento real. Eles se transformam consideravelmente no fim da experiência de esterilização empreendida por Pasteur: "O que acontece com os micróbios de Pasteur nunca aconteceu com os micróbios desde que o mundo é mundo".[12] Pasteur também é metamorfoseado pelo sucesso de sua experiência. Ele se torna um grande cientista reconhecido por seus pares. Essa historicização substitui uma análise em termos essencialistas. Ela envolve tanto a sociedade quanto a natureza. A concepção que prega das relações entre sujeitos e objetos é completamente inédita e fecunda para novas leituras do passado, novos relatos.

---

9 Ibidem.

10 Pouchet apud Latour, Pasteur et Pouchet: hétèrogenèse de l'histoire des sciences, p.435.

11 Bruno Latour, seminário *Espaces Temps*. Université européenne de la recherche, 7 mar. 1994.

12 Ibidem.

A HISTORICIDADE DAS CIÊNCIAS

O humor e a ironia

Certamente, o problema que espreita esse tipo de análise é o perigo de relativismo absoluto de que foi acusada a nova antropologia das ciências. Steve Woolgar qualificou a leitura sociológica das ciências de tipo relativista de posição "ironista".[13] Os sociólogos britânicos adotaram uma posição radicalizada contestando a possibilidade de estabelecer critérios de legitimidade sobre a base de um veredicto que emanasse da natureza. Situando seu critério de verdade somente na sociedade, eles o reduzem ao nível das relações de forças sociais e dos interesses que eles envolvem. O fato de pregar uma verdade científica não tem mais validade do que qualquer outro mito bororo.

O sociólogo das ciências estabelece uma nova relação com a temporalidade. Quando os cientistas lhe objetam a irreversibilidade das descobertas científicas, ele responde que pode reduzi-las a zero, remetendo-as à sua situação de incerteza inicial. Para o sociólogo relativista, de fato, o que se convencionou ser a verdade científica deve-se ao fato de ter reduzido os adversários mais fracos socialmente: "É muito difícil dizer que o fato de que nós sabíamos que os micróbios existem não é um progresso em comparação à teoria dos miasmas".[14]

A esse risco de uma posição ironista, Isabelle Stengers opõe uma outra atitude, a do humor: "O humor é uma arte da imanência".[15] Ele permite não reduzir o passado a uma simples justa entre poderes e inscrever as controvérsias na linha de divisão entre ciência e não ciência no interior de uma filiação, de uma herança em relação às gerações passadas.

Nesse sentido, Stengers, com a noção de herdeiro, sai da aporia relativista inscrevendo nosso século como herdeiro de Pasteur e não de Pouchet. A divisão entre um antes e um depois é difícil de questionar, pois o saber é cumulativo, conhecimento sempre mais preciso dos contornos do mundo. Para escapar à história das ciências como *continuum* linear de progresso, é necessário retomar o curso do relato histórico

---

13 Woolgar, Irony in the Social Study of Science. In: Knorr-Cetina; Mulkay (Orgs.), *Science Observed*, p.239-66.

14 Isabelle Stengers, entrevista com o autor.

15 Stengers, *L'Invention des sciences modernes*, p.79.

em sua abertura, a fim de mostrar que a porção da história que sofrem os atores da inovação científica é mais impactante do que eles o dizem, enquanto eles tendem a maximizar a porção de construção, de autoprodução de historicidade: "A história é a própria matéria da produtividade científica".[16]

---

16 Isabelle Stengers, entrevista com o autor.

PARTE IX

A NOVA ALIANÇA
UMA TRÍPLICE ENTENTE

33
Uma transdisciplinaridade

Se o tempo em que se clamava a morte da filosofia está encerrado – e com ele essa batalha de trincheiras para saber quem entre o homem da prática e o especialista do conceito deteria o saber legítimo –, resta saber como pode se amarrar o diálogo tripartite entre ciências da natureza, filosofia e ciências humanas.

Isabelle Stengers preconiza qualificar o modo de relação entre esses três polos de transdisciplinaridade mais do que reivindicar uma já tradicional interdisciplinaridade: "A interdisciplina é um pouco uma divisão entre proprietários".[1] Ao contrário, a transdisciplinaridade inscreve a relação no centro das ciências, de sua elaboração. Ela implica a reunião de vários especialistas em torno da tentativa de resolução de um problema comum. A transdisciplinaridade tem como vantagem, segundo Stengers, o fato de sair da rotinização e das falsas garantias com que se enfeitam as disciplinas. De fato, ela permite problematizar objetos constituídos como obstáculos por uma ou outra disciplina como obstáculo por causa de seus limites intrínsecos. Foi nesse espírito que Isabelle Stengers revisitou a hipnose como pertencendo ao campo da psicanálise, mesmo resistindo simultaneamente à teoria psicanalítica. A interdisciplinaridade tendia a contentar-se com uma simples justaposição de pontos de vista, enquanto a pluridisciplinaridade encontra entre os

---

1 Isabelle Stengers, entrevista com o autor.

componentes o gosto pelo risco, pela inquietude própria da descoberta, o que nem por isso significa que seja necessário postular uma indiferenciação dos procedimentos: "A transdisciplina é a busca de um tipo de aliança em que se utiliza o outro tipo para apreendê-la em seu tema, para melhor compreender o sentido do que se faz reconhecendo a escolha da qual se procede".[2] Esse tipo de procedimento permite favorecer um novo modo de coexistência entre filósofos e cientistas, quer sejam das ciências da natureza ou das ciências humanas.

Lateralidade, intersubjetividade, irreversibilidade

O modo de análise da prática científica conduzida por Isabelle Stengers visa fazer aflorar suas questões articulando filosofia e ciência, mas numa relação de lateralidade por meio de alianças indiretas. Isso implica um reconhecimento da singularidade dos problemas antes de ver como eles podem atuar juntos. Esse diálogo, mais exigente, recusa as diversas formas de interdisciplinaridade frouxa e a substitui por uma preocupação de conceituação que encontramos hoje num número crescente de historiadores.[3] Dois filósofos preveniram Stengers contra os riscos próprios da produção especulativa e das generalizações filosofantes das ciências: Gilles Deleuze e Alfred North Whitehead, filósofo das matemáticas que emigrou, como muitos, para os Estados Unidos, onde construiu no fim de sua vida uma cosmologia racional na filiação de Leibniz.[4] Em *La Nouvelle Alliance*, Isabelle Stengers tende a cruzar a argumentação de Prigogine com a de Whitehead: "A tarefa da filosofia seria, então, para Whitehead, reconciliar a permanência e o devir, pensar as coisas como processo, pensar o devir como constitutivo de entidades identificáveis...".[5] Mas diante do risco de apoiar a argumentação de Prigogine por uma demonstração originada de um registro totalmente diferente, Stengers prefere daí em diante separar melhor

2 Ibidem.

3 Lepetit, Propositions pour une pratique restreinte de l'interdisciplinarité, *Revue de Synthèse*, v.iii, n.3, jul.-set. 1990, p.331-8.

4 Whitehead, *Process and Reality. An Essai in Cosmology.*

5 Prigogine; Stengers, *La Nouvelle alliance* (1986), p.159.

os domínios para evitar os desengates enganadores de um modo argumentativo para outro.

A transdisciplinaridade não significa, assim, a confusão de gêneros. Foi mesmo contra ela que Isabelle Stengers se insurgiu, denunciando as pretensões da física clássica de encarnar uma verdade mais geral e válida de todos os outros campos do saber, a começar pelo mais próximo, a química. A aliança preconizada entre disciplinas deve evitar o inconveniente do reducionismo.

Desse ponto de vista, a importância do eco encontrado por *La Nouvelle alliance* diz respeito ao questionamento do modelo da física clássica, mecânica. Os trabalhos de Ilya Prigogine sobre a termodinâmica de não equilíbrio, e notadamente sua teoria das estruturas dissipativas, permitem reintroduzir o vetor do tempo no discurso científico e passar de um modelo em que a invariância é sinal de lei científica para o reconhecimento da irreversibilidade no próprio seio da matéria, superando a alternativa secular entre o determinismo e o aleatório. A noção de lei constituída pela mecânica clássica foi perturbada pelas descobertas de Niels Bohr e Werner Heisenberg, desde que a mecânica quântica substituiu o paradigma de Galileu. Mesmo que o modelo quântico não deva substituir mecanicamente o antigo para fazer desse um novo paradigma válido em todos os outros campos do saber, é forçoso constatar que certo número de descobertas permite em todo o caso abalar o antigo modelo de cientificidade próprio da física clássica. Assim, o abandono da noção de trajetória linear, com tudo o que ela implicava de determinismo, avança no conceito de operador e na relação de incerteza de Heisenberg: "A objetividade clássica identifica descrição objetiva do sistema 'tal como em si mesmo' e descrição completa. Nesse sentido, a mecânica quantitativa nos obriga certamente a redefinir a noção de objetividade".[6] É ao mesmo tempo a relação entre o observador e seu objeto e a relação com o tempo que se encontram transformadas, permitindo a abertura de um vasto campo de possibilidades.

Os problemas clássicos discutidos pela filosofia, mas também pela pesquisa em ciências humanas, colocam-se em novos termos. Bernard d'Espagnat deduz disso, como físico, que não se pode mais aceitar uma observação dos objetos independentemente da posição daquele

---

6 Ibidem, p.312.

que observa. A mecânica quântica inverte o esquema de separabilidade entre, de um lado, um sistema de elementos estudado em suas interações intrínsecas e, de outro lado, um homem que aplica seus instrumentos de medição.[7] Quando Bohr, em 1928, opõe termo a termo o simbólico ao intuitivo, designou a questão da elaboração dos conceitos: "O estado atual das coisas mostra uma profunda analogia com as dificuldades gerais da formação dos conceitos humanos, fundados na separação do sujeito e do objeto".[8]

O fundamentalismo em todas as suas formas, lógica ou transcendental, encontra-se abalado, e com ele a concepção kantiana da objetividade. Da mesma maneira, "o problema torna-se também reconstruir um conceito coerente de sujeito".[9] É nessa direção que avança o físico Bernard d'Espagnat, considerando que a ciência é mais "objetiva" do que o pensam epistemologistas das ciências como Thomas Kuhn ou Paul Feyerabend, mas que se trata de uma objetividade frágil, "o que eu chamo precisamente de intersubjetividade".[10] No debate que se apresenta clássica e um pouco caricaturalmente, como o de uma alternativa entre as teses positivistas (Bohr) e as teses realistas (Einstein), Bernard d'Espagnat se situa a meio caminho e propõe a noção de "realidade velada".

Essas revoluções próprias das descobertas das ciências da natureza têm incidências, frequentemente com atraso, nas ciências humanas. O deslocamento epistemológico em curso nesse domínio leva a perguntar-se de maneira transdisciplinar sobre as noções de "caos", de "complexidade", de auto-organização, e se situa na filiação dos trabalhos de René Thom, de Ilya Prigogine, de Henri Atlan. O ideal determinista de Pierre-Simon de Laplace é abalado e as ciências humanas sentem-se então autorizadas a sair de um fatalismo no qual tendiam a ver o próprio critério da cientificidade. As ciências exatas, ao levarem em consideração as noções de acontecimentalidade, de irreversibilidade, de desordem criadora ou de interação permitem que não mais haja o impasse quanto à implicação obrigatória do observador, hoje cada vez mais reconhecida.

---

7 D'Espagnat, *Une incertaine réalité*.

8 Bohr apud Chevalley, Physique quantique et philosophie, *Le Débat*, n.72, nov.-dez. 1992, p.75.

9 Chevalley, Physique quantique et philosophie, p.76.

10 Bernard D'Espagnat, entrevista com Guita Plessis-Pasternak para *Faut-il brûler Descartes?*, p.119.

UMA TRANSDISCIPLINARIDADE

O esquema interpretativo e o sentido dado ao agir humano encontram a matéria em consonância com o que acontece nas ciências da natureza. Assim, a transdisciplinaridade abre um novo campo ao conhecimento, no qual os esquemas de noções circulam da filosofia às ciências da natureza e às ciências sociais sem estabelecer uma hierarquia entre esses diversos modos de experimentação e de problematização.

O horizonte ético da ciência

Os trabalhos de um pesquisador como Henri Atlan são sintomáticos desse saber contemporâneo em construção a partir de uma abertura para a transdisciplinaridade. Médico, biólogo, teórico da complexidade e da auto-organização, ele é também membro do comitê consultivo nacional de ética para as ciências da vida e grande conhecedor do Talmud. Da mesma maneira que Francisco Varela tenta fecundar mutuamente a tradição budista com as últimas descobertas das ciências cognitivas, Henri Atlan esboça um diálogo entre a tradição judaica e a reflexão científica: "É pelas comparações e diferenças que o diálogo pode ser interessante, mais do que pelas similitudes e analogias".[11] Para Atlan, a transdisciplinaridade é uma exigência essencial: os novos conceitos estabelecidos pela biologia molecular e celular devem ser elucidados pela filosofia, pois os dilemas clássicos da história da filosofia se colocam de maneira nova. Essa interfecundação não implica nenhum reducionismo. Bem ao contrário, as relações entre valores e verdades devem ser repensadas, segundo Atlan e diferentemente de Hilary Putnam, como ontologicamente diferentes: "A verdade científica não nos dá nenhum valor moral. Esses valores são sempre herdados".[12] Aceita essa cesura, o confronto deve ter lugar na praça pública. Esta pode perder a forma de uma "intercrítica":[13] o método científico permite tomar distâncias com relação ao mito, mas, inversamente, a tradição deve ser reativada para distanciar-se dos produtos da ciência. Dessa dialógica

---

11 Henri Atlan, entrevista com Guita Plessis-Pasternak para *Faut-il brûler Descartes?*, p.54.
12 Idem, Un entretien avec Henri Atlan, *Le Monde*, 19 nov. 1991.
13 Ibidem.

454 O IMPÉRIO DO SENTIDO

pode resultar um ponto de vista ético elaborado ao preço de compromissos provisórios e pragmáticos entre posições enraizadas em tradições diferentes.

Essa troca tinha sido interrompida em nome da divisão dos saberes, de seu grau de especialização sempre mais avançado, que não permitia mais o diálogo. Contudo, existia ainda no começo do século XX uma comunidade científica que observava os diversos avanços conceituais. Gérard Noiriel pode constatar, investigando sobre os relatórios das sessões da Sociedade Francesa de Filosofia, a proximidade de historiadores, sociólogos, físicos e outros especialistas das ciências da natureza. Nota-se, entre outros, a presença assídua nas sessões de um Charles Seignobos que, decididamente, corresponde pouco à caricatura que quiseram veicular os criadores dos *Annales*. O projeto de Henri Berr, filósofo convertido à história e militante da anulação das fronteiras disciplinares, quando lança em 1900 a *Revue de Synthèse Historique*, também era inicialmente transdisciplinar.

Quando Marc Bloch e Lucien Febvre fundam os *Annales d'Histoire Économique et Sociale* em 1929, empreitada decisiva de renovação da historiografia francesa, eles se mantêm informados sobre as evoluções mais recentes da ciência. Sua intenção é fazer com que uma disciplina histórica que passava por condenada ao estudo do singular, do contingente, aproveitasse essa evolução para permitir-lhe integrar-se em verdadeiros laboratórios de pesquisas coletivas. Assim, a passagem da física clássica para a física quântica contribuiu amplamente para a reviravolta historiográfica dos anos 1930. Ela favoreceu o desabrochar de uma análise das possibilidades desvinculado do mecanismo causal em vigor até então: "A tentativa de explicação do mundo pela mecânica newtoniana ou racional resulta num fracasso brutal";[14] "Nossa atmosfera mental não é mais a mesma".[15]

Houve aí uma ruptura com relação ao clima intelectual e científico anterior, da qual os *Annales*, definindo seu paradigma, tomam a medida, ou melhor, a meia-medida, pois as implicações da física quântica não são totalmente levadas em consideração. Trata-se do novo lugar consignado ao observador, mas também ao imprevisível, às situações

---

14 Febvre, *Combats pour l'histoire*, p.29.
15 Bloch, *Apologie pour l'histoire*, p.XVI.

UMA TRANSDISCIPLINARIDADE

singulares, à indeterminação e à irreversibilidade. O anti-indutivismo de Karl Popper é emblemático dessa evolução, e afeta rapidamente a evolução de todas as ciências. Contudo, esse programa é apenas parcialmente retomado pelos *Annales*: seus membros olham, sobretudo, para o lado dos sociólogos durkheimianos, cujas orientações lhes parecem mais científicas que as dos historiadores. Mas essas orientações estão ainda largamente impregnadas pelo modelo da física clássica. Trata-se de fato sempre de dar conta das regularidades, das leis universais, das permanências, de superar as situações singulares.

Apenas hoje, na inflexão hermenêutica, é que se começa a ter a verdadeira medida da subversão que constitui a revolução quântica, não somente em história, mas também em todas as ciências humanas.

Os iniciadores dos *Annales* desejavam sair dos reducionismos simplistas da história causal em uso na escola metódica, em proveito da abordagem de uma realidade percebida como complexa, irredutível a um esquema monocausal. Contudo, o horizonte cientificista, à procura de leis invariáveis da sociologia durkheimiana, não permitiu realmente sair do reducionismo, pois ela de fato passou de um determinismo para outro: à história positivista de uma causalidade puramente política substituiu um fetichismo do quantitativo.

A confluência cognitivista

A confluência transdisciplinar está daí em diante em curso de realização, mas se deslocou para outras frentes. Ela tem seus lugares privilegiados, seus especialistas. A onda cognitivista que atinge hoje uma grande parte das ciências humanas é o aspecto mais saliente dessas confluências. Nesse espírito, Pascal Engel preconiza repensar a articulação entre a elucidação psicológica e a elucidação filosófica de um conceito como o de crença, num modelo que se inspira menos no século XIX que no século XVIII, "período no curso do qual filosofia e ciência ainda não estão separadas".[16]

---

16 Pascal Engel, entrevista com o autor.

Nesse sentido, a tentativa das ciências cognitivas retoma em grande parte o projeto fenomenológico de integração das descobertas científicas no interior de uma retomada globalizante e filosófica. Maurice Merleau-Ponty já dava uma atenção muito grande às descobertas dos psicólogos mais avançados de sua época. O mesmo ocorre hoje com os defensores do novo paradigma: "Eu acho que as ciências da vida hoje têm muito a nos ensinar sobre o homem. Ora, no cognitivismo, há esse programa que obriga a conjugar as ciências exatas e o humano, em particular tudo o que concerne ao estudo dos processos superiores".[17] O historiador, confrontado com o problema da crença, encarada de forma diferente do que como a simples expressão de uma consciência mistificada, volta-se para os trabalhos das ciências cognitivas a fim de revisitar o passado e reinterpretá-lo com um novo olhar.

A onda cognitivista contribui para fazer aflorar a questão da consciência. Ainda que a inspiração tenha sido essencialmente anglo-saxônica, pelo viés da filosofia analítica, "a diferença enorme entre a filosofia analítica que se pratica de maneira continental e a filosofia analítica americana é a passagem pela história".[18] Essa interfecundação está na origem de uma problematização própria, graças a sua abertura para uma historicidade sem historicismo. A configuração que pode resultar disso talvez tenha uma chance de escapar a um simples retorno aos esquemas funcionais. Recolocando a busca do sentido no próprio interior dos esquemas funcionais, procurando conjugar um nível sintáxico, o desvio cognitivista, articulado a um procedimento historiográfico, pode permitir recuperar trajetórias e dar conta dos diversos níveis do sentido.

As ciências cognitivas terão, por isso, a capacidade de responder a todas as questões que se colocam as ciências humanas? Seguramente não, e numerosos são aqueles que pretendem moderar todo entusiasmo prematuro: "Se o cognitivismo é interessante em certos espaços de reflexão, há uma limitação, pois existem fatos observáveis que a antropologia cognitiva é totalmente impotente para explicar. É o que acontece com a proibição do incesto, com a divisão sexual do trabalho".[19] O horizonte infinito da orientação cognitivista, apesar da fecundidade de uma

---

17 Marcel Gauchet, entrevista com o autor.
18 Ibidem.
19 Jean-Luc Jamard, seminário *Espaces Temps*, Université européenne de la recherche, 4 jan. 1993.

transdisciplinaridade em ação, e sua incapacidade para englobar o todo se devem essencialmente ao fato de que ela tenta conjugar ontologias incomensuráveis. Certamente, as fronteiras disciplinares não são naturais. Elas estão mais frequentemente ligadas a cortes institucionais que não têm, apesar de suas constantes declarações de princípios, objetos nem noções específicas. Pode-se, no entanto, pensar com Jean-Marc Ferry que algumas divisões têm uma pertinência conceitual própria: "Tem sentido, do ponto de vista gramatical, que as ciências da natureza tenham uma metodologia diferente daquela das ciências da sociedade, que por sua vez deveriam ter uma metodologia diferente das ciências da cultura".[20] Encontra-se essa distinção, sob outra forma, em Jean-Claude Passeron, quando ele distingue as ciências "não popperianas" – história, sociologia, antropologia – das ciências da natureza.

A singularidade das ciências humanas

O princípio popperiano que define como critério da cientificidade a capacidade de enunciar uma afirmação "falsificável" não deve, no entanto, ser rejeitado no domínio das ciências humanas. Ele pode até encontrar matéria para aplicação no campo da investigação histórica,[21] mas desde que não esteja impregnado, como em Popper, da metodologia específica das ciências experimentais. Segundo Popper, a falsificação não pode ser válida a não ser sobre argumentos que se referem a experiências originadas da observação e da medição. No plano dos a priori de argumentação, o princípio da falsificação é completamente aceitável e operacional em ciências humanas, mas não o é no plano dos a priori da experiência; "ele se torna perverso quando o reduzimos a uma referência de experiência que só vale no domínio das ciências exatas ou da natureza".[22]

A transdisciplinaridade deve, portanto, pressupor uma singularidade das ciências humanas. É aliás o melhor remédio contra toda

---

20 Jean-Marc Ferry, entrevista com o autor.
21 Ver Boyer, *L'Explication en histoire*.
22 Jean-Marc Ferry, entrevista com o autor.

iniciativa reducionista. O diferencial essencial que especifica as ciências humanas é a implicação das competências inscritas no indivíduo que age. Essa autonomia das ciências humanas encontra sua fonte, segundo Max Weber, em seu objeto específico, isto é, a ação dotada de sentido, a competência de simbolização dos indivíduos. A transdisciplinaridade pode permitir dar uma complexidade suplementar às ciências humanas, e torna ultrapassado todo desígnio causalista mecanicista. Isso deve levar essas últimas a libertar-se do complexo de inferioridade que as fez adotar um modelo, aliás ultrapassado, considerado como próprio das ciências exatas. Não somente, acabamos de ver, a física quântica pôs esse modelo em questão, mas, além do mais, o "privilégio de antiguidade, de importância e de sucesso das ciências da natureza é um engodo",[23] como diz Sylvain Auroux, que lembra que as ciências da linguagem remontam à virada do terceiro para o segundo milênio antes de nossa era.

É assim que, desembaraçado de complexos antiquados, Bruno Latour, definindo seu procedimento de articulação entre o real (a natureza sem substancialismo), o narrado (o discurso sem narrativismo) e o coletivo como sociedade (sem reificação), "se situa firmemente no interior das ciências humanas".[24] Certamente, a antropologia das ciências não está longe das ciências da natureza, uma vez que ela entra nos laboratórios físicos, químicos, biólogos, leva em consideração seus instrumentos, suas descobertas; mas ela se interessa por elas em primeiro lugar porque constroem a partir do coletivo. Assim, a antropologia das ciências não visa qualquer síntese ilusória entre ciências da natureza e ciências humanas a partir de elementos díspares; ela experimenta conceitos próprios das ciências humanas para uma melhor inteligibilidade do social.

Duas ontologias

Partir do postulado da diferenciação de duas ontologias (a das ciências da natureza e a das ciências do homem) não equivale a recusar a

---

23 Auroux, Les Enjeux de l'épistémologie. Rencontre avec Sylvain Auroux, *Sciences Humaines*, n.24, jan. 1993, p.34.

24 Bruno Latour, entrevista com o autor.

transdisciplinaridade. Esta é ainda mais indispensável pelo fato de que certas disciplinas são atravessadas de frente por essa cesura. A antropologia situa-se, assim, na encruzilhada de uma busca do espírito humano, dos recintos mentais, das invariantes próprias à espécie humana, e de uma busca de singularidades, das diferenças, das variações. Essa tensão interna sempre atravessou o discurso antropológico, que conheceu com Claude Lévy-Strauss um momento áureo em sua tentação de um realismo estrutural integral, notadamente na última parte de sua obra, quando ele postula um isomorfismo entre a semântica e a natureza. Mas a principal tendência atual leva a antropologia a uma perspectiva mais histórica, uma maior consideração do vivido, do contingente, do discurso, mesmo que assim os esquemas explicativos sejam atingidos.

O sociólogo Jean-Claude Passeron opõe, como vimos, duas epistemologias, uma correspondente às ciências de Galileu e outra às ciências históricas, enquanto, de seu lado, o etnólogo Alain Testart enxerga um único regime de cientificidade próprio, ao mesmo tempo, às ciências da natureza e às ciências humanas. Contudo, ambos chegam paradoxalmente à mesma conclusão de uma prevalência do caráter contextualizado, situado, dos instrumentos heurísticos das ciências humanas: "É preciso especificar em cada caso como a lei geral se aplica. Nesse sentido, eu preferiria falar em generalidade especificável",[25] enquanto para o primeiro as ciências humanas desenham duas epistemologias diferentes e o segundo defende a tese de uma epistemologia única.[26] A fim de melhor discernir os deslocamentos dessas tensões internas, Jean-Luc Jamard coloca os prolegômenos de uma antropologia dos antropólogos que permita melhor recuperar as condições de validade do discurso de sua disciplina.[27] Ele consegue, assim, definir essa oposição entre ciência e história própria da antropologia, que corresponde a uma "díade temática: estabilidade contra mudança, mundo nomológico contra mundo histórico".[28]

Mesmo postulando a existência de duas ontologias diferentes, como Dany-Robert Dufour, isso não impede de utilizar certo número

---

25 Testart, *Pour les sciences sociales. Essai d'épistémologie*, p.151.
26 Passeron, *Le Raisonnement sociologique*.
27 Jamard, *Anthropologies françaises en perspective*.
28 Jean-Luc Jamard, *Espaces Temps*, Université européenne de la recherche, 4 jan. 1993.

460   O IMPÉRIO DO SENTIDO

de figuras simbólicas nos campos mais diversos do saber, pois elas atravessam diversos modos de cientificidade, tanto as ciências da natureza quanto as ciências humanas. É assim que Dany-Robert Dufour criou com Serge Leclaire (infelizmente falecido em 1994) um lugar de confronto (um seminário) no qual trabalham juntos filósofos, psicanalistas e especialistas em "tecnociências" como a inteligência artificial, para melhor compreender o desdobramento da função simbólica. Todos os pesquisadores examinam hipóteses relativas às formas que trabalham os grandes discursos, e assim o sujeito em seu vínculo pessoal. A necessidade dessa transdisciplinaridade em ação é definida como uma tentativa de resposta ao mal-estar atual da civilização.

Eles se perguntam, assim, sobre a relação inédita entre esse mal-estar e o modernismo de nossas sociedades ocidentais, que engendram formas sempre novas do sofrimento humano. As tecnologias mais modernas têm a tendência a deslocar a noção tradicional de sujeito, a criar próteses tecnossubjetivas ou, como as qualifica Bruno Latour, "híbridas". É o questionamento sobre essa atividade constante de criação protética que está na base de novas alianças necessárias entre as ciências da natureza e do espírito. Para Dany-Robert Dufour, esse encontro de três componentes tem como objetivo elaborar uma problemática da invenção protética nas suas relações com o universo simbólico. Ela deveria mobilizar os protagonistas das mutações protéticas (os eruditos), aqueles que têm um conhecimento do interior de seus efeitos sobre o vínculo pessoal (os psicanalistas), e enfim aqueles que, sociólogos e filósofos, enxergam as consequências dessas mutações no plano do vínculo social.

A pulverização dos saberes em múltiplas partes cada vez mais técnicas e sofisticadas poderia encontrar seu contraponto necessário graças à multiplicação desses vínculos de confluência, atentos ao surgimento do novo, capazes de transgredir as fronteiras disciplinares tradicionais. Esses vínculos podem permitir um começo de síntese dos saberes particulares das diversas ciências humanas, uma possível articulação de suas diversas dimensões, a fim de tornar inteligível o fenômeno humano, as relações entre o desejo e a lei... Essa precisa postular uma complexidade desse saber e constituir programas de pesquisa transdisciplinares. Foi o que o CNRS começou a realizar, lançando três grandes programas que têm em comum sua transdisciplinaridade: "Há hoje em dia um

UMA TRANSDISCIPLINARIDADE

questionamento mútuo entre ciência da natureza e ciência do homem: é a revanche de Aristóteles sobre Platão".[29]

Tendo perdido sua posição de contrapeso, hoje a epistemologia se constrói mais no decorrer do processo de pesquisa. Nesse sentido, as ciências cognitivas são um bom exemplo da fecundidade possível entre filósofos e cientistas a partir de uma escolha metodológica. Elas postulam, no entanto, um monismo epistemológico que inclui em um mesmo conjunto as ciências da natureza e as ciências do espírito, com o qual nem todos os pesquisadores estão de acordo. O jogo sobre as fronteiras disciplinares pode estar na origem de avanços tangíveis do conhecimento: "Não se sabe muito bem até onde iria uma psicologia cognitiva de forte conexão neurocientífica, de forte dimensão psicanalista".[30] O confronto nos programas comuns de pesquisa entre biólogos e especialistas da auto-organização já permitiu avanços no plano das funções cognitivas inferiores: a visão, a percepção... A psicologia tende a se transformar, assim, ao sabor das questões novas que lhe são colocadas. Ela se situa numa posição de tensão entre uma tendência psicanalista e uma outra vertente explicativa mais voltada para a interpretação, para a avaliação. É nessa epistemologia experimental que alguns cognitivistas encontram as questões colocadas pela fenomenologia. Elas permitem retomar questões importantes para a sociologia da ação, como a da ação situada, e melhor conceber, por exemplo, o modo de funcionamento dos artefatos, dos robôs que se comportam de maneira inteligente graças à sua faculdade de se adaptar a situações novas.

---

29 D'Iribarne, Les Sciences de l'homme au CNRS. Entretien avec Alain d'Iribarne, *Sciences Humaines*, n.25, fev. 1993, p.24.

30 Daniel Andler, entrevista com o autor.

34

UMA EPISTEMOLOGIA EXPERIMENTAL

A transdisciplinaridade que tende a se impor como uma nova exigência não significa o retorno à querela epistemológica sobre as condições da cientificidade. Se seguirmos Bruno Latour, as pesquisas nas ciências humanas devem proceder a uma cura de emagrecimento das explicações. O "todo epistemológico" não é mais o índice de confiabilidade científica como foi o caso no tempo do estruturalismo triunfante, quando cada estudo de campo devia se fundir em alguns ensinamentos de ordem epistemológica.

A epistemologia "está muito carregada daquilo que eu quero evitar: as ideias de objetividade, de autoridade, de neutralidade, de racionalidade".[1] O perigo da epistemologia é derivar seu campo singular de estudo de considerações gerais e funcionar como estereótipo, enquanto o domínio de inovação do cientista é essencialmente local, contingente e está na arena de decisões pontuais em cadeias. É transgredindo as grandes divisões entre práticas e teorias que a ciência inventa. Uma epistemologia elabora-se no decorrer desse processo, mas de uma forma experimental. Situa-se em ruptura com a tradição positivista que levou até o "corte" althusseriano, cuja eficácia consistiu em delimitar o espaço da não ciência a fim de desqualificá-lo. Nesse esquema,

---

1 Isabelle Stengers, Le Bon plaisir d'Isabelle Stengers, programa apresentado por Antoine Spire, France Culture, 5 mar. 1994.

464 O IMPÉRIO DO SENTIDO

a ciência se construía "contra" o obstáculo da ideologia, da opinião, do saber comum: "Nesse sentido, Bachelard está mais próximo do 'grande positivismo' associado a Auguste Comte que do positivismo epistemológico associado ao Círculo de Viena".[2]

Já tinha havido um ataque contra o objetivismo, o de Feyerabend: "A ideia de que a ciência pode e deve ser organizada segundo regras fixas e universais é ao mesmo tempo utópica e perniciosa".[3] O ensino que ele tiraria disso, segundo o qual "*anything goes*" ("Tudo é bom, tudo avança"),[4] fez escândalo nos meios científicos. Sua tomada de posição relativista, no entanto, foi caricaturada quando se reduziu a suas analogias deliberadamente provocatórias. Quando ele recusa toda forma de superioridade à ciência com relação às outras formas de saber, não procura se opor à prática científica, mas à "assimilação da objetividade ao produto de um procedimento objetivo".[5] Feyerabend não volta as costas para a ciência. Ele critica o positivismo e sua comparação da objetividade ao produto de um procedimento objetivo que remete a um jogo indefinido do sujeito e do objeto. É nesse quadro que se inscreve seu questionamento da epistemologia, quando ele invoca a indistinção entre ciência e mito: "A ciência, como o mito, coroa o senso comum com uma superestrutura teórica".[6]

Ciências de campo/ciências experimentais

Isabelle Stengers prossegue esse trabalho de desvinculação e, no mesmo espírito, retém de Karl Popper outra coisa em vez da posição discriminatória segundo a qual uma ciência só é ciência a partir do momento em que suas proposições são refutáveis, falsificáveis. Ao contrário da imagem que se tem de Popper, ela compara sua posição à de um "crítico de arte".[7] A tese maior de Popper foi exposta, desde 1934, em

---

2 Stengers, *L'Invention des sciences modernes*, p.34.
3 Feyerabend, *Contre la méthode*, p.332.
4 Ibidem, p.333.
5 Stengers, *L'Invention des sciences modernes*, p.46.
6 Feyerabend, *Contre la méthode*, p.334.
7 Stengers, *L'Invention des sciences modernes*, p.38.

UMA EPISTEMOLOGIA EXPERIMENTAL

La logique de la découverte sciencitifique [A lógica da pesquisa científica]. Popper de fato ataca a irrefutabilidade, que considera um vício. Ele se opõe, então, às teses do Círculo de Viena (enunciadas em 1929), defendendo uma concepção científica unificada do mundo, fundada no alinhamento das ciências do espírito com as ciências da natureza. Popper desenvolve sobre esse ponto toda uma crítica das teses de Gottlob Carnap. O que reprova essencialmente no positivismo é a falta de novidade, o momento singular da descoberta científica. Opõe ao encerramento no interior de uma teoria infalsificável, incapaz de produzir novo, uma epistemologia do risco, da audácia, pois o objetivo da ciência é a produção da novidade. É justamente essa epistemologia do risco, essa epistemologia experimental que Isabelle Stengers defende contra as diversas tentações de rotinização e de esterilização.

Isabelle Stengers preconiza, no entanto, diferenciar dois regimes de cientificidade. Distingue, de fato, no próprio interior das ciências da natureza, as ciências experimentais (a física, a química, a biologia molecular, na qual a descoberta se produz a partir de uma experiência), e as ciências de ascendência darwiniana como a geologia, a meteorologia, a climatologia, que não têm objeto de experiência, mas tentam reconstituir processos de experiência. Conviria, assim, diferenciar as ciências de campo, impróprias para a constituição de dispositivos experimentais que permitam ao pesquisador testar suas hipóteses, mas oferecendo somente a possibilidade de reunir índices e traços, das ciências de laboratório, que podem atingir o paradigma de Galileu: "A incerteza irredutível é a marca das ciências de campo. Ela não diz respeito a uma inferioridade, mas a uma modificação das relações entre 'sujeito' e 'objeto'".[8]

Essa distinção entre ciências de campo e ciências experimentais nem por isso é irredutível, segundo Stengers, para quem ela é mais da ordem do modelo das cidades no sentido de Luc Boltanski e Laurent Thévenot do que uma divisão definitiva entre dois modos de cientificidade. A diferença reside, sobretudo, no modo de posição do sujeito com relação à questão que ele coloca. Nas ciências de laboratório, as ciências teórico-experimentais, o cientista é aquele que decide, como enfatizou Kant. Isabelle Stengers, isolando a singularidade dessas ciências

---

8 Ibidem, p.163.

466

O IMPÉRIO DO SENTIDO

experimentais, estabelece como objetivo desqualificá-las como modelo universalizável. Sob esse aspecto, ela saúda o trabalho de Stephen J. Gould,[9] quando ele insiste na novidade, na singularidade da biologia evolucionista, herdeira de Darwin e cujos critérios diferem daqueles das ciências experimentais. Escapando desse modelo, Gould mostra que há outros regimes de cientificidade, mais voltados para a historicidade e a narratividade.

Essa distinção reforça o projeto de Isabelle Stengers desde *La Nouvelle alliance*, que é o de rastrear os modelos unívocos, fontes de reduções e obstáculos à inovação. Trata-se de evitar reproduzir o destino da química, submetida por uma física triunfante que impõe seu modelo e anexa-a como saber auxiliar.[10] O que é comum às ciências de campo e às ciências teórico-experimentais deve ser seu sentido do risco que, segundo Stengers, constitui o critério nodal de pertencimento ao campo científico. É essa noção de risco que deve incitar as ciências humanas a não se encerrar em objetos preestabelecidos ou em quadros teóricos fechados em si mesmos, mas a abrir-se para a irrupção da novidade, da irreversibilidade.

A hipnose: um problema de confronto

A crise do causalismo e o interesse atual pelas zonas fronteiriças, indizíveis, é perceptível também num outro campo de saber, a psicanálise, com a redescoberta da hipnose. Essa prática, rejeitada por Freud, que a substituiu pela cena da cura, permite recolocar o problema do vínculo social. Jean-Paul Escande descobre até que ponto a questão da hipnose é fascinante ao ler uma entrevista que o grande especialista na questão, Léon Chertok, deu em 1985 ao *L'Autre Journal*. Ele concluía com essa frase de Isabelle Stengers: "A hipnose levanta o problema do vínculo afetivo que nos permite viver". Isso foi para Jean-Paul Escande

---

9 Gould, *Le Pouce du panda*; idem, *Quand les poules auront des dents*; idem, *Le Sourire du flamant rose*; idem, *La Vie est belle*.
10 Bensaude-Vincent; Stengers, *Histoire de la chimie*.

UMA EPISTEMOLOGIA EXPERIMENTAL

"um dos choques mais violentos de (sua) vida".[11] Estamos longe do *mathema* de Lacan e dos nós borromeus, quando o simbólico puro devia esvaziar toda manifestação do afeto. Bem ao contrário, é essa dimensão que hoje é reavaliada. Foi ela que suscitou o interesse de Isabelle Stengers, da mesma forma que o encontro com Leon Chertok em 1984. A hipnose é um "problema de confronto"[12] que traça em negativo a positividade de uma nova economia moral. Ela deu a esperança de submeter ao laboratório a oposição entre verdade e ficção, a possível experimentação de um devir verdadeiro: "A questão é saber se a renúncia de Freud a essa esperança [...] significa que a instituição da psicanálise marca o fim da analogia entre a terapia, daí em diante analítica, e o laboratório".[13]

Freud preferirá elaborar o artefato que constitui o protocolo analítico como espaço controlável que substitui a hipnose de Charcot. O psicanalista cria, então, seu objeto, à maneira dos químicos do século XIX. A hipnose diz respeito, assim, a um problema moral. Ela é desaconselhada como prática e acusada de não se dirigir ao indivíduo como ser consciente, livre e racional: "O que me interessa é mais a experiência dos cientistas diante da hipnose do que a experiência da própria hipnose".[14] Nesse plano, a hipnose faz o papel do experimento, do risco na prática psicanalítica como prática de estatuto incerto. Ela é, com isso, um bom teste do ponto de vista de Isabelle Stengers, que define a cientificidade por sua capacidade de assumir riscos no caminho da inovação.

Ora, a questão parece reaberta pelas próprias propostas de Freud em 1937, quando ele reconhece certos limites da prática que criou.[15] Ele diz que a transferência não basta para fazer da realidade psíquica um objeto teórico. Ora, a hipnose permanece um indefinível, um risco, um desafio a reativar enquanto "ferida narcísica tanto para os experimentadores quanto para os terapeutas".[16] Lugar de osmose entre racionalidade e irracionalidade, a hipnose permite recolocar a questão do vínculo, da sugestão. Encontramo-nos, aqui, não nos confins, mas no cerne daquilo

---

11 Jean-Paul Escande, Le Bon plaisir d'Isabelle Stengers, programa apresentado por Antoine Spire, France Culture, 5 mar. 1994.

12 Isabelle Stengers, entrevista com o autor.

13 Idem, *La Volonté de faire science*, p.53.

14 Isabelle Stengers, entrevista com o autor.

15 Freud, Analyse avec fin, analyse sans fin. In: *Résultats, idées, problèmes*, v.II.

16 Stengers; Chertok, *L'Hypnose, blessure narcissique*, p.47.

468 O IMPÉRIO DO SENTIDO

que pode permitir interrogar o vínculo social em sua manifestação mais opaca: "Não é tempo de pararmos de criticar a sugestão para compreender que aquilo que chamamos de sugestão designa de fato aquilo que dá aos humanos a possibilidade de pensar e de viver em conjunto?".[17]

Reatar com a tradição das ciências humanas

Jean-Pierre Dupuy conseguiu construir pontes entre disciplinas graças à construção de modelos. Pelo viés dos modelos matemáticos e lógicos sobre a autonomia, a auto-organização, a autorreferência, ele consegue fazer a ligação transdisciplinar entre ciências da natureza, da vida e ciências do homem. Ele não tem como objetivo transferir um modelo nascido das ciências exatas para fazê-lo funcionar nas ciências humanas ou o contrário, mas fazer com que esses modelos repercutam entre si. Ao contrário daqueles que olham o campo da física para detectar nele as regras imutáveis de uma cientificidade válida para todos os campos de saber, Dupuy mostrou, com a auto-organização, que esse modelo "estava nas ciências do homem, na filosofia social, bem antes das ciências da natureza. Isso esteve na origem de meus trabalhos sobre Adam Smith sobre o tema da mão invisível".[18] Segundo ele, a inflexão atual das ciências humanas, voltada para interrogações sobre as noções de desordem, de caos, de irreversibilidade, vem menos da consideração tardia dos ensinos da física quântica do que das tradições próprias das ciências humanas. Durkheim já punha em cena uma tensão entre ordem e desordem quando partia da ideia de uma transcendência do social com relação aos indivíduos.[19] É sobretudo em René Girard que Jean-Pierre Dupuy encontra essa tensão, uma vez que a transcendência do social se efetua no próprio decorrer da crise sacrificial: "É uma desordem que produz uma nova ordem".[20]

---

17 Ibidem, p.52.
18 Jean-Pierre Dupuy, entrevista com o autor.
19 Durkheim, *Les Formes élémentaires de la vie religieuse*.
20 Jean-Pierre Dupuy, entrevista com o autor.

A via "experimental"

A ideia de Herbert Simon de uma epistemologia experimental, que lhe vem da etnometodologia, é largamente praticada nas ciências humanas hoje. Ela consiste em considerar que os problemas epistemológicos fundamentais são questões de conhecimentos que saem do quadro epistemológico para tornar-se objetos de estudo, e podem então ser observados. Essa inversão com relação à noção de corte epistemológico que acentuava ao contrário a linha de divisão, a posição de contrapeso do epistemólogo é comum à etnometodologia, à sociologia da ação, às ciências cognitivas, à antropologia das ciências e a uma história concebida como investigação segundo o paradigma indiciário.

Alguns historiadores, aliás, engajaram-se nessa via "experimental"[21] que procura exaltar a multiplicidade dos possíveis. Eles apelam para a imaginação, para a criatividade do historiador para recuperar a fusão do passado quando ele era presente: "Toda ordem é um artefato".[22] Sair da passividade concebida como uma virtude tradicional da ciência, experimentar para fazer renascer a criatividade humana: "Assim definida, a ciência aproxima-se da arte de vanguarda".[23] A experimentação histórica leva, então, a uma outra aliança, com a ficção literária, cujos laços com a escrita histórica foram amplamente demonstrados,[24] sem jamais se reduzir a essa.

Daniel S. Milo e Alain Boureau reagem também contra a desconfiança manifestada por toda uma geração de historiadores com respeito a fenômenos de superfície, acusados de emergir da simples contingência, e assim de estar em posição de exterioridade com relação à exigência científica: "O primado das estruturas, em história, vai assim em paralelo com o esvaziamento, ou pelo menos a neutralização do sujeito/ator. Ela leva, na prática, a uma indiferença aumentada em direção à intencionalidade".[25] Eles propõem como alternativa a ideia de uma história experimental que permitiria acentuar a porção ativa do historiador, sua imaginação,

---

21 Boureau; Millo, *Alter-histoire*.
22 Ibidem, p.10.
23 Ibidem, p.19.
24 Ricoeur, *Temps et récit*, t.2.
25 Millo; Bourreau, *Alter-histoire*, p.16.

sua capacidade de reativar o campo dos múltiplos possíveis não verifica-dos do passado, fazendo-o atuar como presente. O comparativismo e o método antropológico de transformação do universo cotidiano e familiar em um mundo estranho servem-lhe de modelo heurístico.

35

RELAÇÕES PACIFICADAS ENTRE FILOSOFIA E CIÊNCIAS HUMANAS

As relações entre as ciências humanas e a filosofia sempre foram ambivalentes. Nascidas no seio da filosofia das Luzes, as ciências humanas dotaram-se de um grande projeto que tinha como dupla finalidade explicar a natureza do social e construir um mundo melhor numa perspectiva progressista. A Revolução Francesa de 1789 tinha consagrado essa ambição inovadora abandonando a tradicional denominação de "ciências morais e políticas" a fim de dar lugar nítido às novas ciências do humano. Ao longo de todo o século XIX, novas disciplinas conseguiram cortar o cordão umbilical que as ligava à filosofia, com o objetivo de garantir seu desenvolvimento a partir de um objeto e de um método específicos, legitimando seu voo. É então para as ciências naturais que se orientam os olhares dos novos aventureiros. Se a razão deve governar o mundo, é graças ao método científico que ela pode se desenvolver.

A longa emergência das ciências humanas, como disciplinas instaladas, institucionalizadas, prossegue no século XX com um momento áureo na França, o do pensamento estruturalista. A penetração institucional da antropologia, da linguística, da psicanálise é realizada à custa de proclamações sobre o fim da filosofia e o advento irreversível de uma ideia do conceito. A ruptura parece consumada. Essa fratura entre ciências humanas e filosofia, além de sua dimensão em termos de poder e de saber legítimo, foi particularmente acentuada na França no século XX à medida que as ciências humanas tiveram dificuldade para se impor.

472 O IMPÉRIO DO SENTIDO

Foi necessária a explosão/golpe de Estado estruturalista para ganhar uma universidade, enfim descentralizada (Ehess) para sua causa.

Por outro lado, as duas filosofias dominantes dos anos 1960, o marxismo e o heideggerismo, contribuíram fortemente para a ambivalência das relações entre filosofia e ciências humanas. Para o marxismo, a filosofia devia ser superada pelas ciências humanas, isto é, erigida (em Althusser e nos althusserianos) em teoria científica das práticas empíricas, a fim de desvendar a porção da ideologia aí contida. Quanto às teses heideggerianas, elas proclamavam um profundo desprezo pelo afã das ciências humanas condenadas à falta de autenticidade do estando. Sobre essas duas posturas contraditórias, mas recusando *a priori* o diálogo, enxertou-se a tradição do positivismo francês, que insistia na noção de ruptura (Bachelard), ou até de corte epistemológico (Foucault, Althusser), como arma de guerra contra o continuísmo da história das ideias.

Uma recomposição

Hoje o declínio dos grandes paradigmas unificadores e a legitimação adquirida pelos diversos saberes constituídos em disciplinas das ciências humanas fizeram evoluir as relações entre essas últimas e a filosofia, a ponto de poder-se falar em relações pacificadas: "A teoria proposta não tem mais lugar para manter com a filosofia as relações tensas que caracterizavam o período anterior".[1] Assiste-se até uma inversão espetacular, uma vez que nos anos 1960 os filósofos deviam alimentar suas reflexões a partir de investigações empíricas e dos resultados dos laboratórios, enquanto hoje em dia vimos que os pesquisadores em ciências humanas mais frequentemente procurarão na filosofia os conceitos dos quais necessitam para melhor analisar seu material empírico.

A filosofia encontra seu duplo papel, de um lado, de "provedora de conceitos"[2] e, de outro, de retomada reflexiva dos conteúdos científicos. Essa última dimensão, tradicional em filosofia, tornou-se ainda mais

---

1 Hoarau, Description d'une conjoncture en sociologie, *Espaces Temps*, n.49-50, 1992, p.11.
2 Dodier, Agir dans plusieurs mondes, *Critique*, n.529-530, jun.-jul. 1991, p.446.

necessária pela atomização dos saberes e das linguagens, sempre mais técnicas, muito especializadas para comunicar-se entre si. Essa evolução para uma divisão das ciências em parcelas tem incidências particularmente negativas que podem levar "a uma feudalização, a uma tribalização que não podem ser superadas senão por um saber de tipo reflexivo para se reapropriar dos conteúdos científicos".[3]

Essa tarefa cabe em primeiro lugar à filosofia, que pode reencontrar, dessa maneira, sua vocação para desenvolver uma problematização de segundo nível de vocação globalizante. Uma vez que o *organon* da filosofia é a reflexão, a apropriação que ela permite da produção do saber é sentida pelas diversas ciências humanas como indispensável, tanto que essa função não se inscreve numa intenção imperialista de demonstração do caráter de domínio absoluto da filosofia no concerto frequentemente cacofônico das ciências humanas. A filosofia é cada vez mais vivida como o devir das ciências humanas, enquanto ontem estas a viam como seu passado, sua arqueologia. No interior dessa nova configuração, a filosofia pode desempenhar um papel comunicacional essencial "para superar essa excomunhão com que foi tocada a produção científica como um amplo painel da produção cultural, e assim fazer entrar a cultura num processo de reconhecimento dos conteúdos que foram produzidos. Há uma única potência reflexiva que pode fazer isso".[4]

A renúncia ao filósofo rei

A pacificação das relações entre ciências sociais e filosofia é fruto de uma dupla evolução: a da filosofia, que não mais reivindica o lugar de domínio do sentido, e a das ciências sociais, que não mais se inscrevem numa dinâmica de pseudossuperação das interrogações filosóficas. O início desse deslocamento é contemporâneo na França à redescoberta da contribuição maior de Max Weber. Este último de fato estimulou a renúncia progressiva à dependência de uma razão abstrata, total e única para opor-lhe a multiplicidade das racionalidades plurais,

---

3 Jean-Marc Ferry, entrevista com o autor.
4 Ibidem.

474   O IMPÉRIO DO SENTIDO

práticas e complexas. Weber inaugurou a grande mutação da passagem da razão às racionalidades, nem sempre sendo bem recebido por um meio filosófico destituído de sua posição dominante e que o manteve à distância, enquanto sociólogo, fora da cidade científica mais legítima. Isso contribuiu para conceber a filosofia e as ciências sociais como duas vias incomensuráveis. Com Weber, o comparatismo se articula à finitude das sociedades concretas e rompe com a ideia de um absoluto a conquistar. Essa secularização permitirá desdobrar a eficácia do pensamento prático e reatar a nova relação possível entre os estudos empíricos e sua problematização.[5]

Assim, a figura do filósofo rei desaparece, o que em nada reduz a tarefa histórica do discurso filosófico como discurso reflexivo, chamado a tornar inteligível uma realidade cada vez mais complexa, disparatada e esmigalhada. Essa reflexividade do posterior corresponde a uma tarefa mais ampla que aquela da tradição chamada de filosofia reflexiva. Nesse nível, pode-se considerar que se entra numa nova era filosófica da modernidade, que não mais corresponde à construção dos grandes sistemas nem à que a sucedeu de desconstrução da filosofia como projeto metafísico.

O rearranjo da questão do sentido que implica a nova tarefa da filosofia contemporânea leva-a a reatar com as ciências humanas relações que até então eram pensadas em termos de antagonismo. Certamente, as ciências humanas nasceram no prolongamento do projeto das Luzes e de uma fé no progresso realizados pela razão, mas definiram sua empreitada como a de uma crítica das ingenuidades inerentes à crença de uma possível dominação ou transparência da história humana por seus sujeitos. Seu papel histórico foi, pois, mostrar as diversas determinações que pesam sobre o indivíduo e sobre o social sem que eles saibam, e objetivar as práticas sociais. As investigações das ciências sociais permitiram fazer aflorar a eficácia de um inconsciente social por trás das ingenuidades de um pensamento das Luzes que postulava uma transparência possível. É essa a maior e irreversível contribuição das ciências humanas em geral e do movimento estruturalista em particular. Hoje surge uma nova fase, marcada pela reativação do projeto

---

5 Ver Colliot-Thélène, *Le Désenchantement de l'État, de Hegel à Max Weber*; e Ernct, Weber, la philosophie déplacée, *Espaces Temps*, n.53-54, 1993, p.28-42.

RELAÇÕES PACIFICADAS ENTRE FILOSOFIA E CIÊNCIAS HUMANAS

weberiano de compreensão da consciência dos atores, que pode permitir reconciliar os defensores da especificidade da postura filosófica e os defensores do projeto crítico das ciências positivas.

Recompor globalmente

Essa perspectiva abre a via de uma "recomposição global" dos saberes parcelares por uma filosofia capaz de se reapropriar daquilo que foi objetivado fora dela mesma, o que a tradição hegeliana chama de "positividades". Afirma-se, dessa forma, uma filosofia cada vez mais receptiva às questões de ética, de direito, de política e às questões sociais. As condições do diálogo são mais favoráveis entre essas duas tradições. Esse diálogo é sentido como uma necessidade pela nova geração: "Os alunos de filosofia têm muita vontade de aprender direito, política, e de saber o que é a economia, senão, eles têm a sensação angustiante de estarem isolados da realidade".[6] Por sua vez, os sociólogos que partem da tradição da sociologia compreensiva voltam-se para as obras de Peter L. Berger, Alfred Schutz, Thomas Luckmann, Husserl... Disso pode resultar uma dinâmica própria das ciências humanas para promover-se de maneira inversa ao período precedente. Em vez de procurar se desfazer de sua origem filosófica e de apresentar-se como a superação do horizonte filosófico em nome de sua capacidade científica, elas podem trabalhar "no devir filosófico dessas ciências".[7]

Tal perspectiva de abertura permite aos filósofos, por sua vez, reatar com uma longa tradição da história da filosofia fundada num diálogo ativo, numa problematização das descobertas científicas. Ela pode contribuir para impedir que os filósofos se curvem a uma concepção mutiladora, empobrecedora, de uma "filosofia restrita" fechada num domínio circunscrito. Sylvain Auroux, epistemólogo das ciências da linguagem, cujo percurso se inscreve na filiação de seu mestre Jean-Toussaint Desanti, colocou-se firmemente na articulação da filosofia e das ciências humanas. Filósofo, ele trabalhou no interior de uma

---

6 Jean-Marc Ferry, entrevista com o autor.
7 Ibidem.

476 O IMPÉRIO DO SENTIDO

"positividade" particular, a linguística. A partir dessa dupla competência, ele reata com o espírito enciclopedista do século XVIII[8] e defende a ideia de que a filosofia só pode ser uma atividade secundária com relação às práticas científicas: "Como dizia Desanti, ser filósofo das matemáticas é situar-se no campo das matemáticas".[9] Iniciador dessa aproximação entre filosofia e ciência, ele condena severamente todas as iniciativas de distanciamento que confinam a interrogação filosófica às humanidades literárias. Lembrando até que ponto filósofos como Descartes, Spinoza, Leibniz e mais recentemente Russel, Carnap ou Quine enfrentam a interrogação filosófica e a dominação de uma cultura científica, Sylvain Auroux deplora o recuo em direção a uma "filosofia restrita".[10]

Os filósofos tenderam a se recolher a um domínio circunscrito, constitutivo de sua autonomia disciplinar e institucional. Depois de ter perdido a batalha da filosofia da natureza contra os progressos das ciências físicas, eles encontraram uma base de apoio nas ciências do humano, definidas como uma ruptura ontológica própria para lhe garantir uma autonomia. Mas, assim como o exército, a filosofia muito frequentemente se transformou na "grande muda" no que concerne aos problemas contemporâneos. Para Auroux, o filósofo deve hoje estar de novo ligado à atualidade tanto quanto com seu passado e mostrar como as inovações participam de um momento histórico singular e, portanto, devem ser referidas a suas condições contextuais de emergência. A exigência histórica leva-o, aliás, a revisitar as categorias aristotélicas nas quais ele percebe as primeiras definições interessantes em linguística e em gramática.[11] Ele se coloca, assim, em oposição à tradição epistemológica francesa das rupturas/cortes, que remete o passado ao pré-científico ou ao ideológico. Dessa forma, o procedimento do historiador permite melhor perceber a terceira revolução em curso sob nossos olhos, a da "automatização dos meios de comunicação humana".[12] Ela intervém após duas outras revoluções: a escrita e a gramatização.

---

8 Auroux, *Encyclopédie philosophique universelle*, t.2; idem, *Histoire des idées linguistiques*.

9 Sylvain Auroux, entrevista com o autor para Dosse, *Histoire du structuralisme*.

10 Auroux, *Barbarie et philosophie*, p.20.

11 Aristote, *Sur l'interprétation*. In: *Organon*.

12 Auroux, Les Enjeux de l'épistémologie. Rencontre avec Sylvain Auroux, *Sciences Humaines*, n.24, jan. 1993, p.32-5.

RELAÇÕES PACIFICADAS ENTRE FILOSOFIA E CIÊNCIAS HUMANAS

É portanto inútil procurar uma data de ruptura decisiva, uma ruptura radical a partir da qual se constituiria uma ciência da linguagem. Quer seja em 1816 com Bopp, 1916 com Saussure ou 1957 com Greimas, essas reordenações devem ser recuperadas numa duração mais longa.

Para Sylvain Auroux, a tensão própria à filosofia, cuja primeira vocação é um projeto universalizante que a levou a recusar a dispersão dos saberes, mesmo reconhecendo uma identidade de projeto com os diversos saberes positivos, pode ser superada ou deslocada. Convém fazer reviver uma epistemologia em novas bases, não as da ruptura, do contrapeso, mas substituindo a "função crítica e reflexiva no seio do saber",[13] reatando com o frescor da filosofia das Luzes[14] e renunciando a ocupar uma posição imperial. Por sua vez, as ciências humanas apelam fortemente aos filósofos. Na revista que Claude Lévi-Strauss criou, *L'Homme*, "os autores mais citados nos artigos não são os antropólogos, mas Quine, Wittgenstein, Strawson...".[15]

O programa da modernidade

Esse recurso filosófico das ciências humanas é explícito no balanço que faz Alain Caillé de dez anos de evolução das ciências sociais, no qual apresenta uma "defesa de uma filosofia política que teria ares de ciência".[16] Ele parte da constatação de que a função das ciências humanas foi acompanhar o advento da modernidade, contribuir para a liquidação simbólica e ideológica das sequelas da sociedade tradicional. Essa tarefa histórica de evicção de todo fundamento exterior à própria sociedade, de toda transcendência não imanente à racionalidade humana, está prestes a ser terminada: "Esse programa da modernidade nas sociedades

---

13 Idem, *Barbarie et philosophie*, p.121.

14 Ibidem, p.121.

15 Jean-Luc Jamard, seminário *Espaces Temps*, Université européenne de la recherche, 4 jan. 1993.

16 Caillé, Faut-il créer une nouvelle discipline dans les sciences sociales, et laquelle? (Plaidoyer pour une philosophie politique qui aurait des allures de science), *La Revue du MAUSS*, n.15-16, 1992, p.11.

478   O IMPÉRIO DO SENTIDO

ocidentais desenvolvidas está quase totalmente realizado em suas grandes linhas".[17]

A modernidade conseguiu se desembaraçar dos particularismos da sociedade tradicional para impor os três universais que a caracterizam: o mercado, o Estado representativo e a ciência. Esse mesmo sucesso explica o sufoco que conhecem hoje as ciências sociais, menos em dia com as questões políticas já que sua aventura nesse plano terminou. Estarão elas por isso condenadas a desaparecer? Certamente não, mas desde que reabasteçam seu programa com novas ambições. Elas podem revisitar os três universais da modernidade para tentar responder à questão ainda não resolvida: qual é a essência do vínculo social, daquilo que faz os homens se manterem juntos?[18] Para isso importa recolocar a questão da ruptura considerada como constitutiva da especificidade das ciências humanas: "O primeiro ferrolho a destravar é aquele que organiza a insustentável dicotomia instituída entre os julgamentos de fato e os julgamentos de valor".[19] Nessas condições, a cisão entre ciências humanas e filosofia deve ser superada, notadamente nessa divisão implícita que fazia do filósofo o guardião do julgamento normativo, enquanto o especialista em ciências humanas era o fiador da veracidade do fato. Para realizar essa aproximação, Alain Caillé sugere remontar o fio do tempo com o objetivo de questionar a situação e as problemáticas anteriores à desvinculação entre filosofia e ciências humanas.

Certamente, não se trata de questionar os saberes em sua forte especialização, nem de voltar a um passado enterrado. Mas é possível levar adiante com relação "ao movimento de parcelização e de atomização do saber, um movimento inverso de síntese renovada, que permitiria às ciências sociais retornar a sua origem comum, a filosofia política".[20] Tal orientação pressupõe revisitar os textos da tradição numa perspectiva hermenêutica de diálogo entre aquilo que eles significavam em seu tempo e hoje em dia. Nessa perspectiva de abertura de um espaço comum que seria o horizonte da filosofia política, encontram-se as posições daquele que foi o inspirador do trabalho crítico

---

17 Idem, seminário *Espaces Temps*, Universtié européenne de la recherché, 1º fev. 1993.

18 Ver sobre este ponto a já citada obra de Duclos, *De la civilité*.

19 Caillé, Faut-il créer une nouvelle discipline dans les sciences sociales, et laquelle?, p.37; idem, *La Démission des clercs*, p.66.

20 Ibidem, p.39 e p.69.

RELAÇÕES PACIFICADAS ENTRE FILOSOFIA E CIÊNCIAS HUMANAS 479

de Alain Caillé, Claude Lefort. O trajeto deste último, da sociologia à filosofia política, partia da constatação da indeterminação de princípio da verdade da relação social. Essa constatação tornava impossível um embargo positivo.

Alain Caillé primeiro tomou emprestado um encaminhamento crítico do paradigma utilitarista dominante. Denunciando suas quatro divindades (a razão, o interesse, o individualismo e a evolução), procurava as vias de um paradigma antipositivista. Segundo Philippe Chanial, nesse estágio, "as ciências sociais são uma forma moderna da ética e devem se colocar a questão do justo, do desejável e do verdadeiro".[21] Hoje, Caillé procura as bases de uma disciplina "adisciplinar", lugar de composição, que lembra o tempo das ciências morais e políticas. Mas onde pode se situar esse lugar da unidade? Se seguirmos Claude Lefort, esse lugar pode ser encarnado pela filosofia política, pois ela conduz a interrogação da sociedade sobre si mesma. Sendo o político o eixo constitutivo da relação social, a filosofia política desenha o espaço de questionamento sobre as variantes institucionais da sociedade: "A filosofia política é afinal de contas um questionamento sobre as condições de unidade da sociedade".[22]

Essa possível reconstituição de um questionamento unitário é tanto mais realizável quanto filósofos cada vez mais numerosos contribuíram para retirar do exercício filosófico seu caráter sagrado e fizeram um caminho em direção às ciências humanas, como Habermas, Rorty, Ricoeur, Taylor... A ideia de Alain Caillé de uma disciplina "adisciplinar" deixa cético, no entanto, Philippe Chanial; este lhe opõe o caráter indeterminado de uma filosofia política que remete a um modo de questionamento mais do que a uma tradição, e a um espaço teórico imaterial mais do que a estudos empíricos: "É preciso tomar, afinal, a filosofia política como um fórum, o espaço de uma tensão propriamente moderna entre, de um lado, esse horizonte mantido da unidade do qual não se pode fazer economia e, de outro, o respeito à pluralidade das linguagens, dos discursos e das disciplinas".[23]

---

21 Philippe Chanial, seminário *Espaces Temps*, Université européenne de la recherche, 1º fev. 1993.

22 Ibidem.

23 Ibidem.

O difícil diálogo entre história e filosofia

O diálogo entre a história e a filosofia na realidade não ocorreu, e essa ausência de abertura deu lugar a muitos mal-entendidos, como se pode medir pelas relações ambivalentes dos historiadores com a obra de Michel Foucault. Os historiadores franceses da escola dos *Annales*, que dominou o período dos anos 1960 e 1970, tinham a tendência a alegar uma metodologia, as regras de um ofício, mais do que uma epistemologia da prática do historiador. No essencial, Roger Chartier, um dos raros historiadores a ter travado um diálogo com a filosofia, atribui a responsabilidade dessa ausência de diálogo só aos filósofos, "que incorporam uma hierarquia das disciplinas"[24] no interior de um campo em que têm a impressão de ocupar uma posição dominante. Essa constatação não é falsa, ainda que a "secularização" dos filósofos em curso permita de agora em diante enxergar uma retomada do diálogo.

A segunda razão invocada por Roger Chartier é a própria tradição da história da filosofia na França, marcada por uma abordagem anistórica, a de Martial Guéroult.[25] É verdade que o procedimento puramente estrutural, sistemático, adotado por Guéroult dá as costas à história para melhor determinar a coerência puramente interna da obra. Na base de seu método, a "dianoemática", Guéroult revisita os monumentos da história da filosofia (Fichte, Descartes, Espinoza...) como estruturas autônomas, independentes do tempo: "O objetivo filosófico aplicado aos objetos que têm um valor em si mesmos [...] é uma maneira de enxergar a matéria dessa história, isto é, os sistemas como objetos que têm um valor em si mesmos, uma realidade que só a eles pertence e que se explica só por eles".[26] Mas as grandes arquiteturas construídas por Guéroult representam apenas uma corrente entre os filósofos, ainda que seja aquela que mais marcou o discurso filosófico no tempo do estruturalismo. Esses obstáculos são superáveis, uma vez que pertencem a uma época enterrada, e os historiadores podem hoje reformular alguns problemas históricos apoiando-se na reflexão filosófica.

---

24 Roger Chartier, entrevista com o autor.
25 Guéroult, *Dianoématique*: Philosophie de l'histoire de la philosophie.
26 Ibidem, t.II, p.243.

RELAÇÕES PACIFICADAS ENTRE FILOSOFIA E CIÊNCIAS HUMANAS

O diálogo recentemente travado entre Paul Ricoeur e alguns historiadores atesta potencialidades de alguns conceitos para melhor compreender os diversos modos de escrita da história, o estatuto do conhecimento histórico, a natureza das formas de apropriação. Há aí todo um terreno comum possível, o de uma história das ideias filosóficas levando em conta ao mesmo tempo a literalidade das obras e sua inscrição num quadro cultural mais amplo. "Devolver à história da filosofia sua historicidade é inscrever nela a história da recepção das doutrinas".[27] Se os filósofos saírem da clausura sistemática da obra encerrada em sua lógica interna, se os historiadores se libertarem dos preconceitos de uma corporação mais voltada ao empirismo, a pesquisa sobre a circulação conceitual de um lado e de outro das fronteiras disciplinares torna-se enfim possível.

O recurso filosófico da sociologia

No campo da sociologia, as categorias filosóficas circulam evidentemente com mais facilidade. O recurso filosófico nesse terreno é frequentemente espetacular, como o ilustra a "sociologia da ação", tomando emprestado tanto das categorias do senso comum que emergem da esfera da ação, das relações, dos sentimentos no plano empírico, quanto da postura filosófica de um trabalho nocional teórico: essa abordagem definiu um campo novo de investigação, o de uma "sociologia categorial, tentando pôr à prova teorias locais sobre as categorias do senso comum, e assim elaborá-las".[28] Esse campo explica uma relação de proximidade com a filosofia, e é nesse quadro que tem lugar o trabalho de Luc Boltanski e Laurent Thévenot sobre a denúncia, o de Boltanski sobre o *agapè* ou o sofrimento, o de Bernard Conein sobre o convite, de Patrick Pharo ou de Denis Duclos sobre a civilidade... "Como sociólogo, consumo muito mais filosofia do que sociólogos, mas me coloco o problema da compreensão de situações sociais singulares de uma ou outra categoria. Assim continuo sociólogo."[29]

---

27 Azouvi, Pour une histoire philosophique des idées, *Le Débat*, nov.-dez. 1992, n.72, p.28.

28 Patrick Pharo, entrevista com o autor.

29 Ibidem.

O perigo é de fato deixar sua disciplina inicial para sair dela "por cima", abandonando o terreno dos estudos empíricos, posto que a sociologia não construiu seu próprio espaço categorial por falta de uma tradição enraizada em objetos que emergem das relações interpessoais. Uma melhor inteligibilidade da intersubjetividade valorizou, num primeiro momento, as relações com a linguística, na filiação pragmática de Austin e Searle. Depois, as categorias filosóficas vieram render a interrogação sociológica para renovar: "Para mim, o interesse pelos filósofos foi um meio de devolver essa colaboração conceitual à sociologia".[30]

Louis Quéré também se mantém em sua postura de sociólogo, certamente alimentado pela filosofia, mas que tende a manter a clareza sobre seu uso. Ele constata que um dos problemas maiores da sociologia francesa é seu déficit no plano da elaboração conceitual; para remediá-la, acha que o desvio filosófico é essencial. Este permite proceder a esclarecimentos na análise e fazer emergir novos modos de argumentação para tratar da ação, do acontecimento: "É preciso se apropriar do resultado dessas reflexões a partir de sua própria disciplina",[31] o que supõe conservar a vitalidade do modo de questionamento específico de sua tradição disciplinar e evitar, assim, o desengate frequente com sua especialidade de origem em proveito de uma pura especulação teórica: "Está claro que recusamos os dois cortes radicais que estão no nascimento da sociologia. Mas ainda queremos fazer ciências sociais".[32]

Uma interfecundação

Essa relação de proximidade com a filosofia é comum ao Crea, ao CSI e às novas interrogações da disciplina histórica. Há nisso uma reviravolta significativa a partir da qual se pode afirmar que "a sentença das ciências humanas contra a filosofia foi retirada".[33] Essa abertura

---

30 Louis Quéré, entrevista com o autor.
31 Ibidem.
32 Laurent Thévénot, entrevista com o autor.
33 Bruno Latour, entrevista com o autor.

encontra-se nas interrogações de uma nova geografia, que já há muito tempo saiu de seu leito descritivo para buscar as vias de uma formulação de axiomas.[34]

Essa nova relação de interfecundação entre filosofia e ciências humanas é facilitada pelo percurso de alguns filósofos, que pouco a pouco saem de sua posição de dominação para problematizar o extrafilosófico. Já evocamos tal percurso com Sylvain Auroux. Tal é também a exigência constante do percurso filosófico de Paul Ricoeur, dialogando com a semiologia, a história e a psicanálise, antes de revisitar a esfera jurídica. De seu lado, Michel Serres, verdadeiro invasor de fronteiras, dedicou-se a problemas de sociedade como a escola[35] e a ecologia.[36] Partindo da constatação de que a filosofia superestimou a porção atribuída à linguagem e perdeu o contato com as coisas, ele preconiza uma reapropriação delas numa intenção globalizante e quase enciclopédica.

A evolução de um filósofo como Alain Badiou também é sintomática. Depois de ter sido um althusseriano convicto, defensor de um primado do uno, ele hoje afirma que "é preciso, ao contrário, reconhecer desde o início que existem múltiplos lugares nos quais se constituem pensamentos".[37] Ele renuncia à postura de desequilíbrio que pretenderia fazer tabula rasa de entidades tão heterogêneas quanto a ciência, a arte, a política ou a experiência amorosa, que são igualmente lugares de pensamento, mas heterogêneos uns em relação aos outros. Ele concebe hoje o trabalho filosófico como um reconhecimento dessa pluralidade de emergência de lugares do pensamento, da verdade e de compreensão da maneira pela qual eles constituem uma época, um momento histórico:

> A filosofia pensa seu tempo pela colocação comum do estado dos processos que a condicionam. Seus operadores, quaisquer que sejam, visam sempre pensar 'junto', configurar num exercício de pensamento único a disposição de época do *mathema*, do poema, da invenção política e do amor (ou estatuto de acontecimento do Dois). Nesse sentido, a única questão da

---

34 Durand; Lévy; Retaillé, *Le Monde, espaces et systèmes.*
35 Serres, *Le Tiers-instruit.*
36 Serres, *Le Contrat naturel.*
37 Badiou, *Le Monde*, 31 ago. 1993.

filosofia é a da verdade, não que ela produza alguma, mas porque propõe um modo de acesso à unidade de um momento das verdades.[38]

Essa tarefa volta a localizar a evolução de configurações singulares e, para realizá-la, Alain Badiou atribui à filosofia o objetivo de "traçar o mapa daquilo que emerge efetivamente do pensamento",[39] aquilo que exige uma atenção particular à novidade, ao arrombamento, às idas e vindas da acontecimentalidade.[40]

---

38 Idem, *Manifeste pour la philosophie*, p.18.
39 Badiou, *Le Monde*.
40 Badiou, *L'Être et l'évènement*.

Conclusão

O mundo muda e as ciências sociais que têm por objeto pensar essa mudança vivem a mesma revolução de suas categorias para tornar inteligível a atualidade, arrastando em seu esteio o esgotamento dos paradigmas até então dominantes: o funcionalismo, o estruturalismo, o marxismo...

A preocupação que visa compreender os fundamentos do vínculo social, o que mantém uma sociedade junta certamente não é nova. A novidade determina-se no ângulo de análise de numerosos trabalhos que abandonam os dois modelos dominantes: aquele que privilegia exclusivamente as considerações utilitaristas do mercado, o indivíduo e sua capacidade estratégica singular, assim como o modelo oposto/complementar que faz predominarem os esquemas de reprodução, a lógica interna à obra em instituições manipuladoras e redutivas, praticando com respeito às justificações dos atores uma filosofia da suspeita, uma estratégia de desvendamento de seus pressupostos concebidos como expressão de sua má-fé.

A nova interrogação sobre o vínculo social implica uma outra escala de análise, mais próxima dos atores sociais. O cotidiano, as representações têm o papel de alavancas metodológicas que permitem se interessar mais pelo instituinte que pelo instituído. As noções de situação, momento, geração... são assim revisitadas a partir de processos narrativos de construção e reconstrução, de reconfiguração, de "trama" dos próprios atores sociais.

O grande fato novo é a reconciliação entre posições ontem antinômicas, entre ciências da natureza, ciências humanas e filosofia ligando relações de alianças, frequentemente por iniciativa das próprias ciências humanas que renunciaram a uma cultura de ressentimento que foi a sua quando de sua emancipação com respeito à especulação filosófica.

Fortalecidas hoje com sua própria tradição, as ciências humanas podem novamente abrir-se ao diálogo. A nova configuração que emerge das pesquisas em curso não pode se reduzir a uma única corrente de pensamento de vocação totalizante. Ela é atravessada, como vimos, por polaridades múltiplas. Por trás dessa diversidade, duas orientações filosóficas divergentes irrigam os campos de investigação das ciências humanas. Em primeiro lugar, parece que o programa moderno, racionalista, continua inacabado e inspira sempre os trabalhos em curso. Ele se inscreve na filiação da filosofia crítica, a de Kant, prosseguida e deslocada por Husserl, encontrando na França aqueles que a prosseguiram com Merleau-Ponty e Paul Ricoeur. A segunda juventude que conhece o programa fenomenológico, enriquecido pelo "enxerto" hermenêutico, atesta a fecundidade dessa orientação. Essa tradição pode escapar à tentação relativista graças a uma história antropológica e social do sentido e da subjetividade, recusando tanto o antievolucionismo arbitrário das grandes *epistemes* foucaultianas quanto os grandes relatos teleológicos.

A filiação que busca sua fonte de inspiração em Nietzsche é manifestamente outra. Ela encontra seus prolongamentos na França com Gilles Deleuze ou ainda Michel Serres. Essa perspectiva, mais transversal, nutre principalmente os trabalhos da nova antropologia histórica da comunicação e das tecnologias intelectuais.

Para além dessa oposição, pode-se considerar que as ciências humanas em seu conjunto levam em conta uma concepção que não é mais nem a da divinização do sujeito, nem a de sua dissolução. Elas têm em comum o fato de enxergar hoje a complexidade crescente dos problemas e recusar qualquer forma de dogmatismo, de reducionismo, postulando uma certa forma de indeterminação que torna impossível e inútil o encerramento do homem numa lógica exclusivista, quer seja moral, nacional, genética, neuronal...

Certamente, as orientações programáticas do paradigma emergente comportam alguns riscos de pontos cegos. Assim, a insistência sobre o interacionismo, a narratividade e seus suportes cognitivos tende a

CONCLUSÃO

focalizar exclusivamente sua atenção sobre os agentes individuais e os enredos "inſtituintes", esquecendo muito frequentemente a resiſtência dos enredos "inſtituídos". O interesse pela juſtificação e em geral o esforço para conſtruir uma gramática do acordo intersubjetivo podem ter como efeito perverso esvaziar um pouco rapidamente as diversas formas de conflito, de imposição material ou simbólica, as relações de força eſtruturantes atrelando-as seja a uma passageira dissonância cognitiva, a um simples defeito de coordenação, seja ao contrário a uma fenda simbólica insuperável, a uma não coincidência originária da sociedade consigo mesma.

Da mesma forma, como já evocamos, o regiſtro da temporalidade utilizado pela maior parte dos pesquisadores é superficial. A atenção novamente centrada juſtamente na singularidade da situação, depois dos excessos da hiſtória imóvel, pode contudo ter como efeito negativo deixar ausente a eſpessura hiſtórica dos fenômenos sociais.

Conſtatar a fecundidade das orientações recentes deve nos incitar a uma vigilância aumentada para não esquecer as realizações de ontem. A própria exiſtência, inevitável, desses pontos cegos do paradigma emergente é um convite a uma prática mais sedimentada do saber acumulado em ciências humanas para evitar um retorno deſtas a um humanismo pré-crítico.

A decepção com reſpeito às grandes alternativas siſtêmicas levou a uma prudência legítima e a uma abordagem "interſticial" do vínculo social. Não há além-mundo da utopia, mas um inframundo da dádiva, da civilidade reencontrada ou preservada. Mas se a sociedade é incompreensível sem seus interſtícios e seus nichos ecológicos, ela não é feita senão de interſtícios. Entre a "profundidade" imóvel do vínculo social fundamental (civilidade, socialidade primária, ordem simbólica) e os micro-objetos, os planos de corte da micro-ſtoria ou da microssociologia etnometodológica, interacioniſta ou fenomenológica, há muitos outros planos horizontais, verticais e transversais, entre os quais o dos macro-objetos intermediários, das grandes cadências eſtruturantes e periodizantes.

As ciências humanas prosseguem assim, por outras vias, sua missão moderna de iluminar as decisões graças ao esclarecimento das diversas formas de racionalidade. Elas contribuem para fechar as vias autoritárias, como a que consiſtiria em regular a complexidade dos problemas impondo de cima tal ou qual solução. Ao contrário, sua função pragmática consiste hoje em esclarecer o debate público, em fazer valer um julgamento prudente nascido da potencialidade de conflito dos pontos de vista e do caráter de incerteza das questões colocadas para a sociedade. Aliás, a complexidade das questões é hoje tal, como a propósito da questão de saber onde começa o humano (em bioética, por exemplo), que um só especialista, ainda que de competência excepcional, não pode de modo algum reunir a totalidade dos aspectos em causa. A complexidade não deve no entanto expulsar os "leigos" dos processos de debate e de decisão. A redescoberta da competência própria do "senso comum" pelas ciências humanas incita a não conceber comissões de especialistas isolados do resto da sociedade e, ao contrário, permite entrever a elaboração de um novo espaço público de comunicação ampliado.

O especialista solitário em seu laboratório deve, portanto, colocar seu saber à disposição do debate público. Nesse sentido, por trás da efervescência das pesquisas em curso, perfila-se a emergência da definição de uma democracia participativa que Bruno Latour qualifica de "parlamento das coisas", concebido como a reunião dos delegados dos problemas, dos objetos híbridos, de tudo o que emerge dos diversos domínios da biopolítica. Esse parlamento dos porta-vozes, das partes envolvidas pela questão debatida na cidade, impõe as bases de uma democracia complexa na qual coexistem e debatem pontos de vista destinados a permanecer minoritários. Essa nova democracia não está fundada em simples compromissos estabelecidos entre interesses divergentes, mas num processo coletivo perpetuamente refletindo a partir de uma montagem no espaço público do conflito das interpretações.

É aí, a partir dessa redefinição da política enfim tomada num sentido mais amplo, que as duas filiações podem se encontrar. Ambas contribuem de fato para redinamizar um espaço público articulado em torno da diversidade de suas expressões. A hermenêutica tal como a entende Paul Ricoeur, como arte do questionamento, pode representar uma via de superação das antinomias ainda perceptíveis.

Esse procedimento hermenêutico pode permitir de fato assimilar o momento crítico e assim restabelecer uma comunicação obscurecida pela distância temporal, espacial e pelos diversos efeitos de dominação ou de manipulação, como mostrou Habermas. Ele integra, portanto, um tempo metodológico, o da explicação, o das regras processuais e

CONCLUSÃO

formais da discussão. Mas leva, sobretudo, a um segundo momento, o do pertencimento, da compreensão e da apropriação, que permite construir um espaço comum, produto de questões comuns. O que é postulado, então, nada tem a ver com um ecletismo disforme, nem com um dogmatismo novo que se impõe em nome da tradição; é a necessária dialógica animada por porta-vozes cujas convicções, testemunhos, "veemência ontológica", para retomar os termos de Paul Ricoeur, revelam a força da confirmação.

Referências

ACKERMANN, W.; CONEIN, B.; GUIGUES, C. et al. (Eds.). *Décrire*: un impératif? Description, explication, interprétation en sciences sociales. 2t. Paris: Ehess, 1985.

ADORNO, T.; POPPER, K.; HABERMAS, J. et al. *De Vienne à Francfort*. La Querelle allemande des sciences sociales. Bruxelles: Complexe, 1979.

AGLIETTA, M. Le Schumpeter de l'histoire. *Espaces Temps*, n.34-35 (Braudel dans tous ses états), p.38-41, 1986.

AGRE, P.; CHAPMAN, D. Pascal Engeli: an Implementation of a Theory of Activity. *Proceedings of the Sixth National Annual Conference os Artificial Intelligence*, 1987, p.261-72.

AGULHON, M. *Histoire vagabonde*. 2v. Paris: Gallimard, 1988.

_____. *La République au village*. Paris: Le Seuil, 1979.

AKERLOF, G.-A. Labor Contracts as Partial Gift Exchange. *Quarterly Journal of Economics*, v.97, n.4, p.543-69, nov. 1982.

ANDLER, D. (Org.). *Introduction aux sciences cognitives*. Paris: Gallimard, 1992. (Col. Folio-Essai)

_____. À quoi pensent les sciences cognitives? *Raison Présente*, n.109, p.29-50, 1994.

_____. Entrevista com Bernard Conein. *Préfaces*, n.10, nov.-dez. 1988.

_____. Mouvements de l'esprit. *Le Débat*, n.72, p.5-15, nov.-dez. 1992.

ANSCOMBE, E. *Intention*. Oxford: Blackwell, 1957.

ARENDT, H. *Between Past and Future*. New York: Viking Press, 1961.

ARGUMENTS Ethnométodologiques: problèmes de'épistémologie en sciences sociales. Paris: Centre d'Étude des Mouvements Sociaux, Ehess, 1985.

ARISTÓTELES. Sur l'interprétation. In: *Organon*. Paris: Vrin, 1946.

ARON, Raymond. *Essai sur une théorie de l'histoire dans l'Allemagne contemporaine*. La philosophie critique de l'histoire. Paris: Vrin, 1938.

ARON, Robert. *Histoire de Vichy*. Paris: Fayard, 1954.

ARROW, K. J. *The Limits of Organization*. New York/London: W.W. Norton, 1974.

ATLAN, H. *Le Cristal et la Fumée, essai sur l'organisation duvivant*. Paris: Le Seuil, 1979.

_____. Un entretien avec Henri Atlan. *Le Monde*, 19 nov. 1991.

AUROUX, S. *Barbarie et philosophie*. Paris: PUF, 1990.

_____. *Encyclopédie philosophique universelle*. t.2: *Les Notions philosophiques*. Paris: PUF, 1990.

_____. *Histoire des idées linguistiques*. 3 t. Paris: PUF, 1989-1993.

_____. Les Enjeux de l'épistémologie. Rencontre avec Sylvain Auroux. *Sciences Humaines*, n.24, p.32-5, jan. 1993.

AUTHIER, M.; LÉVY, P. *Les Arbres de connaissances*. Paris: La Découverte, 1992.

AZOUVI, F. Pour une histoire philosophique des idées. *Le Débat*, n.72, p.16-26, nov.-dez. 1992.

BADIOU, A. *L'Être et l'évènement*. Paris: Le Seuil, 1988.

_____. Un entretien avec Alain Badiou. *Le Monde*, 31 ago. 1993.

_____. *Manifeste pour la philosophie*. Paris: Le Seuil, 1989.

BAKHTIN, M. *Esthétique et création verbale*. Paris: Gallimard, 1984.

_____. *La Poétique de Dostoïevski*. Paris: Le Seuil, 1970.

BARKOW, J. H. Règles de conduite et conduite de l'évolution. In: CHANGEUX, J.-P. (Org.). *Fondements de l'éthique*. Paris: Odile Jacob, 1993. p.87-104.

BARNES, B. *Scientific Knowledge and Sociological Theory*. London: Routledge and Kegan Paul, 1974.

BECKETT, S. *L'Innomable*. Paris: UGE, 1972.

BÉDARIDA, R. *Les Armes de l'esprit*: Témoignage chrétien, 1941-1944. Paris: Éditions Ouvrières, 1977.

BENSAUDE-VINCENT, B; STENGERS, I. *Histoire de la chimie*. Paris: La Découverte, 1993.

BENVENISTE, É. Le Langage et l'expérience humaine. In: *Problèmes de linguistique générale*. t.II. Paris: Gallimard, 1966.

_____. *Problèmes de linguistique générale*. t.1. Paris: Gallimard, 1966.

REFERÊNCIAS

493

BERGER, P. L.; LUCKMANN, T. *The Social Construction of Reality*: a Treatise in Sociology of Knowledge. London: A. Lane, 1971. [Trad. Francesa: *La Construction sociale de la réalité*. Paris: Méridiens-Klincksieck, 1986.]

BERTAUX, D. L'Histoire orale en France: fin de la préhistoire. *International Journal of Oral History*, v.2, p.121-7, jun. 1981.

BERTRAND, M; DORAY, B. *Psychanalyse et sciences sociales*. Paris: La Découverte, 1989.

BLOCH, M. *Apologie pour l'histoire*. Paris: Armand Colin, 1952.

BLOOR, D. *Sociologie de la logique ou les limites de l'épistémologie*. Paris: Pandore, 1982.

BLUMER, H. *Symbolic Interactionism*: Perspective and Method. Englewood Cliffs (NJ): Prentice-Hall, 1969.

BOISARD, P.; LETABLIER, M.-T. Le Camembert: normand ou normé. Deux modèles de production dans l'industrie fromagère. *Entreprises et Produits*, cahiers du CEE, Paris: PUF, n.30, p.1-29, 1987.

BOISSINOT, A. Comparaison est-elle raison? *Espaces Temps*, n.47-48, p.113-28 (La Fabrique des sciences sociales), 1991.

BOLLACK, J.; CHARTIER, R.; GIARD, L et al. Débat sur l'histoire. *Esprit* (Paul Ricoeur), n.7-8, p.257-65, jul.-ago. 1988.

BOLTANSKI, L. *L'Amour et la Justice comme compétences*. Paris: Métaillé, 1990.

_____. *La Souffrance à distance*. Morale humaine, médias et politique. Paris: Métailié, 1993.

_____. *Les Cadres*. La Formation d'un groupe social. Paris: Minuit, 1982.

_____.; THÉVÉNOT, L. *De la justification*. Paris: Gallimard, 1991.

_____.; _____. Finding One's Way in Social Space; a Study Based on Games. *Social Science Information*, v.22, n.4-5, p.631-79, 1983.

_____.; _____. *Les Économies de la grandeur*. Paris: CEE/PUF, 1987. [Reed. com o título: *De la justification*. Paris: Gallimard, 1991.]

BONNAFÉ, M. Et la neurobiologie? *Revue Française de Psychanalyse*, v.54, n.6, p.1673-6, 1990.

BONNAUD, R. *Le Système de l'histoire*. Paris: Fayard, 1989.

BONNET, C.; GHIGLIONE, R.; RICHARD, J.-F. *Traité de psychologie cognitive*. Paris: Dunod, 1989.

BOSCH, E.; LLOYD, B. B. (Eds.). *Cognition and Categorization*. New York: Erlbaum, 1978.

BOUREAU, A. La Croyance comme compétence. *Critique*, n.529-530, jun.--jul. 1991.

_____. *La Papesse Jeanne*. Paris: Aubier, 1988.

_____. Propositions pour une histoire restreinte des mentalités. *Annales*, n.6, p.1491-1504, nov.-dez. 1989.

_____.; MILLO, D. S. *Alter-histoire*. Éssais d'histoire expérimentale. Paris: Les Belles Lettres, 1991.

BOURGUIGNON, A. Cerveau et complexité. *Sciences Humaines*, n.8, jul. 1991.

_____. Du cerveau au sujet: pour une histoire du psychisme (entretien). *Sciences Humaines*, n.29, jun. 1993.

BOUVERESSE, J. *La Parole malheureuse*. De l'alchimie linguistique à la gramatique philosophique. Paris: Minuit, 1971.

_____. *Le Mythe de l'intériorité*. Paris: Minuit, 1976.

_____. *Wittgenstein*: la rime et la raison. Paris: Minuit, 1973.

BOUVERESSE, R. (Dir.). *K. Popper et la science d'aujourd'hui*. Cerisy, 1-11 de julho de 1981. Paris: Aubier, 1989.

BOYER, A. *Introduction à la lecture de Popper*. Paris: Presses de l'ENS, 1994.

_____. *L'Explication en histoire*. Lille: PUL, 1992.

BOYER, R. Économie et histoire: vers de nouvelles alliances. *Annales*, n.6, p.1397-426, nov.-dez. 1989.

_____. *Théorie de la régulation*: une analyse critique. Paris: La Découverte, 1986.

_____.; SAILLARD, Y. *Théorie de la régulation*. L'État des savoirs. Paris: La Découverte, 1995.

BRATMAN, M. E. *Intention, Plans and Practical Reason*. Cambridge (MA): Harvard University Press, 1987.

BRAUDEL, F. Histoire et sciences sociales: la longue durée. *Annales*, v.13, n.4, p.725-53, 1958. [Rep. In: Écrits sur l'histoire. Paris: Flammarion, 1969, p.46.

BRUNER, J.-S. On Voluntary Action and Its Hierarchical Structure. *Intentional Journal of Psychology*, n.3, p.239-55, 1968.

CAHIERS du Crea, n.9 (Cognition et complexité), mar. 1986.

CAHUC, P. *La Nouvelle microéconomie*. Paris: La Découverte, 1993.

CAILLÉ, A. *Critique de la raison utilitaire*. Paris: La Découverte, 1989.

_____. D'une économie politique que aurait pu être. In: MAUSS. *Pour une autre économie*. Paris, La Découverte, 1994. p.282-84.

_____. Faut-il créer une nouvelle discipline dans les sciences sociales, et laquelle? (Plaidoyer pour une philosophie politique qui aurait des allures de science). *La Revue du MAUSS*, n.15-16, p.11-42, 1992. [Rep. In: CAILLÉ, A. *La Démission des clercs*. Paris: La Découverte, 1993.]

_____. *La Démission des clercs*. La Crise des sciences sociales et l'oubli du politique. Paris: La Découverte, 1993.

_____. Le Don des paroles. *Revue du MAUSS*, n.1 (Ce que donner veut dire). Paris: La Découverte, 1993. p.194-218.

_____. Le Principe de la raison, l'utilitarisme et l'anti-utilitarisme. In: *La Démission des clercs*. Paris: La Découverte, 1993.

_____. Plaidoyer pour une philosophie politique qui aurait des allures de Science. *Revue du MAUSS*, n.15-16, p.11-42, 1° e 3° trimestres de 1992. [Rep.: *La Discussion des clercs*. Paris: La Découverte, 1993.]

_____. *Splendeurs et misères des sciences sociales*. Genebra: Droz, 1986.

_____. Un regard neuf sur les sciences sociales. *Esprit*, jun. 1993. [Repub. em *La Démission des clercs*. Paris: La Découverte, 1993.]

CALLON, M. (Org.). *La Science et les reseaux*. Paris: La Découverte, 1991.

CALLON, M. L'Operation de la traduction comme relation symbolique. In: GRUSON, C.; ROQUEPLO, P.; THUILLIER, P. et al. *Incidence des rapports sociaux sur le développement scientifique et technique*. Paris: Cordes, 1976. p.105-141.

_____. Struggles and Negotiations to Define what is Problematic and What is Not; the Sociologics of Translation. In: KNORR, K. D.; KROHN, R.; WHITLEY, R. (Eds.) *The Social Process of Scientific Investigation*. Dordrecht: R. Reidel Publishing Company, 1980.

_____.; LATOUR, B. Unscrewing the Big Leviathan; or how Actors Macrostructure Reality, and how Sociologists Help them to Do So? In: KNORR, K.; CICOUREL A. (Eds.). *Advances in Social Theory and Methodology*. London: Routledge and Kegan Paul, 1981. p.277-303.

CALVEZ, J.-Y. *La Pensée de Karl Marx*. Paris: Le Seuil, 1970.

CANGUILHEM, G. Mort de l'homme ou épuisement du cogito. *Critique*, p.599-618, jul. 1967.

CANTO-SPERBER, M. Le Retour de la philosophie morale. Un entretien avec Monique Canto-Sperber. *Le Monde*, 11 mar. 1994.

_____. Pour la philosophie morale. *Le Débat*, n.72, p.38-48, nov.-/dez. 1992.

CASTEL, R. Le Roman de la désaffiliation. A propos de *Tristan et Iseut*. *Le Débat*, n.61, set.-out. 1990, p.152-64.

CERTEAU, M. de. *L'Écriture de l'histoire*. Paris: Gallimard, 1975.

_____. L'Histoire, une passion nouvelle. Mesa redonda com Paul Veyne e Emmanuel Le Roy Ladurie. *Magazine Littéraire*, n.123, p.10-23, abr. 1977.

_____. *L'Absent de l'histoire*. Paris: Mame, 1973. (Col. Repères)

_____. *L'Invention du quotidien*. t.I: *Arts de faire*. Paris: UGE, 1980. (Col. 10/18)

CHANGEUX, J.-P. (Org.). *Les Fondements naturels de l'éthique*. Paris: Odile Jacob, 1993.

CHANGEUX, J.-P. *L'Homme neuronal*. Paris: Fayard, 1983.

CHARTIER, R. Elias, une pensée des relations. *Espaces Temps*, n.53-54, p.44-60, 1993.

_____. Le Monde comme réprésentation. *Annales*, n.6, p.1505-20, nov.-dez. 1989.

_____. *Lectures et lecteurs dans la France d'Ancien Régime*. Paris: Le Seuil, 1987.

_____. Pourquoi l'histoire litteraire n'a-t-elle jamais reussi en France a se constituer en discipline scientifique autonome? *Le Monde*, 18 mar. 1993.

CHATEAURAYNAUD, F. Forces et faiblesses de la nouvelle anthropologie des sciences. Michel Callon et Bruno Latour, *La Science telle qu'elle se fait*. *Critique*, n.529-530, jun.-jul. 1991.

CHAUNU, P.; DOSSE, F. *L'Instant éclaté*. Paris: Aubier, 1994.

CHAUVEAU, A; TÉTART, P. *Questions à l'histoire des temps présents*. Paris: Complexe, 1992.

CHENEY, D. L.; SEYFARTH, R. M. *How Monkees See the World*. Chicago: University of Chicago Press, 1990.

_____.; _____. L'Univers social et non social des primates non humains. In: HINDE, R. A.; PERRET-CLERMONT, A.-N.; STEVENSON-HINDE, J. *Relations personnelles et développement des savoirs*. Paris/Cousset: Fondation Fyssen/Del Val, 1988, p.47-78.

CHERTOK, L.; STENGERS, I. *Le Coeur et la raison*. L'Hypnose en question, de Lavoisier a Lacan. Paris: Payot, 1989.

CHEVALLEY, C. Physique quantique et philosophie. *Le Débat*, n.72, p.61-71, nov.-dez. 1992.

CHURCHLAND, P.-S. *Neurophylosophy*. Cambridge (MA): MIT Press/Bradford Books, 1986.

CICOUREL, A. *La Sociologie cognitive*. Paris: PUF, 1973.

CITRON, S. *Le Mythe national*. Paris: Éditions ouvrières – EDI, 1987.

CLAVERIE, E. Sainte indignation contre indignation éclairée. L'Affaire du chevalier de La Barre. *Ethnologie Française*, v.XXII, n.3, p.271-90, 1993.

COLLINS, H. The T.E.A. Set: Tacit Knowledge and Scientific Networks. *Science Studies*, n.4, p.165-86, 1974.

COLLIOT-THÉLÈNE, C. *Le Désenchantement de l'État, de Hegel à Max Weber*. Paris: Minuit, 1992.

REFERÊNCIAS   497

CONEIN, B. L'Enquête sociologique et l'analyse du langage: les formes linguistiques de la connaissance sociale. *Problèmes d'Épistémologie en Sciences Sociales*, n.III (Arguments ethnométhodologiques). Paris: Ehess, 1985. p.5-30.

_____. Peut-on observer l'interprétation?. *Raisons Pratiques*, n.1, p.311-34, 1990.

_____.; JACOPIN, E. Les Objets dans l'espace. *Raisons Pratiques*, n.4 (*Les Objets dans l'action*), p.59-84, 1993.

CORBIN, A. Désir, subjectivité et limites. *Espaces Temps*, n.59-61 (Le Temps réfléchi. L'Histoire au risqué des historiens), p.40-6, 1995.

_____. Le Vertige des foisonnements, esquisse panoramique d'une histoire sans nom. *Revue d'Histoire Moderne et Contemporaine*, v.39, n.1, p.103-26, jan-mar 1992.

_____. *Le Village des cannibales*. Paris: Aubier, 1990.

_____. *Le Territoire du vide*. L'Occident et le désir de rivage, 1750-1850. Paris: Aubier, 1988. [Reed. Paris: Champ-Flammarion, 1990.]

_____. *Le Miasme et la Jonquille*. L'Odorat et l'imaginaire social (XVIII-XIXe siècles). Paris: Aubier, 1982. [Reed. Paris: Champs-Flammarion, 1986.]

_____. *Les Filles de noce*. Misère sexuelle et prostitution au XIXème siècle. Paris: Aubier, 1978. [Reed. Paris: Champs-Flammarion, 1982.]

COTTEREAU, A. Esprit public et capacité de juger. La Stabilization d'un espace public en France aux lendemains de la Révolution. *Raisons Pratiques*, v.3 (Pouvoir et légitimités), 1992, p.239-73.

COULON, A. *L'École de Chicago*. Paris: PUF, 1992. (Col. "QSJ?")

CROUZET, D. *Les guérriers de Dieu*. La Violence au temps des troubles de réligion. Vers 1525-vers 1610. 2 v. Seysell: Champ Vallon, 1990.

CROZIER, M. *Le phénomène bureaucratique*. Paris: Le Seuil, 1963.

CUIN, C. H.; GRESLE, F. *Histoire de la sociologie. v.2: depuis 1918*. Paris: La Découverte, 2002. (Col. Repères)

D'ESPAGNAT, B. *Une incertaine réalité*. Paris: Gauthier-Villars, 1985.

D'IRIBARNE, A. Les Sciences de l'homme au CNRS. Entretien avec Alain d'Iribarne. *Sciences Humaines*, n.25, fev. 1993.

DANTO, A. *Analytical Philosophy of History*. Cambridge: Cambridge University Press, 1965.

DAVIDSON, D. Un entretien avec Donald Davidson. *Le Monde*, 28 jun. 1994.

_____. *Inquiries into Truth and Interpretation*. Oxford: Oxford University Press, 1984. [*Enquêtes sur la vérité et l'interprétation*. Trad. Pascal Engel. Nîmes: Jacqueline Chambon, 1993.]

_____. *Actions et èvènements*. Trad. franc. Pascal Engel. Paris: PUF, 1983.

_____. *Essay on Action and Events*. Oxford: Oxford University Press, 1980. [*Actions et èvènements*. Trad. Pascal Engel. Paris: PUF, 1983.]

DEFALVARD, H. Critique de l'individualisme méthodologique revu par l'économie des conventions. *Revue Économique*, v.43, n.1, p.127-43, 1992.

DELACROIX, C. La Falaise et le rivage: histoire du inflexão critique. *Espaces Temps*, n.59-61 (Le Temps réfléchi. L'Histoire au risqué des historiens), p.86-111, 1995.

DELEUZE, G. *Différence et répétition*. Paris: PUF, 1969.

_____.; GUATTARI, F. *L'Anti-Oedipe*. Paris: Minuit, 1972.

DENNETT, D. *La Conscience expliquée*. Trad. franc. Pascal Engel. Paris: Odile Jacob, 1993.

_____. *The Intentional Stance*. Cambridge (MA): MIT Press, 1987. [*La Stratégie de l'interprète*. Trad. Pascal Engel. Paris: Gallimard, 1990.]

DERRIDA, J. Donner la mort. In: *L'Éthique du don*. Paris: Métaillié, 1992.

_____. *Donner le temps*. t.I: *La Fausse monnaie*. Paris: Galilée, 1991.

DESCOMBES, V. En guise d'introduction: science sociale, science pragmatique. *Critique*, n.529-530, p.419-26, jun./jul. 1991.

DESROSIÈRES, A. *La Politique des grands nombres*. Paris: La Découverte, 1993.

DI MASCIO, P. Freud hors de contexte. *Espaces-Temps*, n.50-61 (Le Temps réfléchi. L'Histoire au risque des historiens), p.137-145, 1995.

DILTHEY, W. *L'Édification du monde historique dans les sciences de l'esprit*. Paris: Cerf, 1988.

DODIER, N. Les Appuis conventionnels de l'action. Éléments de pragmatique sociologique. *Réseaux*, v. 11, n.62 (Les Conventions), p.63-85, nov.-dez. 1993.

_____. Agir dans plusieurs mondes. *Critique*, n.529-530, jun.-jul. 1991.

_____. Représenter ses actions, le cas des inspecteurs et des médecins du travail. *Raisons Pratiques*, n.1, 1990, p.115-48.

_____. Le Travail d'accomodation des inspecteurs du travail en matière de sécurité. *Cahiers du Centre d'Études de l'Emploi*, n.33 (Justesse et justice dans le travail). Paris: PUF, 1989. p.281-306.

DOERINGER, P. B.; PIORE, M. J. *Internal Labor Markets and Manpower Analysis*. London; Armok: M.E. Sharpe, 1971.

_____.; _____. *Internal Market and Manpower Analysis*. Lexington (MA): Heath, 1971.

DOSSE, F. *Histoire du structuralisme*. t.II: Le Chant du cygne. Paris: La Découvert, 1992.

_____. *Histoire du structuralisme*. t.I: Le Champ du signe. Paris: La Découverte, 1991.

_____. Oxymore, le soleil noir du structuralisme. *Espaces Temps*, n.47-48 (La Fabrique des sciences sociales), p.129-43, 1991.

_____. *L'Histoire en miettes*. Paris: La Découverte, 1987.

DRAY, W. *Laws and Explanation in History*. Oxford: Oxford University Press, 1957.

DREYFUS, H. *What Computers Can't Do*: Critic of Artificial Reason. New York: Harper and Row, 1972. [*Intelligence artificielle*: mythes et limites. Trad. Daniel Andler. Paris: Flammarion, 1984.]

DUBY, G. *L' Histoire continue*. Paris: Odile Jacob, 1991.

_____. *Le Dimanche de Bouvines*. Paris: Gallimard, 1973.

DUCLOS, D. *De la civilité*. Paris: La Découverte, 1993.

DUFOUR, D.-R. *Les Mystères de la trinité*. Paris: Gallimard, 1990.

_____. Le Structuralisme, le pli et la trinité. *Le Débat*, n.56, p.132-53, set./out. 1989.

_____. *Le Bégaiement des maîtres*. Paris: François Bourin, 1988.

DUHEM, P. *La Théorie physique, son objet, sa structure*. Paris: Vrin, Paris, 1981.

DUMOUCHEL, P.; DUPUY, J.-P. (Dirs.). *L'auto-organisation*. Paris: Le Seuil, 1983.

_____.; _____. *L'Enfer des choses*. Paris: Le Seuil, 1979.

DUPUY, J.-P. *Aux origines des sciences cognitives*. Paris: La Découverte, 1994.

_____. *Introduction aux sciences sociales*; logique des phénomènes collectifs, Ellipses. Paris: École Polytechnique, 1992.

_____. *Le Sacrifice et l'envie*. Paris: Calmann-Lévy, 1992.

_____. Two Temporalities, Two Rationalies: a New Look at Newcomb's Paradox. In: BOURGINE, P.; WALLISER, B. (Orgs.) *Economics and Cognitive Science*. New York: Pergamon Press, 1992.

_____. *La Panique*. Paris: Synthé-Labo, 1991. (Col. Les Empêcheurs de Penser en Rond)

_____. Convention et common knowledge. *Revue Économique*, v.40, n.2, p.361-400, mar. 1989.

_____. *Ordres et désordres*. Enquête sur um nouveau paradigme. Paris: Le Seuil, 1982.

_____.; EYMARD-DUVERNAY, F.; FAVEREAU, O. et al. Introduction. *Revue Économique* (L'Économie des conventions), v.40, n.2, p.141-6, mar. 1989.

DURAND, M.-F; LÉVY, J.; RETAILLÉ, D. *Le Monde, espaces et systèmes*. Paris: Presses de la FNSP, 1992.

DURKHEIM, É. *Les Formes élémentaires de la vie religieuse*. Paris: PUF, 1979 [1912].

EAGLE, M. Revisioning the Unconscious. *Canadian Psychology*, v.28, n.2, p.124-32, 1987.

EDELMAN, G. M. *Neural Darwinism*. The Theory of Neuronal Group Selection. New York: Basik Books, 1987.

ELIAS, N. *La Dynamique de l' Occident*. Paris, Presses Pocket, 1990 [1939].

_____. *La Société des individus*. Paris: Fayard, 1991.

_____. *La Civilisation des moeurs*. Paris: UGE, 1982. (Col. Pluriel.)

_____. *La Société de cour*. Paris: Calmann-Lévy, 1974 [1969].

ELSTER, E. *Le Laboureur et ses enfants*: deux essays sur les limites de la rationalité. Paris: Minuit, 1986.

ENGEL, P. *Davidson et la philosophie du language*. Paris: PUF, 1994.

_____. *Introduction à la philosophie de l'esprit*. Paris: La Découverte, 1994.

_____. États d'esprit, questions de philosophie de l'esprit. Aix-en Provence: Alinéa, 1992. [Reed. *Introduction à la philosophie de l'esprit*. Paris: La Découverte, 1994.]

_____. Le Rêve analytique et le réveil naturaliste. *Le Débat*, n.72, p.97-106, nov.-dez. 1992.

_____. Interpretation without Hermeneutics. *Topoi*, n.10, p.137-46, 1991.

_____. *Identité et référence*. La Théorie des noms propres chez Frege et Kripke. Paris: Presses de l'ENS, 1985.

ERNCT, S. Weber, la philosophie déplacée. *Espaces Temps*, n.53-54, p.28-42, 1993.

ESPACES Temps, n. 53-54 (Le rendez-vous allemand), 1993.

ESPRIT, n.7-8 (Paul Ricoeur), jul.-ago. 1988.

FARGE, A. *Le Cours ordinaire des choses*. Dans la cité du XVIIIe siècle. Paris: Le Seuil, 1994.

_____. *Le Goût de l'archive*. Paris: Le Suil, 1989.

FAVEREAU, O. L'Incomplétude n'est pas le problème, c'est la solution. In: Colóquio Internacional de Cerisy, Limitation de la Rationalité et Constitution du Collectif, 5-12 de junho de 1993, *Actes*... Paris: La Découvert, 1995.

_____. Règle, organisation et apprentissage collectif: un paradigme non standard pour trois théories hétérodoxes. In: ORLÉAN, A. (Dir.). *Analyse économique des conventions*. Paris: PUF, 1994.

_____. Marchés internes, marchés externes. *Revue Économique*, v.40, n.2, p.273, 1989.

_____. La Théorie générale: de l'économie conventionelle à l'économie des conventions. *Cahiers d'Économie Politique*, n.14-15, p.197-220, 1988.

_____. L'Incertain dans la "révolution keynesienne": l'hypothèse Wittgenstein. *Économies et Sociétés*, n.3 (série PE, Oeconomia), p.29-72, 1985.

FEBVRE, L. *Combats pour l'histoire*. Paris: Armand Colin, 1953.

FELDMAN, J.; BALLARD, D. Connectionist Models and heir Properties. *Cognitive Science*, n.6, p.205-54.

FERRY, J.-M. *Philosophie de la communication*. t.1: *De l'antinomie de la vérité à la fondation ultime de la raison*. Paris: Cerf, 1994.

_____. *Les Puisssances de l'expérience*. t.1: *Le Sujet et le verbe*. Paris: Cerf, 1992.

_____. *Les Puisssances de l'expérience*. t.2: *Les Ordres de la reconnaissance*. Paris: Cerf, 1992.

_____. *Habermas*. L'éthique de la communication. Paris: PUF, 1987.

FEYERABEND, P. *Contre la méthode*. Esquisse d'une théorie anarchiste de la connaissance. Paris: Le Seuil, 1979 [1975]. (Col. Points-Seuil)

_____. *Againts Method*: Outline of an Anarchistic Theory of Knowledge. Londo: New Left Books, 1975. [Ed. francesa: *Contre la Méthode*. Esquisse d'une théorie anarchiste de la connaissance. Paris: Le Seuil, 1979.]

FODOR, J. A. *La Modularité de l'esprit*. Paris: Minuit, 1986.

FOUCAULT, M. Table ronde du 20 mai 1978. In: PERROT, M. (Ed.). *L'Impossible Prison*: recherché sur le systema pénitentiaire au XIXe siècle. Paris: Le Seuil, 1980. p.40-56.

_____. *Surveiller et punir*. Paris: Gallimard, 1975.

_____. *L'Ordre du discours*. Paris: Gallimard, 1971.

_____. Nietzsche, la généalogie et l'histoire. In: *Hommage à Hyppolite*. Paris: PUF, 1971.

_____. *Archéologie du savoir*. Paris: Gallimard, 1969.

_____. *Folie et déraison*. Paris: Plon, 1961. [Reed. *Histoire de la folie à l'âge classique*. Paris: Gallimard, 1972. Ed. bras.: *História da loucura*. 7.ed. São Paulo: Perspectiva, 2004.]

FRANK, R. Enjeux épistémologiques de l'enseignement de l'histoire du temps présent. In: *L'histoire entre épistémologie et demande sociale*, atas da Université d'Été de Blois, setembro de 1993-1994. p.161-9.

FREGE, G. *Les Fondements de l'arithmétique*. Écrits logiques et philosophiques. Paris: Minuit, 1971.

FREITAG, M. Vous avez bien dit "transcendental"? Réponse à Louis Quéré, en défense de la connaissance sociologique et historique contre la réduction sémiotique et pragmatique. *Cahiers de Recherche du Groupe Interuniversitaire d'Étude de la Postmodernité*, Montréal, n.23, 1994.

_____. La Quadrature du cercle. Quelques remarques sur le problème de la description de l'activité significative. *Revue du MAUSS*, n.4, p.38-63, 1989.

FREUD, S. Analyse avec fin, analyse sans fin. In: *Résultats, idées, problèmes*. v.II. Paris: PUF, 1987.

FREUND, J. *Sociologie de Max Weber*. Paris: PUF, 1966.

FURET, F. De l'histoire-récit à l'histoire-problème. *Diogène*, n.89, jan.-mar. 1975. [Repub. em *L'Atelier de l'histoire*. Paris: Flammarion, 1982.]

GADAMER, H. G. *L'Art de comprendre*. 2t. Paris: Aubier, 1982-1991.

_____. *Verité et méthode*. Paris: Le Seuil, 1976.

GARFINKEL, H. *Studies in Ethnometodology*. Englewood Cliffs (NY): Prentice Hall, 1967.

_____. A Conception of, and Experiments with, Trust as a Condition of Stable Concerted Action". In: HARVEY. O. J. (Ed.). *Motivation and Social Interaction*. New York: The Ronald Press, 1963.

_____.; SACKS, H. On Formal Structures of Practical Actions. In: MCKINNEY, J.-C.; TIRYAKIAN, E.A. (Eds.). *Theoretical Sociology*. Perspectives and Development. New York: Appleton-Century-Crofts 1970. p.338-66.

_____. Le Mal démocratique (entretien). *Esprit*, p.67-89, out. 1993.

_____. Changement de paradigme en sciences sociales. *Le Débat*, n.50, p.165-70, maio-ago. 1988.

_____. *Le Désenchantement du monde*. Paris: Gallimard, 1985.

_____. *La Pratique de l'esprit humain*. Paris: Gallimard, 1980.

GIDDENS, A. *Social Theory and Modern Sociology*. Standford: Stanford University Press, 1987.

GINZBURG, C. *Storia notturna*. Una decifrazione del sabba. Turim: Einaudi, 1989.

_____. *Le Fromage et les vers*. Paris: Flammarion, 1980.

_____. *I Benandanti*. Stregoneria e culti agrari tra Cinquecento e Seicento. Turim: Einaudi, 1966. [*Les Batailles nocturnes*. Sorcellerie et rituels agraires en Frioul, XVIe-XVIIe siècles. Paris: Verdier, 1980.]

GIRARD, R. *Shakespeare*: Les Feux de l'envie. Paris: Grasset, 1990.

_____. *Le Bouc émissaire*. Paris: Grasset, 1982.

_____. *Des choses cachées depuis la fondation du monde*. Paris: Grasset, 1978.

REFERÊNCIAS

503

_____. *La Violence et le Sacré*. Paris: Grasset, 1972.

_____. *Dostoïevski*: du double à l'unité. Paris: Plon, 1963.

_____. *Mensonge romantique et vérité romanesque*. Paris: Grasset, 1961.

GISLAIN, J.-J.; STEINER, P. *La Sociologie économique*: 1890-1920. Paris: PUF, 1995.

GODBOUT, J; CAILLÉ, A. *L'Esprit du don*. Paris: La Découverte, 1992.

GOFFMAN, E. *Les Rites d'interaction*. Paris: Minuit, 1974.

_____. *The Presentation of Self in Everyday Life*. New York: Anchor Book, 1959.

GOULD, S. J. *La Vie est belle*. Paris: Le Seuil, 1991.

_____. *Le Sourire du flamant rose*. Paris: Le Seuil, 1988.

_____. *Quand les poules auront des dents*. Paris: Fayard, 1984.

_____. *Le Pouce du panda*. Paris: Grasset, 1982.

GRENDI, E. Micro-analisi e storia sociale. *Quaderni Storici*, v.12, n.35(2), p.506-20, 1972.

GRICE, P. Meaning. *Philosophical Review*, v.66, n.3, p.377-88, jul. 1957.

GRUSON, C. *Origines et espoir de la planification francaise*. Paris: Dunod, Paris, 1968.

GUÉROULT, M. *Dianoématique*: Philosophie de l'histoire de la philosophie. 3t. Paris: Aubier, 1979.

GUILHAUMOU, J. *Marseille républicaine*. Paris: Presses de la FNSP, 1992.

_____. *1793, la mort de Marat*. Bruxelles: Complexe, 1989.

HABERMAS, J. *Théorie de l'agir communicationnel*. 2t. Trad. Jean-Marc Ferry e Jean-Louis Schlegel. Paris: Fayard, 1987 [1981].

_____. *Connaissance et intérêt*. Trad. Clémençon. Paris: Gallimard, 1976.

HALBWACHS, M. *Les Cadres sociaux de la mémoire*. Paris: PUF, 1925.

HARTMANN, E. von. *Phylosophy of the Unconscious*. New York: Macmillan and Co., 1884.

HEINICH, N. Motifs d'une recherche: hommage à Michaël Pollak. *Bulletin Trimestriel de la Fondation Auschwitz*, n.35, jan-mar. 1993.

HENNION, A. *La Passion musicale*: une sociologie de la médiation. Paris: Métailié, 1993.

_____. *Les Professionels du disque, une sociologie des variétés*. Paris: Métailié, 1981.

HERPIN, N. *Les Sociologues américains et le siècle*. Paris: PUF, 1973.

HIRSCHHORN, M. *Max Weber et la sociologie française*. Paris: L'Harmattan, 1988.

HOARAU, J. Description d'une conjoncture en sociologie. *Espaces Temps*, p.6-25, n.49-50, 1992.

HUME, D. *Enquête sur les príncipes de la morale*. Paris: Aubier, 1946.

HUSSERL, E. *Leçons pour une phénoménologie de la conscience intime du temps*. Paris: PUF, 1983 [1964].

_____. *La Crise des sciences européennes et la phenoménologie transcendentale*. Trad. Gérard Granel. Paris: Gallimard, 1976 [1954].

IONESCU, S. Inconscient: les pistes du futur. *Sciences Humaines*, n.29, jun. 1993.

ISAMBERT, F.-A. Un programme fort en sociologie de la science? *Revue Française de Sociologie*, n.26, p.485-508.

JACQUES, F. *L'Espace logique de l'interlocution*. Paris: PUF, 1985.

_____. *Différence et subjectivité*. Paris: Aubier, 1982.

JAMARD, J.-L. *Anthropologies françaises en perspective*. Paris: Kimé, 1993.

JAMOUS, H. *Sociologie de la decisión, la réfome des études médicales et des structures hospitalières*. Paris: Éditions du CNRS, 1969.

JOHNSON, M. *The Body in the Mind*: The Bodily Basis of Imagination, Reason and Meaning. Chicago: University of Chicago Press, 1987.

JOUTARD, P. *La Légende des camisards, une sensibilité au passé*. Paris: Gallimard, 1977.

KAHNEMAN, D.; SLOVIC, P.; TVERSKY, A. (Eds.). *Judgement under Uncertainty*: Heuristics and Biases. Cambridge: Cambridge University Press, 1974.

KANT, E. *Anthropologie du point de vue pragmatique*. Trad. Michel Foucault. Paris: Vrin, 1964.

KANTOROWICZ, E. *Les Deux corps du roi*. Essai sur la théologie politique au Moyen Âge. Trad. francesa Jean-Phillipe Genet e Nicole Genet. Paris: Gallimard, 1989.

_____. *L'Empéreur Fréderic II*. Trad. francesa Albert Kohn. Paris: Gallimard, 1987.

KEYNES, J. M. The General Theory of Employment. *Quarterly Journal of Economics*, v.51, n.2, p.209-23, fev. 1937.

KNORR, K. *Manufacture of Knowledge*: an Essay on the Constructivist and Contextual Nature of Science. Oxford: Pergamon, 1981.

KOSELLECK, R. *Le Futur passé*. Paris: Ehess, 1990.

KRIPKE, S. A. *Wittgenstein on Rules and Private Language*. An Elementary Exposition. Oxford: Blackwell, 1982.

KUHN, T. *The Structure of Scientific Theories*. Urbana: University of Illinois Press, 1973. [Ed. francesa: *La Structure des revolutions scientifiques*. Paris: Flammarion, 1983.]

REFERÊNCIAS

LASSLET, P. *Un monde que nous avons perdu*. Paris: Flammarion, 1969.

LATOUR, B. Moderniser ou écologiser? A la recherche de la "septième" cité. Écologie Politique, v.4, n.13, primavera 1995, p.5-27.

LATOUR, B. Esquisse d'un parlement des choses. Écologie Politique, n.10, 1994.

_____. Le Topofil de Boa Vista. *Raisons Pratiques*, n.4 (*Les Objets dans l'action*), p.187-216, 1993. [Repub. em *La Clef de Berlin*. Paris: La Découverte, 1993, p.171-225.]

_____. *Nous n'avons jamais été modernes*. Paris: La Découverte, 1991.

_____. Pasteur et Pouchet: hétèrogenèse de l'histoire des sciences. In: SERRES, M. Éléments d'histoire des sciences. Paris: Bordas, 1989. p.423-45.

_____. Irréductions. In: *Les Microbes*: guerre et paix. Paris: Métailié, 1984.

_____. *Les Microbes*: guerre et paix. Paris: Métailié, 1984.

_____.; LEMONNIER, P. (Orgs.). *De la préhistoire aux missiles balistiques*. Paris: La Découverte, 1994.

_____.; WOOLGAR, S. *La Vie de laboratoire*. Paris: La Découverte, 1988[1979].

LAVABRE, M.-C. *Le Fil rouge, sociologie de la mémoire communiste*. Paris: Presses de la FNSP, 1994.

_____. Génération et mémoire. In: CONGRESSO DA ASSOCIATION FRANÇAISE DE SCIENCE POLITIQUE, Génération et Politique, out. 1981. Datilog.

LAZARUS, R. S.; KANNER, A.-D.; FOLKMAN, S. Emotions: a Cognitive-Phenomenological Analysis. In: PLUTCHIK, R.; KELLERMAN, H. (Orgs.). *Emotion*. Theory, Research and Experience. v.1. San Diego: Academic Press, 1980. p.189-217.

LE ROY LADURIE, E. *Le Carnaval de Romans*. Paris: Gallimard, 1979.

_____. L'Histoire immobile. In: *Le Territoire de l'historien*. t.2. Paris: Gallimard, 1978.

_____. *Montaillou, village occitan*. Paris: Gallimard, 1975.

LEFORT, C. *Essais sur le politique*. Paris: Le Seuil, 1986.

_____. *Les Formes de l'histoire*. Paris: Gallimard, 1978.

LEPETIT, B. L'Histoire prend-elle les acteurs au sérieux? *Espaces Temps*, n.59- 61 (Le Temps réfléchi. L'Histoire au risqué des historiens), p.112-22, 1995.

_____. Propositions pour une pratique restreinte de l'interdisciplinarité. *Revue de Synthèse*, v.III, n.3, p.331-8, jul.-set. 1990.

_____. (Org.). *Les Formes de l'expérience*. Paris: Albin Michel, 1995.

LEVI, G de. *Le Pouvoir au village*. Paris: Gallimard, 1989.

_____. Usages de la biographie. *Annales*, v.44, n.6, p.1325-36, nov.-dez. 1989.

LÉVI-STRAUSS, C. L'Éfficacité symbolique. *Revue d'Histoire des Réligions*, n.1, p.5-27, 1949. [Rep. In: *Anthropologie structurale*. Paris: Plon, 1958. p.205-26.]

LÉVY, P. *Les Technologies de l'intelligence*. Paris: La Découverte, 1990.

_____. *La Machine univers*. Création, cognition et culture informatique. Paris: La Découverte, 1987.

LÉVY-LEBLOND, J.-M.; JAUBERT, A. *Autocritique de la science*. Paris: Le Seuil, 1973.

LÉVY-PIARROUX, Y. Les Notes donnent le ton. *Espaces Temps*, n.47-48 (La Fabrique des sciences sociales), p.21-33, 1991.

LEWIS, D. K. *Convention*: a Philosophical Study. Cambridge (MA): Harvard University Press, 1969.

LIPIETZ, A. Le Proudhon du vingtième siècle. *Espaces Temps*, n.34-35 (Braudel dans tous ses états), p.47-50, 1986.

LIPOVETSKY, G. *L'Ère du vide*. Paris: Gallimard, 1983.

LIVET, P. Les Limites de la communication. *Les Études Philosophiques*, n.2-3, p.255-75, 1987.

_____.; THÉVENOT, L. Modes d'action collective et construction éthique. Les Émotions dans l'évaluation. In: COLÓQUIO INTERNACIONAL DE CERISY, Limitation de la Rationalité et Constitution du Collectif, 5-12 de junho de 1993, *Actes*... Paris: La Découvert, 1995.

_____.; _____. Les Catégories de l'action collective. In: ORLÉAN, A. (Dir.). *Analyse économique des conventions*. Paris: PUF, 1994. p.139-67.

LYNCH, M. *Art and Artifact in Laboratory Science*: a Study of Shop Work and Shop Talk in a Research Laboratory. London: Routledge and Kegan Paul, 1985.

MACLEAN, P. D.; GUYOT, R. *Les Trois Cerveaux de l'homme*. Paris: Laffont, 1991.

MALDIDIER, D. Comunicação nos encontros "Linguistique et Matérialisme" de Rouen (outubro de 1988). *Cahiers de Linguisitique Sociale*, 1989. [Repub. em GUILHAUMOU, J.; MALDIDIER, D.; ROBIN, R. *Discours et Archive*. Liege: Mardaga, 1994. p.173-83.]

MARC, E.; PICARD, D. La Logique cachée des relations sociales. *Sciences Humaines*, n.5 (*Les liens sociaux invisibles*), maio-jun. 1994.

_____.; _____. *L'Interaction sociale*. Paris: PUF, 1989.

MARROU, H.-I. *De la connaissance historique*. Paris: Le Seuil, 1954.

REFERÊNCIAS

MATURANA, H.; VARELA, F. *The Tree of Knowledge*: the Biological Roots of Human Understanding. Boston: New Science Library, 1987. [Edição europeia: *L'Arbre de la connaissance*. Amsterdam/Paris: Addison-Wesley Fr./Reading (Mass.), 1994.]

MAUSS, M. Essai sur le don. In: *Sociologie et anthropologie*. Paris: PUF, 1950.

MCCULLOCH, W.; PITTS, W. A Logical Calculus of Ideas Immanent in Nervous Activity. *Bulletin of Mathematical Biophysics*, n.5, 1943, p.115-33. [Reed. In: MCCULLOCH, W. *Embodiments of Mind*. Cambridge (MA): MIT Press, 1965.]

MEAD, G. H. *The Philosophy of the Present*. La Salle: The Open Court Public Company, 1932.

MENDEL, G. *La Société n'est pas une famille*. Paris: La Découverte, 1992.

_____. *54 Millions d'individus sans appartenance*. Paris: Laffont, 1983.

MERLEAU-PONTY, M. *Phénoménologie de la perception*. Paris: Gallimard, 1945. [Reed. Col. Folio, 1976.]

_____. *La Structure du comportement*. Paris: PUF, 1942.

MERTON, R. K. *Science, Technology and Society in Seventeenth Century England*. New York: H. Fertig, 1938.

MESURE, S. Sociologie allemande, sociologie française: la guerre a eu lieu... *Espaces Temps*, n. 53-54, p.19-27, 1993.

MONGIN, O. *Face au scepticisme*. Les Mutations du paysage intellectuel ou l'invention de l'intellectuel démocratique. Paris: La Découverte, 1994.

_____. *Paul Ricoeur*. Paris: Le Seuil, 1994.

MORIN, E. *Le Paradigme perdu*. La Nature humaine. Paris: Le Seuil, 1973. [Reed. Col. Points-Seuil, 1979.]

MOSÈS, S. *L'Ange de l'histoire. Rosenzweig, Benjamin, Scholem*. Paris: Le Seuil, 1992.

MUCHIELLI, L. La Guerre n'a pás eu lieu: les sociologues français et l'Allemagne (1870-1940). *Espaces Temps*, n.53-54, p.5-18, 1993.

NEUMANN, J. von. *The Computer and the Brain*. New Haven: Yale University Press, 1958.

NEWMAN, J.-H. *Grammaire de l'assentiment*. Paris/Bruxelles: Desclée de Brouwer, 1975 [1917].

NOIRIEL, G. Histoire: la perspective pragmatiste. *Espaces Temps*, n.49-50, p.83-5, 1992.

_____. *La Tyranie du national, le droit d'asile en Europe*: 1793-1993. Paris: Calman-Lévy, 1991.

_____. Pour une approche subjectiviste du social. *Annales*, nov.-dez. 1989, p.1435-59.

_____. *Le Creuset français*. Histoire de l'immigration XIXe-XXe siècles. Paris: Le Seuil, 1988. (Col. Point-Seuil)

_____. Les Ouvriers sidérurgiques et les mineurs de fer dans le bassin de Longwy (1919-1939). Paris, 1982. Tese de 3. Ciclo – Paris-VIII, mimeo.

_____; AZZAOUI, B. *Vivre et lutter à Longwy*. Paris: Maspero, 1980.

NORA, P. De l'histoire contemporaine au présent historique. In: ÉCRIRE L'HISTOIRE DU TEMPS PRÉSENT. Jornadas de estudos em homenagem a François Bédarida, IHTP. Paris: CNRS, 1993. p.43-7.

_____. *Les lieux de mémoire*. t.III: Les France. 3 vols. Paris: Gallimard, 1993-1996.

_____. *Les lieux de mémoire*. t.II: La Nation – La Gloire, les mots. Paris: Gallimard, 1986.

_____. *Les lieux de mémoire*. t.I: La Republique. Paris: Gallimard, 1984.

_____. Le Retour de l'évènement. In: LE GOFF, J.; NORA, P. (Orgs.). *Faire de l'histoire*. t.1. Paris: Gallimard, Paris, 1974. p.210-29.

_____. L'évènement monstre. *Communications*, n.18 (L'évènement), p.162-72, 1972. [Modificado e rep. In: LE GOFF, J.; NORA. P. (Orgs.). *Faire de l'histoire*. t.1. Paris: Gallimard, 1974. p.210-28.]

NORMAN, D. A. Les Artefacts cognitifs. *Raisons Pratiques*, n.4 (*Les Objets dans l'action*), 1993, p.15-34.

_____. *The Design of Everyday Things*. New York: Doubleday, 1988.

_____. *The Psychology of Everyday Things*. New York: Basic Books, 1988.

ORLÉAN, A. (coord.). *Analyse économique des conventions*. Paris: PUF, 1994.

_____. Un savoir dynamique. *Le Monde des Débats*, dez. 1993, p.7.

_____. Pour une approche cognitive des conventions économiques, *Revue Économique*, v.40, n.2, p.241-72, mar. 1989.

PACHET, P. *Le Premier venu*. Essai sur la politique baudelairienne. Paris: Denoël, 1976.

PARIJS, P. van. *Le Modèle économique et ses rivaux*. Genève: Droz, 1990.

PASSERINI, L. La Lacune du présent. In: Écrire l'histoire du temps présent. Jornadas de estudos em homenagem a François Bédarida, IHTP. Paris: CNRS, 1993. p.35-42.

PASSERON, J.-C. Les Sciences humaines en débat (1). *Raison Présente*, n.108, 1993.

_____. *Le Raisonement sociologique*. L'Espace non-poppérien du raisonement naturel. Paris: Nathan, 1991.

REFERÊNCIAS

PASSERON, R. Poïétique et histoire. *Espaces Temps*, n.55-56, p.98-107, 1994.

PAXTON, R. *La France de Vichy*. Paris: Le Seuil, 1973.

PEIRCE, C.-S. Écrits sur le signe. Paris: Le Seuil, 1978.

PESCHANSKI, D.; POLLACK, M.; ROUSSO, H. *Histoire politique et sciences sociales*. Bruxelles: IHTP/Complexes, 1991.

PESSIS-PASTERNAK, G. *Faut-il brûler Descartes?* Paris: La Découverte, 1991.

PETIT, J.-L. La Constitution de l'évènement social. *Raisons Pratiques*, n.2, p.9-38, 1991.

PHARO, P. *Le Sens de l'action et la compréhension d'autrui*. Paris: L'Harmattan, 1993.

_____. *Phénoménologie du lien civil*: sens et légitimité. Paris: L'Harmattan, 1992.

_____. *Politique et savoir-vivre*. Paris: L'Harmattan, 1991.

_____. La Question du pourquoi. *Raisons Pratiques*, n.1, p.267-311, 1990.

_____. L'Ethnométhodologie et la question de l'interprétation. *Problèmes d'Épistémologie en Sciences Sociales*, n.III (Arguments ethnométhodologiques). Paris: Ehess, 1985. p.145-69.

_____. *Le Civisme ordinaire*. Paris: Méridiens-Klincksieck, 1985.

PICARD, D. *Du code au désir*. Paris: Dunod, 1983.

PIGNARRE, P. *Les Deux médecines*. Paris: La Découverte, 1995.

POLLAK, M. Mémoire, oubli, silence. In: *Une identité blessée*. Paris: Métailié, 1993.

_____. *L'Expérience concentrationnaire*. Essai sur le maintien de l'identité sociale. Paris: Métailié, 1990.

_____. Signes de crise, signes de changement, mai 68 et les sciences sociales. *Cahiers de l'IHTP*, n.11, abr. 1989.

_____. Max Weber en France, l'itinéraire d'une oeuvre. *Cahiers de l'IHTP*, n.3, 1986.

POPPER, K. *L'Univers irrésolu*. Plaidoyer pour l'indéterminisme. Paris: Hermann, 1984.

_____. *La Société ouverte et ses ennemis*. 2 vols. Paris: Le Seuil, 1979 [1962;1966].

_____. *Objective Knowledge*. Oxford: Oxford University Press, 1979. [*La Connaissance objective*. Bruxelles: Complexe, 1978.]

_____. *La Logique de la découverte scientifique*. Paris: Payot, 1973. [2.ed.: 1984]

_____. *Conjectures and Refutations*. London: Routledge and Kegan Paul, 1972. [*Conjectures et réfutations*. La Croissance du savoir scientifique. Paris: Payot, 1985.]

POULAIN, J. *L'Age pragmatique ou l'expérimentation totale*. Paris: L'Harmattan, 1990.

_____. (Dir.). *Critique de la raison phénoménologique*. La transformation pragmatique. Paris: Cerf, 1991.

PREMACK, D. The Infants Theory of Self-Propelled Objects. *Cognition*, v.36, n.1, p.1-16, 1990.

PRIGOGINE, I.; STENGERS, I. *Entre le temps et l'éternité*. Paris: Fayard, 1988. [Reed. Coleção Champs, Flammarion, Paris, 1992.]

_____.; _____. *La Nouvelle alliance*. Paris: Gallimard, 1971. [Reed. Coleção Folio-Essais, Paris, 1986.]

PROUST, J. De l'histoire de la logique à la philosophie de l'esprit. *Le Débat*, n.72, p.177-86, nov.-dez. 1992.

PUTNAM, H. Wittgenstein, la vérité et le passé de la philosophie. In: POULAIN J. (Ed.). *De la verité*. Pragmatisme, historicisme et révisionisme, rue Descartes, n. 5-6. Paris: Albin Michel, 1992.

_____. *Raison, vérité et Histoire*. Paris: Minuit, 1984 [1979].

QUATTRONE, G.-A.; TVERSKY, A. Self-Deception and the Voter's illusion. In: ELSTER, J. (Org.). *The Multiple Self*. Cambridge: Cambridge University Press, 1987.

_____. A-t-on vraiment besoin de la notion de convention? *Réseaux*, v.11, n.62, p.19-42, 1993.

_____. Le Sociologue et le touriste (entrevista com Jacques Hoarau). *Espaces Temps*, n.49-50, p.41-60, 1992.

_____. Le Tournant descriptif en sociologie. *Current Sociology*, v.40, n.1, p.139-65, mar. 1992.

_____. Évènements et temps de l'histoire. *Raisons Pratiques*, n.2, 1991.

_____. Agir dans l'espace public. *Raisons Pratiques*, n.1, p.85-112, 1990.

_____. L'Impératif de la description: remarques sur la position de Michel Freitag. *Revue du MAUSS*, n.4, p.64-9, 1989.

_____. Raison, action sociale et intersubjectivité. *Langage, action sociale et communication*, Ehess, outubro 1987.

_____. L'Argument sociologique de Garfinkel. *Problèmes d'Épistémologie en Sciences Sociales*, n.III (Arguments ethnométhodologiques). Paris: Ehess, 1985. p.99-136.

_____. *Des miroirs équivoques*. Paris: Aubier, 1982.

_____. (Dir.). *La Théorie de l'action*. Le sujet pratique en débat. Paris: Presses du CNRS, 1993.

REFERÊNCIAS 511

RAJCHMAN, J.; WEST C. (Dir.). *La Pensée américaine contemporaine*. Paris: PUF, 1991.

RALLET, A. La Théorie des conventions chez les économistes. *Réseaux*, n.62 (Les Conventions), p.43-61, nov.-dez. 1993.

RANCIÈRE, J. *Les Noms de l'histoire*. Paris: Le Seuil, 1992.

RAWLS, J. *A Theory of Justice*. Cambridge (MA): Harvard University Press, 1971. [Trad. Francesa: *Théorie de la Justice*. Paris: Le Seuil, 1987.]

RÉCANATI, F. Du tournant linguistique au tournant cognitif: l'exemple de la pragmatique. *Préfaces*, n.10, p.80-3, nov.-dez. 1988.

RÉMOND, R. Le Contemporain du contemporain. In: NORA, P. (Org.). *Essais d'ego-histoire*. Paris: Gallimard, 1987. p.293-349.

_____. Plaidoyer pour une histoire délaissée. La Fin de la IIIᵉ République. *Revue Française de Sciences Politiques*, v.7, n.2, p.253-70, 1957.

_____. *La Droite en France de 1815 à nos jours*. Continuité et diversité d'une tradition politique. Paris: Aubier, 1954.

_____. *Pour une histoire politique*. Paris, Le Seuil, 1988.

RENOUVIN, P. *Histoire des rélations internationales de 1870 à 1914*. Paris: CDU, 1954.

REVEL, J. L'Histoire au ras du sol. Prefácio à tradução francesa. In: LEVI, G. de. *Le Pouvoir au village*. Paris: Gallimard, 1989. p.I-XXXIII.

RICOEUR, P. Remarques d'un philosophe. In: ÉCRIRE L'HISTOIRE DU TEMPS PRÉSENT. Jornadas de estudos em homenagem a François Bédarida, IHTP. Paris: CNRS, 1993. p.35-41.

_____. Évènement et sens. *Raisons Pratiques*, n.2, p.41-56, 1991.

_____. *Soi-même comme un autre*. Paris: Le Seuil, 1990.

_____. L'identité narrative. *Esprit*, n.7-8 (Paul Ricoeur), p.295-304, jul.-ago. 1988.

_____. *Du texte à l'action*. Paris: Le Seuil, 1986.

_____. *Philosophie et sociologie*. Histoire d'un reencontre. Paris: Ehess, 1985.

_____. *Temps et récit*. t.1-3. Paris: Le Seuil, 1983-1985.

_____. *La Métaphore vive*. Paris: Le Seuil, 1975.

_____. The Model of the Text: Meaningful Action Considered as a Text. *Social Research*, v.38, n.3, p.529-62, 1971. [Rep. como: Le Modèle du texte: l'action considérée comme un texte. In: *Du texte à l'action*. Paris: Le Seuil, 1986. p.183-211.]

_____. *Le Conflit des interprétations*. Paris: Le Seuil, 1969.

_____. *De l'interprétation*. Paris: Le Seuil, 1965.

_____. *Philosophie de la volonté*. t.II: *Finitude et culpabilité*. 2v. Paris: Aubier, 1960.

_____. Objetivité et subjectivité en histoire. In: *Histoire et vérité*. Paris: Le Seuil, 1955.

_____. *Philosophie de la volonté*. t.I: *Le Volontaire et l'involontaire*. Paris: Aubier, 1950.

RIOUX, J.-P. Peut-on-faire une histoire du temps present? In: CHAUVEAU, A; TÉTART, P. *Questions à l'histoire des temps présents*. Paris: Complexe, 1992. p.43-54.

ROBIN, R. *Le Roman mémoriel*. Montreal: Le Préambule, 1989.

_____. *Le Cheval blanc de Lénine, ou l' Histoire autre*. Bruxelles: Complexe, 1979. [Reed. *Le Naufrage du siècle, suivi de Le Cheval blanc de Lénine, ou l'Histoire autre*. Paris: Berg International, 1995.]

ROQUEPLO, P. *Le partage du savoir*: science, culture, vulgarization. Paris: Le Seuil, 1974.

RORTY, R. Dewey entre Hegel et Darwin. In: POULAIN J. (Ed.). *De la verité*. Pragmatisme, historicisme et révisionisme, rue Descartes, n.5-6. Paris: Albin Michel, 1992.

_____. *L'Homme spéculaire*. Paris: Le Seuil, 1990.

ROSENTAL, P.-A. Métaphore et stratégie épistémologique: *La Méditerranée de Fernand Braudel*. In: MILO, D. S.; BOURREAU, A. *Alter-histoire*. Paris: Les Belles Lettres, 1991.

ROUSSELLE, A. *Croire et guérir, la foi en Gaule dans l'Antiquité tardive*. Paris: Fayard, 1990.

ROUSSO, H. La Mémoire n'est plus ce qu'elle était. In: Écrire l'histoire du temps présent. Paris: CNRS, 1993.

_____. *Le Syndrôme de Vichy, de 1944 à nos jours*. Paris: Le Seuil, 1990 [1987]. (Col. Points-Histoire)

SACKS, H. Perspectives de recherche. *Problèmes d'Épistémologie en Sciences Sociales*, n.III (Arguments ethnométhodologiques). Paris: Ehess, 1985. p.138-44.

_____. Sociological Descriptions. *Berkeley Journal of Sociology*, n.8, p.1-16, 1963.

SAINT AUGUSTIN. *Confessions*. Livro IX. Paris: Garnier-Flammarion, 1964.

SALAIS, R. Convention et mondes possibles. *Réseaux*, n.62, p.131-5, nov.-dez. 1993.

_____.; BAVEREZ, N.; REYNAUD, B. *L'Invention du chômage*. Paris: PUF, 1986.

_____.; THÉVENOT, L. (Eds.). *Le Travail*: marchés, règles, conventions. Paris: Insee/Économica, 1986.

SARDAN, J.-P. O. de. L'Espace wébérien des sciences sociales. *Genèses*, v.10, p.146-60, jan. 1993.

_____. L'Unité épistémologique des sciences sociales. *L'Histoire entre Épistémologie et Demande Sociale*, actes de l'université d'été de Blois, set. 1993, IUFM de Créteuil, Toulouse, Versailles, 1994.

SAUSSOIS, J.-M. La Force des liens faibles. *Sciences Humaines*, n.5 (*Les liens sociaux invisibles*), maio-jun. 1994.

SCHÜTZ, A. *The Phenomenology of the Social World*. Evanston: Northwestorn University Press, 1967 [1932].

SCUBLA, L. Sciences cognitives, matérialisme et anthropologie. In: ANDLER, D. (Org.). *Introducrtion aux sciences cognitives*. Paris: Gallimard, 1992. p.421-46. (Col. Folio-Essai)

SEN, A. Éthique et économie. Paris: PUF, 1993. [*Sobre ética e economia*. São Paulo: Companhia das Letras, 1999.]

SERRES, M. *Éclaircissements*, entretiens avec Bruno Latour. Paris: F. Bourin, 1992.

_____. *Le Tiers-instruit*. Paris: Gallimard, 1992.

_____. *Le Contrat naturel*. Paris: François Bourin, 1990.

_____. *Hermès V, Le Passage Nord-Ouest*. Paris: Minuit, 1980.

_____. *Hermès IV, La Distribution*. Paris: Minuit, 1977.

_____. *Feu et signaux de brume*. Zola. Paris: Grasset, 1975.

_____. *Hermès III, La Traduction*. Paris: Minuit, 1974.

_____. *Hermès II, L' Interférence*. Paris: Minuit, 1972.

_____. *Hermès I, La communication*. Paris: Minuit, 1969.

_____. *Le Système de Leibniz et ses modèles mathématiques*. 2v. Paris: PUF, 1968.

_____. (Dir.). Élements d'histoire des sciences. Paris: Bordas, 1989.

SHAPIN, S.; SCHAFFER, S. *Leviathan and the Air-Pump*. Hobbes, Boyle and the Experimental Life. Princeton (NJ): Princeton University Press, 1985. [Trad. Francesa: *Léviathan et la pompe à air*. Hobbes et Boyle entre science et politique. Paris: La Découverte, 1993.]

SIMIAND, F. Méthode historique et science sociale. *Revue de Synthèse Historique*, v.6, n.17, 1903, p.129-157. [Rep. *Annales*, v.15, n.1, p.83-119, 1960.]

SIMMEL, G. *Sociologie et épistémologie*. Paris: PUF, 1981.

SIMON, H. A. *Reason in Human Affairs*. Oxford: Basil Blackwell, 1983.

_____. Rationality as Process and as a Product of Thought. *American Economic Review*, v.68, n.2, p.1-16, 1978.

_____. *The Sciences of Artificial*. Cambridge (MA): MIT Press, 1969.

_____. A Formal Theory of the Employment Relationship. *Econometrica*, v.19, n.3, p.293-305, jul. 1951.

SIRINELLI, J.-F. (Dir.). *Histoire des droites en France*. 3t. Paris: Gallimard, 1992.

SMITH CHURCHLAND, P. *Neurophilosophy*: towards a Unified Theory of Mind Brain. Cambridge (MA): MIT Press/A. Bradford Book, 1986.

SPERBER, D. De l'anthropologie structurale à l'anthropologie cognitive (entretien). *Préfaces*, n.10, nov.-dez. 1988.

_____. Les Sciences cognitives, les sciences sociales et le matérialisme. *Le Débat*, n.47, 1987, p.103-15. [Reed. In: ANDLER (Org.). *Introduction aux sciences cognitives*. Paris: Gallimard, 1992. p.397-420. (Col. Folio-Essai)]

_____. *Qu'est-ce que le structuralisme?* t.3: *Le Structuralisme en anthropologie*. Paris: Le Seuil, 1968.

_____.; WILSON, D. *Relevance*: Communication and Cognition. Hoboken (NJ): Blackwell, 1986.

STEIN, C. *L'Enfant imaginaire*. Paris: Denoël, 1971.

STENGERS, I. *L'Invention des sciences modernes*. Paris: La Découverte, 1993.

_____. *La Volonté de faire science*. Paris: Laboratoires Delagrange, 1992. (Col. Les Empêcheurs de Penser en Rond)

_____.; BENSAUDE-VINCENT, B. *Histoire de la chimie*. Paris: La Découverte, 1993.

_____.; CHERTOK, L. *L'Hypnose, blessure narcissique*. Paris: Laboratoires Delagrange, 1990. (Col. Les Empêcheurs de Penser en Rond)

_____.; RALET, O. *Drogues*. Le Défi hollandais. Paris: Éd. des Laboratoires Dalagrange, 1991. (Col. Les Empêcheurs de Penser en Rond)

STONE, L. The Revival of Narrative: Reflections on a New Old History. *Past and Present*, n.85, nov. 1979. [Edição francesa em Retour au récit ou réflexions sur une nouvelle vieille histoire, *Le Débat*, n.4, p.116-42, set. 1980.]

STORA, B. *La Gangrène de l'oubli*. Paris: La Découverte, 1991.

STRAWSON, P.-F. *Individuals*. London: Metuen & Co., 1959. [*Les Individus*. Trad. Albert Shalom e Paul Drong. Paris: Le Seuil, 1973.]

SWEDBERG, R. *Histoire de la sociologie économique*. Paris: Desclée de Brouwer, 1995.

TAYLOR, C. *Malaise de la modernité*. Paris: Cerf, 1994.

_____. *Sources of the Self*. The Making of the Modern Identity. Cambridge (MA): Harvard University Press, 1989.

_____. *Philosophical Papers*. v.1: *Human Agency and Language*. Cambridge: Cambridge University Press 1985.

REFERÊNCIAS   515

_____. *Philosophical Papers*. v.2: *Philosophy and the Human Sciences*. Cambridge: Cambridge University Press 1985.

_____. *The Explanation of Behavior*. London: Routledge and Kegan Paul, 1954.

TENTONS l'expérience (editorial). *Annales*, v.44, n.6 (Histoire et sciences sociales. Un tournant critique), nov.-dez. 1989, p.1317-23.

TESTART, A. *Pour les sciences sociales*. Essai d'épistémologie. Paris: Christian Bourgois, 1991.

THÉVENOT, L. Rationalité ou normes sociales: une opposition dépassée?. In: GÉRARD-VARET, L.-A.; PASSERON, J.-C. (Dirs). *Le Modèle et l'enquête*. Les Usages du principe de rationalité dans les sciences sociales. Paris: Éditions de l'École des Hautes Études en Sciences Sociales, 1995. p.149-89.

_____. À quoi convient la théorie des conventions?, *Réseaux*, n.62 (Les Conventions), p.137-42, nov.-dez. 1993.

_____. Économie et formes conventionelles. In: SALAIS, R.; THÉVENOT, L. (Orgs.). *Le Travail*: marchés, règles, conventions. Paris: Insee; Economica, 1986.

_____. Les Investissements de forme. *Cahiers du CEE*, n.29 (Conventions Économiques). Paris: PUF, 1986. p.21-71.

_____. Introduction. *Cahiers du CEE*, n.29 (Conventions Économiques). Paris: PUF, 1986.

THOMAS, W. I.; ZNANIECKI, F. *The Polish Peasant in Europe and America*. New York: Dover Publ. Inc., New York, 1958 [1918].

TIERCELIN, C. C. S. *Peirce et le pragmatisme*. Paris: PUF, 1993.

TOURAINE, A. *Production de la société*. Paris: Le Seuil, 1973.

TREBITSCH, M. La Quarantaine et l'an 40. In: Écrire l'histoire du temps présent. Jornadas de estudos em homenagem a François Bédarida, IHTP. Paris: CNRS, 1993, p.63-76.

_____. Du myth à l'historiographie. *Cahiers de l'IHTP*, n.21 (*La Bouche de la vérité?*), nov. 1992, p.13-32.

VAN PARIJS, P. *Le Modèle économique et ses rivaux*. Genève: Droz, 1990.

VARELA, F. Rencontre avec Francisco Varela. *Sciences Humaines*, n.31, ago.--set. 1993.

_____. *Principles of Biological Autonomy*. North Holland, New York: Elsevier, 1980. [*Autonomie et connaissance*. Trad. Paul Bourguine e Paul Dumouchel. Paris: Le Seuil, 1989.]

_____.; THOMPSON E.; ROSCH, E. *L'Inscription corporelle de l'esprit*. Paris: Le Seuil, 1993.

VENCER, J.-M. *Histoire de la philosophie moderne et contemporaine*. Paris: Grasset, 1993.

VERNANT, J.-P. Debate com Daniel Andler e Jean-Pierre Changeux, Collège de France, 15 fev. 1993. *Raison Présente*, n.109, 1994.

_____. D'une illusion des illusions. *Espaces. Journal des Psychanalystes*, primavera 1986, p.75-83.

VEYNE, P. *Comment on écrit l'histoire*. Paris: Le Seuil, 1971.

VIDAL-NAQUET, P. *Les Assassins de la mémoire*. Paris: La Découverte, 1994.

VIGNAUX, G. *Les Sciences cognitives*: une introduction. Paris: La Découverte, 1992.

VIGNE, E. L'Intrigue mode d'emploi. *Esprit*, n.7-8 (Paul Ricoeur), p.249-56, jul.-ago. 1988.

VINCENT, J.-D. Des hormones aux passions humaines. Rencontre avec Jean-Didier Vincent. *Sciences Humaines*, n.8, jul. 1991.

_____. *Biologie des passions*. Paris: Odile Jacob, 1986. [Reed. Col. Points-Seuil, 1988.]

VOLDMAN, D. Définitions e usages. *Cahiers de l'IHTP*, n.21 (*La Bouche de la vérité?*), p.33-53, nov. 1992.

WALZER, M. *Spheres of Justice*. A Defense of Pluralism and Equality. New York: Basic Books, 1983.

WATKINS, J. W. N. Historical Explanation in the Social Sciences. In: *Modes of Individualism and Collectivism*. Portsmouth: Heinemann, 1973.

WEBER, M. Économie et société. Paris: Plon, 1971 [1921].

_____. *Essai sur la théorie de la Science*. Trad. Julien Freund. Paris: Plon, 1965 [1917]. [Reed. Paris: Presse-Pocket, 1992.]

WEIBERG, A. Où en sont les neurosciences. *Sciences Humaines*, n.8, p.18, jul. 1991.

WHITE, H. *Metahistory*: the Historical Imagination in Nineteenth-Century Europe. Baltimore/London: Johns Hopkins University Press, 1973.

WHITEHEAD, A. N. *Process and Reality*. An Essai in Cosmology, New York: The Free Press/MacMillan, 1969.

WILDLÖCHER, D. Inconscient cognitif et inconscient psychanalytique. *Annales Medico-Psychologiques*, v.147, n.9, p.1008-10, 1989.

WILLIAME, R. *Les Fondements de la sociologie compréhensive*: Alfred Schütz et Max Weber. La Haye: Martinus Nijhof, 1973.

WINOGRAD, T.; FLORES, F. *Understanding Computers and Cognition*. Norwood (NJ): Ablex, 1986. [Ed. francesa: *L'Intelligence artificielle en question*. Paris: PUF, 1988.]

REFERÊNCIAS   517

WITTGENSTEIN, L. *Recherches philosophiques*. Paris: Gallimard, 1961.

_____. *The Blue and Brown Books*. R. Rhees Ed. Oxford: Blackwell, 1958. [Trad. francesa de G. Durand: *Le Cahier bleu et le cahier brun*. Paris: Gallimard, 1965. Reed.: Col. Tel, 1988.]

WOOLGAR, S. Irony in the Social Study of Science. In: KNORR-CETINA, K.; MULKAY, M. (Orgs.). *Science Observed*. London: Sage Publications, 1983. p.239-66.

WRIGHT, G. H. von. *Explanation and Understanding*. London: Routledge and Kegan, 1971.

ZISOWITZ-STEARNS, C.; STEARNS, P. *Emotion and Social Change*: Toward a New Psychohistory. New York: Holmes and Meier, 1988.

ÍNDICE ONOMÁSTICO

A

Abensour, Miguel, 67, 93

Ackermann, Werner, 87, 214

Adorno, Theodor, 67, 127

Aglietta, Michel, 74, 325, 326, 328

Agre, Phil, 159

Agulhon, Maurice, 429, 430

Akerlof, George A., 342

Allais, Maurice, 29, 412

Allende, Salvador, 59

Althusser, Louis, 32, 63, 64, 82, 86, 100, 441, 472

Andler, Daniel, 7, 57, 60, 61, 62, 64, 127, 245, 265, 268, 296, 274, 277, 285, 286, 287, 357, 461

Anger, Didier, 91

Anscombe, Elisabeth, 205, 206, 232, 235, 373

Antígona, 202

Apel, Karl Otto, 68, 121

Arendt, Hannah, 55, 182, 292, 439

Aristote, 476

Aron, Raymond, 94, 99, 103, 409

Aron, Robert, 99

Arrow, Kenneth Joseph, 342

Artaud, Antonin, 97

Atlan, Henri, 20, 53, 54, 56, 452, 453

Attali, Jacques, 54, 56

Agostinho, Santo, 100, 223, 361, 390, 417

Auray, Nicolas, 162

Auroux, Sylvain, 8, 458, 475, 476, 477, 483

Austin, John Langshaw, 86, 113, 118, 239, 242, 255, 482

Authier, Michel, 164

Azèma, Jean-Pierre, 428, 430

Azouvi, François, 481

Azzaoui, Benaceur, 88

B

Bachelard, Gaston, 63, 394, 464, 472

Badiou, Alain, 392, 483, 484

Bahr, Dieter, 121

Baillet, Jack, 53

Bakhtin, Mikhail, 19, 256

Ballard, D., 268

Barel, Yves, 54

Barkow, Jérôme H., 291

Barnes, Barry, 110

Baudelaire, Charles, 259

Baverez, Nicolas, 329

Becker, Jean-Jacques, 428

Beckett, Samuel, 97, 186

Bédarida, François, 99, 434, 437

Bedárida, Renée, 435

Belfont, 258

Benedikt, Michael, 121

Benjamin, Walter, 201, 392, 393

Benoit, Paul, 148

Bensaïd, Anita, 33

Bensaude-Vincent, Bernadette, 42, 148, 466

Bentham, Jeremy, 180

Benveniste, Émile, 187, 203, 239, 242, 256

Berger, Peter L., 107, 334, 475

Bernstein, Serge, 428

Berr, Henri, 454

Bertaux, Daniel, 129

Bertrand, Hugues, 325

Bertrand, Michèle, 397

Birnbaum, Pierre, 66

Bloch, Marc, 305, 454

Bloor, David, 149

Blumer, Herbert, 107

Bodin, Jean, 193, 302

Bohr, Niels, 451, 452

Boisard, Pierre, 330

Boissel, Jean-François, 53

Boissinot, Alain, 375

Bok, Julien, 54

Boltanski, Luc, 68-75, 111, 112, 151, 152, 158, 161, 184, 185, 193, 195, 205, 220, 221, 223-228, 257-259, 288, 307, 328, 335, 338, 348, 413, 414, 429, 442, 465, 481

Bonnafé, Marie, 274

Bonnaud, Robert, 302

Bonnet, Claude, 272

Bopp, 477

Bossuet, 223

Boudon, Raymond, 95

Bourdieu, Pierre, 29, 68, 69, 74, 76, 95, 224

Boureau, Alain, 306, 307, 311, 469

Bourguignon, André, 266, 274

Bourguine, Paul, 515

Bouveresse, Jacques, 62, 63, 64, 113

Bouveresse, Renée, 119, 121

Boyer, Alain, 63, 127, 409, 410, 411

Boyer, Robert, 73, 325, 328, 329, 350, 352

Boyle, Robert, 391

Bowker, Geof, 148

Bratman, Michael E., 118

Braudel, Fernand, 88, 208, 326, 352, 361, 372, 376, 389, 394

Brentano, Franz, 206

Brochier, Hubert, 33

Brondal, Viggo, 239

Brooks, Rodney, 159

Bruaire, Claude, 39

Brun, Jean, 38

Bruner, Jérôme-Seymour, 272

Buffon, 70

Bultmann, 38

Burger, Rudolf, 121

Buron, Robert, 53

Butel, Michel, 44

ÍNDICE ONOMÁSTICO

C

Cahuc, Pierre, 378

Caillé, Alain, 93, 94, 95, 96, 174, 179, 180, 181, 182, 183, 184, 188, 197, 332, 369, 420, 427, 477, 478, 479

Callon, Michel, 29-38, 40, 72, 110, 111, 143-150, 156, 161, 181, 195, 207, 213, 240, 291, 292, 338, 414, 415, 442

Calvez, Jean-Yves, 81

Canguilhem, Georges, 277, 394

Canto-Sperber, Monique, 383, 384

Carnap, Gottlob, 465, 476

Carter, Dick, 122

Cassin, Barbara, 66

Castel, Robert, 167

Castoriadis, Cornelius, 47, 48, 54, 56, 91, 93, 420

Certeau, Michel de, 298, 358, 359, 371, 407, 439

Chaban-Delmas, Jacques, 176

Changeux, Jean-Pierre, 48, 57, 267, 268, 270, 278, 285, 291

Chanial, Philippe, 479

Chapman, D., 159

Charcot, Jean-Martin, 467

Chartier, Roger, 131, 132, 133, 208, 209, 210, 295, 296, 297, 298, 299, 309, 368, 369, 375, 422, 480

Chateauraynaud, Francis, 150

Chaunu, Pierre, 313, 381, 390

Chauveau, Agnès, 438, 439

Chauveau, Thierry, 30

Chauviré, Christiane, 121

Cheney, Dorothy L., 117, 246, 290

Chertok, Léon, 44, 45, 466, 467

Chesnais, François, 33

Chevalley, Catherine, 452

Chomsky, Noam, 59, 264, 275, 281, 284

Churchland, Patrícia-Smith, 245, 280

Cicourel, Aaron V., 38, 105, 108, 212, 214

Citron, Suzanne, 316

Clastres, Pierre, 93

Clavelin, Maurice, 113

Claverie, Elisabeth, 258

Cohen, Daniel, 178

Collins, Harry M., 109,110

Colliot-Thélène, Catherine, 474

Comte, Auguste, 464

Conein, Bernard, 85, 86, 87, 108, 117, 118, 158, 159, 160, 162, 174, 175, 214, 243, 246, 247, 269, 290, 291, 380, 381, 416, 481

Coquet, Jean-Claude, 339

Corbin, Alain, 295, 303, 304, 365, 366, 367

Coriat, Benjamin, 33, 325

Cottereau, Alain, 83, 243, 253, 353

Coulon, Alain, 130

Coutrot, Aline, 428

Crawford, Elisabeth, 33

Creonte, 202

Crouzet, Denis, 308

Crozier, Michel, 31

Cuin, Charles-Henry, 131

Cutaines, Jacques de, 33

D

Danto, Arthur, 120, 361, 373, 374

Darwin, Charles, 466

Davidson, Donald, 64, 115, 116, 118, 120, 245, 247, 248, 249, 250, 280, 281

Defalvard, Hervé, 343

Deguy, Michel, 121

Delacroix, Christian, 150, 351

Delagrange, 45

Deleuze, Gilles, 39, 43, 48, 49, 62, 97, 147, 450, 486

Dennett, Daniel, 118, 245, 246, 247, 248, 280, 281

Derrida, Jacques, 62, 64, 117, 120, 185

Desanti, Jean-Toussaint, 475, 476

Descartes, René, 147, 476, 480

Descombes, Vincent, 121, 251

Desrosières, Alain, 33, 70, 74, 328

Dewey, John, 130

Dilthey, Wilhelm, 103, 135, 136, 200, 204, 252

Dodier, Nicolas,

Doeringer, Peter B.,158, 162, 238, 239, 414, 416, 472

Domenach, Jean-Marie, 54, 55, 56, 57

Doray, Bernard, 397

Dosse, François, 15, 69, 191, 240, 285, 296, 325, 376, 381, 390, 476

Dostoïevski, 55, 256

Dray, William, 361, 374

Dreyfus, Hubert, 61, 62, 273, 395

Drong, Paul, 514

Drouin, Jean-Marc, 148

Dubucs, Jacques, 63

Duby, Georges, 208, 317, 318, 381, 394

Duclos, Denis, 167, 175, 478, 481

Ducrot, Oswald, 255

Dufour, Dany-Robert, 96, 97, 98, 186, 187, 188, 459, 460

Duhem, 357

Dulong, Renaud, 83, 86

Dumouchel, Paul, 54, 57, 171

Dupuy, Jean-Pierre, 48, 51-58, 60, 62, 76, 79, 115, 116, 118, 171-174, 264, 270, 278, 282, 289, 291, 292, 331, 332, 336, 337, 381, 412, 468

Durand, G., 517

Durand, Marie-Françoise, 34

Durkheim, Èmile, 95, 135, 299, 468

E

Eagle, M., 274

Edelman, Gérard, 268

Einstein, Albert, 452

Elias, Norbert, 132, 133, 134, 170, 297, 400, 423, 424

Elster, Jon, 63, 127, 411, 413

Engel, Pascal, 57, 62, 63, 64, 118, 122, 159, 174, 245, 246, 247, 249, 250, 274, 279, 280, 281, 282, 455

Engel-Tiercelin, Claudine, 64

Epicuro, 147

Erasmo, 426

Ernst, Sophie, 474

Escande, Jean-Paul, 466, 467

Espagnat, Bernard d', 451, 452

Eymard-Duvernay, François, 76, 78, 79, 328, 329

F

Fabbri, Paolo, 40

Farge, Arlette, 302, 372

Fauconier, Gilles, 122

Favereau, Olivier, 76, 77, 78, 79, 81, 122, 123, 289, 290, 326, 328, 331, 332, 340, 341, 342, 378, 416

Febvre, Lucien, 88, 99, 100, 305, 366, 459

Fédida, Pierre, 174, 274, 275

Feldman, Julian, 268

ÍNDICE ONOMÁSTICO

Ferry, Jean-Marc, 65-68, 114, 115, 120, 121, 200, 227, 252, 253, 254, 255, 377, 384, 408, 426, 457, 473, 475

Ferry, Luc, 66, 384

Feyerabend, Paul, 33, 126, 452, 464

Fichte, 67, 255, 480

Flores, Fernando, 275

Fodor, Jerry Alan, 275, 276

Foerster, Heinz von, 48, 49, 53, 54, 58, 59

Fogelman-Soulié, Françoise, 54, 56

Folkman, 349

Fornel, Michel de, 87, 219

Foucault, Michel, 62, 85, 97, 117, 212, 241, 277, 297, 298, 307, 367, 375, 394, 419, 472, 489

Fourez, Gérard, 33

Frank, Robert, 437

Frappat, Bruno, 73

Frédéric II, 308

Frege, Gottlob, 63, 64, 85, 120, 203, 214, 279

Freitag, Michel, 218, 219

Freud, 94, 199, 203, 273, 397, 398, 466, 467

Freund, Julien, 135

Furet, François, 208, 241, 359

G

Gadamer, Hans-Georg, 68, 82, 105, 200, 204, 218, 230, 237, 248, 404, 414

Galileu, 44, 149, 391, 451, 459, 465

Garfinkel, Harold, 71, 83, 87, 106, 107, 108, 212, 213, 214, 215, 216, 217, 230, 237

Gaston-Granger, Gilles, 64, 113, 121

Gauchet, Marcel, 15, 55, 82, 91, 92, 93, 94, 98, 142, 168, 170, 191, 193, 241, 242, 273, 300, 301, 302, 303, 308, 368, 381, 382, 394, 420, 421, 422, 423, 456

Gaulle, Charles de, 320, 395

Gauron, André, 33

Genet, Jean-Philippe, 504

Genet, Nicole, 504

Gérard-Varet, L.-A., 346

Gèze, François, 7, 8

Ghiglione, Rodolphe, 272

Giard, Luce, 208, 209

Gibson, J. J., 160

Giddens, Anthony, 18, 365

Gide, André, 41

Gille, Didier, 45

Ginzburg, Carlo, 308, 309, 310

Girard, René, 54, 55, 115, 171, 174, 303, 468

Gislain, Jean-Jacques, 332

Godbout, Jacques, 181, 182, 183, 184

Gödel, Kurtl, 56, 125

Godelier, Maurice, 8

Goffman, Erving, 83, 106, 107, 224, 334

Goldstein, Catherine, 148

Gresle, François, 131

Gould, Stephen J., 466

Granger, Gilles-Gaston, 64, 113, 121

Granovetter, Mark, 173, 183

Greimas, Algirdas-Julien, 40, 148, 239, 477

Grendi, Edoardo, 308, 309

Grice, Paul, 337

Gruson, Claude, 33, 36, 204

Gruson, Pascale, 204

Guattari, Félix, 38, 43, 48, 49

Guénée, Bernard, 308

Guéroult, Martial, 480

Guesnerie, Roger, 54

Guibert, Bernard, 33
Guilhaumou, Jacques, 8, 86, 242, 243, 400, 401
Guillemin, Roger, 39, 40
Gutsatz, Michel, 54
Guyot, Roland, 266

H

Habermas, Jürgen, 19, 33, 36, 37, 65, 67, 68, 82, 83, 105, 114, 127, 227, 254, 384, 479, 488
Halbwachs, Maurice, 315
Hallé, Jean-Nöel, 366
Hartmann, Eduard Von, 273
Hayek, Friedrich August von, 116
Hegel, Georg Wilhelm Friedrich, 67, 97, 100, 120, 201, 227, 427
Heidegger, Martin, 67, 200
Heinich, Nathalie, 320
Heisenberg, Werner, 451
Hénin, Pierre-Yves, 77
Hennion, Antoine, 146, 147
Hermès, 27, 28, 41
Heródoto, 376
Herpin, Nicolas, 86, 106, 107
Hilbert, 125
Hirschhorn, Monique, 135
Hirschman, Albert, 224
Hitler, 133
Hjelmslev, Louis, 239
Hoarau, Jacques, 8, 63
Hobbes, 223
Hollier, Denis, 8
Hume, David, 116, 204, 335
Husserl, Edmund, 84, 147, 200, 202, 206, 230, 234, 240, 244, 252, 279, 282, 361, 384, 390, 417, 475, 486

Huysmans, 366
Hyppolite, Jean, 394

I

Illich, Ivan, 53, 54, 55, 59
Imbert, Claude, 64
Ionescu, Serban, 274
Iribarne, Alain d', 461
Isambert, François-André, 85, 441, 442
Isoard, 401

J

Jacob, Pierre, 57, 63, 121, 122, 274
Jacopin, Eric, 160
Jacques, Francis, 256
Jakez-Hélias, 314
Jamard, Jean-Luc, 8, 286, 456, 459, 477
Jamous, Haroun, 31
Jaspers, Karl, 200, 384
Jaubert, Alain, 32, 33
Jeanneney, Jean-Nöel, 428
Johnson, Mark, 245
Joly, 444
Joutard, Philippe, 318
Julien, Jacques, 81
Jurdant, Baudouin, 33

K

Kafka, 97
Kahn, Pierre, 398
Kahneman, D., 289
Kanner, A.-D., 349
Kant, 65, 67, 84, 121, 147, 201, 227, 251, 254, 361, 379, 380, 426, 465, 486
Kantorowicz, Ernst, 308
Karpik, Lucien, 29, 30, 31, 38
Kellerman, H., 349

ÍNDICE ONOMÁSTICO

Kepler, 42
Kessous, Emmanuel, 162
Keynes, 78, 122, 123, 173, 340, 341, 378, 379
Khomeini, 193
Knorr, Karin, 35, 109, 111, 445
Kohn, Albert, 504
Koselleck, Reinhart, 362, 399, 400, 405, 429
Kripke, Paul, 64, 122, 347
Kuhn, Thomas, 125, 126, 149, 452

L
La Barre, 258
Laborit, Henri, 53
Labrousse, Ernest, 352, 366
Lacan, Jacques, 71, 117, 187, 397, 467
Lacouture, Jean, 438
Ladrière, Paul, 85, 204
Laffitte, Pierre, 29
Lakatos, Imre, 33
Langlois, Charles-Victor, 313, 361, 396
Laplace, Pierre-Simon de, 452
Lasslet, Peter, 314
Latour, Bruno, 7, 8, 28, 29, 37-41, 46, 70, 71, 72, 109-111, 143-153, 155-158, 161, 181, 195, 207, 213, 222, 240, 292, 307, 338, 357, 366, 442-444, 458, 460, 463, 482, 488
Laurent, Alain, 7, 8, 53, 70, 71, 74, 75, 79, 80, 111, 118, 135, 151, 152, 158, 160, 162, 195, 205, 220, 221, 223, 224, 226-228, 288, 289, 307, 308, 327-330, 334, 336, 338, 346-348, 350, 351, 413, 429, 465, 481, 482
Lavabre, Marie-Claire, 320
Lavoisier, 496

Lavelle, Louis, 383
Lavisse, 91, 313, 315, 427, 429
Lazarus, Richard S., 349
Lebart, Ludovic, 33
Leclaire, Serge, 460
Lefebvre, Henri, 99, 100
Lefort, Claude, 16, 55, 82, 83, 91-94, 170, 182, 184, 420-422, 479
Le Goff, Jacques, 359
Leibniz, 27, 450, 476
Le Moigne, Jean-Louis, 55
Lemonnier, Pierre, 156
Lénine, 374
Lepetit, Bernard, 8, 351, 352, 450
Le Play, Frédéric, 398
Le Roy, Ladurie Emmanuel, 310, 314, 351, 358, 394
Le Senne, Louis, 383
Lesourne, Jacques, 56
Letablier, Marie-Thérèse, 330
Levi, Giovanni, 308, 309, 310, 311
Levillain, Philippe, 428
Lévi-Strauss, Claude, 81, 84, 199, 284, 308, 477
Lévy, Jacques, 8
Lévy, Pierre, 7, 28, 46, 47, 48, 49, 148, 162, 163, 164, 177, 240, 275, 282, 283, 417
Lévy-Leblond, Jean-Marc, 32, 33, 45
Lévy-Piarroux, Yveline, 376
Lewis, David K., 123, 336, 338, 340
Lineu, 70
Lipietz, Alain, 325, 326
Lipovetsky, Gilles, 408
Livet, Pierre, 54, 347, 348, 349
Locke, 84, 426
Lovelace, 258

Luckmann, Thomas, 475
Lynch, Michaël, 111
Lyotard, Jean-François, 40

M
Maquiavel, 163, 425
Mac Intyre, Alasdair C., 115
MacLean, Paul D., 266, 267
Maldidier, Denise, 86
Malet, André, 38
Mallein, Philippe, 33
Mandrou, Robert, 85, 86
Marat, 401
Marc, Edmond, 175
Marcel, Gabriel, 200, 383
Marin, Louis, 40
Marrou, Henri-Irénée, 435
Marx, 81, 92, 95, 203, 291, 332, 425
Mascio, Patrik di, 398
Maturana, Humberto, 58, 59
Mauss, Marcel, 35, 73, 95, 96, 179, 183, 299, 332
McCarthy, John, 264
McCulloch, Warren, 48, 264
Mead, George Herbert, 106, 107, 160, 403, 404
Mendel, Gérard, 167, 259, 260
Mendras, Henri, 314
Menocchio, 309
Merleau-Ponty, Maurice, 106, 215, 235, 239, 240, 243, 244, 283, 406, 456, 486
Merton, Robert King, 31, 32, 411
Mesure, Sylvie, 136
Mesmer, Pierre, 66
Micheau, Françoise, 148
Michelet, Jules, 314, 392

Michel, Henri, 433
Milgram, Maurice, 54
Milo, Daniel S., 376, 469
Milza, Pierre, 428
Minsky, Marvin, 464
Mistral, Jacques, 425
Miterrand, François, 56, 315
Mongin, Olivier, 16, 142, 201, 202, 316, 375
Mongin, Philippe, 54
Monod, Gabriel, 361
Montbrial, Thierry de, 54
Morin, Edgar, 54, 56, 264
Morris, Charles William, 68
Moscovici, Marie, 31
Mosès, Stéphane, 392
Mouliérac, François, 163
Mounier, Emmanuel, 200, 383
Muchielli, Laurent, 135
Mulkay, Michael, 445

N
Nabert, Jean, 383, 384
Napoleão III, 443, 444
Neumann, John von, 264
Newman, John Henry, 307
Nevil, Warkins John William, 172
Nevins, Allan, 130
Newton, 44, 391
Nietzsche, 100, 147, 203, 375, 394, 486
Noiriel, Gérard, 7, 87, 88, 89, 90, 131, 134, 135, 305, 306, 382, 398
Nora, Pierre, 91, 93, 313, 315, 316, 321, 359, 395, 434
Norman, Donald A., 117, 118, 159
Nozick, Robert, 116

ÍNDICE ONOMÁSTICO

O

Ogien, Ruwen, 64

Ominami, Carlos, 325

Ophüls, Marcel, 433

Orléan, André, 79, 80, 328, 331, 352, 339, 342, 345, 348, 350

P

Pachet, Pierre, 259

Paillard, Jacques, 54

Paretto, Vilfredo, 332

Park, R. E., 131

Passadeos, Christos, 33

Passerini, Luisa, 439

Passeron, Jean-Claude, 86, 136, 137, 346, 363, 364, 409, 416, 457, 459

Passeron, René, 391, 392

Passet, René, 53, 56

Pasteur, Louis, 442, 443, 444, 445

Paxton, Robert, 433

Pêcheux, Michel, 86, 87, 400

Peirce, Charles Sanders, 64, 68, 119, 130, 251, 252, 382

Perrot, Michelle, 212

Peschanski, Denis, 431

Pessis-Pasternak, Guitta, 509

Petit, Jean-Luc, 509

Pharo, Patrick, 83, 84, 87, 106, 107, 108, 168, 169, 170, 171, 213, 217, 229, 230, 231, 232, 233, 234, 243, 329, 380, 481

Philippe II, 362

Picard, Dominique, 175

Pickering, Andrew, 110

Piette, Jacques, 54

Pignarre, Philippe, 45, 152, 156, 157

Pinochet, 59

Piore, Michael J., 77, 78, 123

Piriou, Jean-Paul, 33

Pisier, Évelyne, 67

Pitts, Walter, 48, 264

Platão, 184, 300, 425, 461

Plutchik, 349

Polanyi, Karl, 95

Pollak, Michaël, 129, 135, 319, 320

Poni, Carlo, 308

Popper, Karl, 33, 61, 63, 126, 127, 128, 173, 285, 409, 410, 411, 455, 457, 464, 465

Pouchet, 442, 443, 444, 445

Pouget, Joseph, 33

Poulain, Jacques, 120, 121

Poulantzas, Nicos, 81, 85

Premack, D., 290

Prigogine, Ilya, 42, 43, 44, 389, 390, 450, 451

Prost, Antoine, 428

Proust, Joëlle, 57, 115, 122, 300

Putnam, Hilary, 115, 120, 121, 197, 279, 280, 453

Q

Quattrone, G.-A., 413

Quéré, Louis, 7, 8, 81-87, 105, 106, 113, 170, 203, 204, 212-219, 237, 243, 254, 255, 273, 337-340, 380, 385, 394, 399, 403-407, 482

Quine, 63, 247, 250, 280, 476, 477

R

Racine, Nicole, 100

Rajchman, John, 120

Ralet, Olivier, 45, 152

Rallet, Alain, 335

Rancière, Jacques, 371, 372

Rawls, John, 116, 224
Rebérioux, Madeleine, 88, 100
Récanati, François, 57, 63, 121, 122, 255, 276
Rémond, René, 99, 428, 429, 430, 435
Renaut, Alain, 66, 385
Renouvin, Pierre, 99
Retaillé, Denis, 483
Revel, Jacques, 310
Reynaud, Bénédicte, 329
Richard, Jean-François, 272
Richardson, Samuel, 259
Richir, Marc, 92
Ricoeur, Paul, 19, 20, 64, 68, 106, 113, 114, 121, 151, 185, 196, 197, 199-210, 218, 220, 227, 231, 232, 236, 237, 239, 242, 248-250, 253, 255, 297, 304, 317, 321, 346, 358, 360-362, 364, 367, 372-376, 380-382, 384, 390, 396, 399, 400, 424-426, 435, 436, 438, 439, 469, 479, 481, 483, 486, 488, 489
Rioux, Jean-Pierre, 428, 430, 439
Ritter, James, 148
Robin, Jacques, 53, 56
Robin, Régine, 86, 374
Roqueplo, Philippe, 33, 34
Rorty, Richard, 115, 120, 121, 479
Rosanvallon, Pierre, 54
Rosch, Eleanor, 243, 244, 264, 272, 283, 285
Rosental, Paul-André, 376
Rosenthal, Gérard, 53
Rosenzweig, Franz, 392
Rosnay, Joël de, 54, 56
Rousseau, Jean-Jacques, 223, 425
Rousselle, Aline, 308
Rousset, David, 53

Rousso, Henry, 99, 319, 321, 431
Russel, 27, 63, 85, 476

S

Sacks, Harvey, 83, 86, 87, 106, 108, 214, 217, 219, 230
Sade, 259
Saillard, Yves, 325, 328
Saint-Simon, 223
Saint-Upéry, Marc, 8
Salais, Robert, 79, 328, 329, 331, 337, 338
Salomon, Jean-Jacques, 40
Sardan, Jean-Pierre Olivier de, 134, 364, 365
Sartre, Jean-Paul, 97, 383
Saussois, Jean-Michel, 173
Saussure, Ferdinand de, 203, 477
Sauvan, Jacques, 53
Schaffer, Simon, 110
Schlegel, Jean-Louis, 503
Schleiermacher, Friedrich, 200
Schumpeter, Joseph, 327, 332
Schütz, Alfred, 105, 106, 107, 213, 230, 233, 234
Scubla, Lucien, 286, 287
Searle, John, 86, 118, 255, 282, 482
Seignobos, Charles, 313, 361, 396, 454
Sen, Amartya, 377
Serres, Michel, 442, 483, 486
Seyfarth, Robert M., 246, 290
Shakespeare, 55
Shalom, Albert, 514
Shanon, Benny, 54
Shapin, Steven, 110
Sholem, Gershom, 392
Silvestre, Jean-Jacques, 329
Simiand, François, 332, 419

ÍNDICE ONOMÁSTICO

Simmel, *18, 103, 131, 135, 136, 169, 170*

Simon, Herbert, *78, 264, 289, 346, 379, 469*

Sirinelli, Jean-François, *99, 100, 428, 429*

Slovic, P., *289*

Small, Albion W., *130*

Smith, Adam, *223, 334, 468*

Sperber, Dan, *57, 122, 270, 284, 285, 286, 287*

Spinoza, *147, 248, 476, 480*

Spire, Antoine, *41, 463, 467*

Stearns, Peter N., *367*

Stehelin, Liliane, *33*

Stein, Conrad, *397*

Steiner, Philippe, *332*

Stengers, Isabelle, *7, 28, 41-46, 48, 49, 54, 56, 115, 126, 148, 151, 152, 177, 178, 389, 391, 445, 446, 449, 450, 451, 463, 464-467*

Stone, Lawrence, *360*

Stora, Benjamin, *319*

Strawson, *250, 277*

Swain, Gladys, *241*

Swedberg, Richard, *332*

T

Tabary, Jean-Claude, *54*

Tarde, Gabriel, *303*

Tarski, Alfred, *61*

Tati, Jacques, *53*

Taylor, Charles, *76, 106, 121, 235, 236, 237, 326, 479*

Teigenbaum, Edward, *61*

Testart, Alain, *459*

Tétart, Philippe, *438, 439*

Thadden, Von, *132*

Thévenot, Laurent, *7, 8, 70, 71, 74, 75, 76, 79, 80, 111, 112, 118, 151, 152, 158, 160, 161, 162, 195, 205, 220, 221, 223-228, 288, 291, 307, 308, 327-330, 332-336, 338, 346-351, 413, 414, 429, 442, 465, 481*

Thill, Georges, *33*

Thom, René, *452*

Thomas, William, *130*

Thompson, Evan, *243, 244, 264, 272, 283, 385*

Thuillier, Pierre, *33, 34*

Tiercelin, Claudine, *64, 119*

Tocqueville, *55*

Touraine, Alain, *29, 30, 32, 81, 82, 83, 86*

Tourneau, *401*

Trebitsch, Michel, *427, 434, 435*

Tucídides, *376*

Turing, *57*

Tversky, A., *289, 413*

V

Valéry, Paul, *391*

Van Parijs, Philippe, *127, 411*

Varela, Francisco, *7, 53, 54, 58, 59, 60, 243, 244, 264, 272, 282, 283, 284, 385, 417, 453*

Veblen, Thorstein, *332*

Vernant, Jean-Pierre, *398*

Veyne, Paul, *358, 359, 375*

Vidal-Naquet, Pierre, *320*

Vignaux, Georges, *265, 268, 271, 272, 275*

Vigne, Eric, *208, 428, 429*

Vignolle, Jean-Pierre, *30, 146*

Vincent, Jean-Didier, *267, 278*

Voldman, Danièle, 131
Volle, Michel, 33
Voltaire, 258
Vovelle, Michel, 86
Vuillemin, Jules, 63, 113
Vullierme, Jean-Louis, 54

W
Wahl, François, 64
Wahl, Jean, 66
Waldheyer, Wilhelm, 266
Wallerstein, Immanuel, 326
Walliser, Bernard, 412
Walzer, Michaël, 224
Weber, Bernard, 54
Weber, Max, 227, 228, 229, 231, 233, 234, 247, 254, 297, 332, 334, 363, 364, 407, 409, 416, 458, 473, 474
Weinberg, Achille, 267
Weisbuch, Gérard, 54, 56
West, Cornel, 120
White, Hayden, 361, 374, 375
Whitehead, Alfred North, 450

Whitley, Richard, 35
Wildlöcher, Daniel, 273
Wiehl, Reiner, 121
Wilde, Oscar, 31
Williame, Robert, 233
Wilson, Deirdre, 270, 284
Winch, Peter, 121
Windelband, 131
Winock, Michel, 428, 430
Winograd, Terry, 275
Wittgenstein, Ludwig, 14, 15, 17, 27, 62, 78, 85, 106, 119, 121, 205, 206, 214, 217, 218, 235, 236, 255, 337, 340, 341, 347, 477
Wollton, Dominique, 33
Woolgar, Steve, 40, 109, 110, 111, 445
Wright, Georg Henrik von, 361
Wright, Von, 373

Z
Zisowitz-Stearns, Carol, 367
Znaniecki, 130
Zola, Émile, 27

SOBRE O LIVRO

Formato: 14 x 21 cm
Mancha: 24,8 x 41,1 paicas
Tipologia: Adobe Jenson Pro Caption 10,5/13,5
Papel: Offwhite 80 g/m² (miolo)
Cartão Supremo 250 g/m² (capa)
1ª edição Editora Unesp: 2018

EQUIPE DE REALIZAÇÃO

Coordenação Editorial
Marcos Keith Takahashi

Edição de texto
Tarcila Lucena
Gabriela Garcia
Alessandro Thomé

Projeto gráfico e capa
Grão Editorial

Editoração eletrônica
Sergio Gzeschnik

GRÁFICA PAYM
Tel. [11] 4392-3344
paym@graficapaym.com.br